21世纪交通版高等学校教材

路基支挡工程

陈忠达　原喜忠　编　著

人民交通出版社

内 容 提 要

本书简要介绍了支挡结构的基本概念和作用、支挡结构的结构形式和适用条件、支挡结构的基本构造和施工基本要求，同时介绍了朗金、库仑土压力理论及各种条件下的土压力和滑坡推力的计算方法、作用于支挡结构上的荷载及其组合，重点介绍了重力式、悬臂式和扶壁式、加筋土式、锚杆式和锚定板式、土钉式、桩板式等挡土墙以及抗滑桩的基本原理、设计方法和施工技术，通过设计示例介绍了各种支挡结构的设计过程，最后介绍了支挡工程与地质环境和生态环境之间的关系以及路基支挡工程的景观设计。

本书可作为道路桥梁与渡河工程、土木工程、岩土工程等专业高等院校本科学生和研究生的参考教材，也可供从事路基支挡工程设计、施工、养护工作的技术人员学习参考。

图书在版编目(CIP)数据

路基支挡工程/陈忠达,原喜忠编著. —北京：
人民交通出版社,2013.9
 ISBN 978-7-114-10853-2

Ⅰ.①路… Ⅱ.①陈… ②原… Ⅲ.①路基工程—支挡结构—高等学校—教材 Ⅳ.①U416.1

中国版本图书馆 CIP 数据核字(2013)第 198782 号

21 世纪交通版高等学校教材

书　　名	路基支挡工程
著 作 者	陈忠达　原喜忠
责任编辑	郑蕉林
出版发行	人民交通出版社
地　　址	(100011)北京市朝阳区安定门外外馆斜街 3 号
网　　址	http://www.ccpcl.com.cn
销售电话	(010)59757973
总 经 销	人民交通出版社发行部
经　　销	各地新华书店
印　　刷	北京虎彩文化传播有限公司
开　　本	787×1092　1/16
印　　张	19.125
字　　数	500 千
版　　次	2013 年 8 月　第 1 版
印　　次	2022 年 12 月　第 1 版　第 6 次印刷
书　　号	ISBN 978-7-114-10853-2
定　　价	42.00 元

(有印刷、装订质量问题的图书由本社负责调换)

21世纪交通版
高等学校教材(公路与交通工程)编审委员会

顾　　　问：王秉纲　（长安大学）
主 任 委 员：沙爱民　（长安大学）
副主任委员：(按姓氏笔画排序)
　　　　　　王　炜　（东南大学）
　　　　　　陈艾荣　（同济大学）
　　　　　　徐　岳　（长安大学）
　　　　　　梁乃兴　（重庆交通大学）
　　　　　　韩　敏　（人民交通出版社）
委　　　员：(按姓氏笔画排序)
　　　　　　马松林　（哈尔滨工业大学）
　　　　　　王殿海　（吉林大学）
　　　　　　叶见曙　（东南大学）
　　　　　　石　京　（清华大学）
　　　　　　向中富　（重庆交通大学）
　　　　　　关宏志　（北京工业大学）
　　　　　　何东坡　（东北林业大学）
　　　　　　陈　红　（长安大学）
　　　　　　邵旭东　（湖南大学）
　　　　　　陈宝春　（福州大学）
　　　　　　杨晓光　（同济大学）
　　　　　　吴瑞麟　（华中科技大学）
　　　　　　陈静云　（大连理工大学）
　　　　　　赵明华　（湖南大学）
　　　　　　项贻强　（浙江大学）
　　　　　　郭忠印　（同济大学）
　　　　　　袁剑波　（长沙理工大学）
　　　　　　黄晓明　（东南大学）
　　　　　　符锌砂　（华南理工大学）
　　　　　　裴玉龙　（哈尔滨工业大学）
　　　　　　颜东煌　（长沙理工大学）
秘 书 长：曲　乐　（人民交通出版社）

前　言

路基支挡的作用在于支撑路基填土或山坡土体，保证路基稳定，而路基支挡构造物则是承受侧向土压力或滑坡推力的构造物，在公路工程中应用广泛，尤其在山区公路应用更为广泛。

"路基支挡工程"是路基工程课程的后续课程，是对路基工程课程的补充与完善，讲授路基工程中常用支挡结构的设计理论和方法、施工技术，学时一般为30学时左右。"路基支挡工程"是长安大学道路桥梁与渡河工程专业的特色课程，经过50余年的建设，"路基支挡工程"课程内容不断更新、授课方法不断完善，已形成完善的教学体系，是长安大学的精品课程。

本教材是以《公路挡土墙设计》和《公路挡土墙施工》为基础编写而成的，也是作者长期从事路基支挡工程教学和科研工作的经验总结。全书共分九章：第一章简要介绍支挡结构的基本概念和作用，支挡结构的结构形式、特点和适用条件，支挡结构的基本构造和施工基本要求；第二章介绍作用于支挡结构上的荷载及其组合，在简要介绍土压力基本概念的基础上，重点介绍朗金、库仑土压力理论及各种条件下的土压力计算方法和滑坡推力的计算方法；第三章至第八章分别介绍重力式(包括重力式抗滑挡土墙)、薄壁式(包括悬臂式和扶壁式)、加筋土式、锚固式(包括锚杆式和锚定板式)、土钉式等挡土墙以及抗滑桩(包括桩板式挡土墙)的基本原理、设计方法和施工技术，并通过设计示例介绍各种支挡结构的设计过程；第九章介绍路基支挡工程与地质环境和生态环境之间的关系，以及路基支挡工程的景观设计。

全书由陈忠达和原喜忠共同编写，其中，第一章至第八章(除第三章至第八章的设计示例外)由陈忠达编写，第九章和第三章至第八章的设计示例由原喜忠编写，研究生张震参与部分章节的编写。全书由陈忠达统稿。

本教材被列为**长安大学"十二五"规划教材**，在资金上得到了长安大学教务处的大力支持，在此表示感谢。同时，感谢引用文献的作者，及对《公路挡土墙设计》和《公路挡土墙施工》提出意见和建议的读者。

由于作者水平有限，书中缺点和错误在所难免，恳请同行专家和读者不吝赐教，批评指正。

陈忠达
2013 年 5 月

目 录

第一章 绪论 ………………………………………………………………………… 1
 第一节 支挡构造物的类型及作用 ……………………………………………… 1
 第二节 支挡构造物的应用与发展 ……………………………………………… 4
 第三节 支挡构造物的基本构造 ………………………………………………… 7
 第四节 支挡构造物的基本施工技术 …………………………………………… 10
 思考题 ……………………………………………………………………………… 16
第二章 荷载及其组合 …………………………………………………………… 17
 第一节 土压力计算 ……………………………………………………………… 17
 第二节 滑坡推力计算 …………………………………………………………… 41
 第三节 荷载组合 ………………………………………………………………… 49
 思考题 ……………………………………………………………………………… 50
第三章 重力式挡土墙 …………………………………………………………… 51
 第一节 概述 ……………………………………………………………………… 51
 第二节 挡土墙的构造及材料要求 ……………………………………………… 52
 第三节 挡土墙的验算 …………………………………………………………… 53
 第四节 抗滑挡土墙设计 ………………………………………………………… 68
 第五节 设计示例 ………………………………………………………………… 71
 第六节 施工技术 ………………………………………………………………… 80
 思考题 ……………………………………………………………………………… 89
第四章 薄壁式挡土墙 …………………………………………………………… 90
 第一节 概述 ……………………………………………………………………… 90
 第二节 土压力计算 ……………………………………………………………… 90
 第三节 悬臂式挡土墙设计 ……………………………………………………… 92
 第四节 扶壁式挡土墙设计 ……………………………………………………… 98
 第五节 设计示例 ………………………………………………………………… 104
 第六节 施工技术 ………………………………………………………………… 108
 思考题 ……………………………………………………………………………… 119
第五章 加筋土挡土墙 …………………………………………………………… 120
 第一节 概述 ……………………………………………………………………… 120
 第二节 加筋土的基本原理 ……………………………………………………… 121
 第三节 加筋体材料与构造设计 ………………………………………………… 124
 第四节 内部稳定性分析 ………………………………………………………… 129
 第五节 外部稳定性分析 ………………………………………………………… 140
 第六节 设计示例 ………………………………………………………………… 144

第七节　施工技术 …………………………………………………………………… 150
　　思考题 ………………………………………………………………………………… 161
第六章　锚固式挡土墙 …………………………………………………………………… 162
　　第一节　概述 ………………………………………………………………………… 162
　　第二节　土压力计算 ………………………………………………………………… 163
　　第三节　抗拔力计算 ………………………………………………………………… 165
　　第四节　构件设计 …………………………………………………………………… 171
　　第五节　结构稳定性分析 …………………………………………………………… 185
　　第六节　设计示例 …………………………………………………………………… 195
　　第七节　施工技术 …………………………………………………………………… 209
　　思考题 ………………………………………………………………………………… 222
第七章　土钉挡土墙 ……………………………………………………………………… 223
　　第一节　概述 ………………………………………………………………………… 223
　　第二节　土钉作用机理 ……………………………………………………………… 224
　　第三节　构造设计 …………………………………………………………………… 226
　　第四节　内部稳定性分析 …………………………………………………………… 229
　　第五节　外部稳定性分析 …………………………………………………………… 232
　　第六节　设计示例 …………………………………………………………………… 233
　　第七节　施工技术 …………………………………………………………………… 237
　　思考题 ………………………………………………………………………………… 243
第八章　抗滑桩 …………………………………………………………………………… 244
　　第一节　概述 ………………………………………………………………………… 244
　　第二节　抗滑桩的抗力计算 ………………………………………………………… 246
　　第三节　结构设计 …………………………………………………………………… 251
　　第四节　桩身内力与变位计算 ……………………………………………………… 254
　　第五节　桩板式挡土墙设计 ………………………………………………………… 263
　　第六节　设计示例 …………………………………………………………………… 266
　　第七节　施工技术 …………………………………………………………………… 271
　　思考题 ………………………………………………………………………………… 278
第九章　路基支挡工程与环境 …………………………………………………………… 279
　　第一节　路基支挡工程与地质环境 ………………………………………………… 279
　　第二节　路基支挡工程与生态环境 ………………………………………………… 284
　　第三节　路基支挡工程景观设计 …………………………………………………… 288
　　思考题 ………………………………………………………………………………… 296
参考文献 …………………………………………………………………………………… 297

第一章 绪 论

第一节 支挡构造物的类型及作用

支挡构造物是用来支承路基填土或山坡土体,防止填土或土体变形失稳的设施。支挡构造物可用以稳定路堤和路堑边坡,减少土石方工程量和占地面积,防止水流冲刷路基,整治塌方、滑坡等路基病害。支挡构造物主要包括各类挡土墙和抗滑桩。

工程中挡土墙是最常用的支挡构造物。当山区地面横坡过陡,常在下侧边坡或在靠山侧设置挡土墙。如果刷坡过多,不仅土石方工程数量大,而且破坏了天然植被,容易引起灾害,因此,应设置挡土墙以降低路堑高度。平原地区多为良田,为了节约用地,往往也在路基一侧或两侧设置挡土墙。在滨河地段或有其他建筑物时,修建挡土墙可以收回坡脚,以避免冲刷威胁或避开建筑物。当高路堤、深路堑土石方数量大,取、弃土困难时,也可设置挡土墙以减少土石方数量。因此,挡土墙的用途可简要归纳为:

(1)降低挖方边坡高度,减少挖方数量,避免山体失稳滑塌。
(2)收缩路堤坡脚,减少填方数量和占地面积,保证路堤稳定。
(3)避免沿河路基挤缩河床,防止水流冲刷路基。
(4)防止山坡覆盖层下滑和整治滑坡。

根据在路基横断面上的位置,挡土墙可分为路肩墙、路堤墙及路堑墙。当墙顶置于路肩时,称为路肩式挡土墙;若挡土墙支撑路堤边坡,墙顶以上尚有一定的填土高度,则称为路堤式挡土墙,又称坡脚式挡土墙;如果挡土墙用于稳定路堑边坡,称为路堑式挡土墙;设置在山坡上用于防止山坡覆盖层下滑的挡土墙,称为山坡挡土墙。

根据所处环境和作用,挡土墙可分为一般地区挡土墙、浸水地区挡土墙、地震地区挡土墙,以及用于整治滑坡的抗滑挡土墙。

挡土墙的结构形式很多,常见的挡土墙形式有:重力式、衡重式、悬臂式、扶壁式、加筋土式、锚杆式和锚定板式,此外,还有土钉式、桩板式及竖向预应力锚杆式等。各类挡土墙的适用范围,取决于墙址地形、工程地质、水文地质、建筑材料、墙的用途、施工方法、技术经济条件及当地的应用经验和习惯等因素。表1-1简要列出了各类挡土墙的结构形式、特点及适用范围。

挡土墙结构类型及使用条件   表1-1

类型	结构示意图	特点及适用范围
重力式	(墙身示意图)	主要依靠墙身自重保持稳定。它取材容易,形式简单,施工简便,适用范围广泛。多用浆砌片(块)石,墙高不宜超过12m,墙高较低(≤6m)时也可用干砌,在缺乏石料地区可用混凝土浇筑。其断面尺寸较大,墙身较重,对地基承载力的要求较高

续上表

类型	结构示意图	特点及适用范围
衡重式		上下墙间有衡重台，利用衡重台上填土重力和墙身自重共同作用维持其稳定。其断面尺寸较重力式小，且因墙面陡直、下墙背仰斜，可降低墙高和减少基础开挖量，但地基承载力要求较高。多用于地面横坡陡峻的路肩墙，也可作路堤墙或路堑墙。由于衡重台以上有较大的容纳空间，上墙墙背加缓冲墙后，可拦截崩坠石
悬臂式		钢筋混凝土结构，由立壁(墙面板)、墙趾板和墙踵板三个悬臂部分组成，墙身稳定主要依靠墙踵板上的填土重力来保证。断面尺寸较小，但墙较高时，立壁下部的弯矩大，钢筋与混凝土用量大，经济性差。多用作墙高不大于6m的路肩墙，适用于缺乏石料的地区和承载能力较低的地基
扶壁式		钢筋混凝土结构，由立壁(墙面板)、墙趾板、墙踵板和扶肋(扶壁)组成，即沿悬臂式挡土墙的墙长，每隔一定距离增设扶肋，把立壁与墙踵板连接起来。适用于缺乏石料的地区和地基承载力较低的地段，墙较高($>6m$)时，较悬臂式挡土墙经济
加筋土式		由墙面板、拉筋和填土三部分组成，借助于拉筋与填土间的摩擦作用，把土的侧压力传给拉筋，从而稳定土体。既是柔性结构，可承受地基较大的变形；又是重力式结构，可承受荷载的冲击、振动作用。施工简便、外形美观、占地面积少，而且对地基的适应性强。适用于缺乏石料的地区和大型填方工程
锚杆式		由锚杆和钢筋混凝土墙面组成。锚杆一端锚固在稳定的地层中，另一端与墙面连接，依靠锚杆与地层之间的锚固力(即锚杆抗拔力)承受土压力，维持挡土墙的平衡。土石方和圬工量都较少，施工安全，较为经济。适用于墙高较大，缺乏石料的地区或挖基困难的地段，具有锚固条件的路堑墙，对地基承载力要求不高，墙高时可分级修建
锚定板式		由锚定板、拉杆、钢筋混凝土墙面和填土组成。锚定板埋置于墙后的稳定土层内，利用锚定板产生的抗拔力抵抗侧向土压力，维持挡土墙的稳定。基底应力小，圬工数量少，不受地基承载力的限制，构件轻简，可预制拼装、机械化施工。适用于缺乏石料的路堤墙和路肩墙，墙高时可分级修建

续上表

类型	结构示意图	特点及适用范围
土钉式		由土体、土钉和护面板三部分组成。利用土钉对天然土体就地实施加固,并与喷射混凝土护面板相结合,形成类似于重力式挡土墙的复合加强体,从而使开挖坡面稳定。对土体适应性强、工艺简单、材料用量与工程量较少,可自上而下分级施工。常用于稳定挖方边坡,也可作为挖方工程的临时支护
桩板式		由钢筋混凝土锚固桩和挡土板组成。利用深埋的锚固段的锚固作用和被动抗力抵抗侧向土压力,从而维护挡土墙的稳定。适用于岩质地基、土压力较大、要求基础深埋的地段,墙高不受限制。开挖面小,施工较为安全
竖向预应力锚杆式		锚杆竖向锚固在地基中,并砌筑于墙身内,最后张拉锚杆,利用锚杆的弹性回缩对墙身施加预应力来提高挡土墙的稳定性。一般一根 16Mnϕ22 的锚杆可替代 5m^3 的浆砌片石圬工。施工中可用轻型钻机或人工冲孔,灌浆及预应力张拉较简易。适用于岩质地基,多用于抗滑挡土墙

挡土墙类型的选择应根据支挡填土或土体求得稳定平衡的需要,研究荷载的大小和方向、基础埋置深度、地形地质条件、与既有建筑物平顺衔接、容许的不均匀沉降、可能的地震作用、墙壁的外观、环保的特殊要求、施工的难易和工程造价等,综合比较后确定。

抗滑桩(亦称锚固桩)依靠埋于稳定滑床中桩与桩周岩土体的相互嵌制作用把滑坡推力传递到稳定地层,利用稳定地层的锚固作用和被动抗力,使滑坡得到稳定,如图 1-1 所示。抗滑桩是钢筋混凝土埋式侧向受力桩,被广泛应用于滑坡的整治,一般抗滑挡土墙适用于小型滑坡或中型滑坡,大型滑坡则应用抗滑桩来整治,有时与抗滑挡土墙联合使用,整治效果会更好。抗滑桩还可用于路基边坡加固,阻止填方沿基底滑动,加固既有构造物,如挡土墙及隧道防止开裂扩大等。由于抗滑桩利用桩周土体对桩的嵌制作用稳定土体,因而不宜在软塑体滑坡中应用。

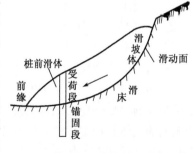

图 1-1 抗滑桩

第二节 支挡构造物的应用与发展

重力式挡土墙是最古老的支挡结构形式，由于料源丰富、取材方便、形式简单、施工简便，仍然是目前应用最广泛的支挡结构。为了适应地基承载力要求和地形条件，在重力式挡土墙基础上，发展形成了半重力式和衡重式挡土墙。半重力式挡土墙可利用展宽墙趾和墙踵来减小基底应力，降低地基承载力的要求；衡重式挡土墙可利用衡重台以上的填土重力，节省部分墙身圬工，适用于地面横坡较大地段，而且墙身建筑高度大。实际上，半重力式和衡重式挡土墙均属于重力式挡土墙的范畴。

随着公路等级和使用要求的提高以及科技水平发展，对支挡结构的技术要求也在不断提高，为了适应不同的使用要求(如建筑高度、稳定性等)和不同地区的建筑条件(如地基、料源、地形等)，技术人员研究开发了各种形式的挡土墙，如悬臂式、扶壁式、加筋土式、锚杆式和锚定板式等，这些形式的挡土墙都是钢筋混凝土结构。

悬臂式和扶壁式挡土墙在国外应用较为广泛，在我国，随着高等级公路的迅速发展，应用也越来越多。悬臂式和扶壁式挡土墙适用于缺乏石料的地区，通过墙趾板和墙踵板宽度，调节、控制基底应力，墙高 6m 以内时，多采用悬臂式挡土墙，墙高大于 6m 时，需在立壁与墙踵板之间增设扶肋，形成扶壁式挡土墙。

加筋土挡土墙利用了加筋土技术，而加筋土是 20 世纪 60 年代由法国工程师亨利·维达尔(Henri Vidal)首先提出的一项土体加固新技术。1965 年，法国在比利牛斯山的普拉聂尔斯修建了世界上第一座加筋土挡土墙，获得成功后，很快在欧洲范围内得到了普及，随后加拿大、日本、美国等相继应用。我国的加筋土技术研究和应用始于 70 年代中期，1978 年，在云南田坝储煤场修建了我国第一座试验性加筋土挡土墙，1980 年，在山西晋城至陵川公路上修建了第一座公路加筋土挡土墙。加筋土挡土墙在公路、铁路、建筑、水利和煤矿等部门都得到应用，尤其是公路部门应用最广泛。

在 20 世纪 50 年代之前，锚杆技术只是作为施工过程的一种临时措施，50 年代中期以后，西方国家在隧道工程中开始采用小型永久性的灌浆锚杆和喷射混凝土代替衬砌结构，60 年代以后，锚杆技术迅速发展并广泛应用于土木工程的许多领域中，作为轻型的支挡结构，锚杆挡土墙取代笨重的重力式圬工挡土墙，现已广泛应用于公路、铁路、煤矿和水利等支挡工程中。

锚杆挡土墙常用于路堑或者地面横坡较陡的路堤，锚定板挡土墙则适用于填方路段，因而锚杆式和锚定板式是两种互补的支挡结构形式。

锚定板挡土墙是我国铁路部门首创的，它发展于 20 世纪 70 年代初期，1974 年首次在太焦铁路上使用，目前在铁路部门应用比较广泛。公路、水利、煤矿等部门在立交桥台、边坡支挡、坡脚防护等多种工程中大量应用。

土钉技术是 20 世纪 70 年代出现的。德国、法国和美国几乎在同一时期各自独立地开始了土钉墙的研究和应用。土钉技术在许多方面与隧道新奥法施工类似，可视为新奥法概念的延伸。20 世纪 60 年代初期出现的新奥法，采用喷射混凝土和黏结型锚杆相结合的方法，能迅速控制隧洞变形并使之稳定。特别是 70 年代及其随后的时间内，先后在德国法兰克福及纽伦堡地铁的土体开挖工程中应用获得成功，对土钉技术的发展产生了积极的影响。此外，60 年代发展起来的加筋土技术对土钉技术的萌生也有一定的推动作用。

1972 年，法国首先在凡尔赛附近的一处铁路路堑的边坡开挖工程中应用了土钉墙。开发应用土钉墙仅次于法国的是德国。德国于 1979 年首先在 Stuttgart 建造了第一个永久性土钉工程(高 14m),并进行了长达 10 年的工程观测,获得了许多有价值的数据。至 1992 年,德国已建成 500 个土钉墙工程。美国最早应用土钉墙是在 1974 年。其中一项有名的土钉墙工程是匹兹堡 PPG 工业总部的深基开挖。由于与其紧挨的是既有建筑物,所以开挖时对土体采用了注浆处理,并对土钉区内已有建筑物基础用微型桩作了托换。

法国、德国、美国、英国等国还十分重视土钉墙的工作性能的试验研究,包括分析方法和程序开发、大型足尺土钉墙试验与模型试验、离心机试验、实际工程长时间的土钉内力实测与土钉墙变形实测等,获得了许多宝贵资料,并编制了有关土钉墙的技术文件,包括设计和施工监理手册。

我国应用土钉技术的首例工程是 1980 年将土钉用于山西柳湾煤矿的边坡稳定。随后一些高等学校、科研院所和设计院等部门在土钉墙的研究开发和应用方面做了不少工作。2005 年颁布的《公路路基设计规范》(JTG D30—2004)纳入了土钉支护的设计内容。

随着新型结构的发展,技术人员研究开发了一些复合式支挡结构,如竖向预应力锚杆挡土墙、重力式锚杆挡土墙、悬锚式挡土墙等。

竖向预应力锚杆式挡土墙是重力式挡土墙与竖直向设置的预应力锚杆组合形成的一种新型支挡构造物,如表 1-1 所示。利用竖向锚固于地基中的预应力锚杆的弹性回缩对墙身施加预压力,以此来提高挡土墙的稳定性,代替部分挡土墙圬工。1975 年,我国铁路部门首先将竖向预应力锚杆式挡土墙应用于成昆铁路狮子山滑坡病害整治工程中,以后在其他滑坡治理工程中陆续使用。

重力式锚杆挡土墙是在重力式挡土墙的基础上,利用锚杆技术而形成的另一种新型支挡构造物,如图 1-2 所示。此种挡土墙的墙身是用混凝土浇筑或浆砌片石砌筑的,锚杆一端砌筑于重力式墙身内,另一端锚固于墙后稳定的地层中,利用墙身自重和锚杆的锚固力共同来维持挡土墙的稳定。以锚杆的锚固力代替部分挡土墙圬工重力,同时降低挡土墙对地基承载力的要求。1997 年,洛(阳)三(门峡)高速公路应用了重力式锚杆挡土墙。

2000 年前后,在悬臂式挡土墙的基础上,技术人员利用锚定板技术,研究开发了一种新型的悬锚式挡土墙,它是由钢筋混凝土墙身(即悬臂式挡土墙)、锚定板、拉杆以及充填于墙身与锚定板之间的填料构成的一种复合支挡结构,如图 1-3 所示。悬锚式挡土墙充分利用了悬臂式挡土墙对地基承载力要求低、截面形式简单、施工方便的特点,同时引进了锚定板技术,克服了悬臂式挡土墙建筑高度低、悬臂和立壁受力条件差的不足,并改善了扶壁式挡土墙墙后回填压实的施工条件。适用于缺乏石料的地区和承载力较低的软弱地基,在填方和半填半挖路段作路堤墙和路肩墙使用。

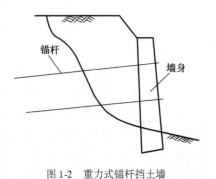

图 1-2 重力式锚杆挡土墙　　　　　　　　图 1-3 悬锚式挡土墙

在传统挡土墙结构形式基础上,技术人员还研究开发了新结构形式,如U形挡土墙和倒Y形挡土墙。U形挡土墙在结构上类似悬臂式挡土墙,它把侧壁和底板连成整体,构成U形,在侧壁顶部设置支撑时,作用于墙上的土压力为静止土压力。U形挡土墙底板比传统挡土墙宽,可看成弹性地基梁。当应用于地下水位较高的地段时,为确保上浮稳定性也可加厚底板或横向悬出。

倒Y形挡土墙是日本神户大学田中博士发明的,首先把混凝土预制成1~4m不同尺寸的砌块,再将预制砌块组合铺筑在碎石基础上,回填碎石构成挡土墙。倒Y形挡土墙在力学上具有抗倾覆、抗滑动性能强的特点,另外还具有排水性好、防止地下水侵蚀的优点。

采用抗滑桩整治滑坡,国外始于20世纪30年代,国内于50年代开始使用。1954年在宝成铁路中得到应用,60年代中期在成昆铁路滑坡整治中大量应用了抗滑桩。结构形式由一般抗滑桩向门式桩、椅式桩和锚杆桩、预应力锚索桩发展。在抗滑桩顶部加设锚杆或锚索,不仅可提高桩的抗滑能力,而且可改善桩身的受力状态和桩顶变位。

在研究开发新的结构形式的同时,开发应用新材料、新工艺是支挡结构发展的新趋势。

加筋土挡土墙常用的筋材是条带式,而网状加筋和土工合成材料平面加筋可有效提高填土与加筋之间的摩擦作用,从而增强挡土墙的稳定性。此外,由于填土的固结沉降,改变了加筋的受力条件,并使加筋拉力和墙面板基础压力增大,因而一些国家在墙面板与加筋连接部位安装可上下滑动的机构来调整墙面板和填土之间的不均匀沉降。

锚杆挡土墙中采用锚索替代传统锚杆,形成锚索挡土墙。目前锚索在防护、加固工程中应用已十分普遍。

为了满足上部荷载的支承力,墙后填料越轻,就越能减少墙基支承力和墙背土压力。对软弱地基上的挡土墙,为防止滑移,可利用高炉炉渣等轻质填料,也可采用空心结构物,如箱形、管形等。

随着聚合物的广泛应用,泡沫聚苯乙烯及泡沫砂浆等轻质填料也已开始应用。由于泡沫砂浆是由水泥砂浆掺入发泡剂制成,可通过改变发泡率的大小非常灵活地设计成单位体积质量较小的复合材料,而且由于是无机材料,不存在耐久性等问题。泡沫聚苯乙烯可直接作为填料,也可以制成块状作为填料,其重度仅为土的百分之几,这对减小支挡结构的土压力特别有效。挪威于1972年就已开始使用,日本也用它来整治滑坡等工程。

另外,也可通过添加石灰和水泥等稳定剂来改善土的性质,以降低含水率,提高填料的强度和稳定性。一般来说,改善后的填料性质普遍得到提高,对减小墙后的土压力十分明显。

近年来,随着社会经济的发展,人民生活水平的提高,对环境保护的日益重视,工程技术人员开始研究支挡结构与周围景观的协调,研究开发了生态挡土墙。生态挡土墙是在人们环保意识日益加强的环境下应运而生的,它不仅要满足挡土墙的使用功能,而且还要考虑到与周围环境的协调,要在墙面景观和绿化砌块上采取措施。这方面的发展和研究工作在发达国家尤为重视。近年来,在我国南方和东南沿海的一些地区,也开始兴建这种环保挡土墙。

支挡结构应尽可能做到与自然环境相协调。在设计和施工中应采取各种措施,创造与环境和谐的氛围。例如,应用形式设计手段丰富墙面的质感、色彩,改变造型单调的墙面构造或类型设计,做到统一中富有变化,防止产生视觉疲劳;利用泄水管或预制墙体的合理搭配,变墙面的平面构成为立体构成,增强墙体的空间感;利用植物工程使墙体掩映在绿色植被中,融合于自然山林的景观之内等。总而言之,应采取有效的环保措施,提高支挡结构的环境质量。

第三节 支挡构造物的基本构造

一、挡土墙布置

挡土墙的布置是挡土墙设计的一个重要内容,通常在路基横断面图和墙址纵断面图上进行。布置前,应现场核对路基横断面图,不满足要求时应补测,并测绘墙址处的纵断面图,收集墙址处的地质和水文等资料。挡土墙的布置包括位置的选定、纵向布置、横向布置以及平面布置等。

1. 位置的选定

路堑挡土墙大多设在边沟旁,山坡挡土墙应考虑设在基础可靠处。墙的高度应保证设墙后墙顶以上边坡或土体的稳定。

路肩挡土墙因能充分收缩坡脚,可大量减少填方和占地。当路肩墙与路堤墙的墙高或墙身断面圬工数量相近、基础情况相似时,应优先选用路肩墙,按路基宽度布置挡土墙位置。若路堤墙的高度或圬工数量比路肩墙显著降低,而且基础可靠时,宜选用路堤墙。必要时应作技术经济比较以确定挡土墙的位置。

沿河路堤设置挡土墙时,应结合河流的水文、地质情况以及河道工程来布置,注意设墙后仍应保持水流顺畅,不致挤压河道而引起局部冲刷。

2. 纵向布置

纵向布置在墙址纵断面图上进行,布置后绘制挡土墙正面图,如图1-4所示。布置的内容有:

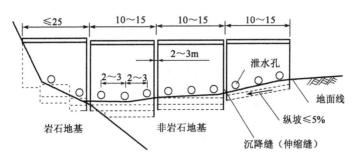

图1-4 挡土墙纵向布置图(尺寸单位:m)

(1)确定挡土墙的起讫点和墙长,选择挡土墙与路基或其他结构物的衔接方式。

(2)按地基、地形及墙身断面变化情况进行分段,确定伸缩缝和沉降缝的位置。

(3)布置各段挡土墙的基础。墙址地面有纵坡时,挡土墙的基底宜做成不大于5%的纵坡。但地基为岩质时,为减少开挖,可沿纵向做成台阶。台阶尺寸随纵坡大小而定,但其高宽比不宜大于1:2。对于加筋土挡土墙,基底则不宜设置纵坡。

(4)布置泄水孔,包括数量、间隔和尺寸等。

此外,在布置图上应注明各特征断面的桩号,墙顶、基础顶面、基底、冲刷线、冰冻线、常水位或设计洪水位的高程等。

3. 横向布置

横向布置,选择在墙高最大处、墙身断面或基础形式有变异处,以及其他必须有桩号的横断面图上进行。根据墙型、墙高、地基及填土的物理力学指标等设计资料,确定墙身断面、基础形式和埋置深度,布置排水设施等,并绘制挡土墙横断面图。

4.平面布置

对于个别复杂的挡土墙,如高、长的沿河挡土墙和曲线挡土墙,除了纵、横向布置外,还应作平面布置,绘制平面图,标明挡土墙与路线的平面位置及附近地貌和地物等情况,特别是与挡土墙有干扰的建筑物的情况。沿河挡土墙还应绘出河道及水流方向、其他防护与加固工程等。

除此以外,还应编写简要说明,说明选用挡土墙方案的理由,选用挡土墙结构类型和设计参数的依据,对材料和施工的要求及注意事项,主要工程数量等。

二、防排水措施

挡土墙防排水的作用在于疏干墙后土体和防止地表水下渗后积水,以免墙后积水致使墙身承受额外的静水压力;减小季节性冰冻地区填料的冻胀压力;消除黏土填料浸水后的膨胀压力。

挡土墙的防排水措施通常由地面防排水和墙身排水两部分组成。地面防排水主要是防止地表水渗入墙后土体或地基,地面防排水措施有:

(1)设置地面排水沟,截引地表水。

(2)夯实回填土顶面和地表松土,防止雨水和地表水下渗,必要时可设铺砌层。

(3)路堑挡土墙趾前的边沟应予以铺砌加固,以防边沟水渗入基础。

墙身排水主要是为了排除墙后积水,通常在墙身的适当高度处布置一排或数排泄水孔,如图 1-5 所示。泄水孔的尺寸可视泄水量大小分别采用 5cm×10cm、10cm×10cm、15cm×20cm 的矩形孔或直径为 5~20cm 的圆孔。孔眼间距一般为 2~3m,干旱地区可予增大,多雨地区则可减小。对于浸水挡土墙孔眼间距则为 1.0~1.5m。孔眼应上下交错设置,最下一排泄水孔的出水口应高出地面 30cm;如为路堑挡土墙,应高出边沟水位 30cm;浸水挡土墙则应高出常水位 30cm。下排泄水孔进水口的底部,应铺设 30cm 厚的黏土层,并夯实,以防水分渗入基础。泄水孔的进水口部分应设置反滤层,以防孔道淤塞。干砌挡土墙可不设泄水孔。

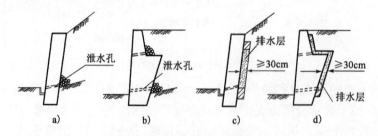

图 1-5 泄水孔及排水层

若墙后填土的透水性不良或可能发生冻胀时,应在最低一排泄水孔至墙顶以下 50cm 的高度范围内,填筑不小于 30cm 厚的砂砾石,如图 1-5c)、d)所示,也可铺筑无砂混凝土块或土工织物等渗水性材料作排水层,以疏干墙后填土中的水,排水层的顶部应以 30~50cm 厚的不渗水材料封闭。

需要在挡土墙上开孔设置涵洞时,应对挡土墙墙身及基础进行补强和防水处理,并采取有效措施,防止涵洞渗漏及保证填料排水顺畅。

三、变形缝

各类挡土墙应根据构造特点,设置容纳构件收缩、膨胀及适应不均匀沉降的变形缝,变形缝包括沉降缝和伸缩缝。

为避免因地基不均匀沉陷而引起墙身开裂,根据地基地质、水文条件的变化和墙高、墙身断面的变化情况需设置沉降缝。在平曲线地段,挡土墙可按折线形布置,并在转折处以沉降缝断开。为防止圬工砌体因收缩硬化和温度变化而产生裂缝,应设置伸缩缝,与其他建筑连接处也需设置伸缩缝。一般将沉降缝和伸缩缝合并设置,沿路线方向每隔 10~15m 设置一道,岩质地基亦不宜超过 20m,如图 1-4 所示。加筋土挡土墙分段长度(沉降伸缩缝间距)可适当加大,但也不应大于 25m。缝宽 2~3cm,自墙顶贯通至基底,对于高速公路、一级公路,或在渗水量大、填料易于流失和冻害严重地区,缝内宜采用沥青麻筋或沥青木板等具有弹性的材料堵塞,对于二级及二级以下公路也可采用胶泥,沿内、外、顶三侧填塞,填塞深度不宜小于 15cm。当挡土墙位于冻害不严重的地区,且墙后为岩质路堑或填石路堤,也可不填塞,即设置空缝。干砌挡土墙可不设沉降缝与伸缩缝。

为防止墙身表面出现微小的开裂,钢筋混凝土挡土墙表面还应设置垂直的 V 形槽,如图 1-6 所示,间距不应大于 10m。沉降伸缩缝可做成企口式,如图 1-7 所示。当墙高较低,地基坚固时,可在前后墙面设置槽口缝,如图 1-8 所示。特别应注意 V 形槽和槽口缝在钢筋构造上的区别,即设槽处钢筋不截断,而在设缝处水平钢筋应截断。

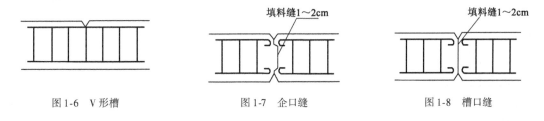

图 1-6　V 形槽　　　　　图 1-7　企口缝　　　　　图 1-8　槽口缝

四、防护设施

为保证交通安全,在非封闭性公路上,挡土墙高度大于 6m 且挡土墙连续长度大于 20m,挡土墙外为悬崖或地面横坡陡于 1:0.75 且挡土墙连续长度大于 20m,挡土墙靠近居民点或处于行人较多的路段且为高于 3m 的路肩挡土墙时,墙顶应设置人行防护栏杆。

为保持路肩最小宽度,护栏内侧边缘距路面边缘的距离,二、三级公路不应小于 75cm,四级公路一般不应小于 50cm,外侧距墙顶边缘不应小于 10cm;高速公路、一级公路防撞护栏应设在土路肩宽度内。

护栏分墙式和柱式两种,重力式挡土墙应采用墙式护栏。

墙式护栏的内侧为路肩边缘,外侧距路基边缘应为 10cm。墙式护栏应用浆砌片(块)石或混凝土预制块砌筑,宽 40cm,高出路肩 50~60cm,每段长 2m,净间距 2m,并用 M7.5 水泥砂浆砌筑,抹面,外涂白色。

柱式护栏中心距内侧路肩边缘应为 20cm,距外侧路基边缘应为 30cm。柱式护栏宜采用钢筋混凝土制作,直径为 15~20cm,高出路肩 70~80cm,埋深约 70cm。柱式护栏间距在平曲线路段为 2m,直线路段为 3m。柱式护栏应用涂料标出红白相间的条纹或加反光材料标志。

高速公路、一级公路当设置防撞护栏、防撞墙或护索时,其设置要求应符合《公路交通安全设施施工技术规范》(JTG F71—2006)的规定。

五、基础埋置深度

基础埋置深度应按地基的性质、承载力的要求、冻胀的影响、地形和水文地质条件等确定。挡土墙基础置于土质地基时,其基础埋置深度应符合下列要求:

(1)基础埋置深度不小于1m。当有冻结时,应在冻结线以下不小于25cm,当冻结深度超过1m时,应在冻结线下25cm内换填不冻胀材料(例如碎石、卵石、中砂或粗砂等),但埋置深度不小于1.25m。不冻胀土层中的基础,埋置深度可不受冻深的限制。

(2)受水流冲刷时,基础应埋置在冲刷线以下不小于1m。

(3)路堑挡土墙基础顶面应低于边沟底面不小于50cm。

挡土墙基础置于硬质岩石地基上时,应置于风化层以下,当风化层较厚,难以全部清除时,可根据地基的风化程度及其相应的承载力将基底埋于风化层中。置于软质岩石地基上时,埋置深度不小于1m。

挡土墙基础置于斜坡地面时,其趾部埋入深度和距地表的水平距离应符合表1-2的要求。

墙趾埋入斜坡地面的最小尺寸　　　　　　表1-2

地层类别	H(m)	L(m)	嵌入图式
较完整的硬质岩层	0.25	0.25~0.50	
一般硬质岩层	0.60	0.60~1.50	
软质岩层	0.70	1.00~2.00	
土层	1.00	1.50~2.50	

挡土墙采用倾斜基底,是提高抗滑稳定性行之有效的措施,但当基底斜坡较大时,将增加墙身与基底土体一起滑动的可能,而且将影响地基承载能力,因此,其倾斜度应得到控制,如表1-3所示。

基底倾斜度　　　　　　表1-3

地层类型		基底倾斜度($\tan\alpha_0$)
一般地基	岩质	≤0.3
	土质	≤0.2
浸水地基	$\mu<0.5$	0.0
	$0.5\leq\mu<0.6$	≤0.1
	$\mu\geq0.6$	≤0.2

注:α_0为基底倾斜角,为基底面与水平面的夹角;μ为基底与地基土的摩擦因数。

第四节　支挡构造物的基本施工技术

本节主要论述支挡构造物施工中一些基本要求,包括施工准备、地基处理和墙背回填等。

一、施工准备

施工准备的好坏和充分与否,直接影响到工程的进度、质量和施工企业的经济效益,必须认真对待。施工单位在接受任务后,应建立正常的施工秩序,尽快做好各项准备工作,包括场地清理、现场布置以及劳力、材料、工具、机械配置等。

1. 场地清理

支挡构造物施工前,应对施工现场进行清理,铲除有机杂质和树根草丛,支挡构造物两端清理范围应适当延长,并碾压平整,合理布置堆料场和施工现场。

对于路堑式挡土墙,内侧路基边坡应清刷整齐、干净,并注意边坡的稳定性。

受地面积水和地下水影响的土质不良地段,开工前应在支挡构造物的外围开挖排水沟等排水设施。

当作业面有积水时,必须排除积水。通常采用小型排水系统(如排水沟)或抽水机强制排水,为机械施工创造良好的作业条件。

2. 施工放样

开工前应精确测定支挡构造物处路基中心线、基础主轴线、构造物顶面轴线、构造物起讫点以及支挡构造物处的横断面,每根轴线均应以四个桩点在基线两端延长线上予以固定(每端两点),并分别以素混凝土包封保护。

路基中轴线应加密桩点,一般在直线段每 10~15m 设一桩,曲线段每 5~10m 设一桩,并应根据地形和施工放样的实际需要增补横断面。

放样桩位时,应测定中心桩及挡土墙的地面高程,临时水准点应设置在施工干扰区之外,测设结果应符合精度要求并与相邻路段水准点相闭合。高速公路和一级公路水准点闭合差为 $\pm 20\sqrt{L}$(mm)[其中,L 为水准路线长度,以千米(km)计];二级及二级以下公路闭合差为 $\pm 30\sqrt{L}$(mm)。

构造物定位放线是确定整个工程平面位置的关键环节,施测中必须保证精度,杜绝错误,否则其后果将难以处理。构造物的定位、放线,一般通过设计定位图中平面控制轴线来确定构造物的四廓位置。测定并经自检合格后,提交有关技术部门和监理人员验线,以保证定位的准确性。

3. 熟悉设计文件并进行现场核对

设计文件是组织工程施工的主要依据。熟悉、审核施工图纸是领会设计意图,明确工程内容,分析工程特点的重要环节,一般应注意如下几个方面:

(1)核对设计计算的假定和采用的处理方法是否符合实际情况,施工是否有足够的稳定性,对保证安全施工有无影响。

(2)核对设计是否符合施工条件,如需采用特殊施工方法和特定技术措施时,技术上和设备条件上有无困难。

(3)结合生产工艺和使用上的特点,核对施工能否满足设计规定的质量标准,核查相关的技术要求。

(4)核对有无特殊的材料要求以及材料的品种、规格、数量。

(5)核对图纸说明有无矛盾,规定是否明确和齐全。

(6)核对图纸主要尺寸、位置、高程有无错误。

(7)通过熟悉图纸确定与施工有关的准备工作项目。

在熟悉设计文件的基础上,会同设计单位进行现场核对。现场核对的重点是根据实际地形,核查设计图中挡土墙设置是否合理,沉降缝与伸缩缝、泄水孔等设置是否合理,基础埋置深度是否合适,地质描述与实际地基情况是否相符,挡土墙与路基或构造物连接是否平顺、稳定等。当设计与实际情况不相符时,应作必要修改。

4. 施工组织设计编制

施工组织设计是指导工程施工的组织、技术、经济的一个综合性设计文件,对施工的全过程起指导作用。它既要体现工程建设计划和设计要求,又要符合施工活动的客观规律,对施工全过程起到战略部署和战术安排的双重作用。因此,编制施工组织设计的目的在于全面、合理、有计划地组织施工,从而具体实现设计意图,并按质、按量、按期完成施工任务。

施工组织设计是施工准备工作的重要组成部分,也是及时做好其他有关施工准备工作的依据,因为它规定了其他有关施工准备工作的内容和要求,所以它对施工准备工作也起到保证作用。实践证明,一个工程如果施工组织设计编得好,能正确地反映客观实际,并能得到认真执行,施工就可以有条不紊地进行,否则就会出现盲目施工的混乱局面,造成不必要的损失。

根据核对的工程量、工地特点、工期要求及施工条件,结合企业的设备能力,做出实施性施工组织设计。由于支挡构造物一般都附属在路基工程范围内,所以支挡构造物的施工组织设计可配合路基施工方案统一编制。施工组织设计中应包括施工方法和相应的技术措施,工程数量,开工及完工日期,所需劳力、机械设备、材料数量,临时工程,场地布置以及运输车辆等。

5. 材料准备

由于建筑施工需消耗大量的材料,所以材料储备和运输是现场施工准备的重要内容。故材料的储运须满足一定的要求。

首先,材料应按工程进度分期分批进场。现场储备的材料多了会造成积压,并增加材料保管的负担,同时也占用了流动资金,而储备少了又会影响正常生产,故材料储运应分批分期进行。

其次,做好现场保管工作,以保证材料的原有数量和原有的使用价值。

再次,现场材料的堆放应合理。现场储备的材料,应严格按照施工平面布置图的位置堆放,且应堆放整齐,挂牌标示,以免混淆。此外,亦应做好防水、防潮及易碎材料的保护工作。

对于外购和自采材料,先应通过试验鉴定,合格后方可进场。提前做好砂浆或混凝土配合比设计、墙背填料的击实试验等。

支挡构造物用水泥应符合国家标准的规定,并应有生产厂家的品种、强度等级、日期、数量的证明和厂家的品质试验报告。运至工地后应及时进行复检。一般水泥存放期为3个月,存放3个月以上为过期水泥,强度将降低10%~20%,过期时间愈长,强度降低也愈大,如表1-4所示。因此,当水泥超过生产期3个月或受潮时,须重新取样检验,以便掌握水泥活性,确定是否可用并按实际强度等级使用。

水泥强度依储存期不同的降低率参考值　　　表1-4

储存时间(月)	3	6	12	18
强度降低率(%)	10~20	15~30	25~40	约50

受潮水泥的处理和使用方法如表1-5所示。

水泥应按不同厂家、强度等级、品种分批堆存放,防止日晒、风吹、受潮,不宜和其他化学药品、糖类及有挥发性物质混在一起。室外临时存放的水泥,支承底板应比原地面垫高20~30cm,用苫布严密覆盖。室内储存库,宜设在较高地点,经常保持通风干燥,墙壁及地板要严密、防潮隔热,水泥堆置不宜过高,以 10～12 袋为宜。水泥堆与墙面至少有 20cm 的间隔距离。水泥堆之间应留有 50～60cm 的人行通道。散装水泥必须采用适当的密闭仓储设备储存,以防止受潮变质、流失或污染环境。水泥材料应按进场日期先到先用。

受潮水泥的处理和使用方法 表 1-5

受潮程度	处理方法	使用方法
有松块、小球,可以捏成粉末,但无硬块	将松块、小球等压成粉末,使用时加强搅拌	经试验后根据实际强度等级使用
部分结成硬块	筛去硬块,并将松块压碎	1. 经试验后根据实际强度等级使用; 2. 用于不重要工程受力小的部位; 3. 用于砌筑砂浆
硬块	将硬块压成粉末,掺入25%硬块质量的新鲜水泥做强度试验	经试验后根据实际强度等级使用

注:受潮水泥不宜用于高强砂浆、混凝土和主要工程中。

钢筋应按类型、钢号、直径分别挂牌堆放,堆放高度应在地面以上 30cm,并加遮盖,避免锈蚀和污染。存放时应对钢筋外表的缺陷进行检查,发现有严重锈蚀、麻坑、劈裂、夹砂等,要做明显标记,并加以剔除。

每批钢筋进场,均应做拉力、冷弯、可焊性等试验,如不符合要求,则应加倍取样再做试验,如其中仍有一根不合格,这批钢筋可予不验收或根据试验结果降低等级使用。

对经检验合格用于锚杆、拉杆、土钉、拉筋等的钢筋,应分别配套加工制作,并进行除锈和防锈处理,刷防锈漆两遍,存放在通风干燥处,覆盖严密,禁止日晒雨淋。

二、基础施工

1. 地基处理

当地基为土质(如碎石土、砂砾土、土质砂、黏质土等)时,应将其整平夯实。对于岩石地基,若发现岩层有孔洞、裂缝,应视裂缝的张开度以水泥砂浆或小石子混凝土、水泥—水玻璃或其他双液型浆液等浇注饱满;若地基岩层有外露软弱夹层时,宜在墙趾前对此层做封面保护。

当地基开挖后,若发现地基土质与设计情况有出入时,应按实际情况请示调整设计。

对软弱或土质不良地段地基,可采用换填法、挤密法、抛石挤淤法、土工合成材料法、粉喷桩法、排水固结法和振冲碎石桩法等方法进行处治。

2. 基坑开挖

开挖前,应做好场地临时排水措施,雨天坑内积水应随时排干。对受水浸泡的地基上,特别是松软淤泥应全部予以清除,并换以透水性和稳定性良好的材料并夯填至设计高程。基础的各部分尺寸、形状以及埋置深度,均应按照设计要求进行施工,基坑开挖尺寸,应满足基础施工的要求,基坑底面一般大于基础外缘 0.5～1.0m,以便于施工。渗水基坑应考虑基坑排水设施(包括排水沟、集水坑、管网)和基础模板等大小而定。

在松散软弱土质地段,基坑不宜全段连通开挖,而应采用跳槽开挖,以防基坑坍塌。

在天然地基土层上挖基,如深度在 5m 以内,施工期又较短,基底处于地下水位以上,且土的湿度正常,构造均匀,其开挖坑壁坡度可参考表 1-6 选定。当基坑深度大于 5m 时,应加设平台,这不仅利于基坑边坡的稳定,又利于基坑开挖。

基 坑 坑 壁 坡 度 表1-6

坑 壁 土 类	坡 度		
	顶缘无荷载	顶缘有静载	顶缘有动载
砂类土	1:1	1:1.25	1:1.5
碎卵石土	1:0.75	1:1	1:1.25
土质砂	1:0.67	1:0.75	1:1
黏质土、黏土	1:0.33	1:0.5	1:0.75
极软岩	1:0.25	1:0.33	1:0.67
软质岩	1:0	1:0.1	1:0.25
硬质岩	1:0	1:0	1:0

注：1. 如土的湿度过大，能引起坑壁坍塌时，坑壁坡度可采用该湿度下的天然坡度。

2. 通过不同土层时，边坡可分层选定，并酌情留平台。

3. 山坡上开挖基坑，如地质不良，应注意防止滑坍。

4. 岩石的饱和单轴极限强度（MPa）<5、5~30、>30时，分别定为极软岩、软质岩、硬质岩。

基坑可采取垂直开挖、放坡开挖、支撑加固或其他加固的开挖方法。有地面水淹没的基坑，可修筑围堰、改河、改沟、筑坝等措施，排开地面水后再开挖。当排水挖基有困难或遇有流沙、涌泥现象，又具有水中挖基设备时，可采用下列水中挖基方法：

（1）挖掘机水中挖掘

适用于各种土质，但开挖时不要破坏基坑边坡的稳定。可采用反铲挖掘和吊机配合抓泥斗挖掘，一般工效较高。

（2）水力吸泥机挖掘

适用于砂类土和卵石类土，不受水深限制，其出土效率随水压、水量的增加而提高，但其费用较大。

（3）空气吸泥机挖掘

适用于水深大于5.0m的砂类土或含少量碎（卵）石的基坑，浅水基坑不宜采用。在黏土层中使用时，应与射水配合进行，以破坏土层结构，吸泥时应同时向基坑内注水，使基坑内水位高于天然水位约1m，防止流沙或涌泥。

任何土质基坑，挖至高程后不得长时间暴露、扰动、浸泡，以免削弱基底承载能力。一般土质基坑，挖至接近高程时，宜保留10~20cm的厚度，在基础砌筑前突击挖除。

基坑开挖不得破坏基底土的结构，如有超挖或扰动，应将原土回填，且必须夯实或作换填处理。挖基弃土堆放地点不得妨碍其他作业或影响坑壁稳定。

当基础为倾斜基底和墙趾设台阶时，应严格按照基底坡度、基底高程及台阶宽度开挖，保持地基土的天然结构，不得用填补方法筑成斜面。当基础置于风化岩层上时，应按基础尺寸凿除表面已风化的岩层，在砌筑基础的同时，将基坑填满、封闭。

3. 基础砌筑

基坑完成后，按基底纵轴线结合横断面放线复验，确认位置、高程正确无误后，方可进行基础砌筑，砌筑方法同重力式挡土墙墙身（详见第三章）。基础砌筑应注意以下几个问题。

（1）砌筑前，应将基底表面风化、松散土石清除干净。

（2）砌筑基础的第一层砌块时，如基底为岩层或混凝土基础，应先将基底表面清洗、湿润，再坐浆砌筑，这样可使第一层砌块与基底黏结牢固，保证砌体与基底间的抗弯拉能力和抗剪能力;如基底为土质,可直接坐浆砌筑。

(3)对于土质基坑或风化软岩基坑,在雨季施工时,应在基坑挖至设计高程,立即满铺砌筑一层。

(4)硬质岩石基坑,基础宜紧靠坑壁砌筑,并插浆塞满间隙,使之与岩层形成整体。

(5)采用台阶式基础时,台阶转折处不得砌成竖向通缝,砌体与台阶壁间的缝隙应插浆塞满。

(6)砌筑基础时,应保证砌体砂浆不受水冲刷。

(7)在岩层破碎或土质松软、有水地段,宜择旱季分段集中施工。

(8)基础完成后,应立即回填,以小型压实机械分层压(夯)实,并在表面留3%的向外斜坡,防止积水渗入基底。

三、墙背回填

为保证挡土墙正常的使用功能,并使其具有良好的技术经济性能,墙背填料的选择是至关重要的。

一般应选择透水强、易排水、抗剪强度大且稳定的填料。由于碎(砾)石土、砂类土力学性能稳定、受水的影响较小,因此,墙后应优先选择透水性良好的砂类土、碎(砾)石类土进行填筑。严禁使用腐殖土、盐渍土、膨胀土、淤泥、白垩土及硅藻土作填料,因为这些材料性能极不稳定,胀缩反复交替发生,干燥时体积易收缩,雨季易膨胀。而且填料中不应含有机物、冰块、草皮、树根等杂物及生活垃圾。季节性冰冻地区,不应采用冻胀性材料作填料。

黏土的压实性和透水性都较差,常具有吸水膨胀性和冻胀性,产生侧向膨胀压力而影响挡土墙的稳定性,所以不宜作为填料使用。但从就地取材出发,有时不得不采用黏质土时,则可适当掺入块石、碎石,或掺入石灰拌和均匀后形成石灰土,也可分层加入土质砂排水垫层等措施以改善黏土填料的物理力学性能。

当墙背采用透水性不良的填料时,除应做到拌和均匀,控制黏土块含量和最佳含水率外,还应在墙背设置连续排水层。浸水挡土墙的墙背应全部用水稳性和透水性良好的材料填筑。

如有条件建议采用CBR值来选择和控制墙背填料,其标准可参考《公路路基设计规范》(JTG D30—2004)和《公路路基施工技术规范》(JTG F10—2006),如表1-7所示。

填料最小强度　　　　表1-7

填料应用部位 (路面底面以下深)	填料最小强度(CBR)(%)		
	高速公路及一级公路	二级公路	三、四级公路
0~30cm	8	6	5
30~80cm	5	4	3
80~150cm	4	3	3
>150cm	3	2	2

注:1.表列强度按《公路土工试验规程》(JTG D30—2004),对试样浸水96h的CBR试验方法测定。
　　2.三、四级公路铺筑沥青混凝土和水泥混凝土路面时,应采用二级公路的规定。

填料采集前应作标准击实试验,确定填料的最佳含水率和最大干密度以及相应的物理、化学性能指标,据以控制压实质量。碾压前应进行压实试验,根据碾压机具、填料性质及最佳含水率,控制填料的松铺厚度,并分层压实。施工中亦可根据试验的碾压遍数来指导施工。

挡土墙的墙体应在达设计强度的75%以上时,方可进行墙后回填。路肩式挡土墙顶面高程应低于路肩边缘高程 2~3cm,挡土墙顶面作成与路肩一致的横坡度,以排除路面水。

墙后必须回填均匀、摊铺平整,填料顶面应按设计要求设置横坡,一般为 2%~3%。墙后 1.0m 范围内,不得有大型机械行驶或作业,为防止碰坏墙体,一般应用小于 5t 的小型机械设备进行压(夯)实,如蛙式打夯机、内燃打夯机、手扶式振动压路机和振动平板夯等。分层厚度不应超过 20cm。

设有拉筋的挡土墙填料填筑要满足平整度的要求,凹凸不平的填料表面,使拉筋在压路机的作用下也会起伏不平。因而填料表面的平整度应给予控制。并不得使用羊足碾碾压,以防凸轮对拉筋的损伤。

填料压实应满足规范的要求,压实度可采用灌砂法、环刀法、水袋法和核子密度湿度仪法进行检查,灌砂法是压实度检测的标准方法,适用于各类填料,环刀法仅适用于细粒土。当采用灌砂法和水袋法时,试洞深度应等于压实层厚度,即取土样底面位置为压实层底部;采用环刀法时,环刀应处于压实层的中部;用核子密度湿度仪检测时,应先进行标定,并与灌砂法作对比试验,找出相关的修正系数。

每一压实层均应检验压实度,合格后方可填筑其上一层,否则应查明原因,采取措施进行补充压实,直至满足要求。检验频率距墙背 1m 范围以内,每层 100 延米检验不小于 3 点,小于 100 延米时,可取 3 点;距墙背 1m 范围以外,每层 500m² 或每 50 延米检验不小于 3 点。

思考题

1. 试述支挡构造物的作用。在哪些情况下,需要考虑设置支挡构造物?
2. 简述各种支挡构造物的类型、特点及使用条件,并试述支挡构造物的发展现状。
3. 在地形比较平坦的填方路段修建不同高度的挡土墙,如何选择其结构形式?
4. 挡土墙的选型主要考虑哪些因素?

第二章 荷载及其组合

支挡构造物承受的主要荷载是土压力或滑坡推力,其中,挡土墙设计主要考虑土压力,而抗滑构造物(如抗滑挡土墙和抗滑桩)则考虑滑坡推力。除此之外,作用于支挡构造物的荷载还有水压力、行车荷载、地震力等,施工过程中还应考虑施工荷载。

本章主要讨论土压力和滑坡推力的计算以及荷载组合。

第一节 土压力计算

一、土压力的概念与分类

各种形式的挡土墙,都以支撑土体使其保持稳定为目的,所以这类构造物的主要荷载,就是土体的侧向压力,简称土压力。为了使挡土墙的设计经济合理,关键是正确地计算土压力,其中,包括土压力的大小、方向与分布等。

土压力的计算是一个复杂的问题。它涉及填土、墙身以及地基三者之间的共同作用。土压力不仅与墙身的几何尺寸、墙背的粗糙度以及填土的物理和力学性质、填土的顶面形状和顶部的外荷载有关,而且还与墙和地基的刚度,以及填土的施工方法有关。现在国内外土压力计算仍采用古典的极限平衡理论,它是对上述复杂问题进行诸多假定和简化而得出的。

土压力问题的理论研究,18世纪末已开始。依据研究途径的不同,可以把有关极限状态下的土压力理论,大致分为两类:

(1)假定破裂面形状,依据极限状态下破裂棱体的静力平衡条件来确定土压力,这类土压力理论最初是由法国的库仑(C. A. Coulomb)于1773年提出的,称为库仑理论。

(2)假定土体为松散介质,依据土中一点的极限平衡条件来确定土压力强度和破裂面方向,这类土压力理论是由英国的朗金(W. J. Rankine)于1857年提出的,称为朗金理论。

在影响土压力大小及其分布规律的诸多因素中,挡土墙的位移方向和位移量是计算中要考虑的特殊因素。根据挡土墙的位移和墙后土体所处的应力状态,土压力有以下三种类型。

1. 静止土压力

如果挡土墙的刚度很大,在土压力作用下,墙体不发生变形和任何位移(移动或转动),如图2-1a)所示。墙背后土体处于弹性平衡状态,此时墙背所受的土压力称为静止土压力,并以E_0表示。实际上,使挡土墙保持静止的条件是:墙身尺寸足够大、墙身与基础牢固地连接在一起、地基不产生不均匀沉降等。

2. 主动土压力

如果挡土墙在土压力作用下向前(离开土体)产生一微小的移动或转动,如图2-1b)所示,从而使墙对土体的侧向应力(它与土压力大小相等、方向相反)逐渐减小,土体便出现向下滑动的趋势。这时土中逐渐增大的抗剪力抵抗着这一滑动的产生。当墙的侧向应力减小到某一数值,且土的抗剪强度充分发挥时,土压力减到最小值,土体便处于极限平衡状态,即主动极限平衡状态。与此相应的土压力称为主动土压力,以符号 E_a 表示。达到主动极限平衡状态时墙的移动或转动位移量是较小的,如表 2-1 所示。

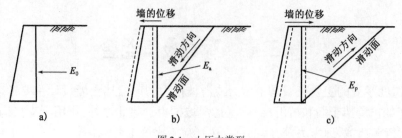

图 2-1 土压力类型
a)静止土压力;b)主动土压力;c)被动土压力

3. 被动土压力

如果挡土墙在外力作用下,移动或转动方向是推挤土体,如图 2-1c)所示,从而逐渐增大墙对土体的侧向应力,这时土体便出现向上滑动的趋势,而土中逐渐增大的抗剪力阻止着这一滑动的产生。当墙对土体的侧向应力增大到某一数值,使土的抗剪强度充分发挥时,土压力增大到最大值,土体便处于另一极限平衡状态,即被动极限平衡状态。与此相应的土压力称为被动土压力,以符号 E_p 表示。达到被动极限平衡状态时墙的移动或转动位移量,比产生主动土压力所需的位移量要大得多,如表 2-1 所示。

产生主动、被动土压力时挡土墙所需的位移量　　　　表 2-1

土 的 类 别	应 力 状 态	挡土墙位移形式	所需位移量
土质砂	主动	平移	$0.001H$
	主动	绕墙趾转动	$0.001H$
	被动	平移	$0.05H$
	被动	绕墙趾转动	$>0.1H$
黏质土	主动	平移	$0.004H$
	被动	绕墙趾转动	$0.004H$

注:H 为挡土墙高。

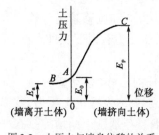

图 2-2 土压力与墙身位移的关系

由于土的应力—应变状态不同,土压力的大小和方向也是变化的。被动土压力和主动土压力是土压力的最大与最小的极限值;而静止土压力介于其间,如图 2-2 所示,即 $E_p > E_0 > E_a$。

在挡土墙设计中,应根据它在外力作用下可能的位移方向,来判断是主动土压力还是被动土压力。如拱桥桥台在荷载和自重作用下,有向土体移动的趋势,为台背土压力所阻止,故台背所受的土压力应为被动土压力。而对一般的挡土墙,则墙身有被土体向外挤动的可能,墙背承受的是主动土压力。

二、静止土压力计算

静止土压力可根据弹性半无限体的应力状态求解。在图 2-3a)中,在填土表面以下深度 h 处的 M 点取一单元体(在 M 点处一微小正六面体),作用于单元体上的力有两个;一是竖向土的自重;二是侧向压力。

土的自重应力 σ_z 为：

$$\sigma_z = \gamma h \tag{2-1}$$

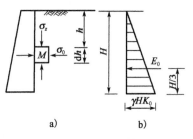

图 2-3 静止土压力计算图式

式中：γ——填土的重度（kN/m^3）；

h——自填土表面至 M 点深度（m）。

侧向土压力是由于土侧向不能产生变形而产生的，它的反作用力就是静止土压力 σ_0。由弹性半无限体在无侧向变形的条件下，其侧向压力与竖向压力之间的关系为：

$$\sigma_0 = K_0 \sigma_z = K_0 \gamma h \tag{2-2}$$

$$K_0 = \frac{\mu}{1-\mu} \tag{2-3}$$

式中：K_0——静止土压力系数；

μ——填土的泊松比。

静止土压力系数 K_0 与填土的性质、密实程度等因素有关，可由试验测定。由于目前试验设备和方法还不够完善，所得结果不能令人满意，所以常采用下述经验公式估算：

$$\left.\begin{array}{l} K_0 = 1 - \sin\varphi' \quad （正常固结土）\\ K_0 = \sqrt{R}(1-\sin\varphi') \quad （超固结土） \end{array}\right\} \tag{2-4}$$

式中：φ'——填土的有效内摩擦角（°）；

R——填土的超固结比。

由式（2-2）可知，静止土压应力沿墙高呈三角形分布，如图 2-3b）所示，其合力 E_0 为：

$$E_0 = \frac{1}{2}\gamma H^2 K_0 \tag{2-5}$$

静止土压力 E_0 方向为水平，作用点位于离墙踵 $H/3$ 高度处。

三、朗金土压力理论

1. 基本原理

朗金土压力理论是从研究弹性半无限体内的应力状态出发，根据土的极限平衡理论来计算土压力的。朗金理论在分析土压力时作了如下基本假定：

（1）土体是地表为一平面的半无限体，土压力方向与地表面平行。

（2）达到主动应力状态时，土体向侧向伸张；达到被动应力状态时，土体向侧向压缩。

（3）主动或被动应力状态只存在于破裂棱体之内，即局部土体中出现极限状态，而破裂棱体之外仍处于弹性平衡状态。

（4）土体发生剪切时，破裂面为平面。

（5）伸张与压缩对土的影响很小，忽略竖直方向上土的变形对土压力的影响。

（6）挡土墙墙背垂直、光滑，即墙背倾角 $\alpha=0°$，墙背与填土无摩擦作用，即墙背摩擦角 $\delta=0°$。

若土体表面为水平面的均质弹性半无限体，即水平面垂直向下和沿水平方向都为无限伸展。由于土体内任一竖直面都是对称面，因此，地面以下 h 深度处的 M 点在土的自重作用下竖直面和水平面上的剪应力为零，故该点处于弹性平衡状态，其应力状态为：

竖向应力 $\qquad\qquad\sigma_z = \gamma h$

水平应力 $$\sigma_x = K_0\gamma h$$

且分别为大、小主应力。

如果用挡土墙代替 M 点一侧的土体,如图 2-4a)所示,由于墙背与填土间无摩擦力,因而无剪应力,亦即墙背为主应力面。当挡土墙无位移时,它不影响土体中原有的应力状态,墙后土体仍处于弹性状态,即作用在墙背上的应力状态与弹性半无限土体应力状态相同。以 $\sigma_1 = \sigma_z$、$\sigma_3 = \sigma_x$ 做成的莫尔应力圆与土的抗剪强度曲线不相切,如图 2-4d)中圆 Ⅰ 所示。

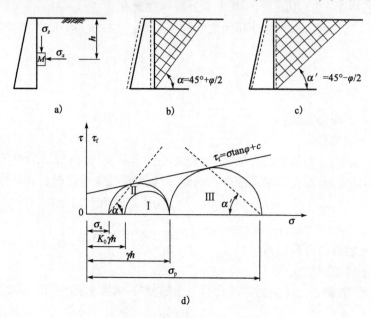

图 2-4 半无限体的极限平衡状态
a)深度为 h 时的应力状态;b)朗金主动状态;c)朗金被动状态;d)莫尔应力圆与朗金状态的关系

当挡土墙离开土体向外移动时,如图 2-4b)所示,墙后土体有伸张趋势。此时竖向应力 σ_z 不变,墙背法向应力 σ_x 减小,σ_z 和 σ_x 仍为大、小主应力。当挡土墙位移使 σ_x 减小到土体达极限平衡状态时,σ_x 达到最小值 σ_a,σ_z 和 σ_x 的莫尔应力圆与抗剪强度包线相切,如图 2-4d)中圆 Ⅱ 所示。土体形成一系列破裂面,破裂面上各点都处于极限平衡状态,称为朗金主动状态。此时墙背上的法向应力 σ_x 为最小主应力,即朗金主动土压力。破裂面与大主应力作用面(即水平面)成 $\alpha = 45° + \varphi/2$。

同理,若挡土墙在外力作用下挤压土体,如图 2-4c)所示,σ_z 仍不变,而 σ_x 随着挡土墙位移增加而逐步增大,当 σ_x 超过 σ_z 时,σ_x 为大主应力,σ_z 则为小主应力。当挡土墙位移挤压土体使 σ_x 增大到土体达极限平衡状态时,σ_x 达最大值 σ_p,莫尔应力圆亦与抗剪强度包线相切,如图 2-4d)中圆 Ⅲ 所示。土体形成一系列破裂面,此种状态称为朗金被动状态。此时墙背上的法向应力 σ_x 为最大主应力,即朗金被动土压力。破裂面与水平面成 $\alpha' = 45° - \varphi/2$。

2. 主动土压力

根据土的强度理论,土体中某点达到极限平衡状态时,大、小主应力 σ_1 和 σ_3 有如下关系式,如图 2-4d)所示。

土质砂 $$\sigma_1 = \sigma_3 \tan^2\left(45° + \frac{\varphi}{2}\right) \tag{2-6a}$$

或 $$\sigma_3 = \sigma_1 \tan^2\left(45° - \frac{\varphi}{2}\right) \tag{2-6b}$$

黏质土 $$\sigma_1 = \sigma_3 \tan^2\left(45° + \frac{\varphi}{2}\right) + 2c \cdot \tan\left(45° + \frac{\varphi}{2}\right) \quad (2\text{-}7a)$$

或 $$\sigma_3 = \sigma_1 \tan^2\left(45° - \frac{\varphi}{2}\right) - 2c \cdot \tan\left(45° - \frac{\varphi}{2}\right) \quad (2\text{-}7b)$$

当挡土墙墙背垂直光滑，填土表面水平，如图 2-5 所示，挡土墙偏离土体位移时，墙背任一深度 h 处竖向应力 σ_z 为大主应力 σ_1，σ_x 为小主应力 σ_3，因而利用式(2-6b)和式(2-7b)即可求得朗金主动土压应力 σ_a：

土质砂 $$\sigma_a = \sigma_x = \sigma_3 = \gamma h \tan^2\left(45° - \frac{\varphi}{2}\right) \quad (2\text{-}8a)$$

或 $$\sigma_a = \gamma h K_a \quad (2\text{-}8b)$$

黏质土 $$\sigma_a = \sigma_3 = \gamma h \tan^2\left(45° - \frac{\varphi}{2}\right) - 2c \cdot \tan\left(45° - \frac{\varphi}{2}\right) \quad (2\text{-}9a)$$

或 $$\sigma_a = \gamma h K_a - 2c\sqrt{K_a} \quad (2\text{-}9b)$$

$$K_a = \tan^2\left(45° - \frac{\varphi}{2}\right) \quad (2\text{-}10)$$

式中：σ_a——沿深度方向的主动土压力分布强度，即主动土压应力(kPa)；

K_a——朗金主动土压力系数；

γ——填土的重度(kN/m³)；

h——计算点距填土表面的距离(m)；

φ——填土的内摩擦角；

c——填土的黏聚力(kPa)。

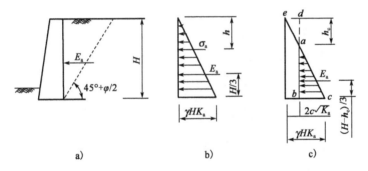

图 2-5 朗金主动土压力
a)主动土压力图式；b)土质砂主动土压力分布；c)黏质土主动土压力分布

由式(2-8)可知，土质砂的主动土压应力与 h 成正比，沿墙高的压力分布为三角形，如图 2-5 所示，如取纵向单位墙长计算，则主动土压力为：

$$E_a = \frac{1}{2}\gamma H^2 K_a \quad (2\text{-}11)$$

且 E_a 作用在离墙踵 $H/3$ 高度处。

黏质土的土压应力由两部分组成。一部分是由土的自重引起的土压力 $\gamma h K_a$；另一部分是由黏聚力 c 引起的土压力 $2c\sqrt{K_a}$，但这部分侧压力为负值。这两部分土压力叠加的结果如图 2-5c)所示，图中 ade 部分为负侧压力。由于墙背光滑，土对墙背产生的拉力将使土体脱离墙体，在计算土压力时，该部分应略去不计。因此黏性土的土压力分布实际上仅是 abc 部分。

a 点离填土表面的深度 h_c 称为临界深度。在填土表面无荷载的条件下,临界深度 h_c 可根据式(2-9),并令 $\sigma_a = 0$ 求得:

$$h_c = \frac{2c}{\gamma}\tan\left(45° + \frac{\varphi}{2}\right) \tag{2-12}$$

若取单位墙长计算,则黏质土的主动土压力为:

$$E_a = \frac{1}{2}(H - h_c)(\gamma H K_a - 2c\sqrt{K_a})$$

即

$$E_a = \frac{1}{2}\gamma H^2 K_a - 2cH\sqrt{K_a} + \frac{2c^2}{\gamma} \tag{2-13}$$

主动土压力 E_a 通过三角形压力分布图 abc 的形心,即作用在离墙踵 $(H - h_c)/3$ 处。

尚需注意,当填土表面有超载时,不能直接应用式(2-12)计算临界深度 h_c。此时应按 h_c 处的土压应力 $\sigma_a = 0$ 求算。

3. 被动土压力

如上所述,当挡土墙在外力作用下挤压土体出现朗金被动状态时,墙背某一深度 h 处竖向应力 σ_z 已变为小主应力 σ_3,而 σ_x 为大主应力 σ_1。同理可根据式(2-6a)和式(2-7a)导得朗金被动土压应力 σ_p 为:

土质砂

$$\sigma_p = \sigma_x = \sigma_1 = \gamma h \tan^2\left(45° + \frac{\varphi}{2}\right) \tag{2-14a}$$

或

$$\sigma_p = \gamma h K_p \tag{2-14b}$$

黏质土

$$\sigma_p = \sigma_1 = \gamma h \tan^2\left(45° + \frac{\varphi}{2}\right) + 2c \cdot \tan\left(45° + \frac{\varphi}{2}\right) \tag{2-15a}$$

或

$$\sigma_p = \gamma h K_p + 2c\sqrt{K_p} \tag{2-15b}$$

式中:σ_p——沿墙高方向被动土压力分布强度,即被动土压应力(kPa);

K_p——朗金被动土压力系数。

$$K_p = \tan^2\left(45° + \frac{\varphi}{2}\right) \tag{2-16}$$

被动土压力分布如图 2-6 所示,如取单位墙长计算,则被动土压力为:

土质砂

$$E_p = \frac{1}{2}\gamma H^2 K_p \tag{2-17}$$

黏质土

$$E_p = \frac{1}{2}\gamma H^2 K_p + 2cH\sqrt{K_p} \tag{2-18}$$

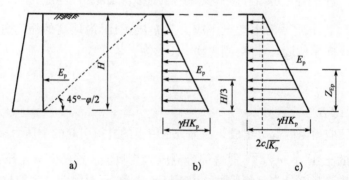

图 2-6 朗金被动土压力

a)被动土压力图式;b)土质砂被动土压力分布;c)黏质土被动土压力分布

被动土压力 E_p 通过三角形或梯形压力分布图的形心,分别作用在离墙踵 $H/3$ 或 $\dfrac{(3h_c + H)}{(2h_c + H)} \cdot \dfrac{H}{3}$ 高度处。

4. 倾斜平面时的土压力

如填土表面为倾斜平面,与水平面的倾角为 β,如图 2-7 所示。当填土向两侧方向伸张而达到主动极限平衡状态时,填土内出现两破裂面,即第一、第二破裂面,两破裂面的夹角为 $90° - \varphi$,根据应力圆的几何关系(图 2-8),第一、第二破裂面倾角分别为:

$$\theta_i = \frac{1}{2}(90° - \varphi) + \frac{1}{2}(\varepsilon - \beta) \tag{2-19}$$

$$\alpha_i = \frac{1}{2}(90° - \varphi) - \frac{1}{2}(\varepsilon - \beta) \tag{2-20}$$

$$\varepsilon = \arcsin \frac{\sin\beta}{\sin\varphi}$$

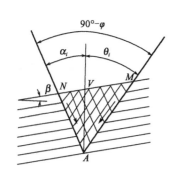
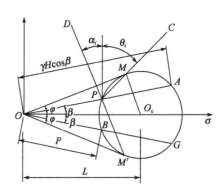

图 2-7 倾斜表面时的朗金理论　　　图 2-8 朗金主动状态的应力图

作用于垂直面上的主动土压力为:

$$E_a = \frac{1}{2}\gamma H^2 K_a \tag{2-21}$$

$$K_a = \cos\beta \frac{\cos\beta - \sqrt{\cos^2\beta - \cos^2\varphi}}{\cos\beta + \sqrt{\cos^2\beta - \cos^2\varphi}} \tag{2-22}$$

式中: K_a ——朗金主动土压力系数。

E_a 的方向与填土表面平行,土压应力呈三角形分布,合力作用点距离墙踵高度为 $H/3$。

当填上向内侧压缩,且填土的抗剪强度得到充分发挥时,填土达到被动极限平衡状态,出现两破裂面,其夹角为 $90° + \varphi$。第一、第二破裂倾角分别为:

$$\theta'_i = \frac{1}{2}(90° + \varphi) - \frac{1}{2}(\varepsilon + \beta) \tag{2-23}$$

$$\alpha'_i = \frac{1}{2}(90° + \varphi) + \frac{1}{2}(\varepsilon + \beta) \tag{2-24}$$

被动土压力为:

$$E_p = \frac{1}{2}\gamma H^2 K_p \tag{2-25}$$

$$K_p = \cos\beta \frac{\cos\beta + \sqrt{\cos^2\beta - \cos^2\varphi}}{\cos\beta - \sqrt{\cos^2\beta - \cos^2\varphi}} \tag{2-26}$$

式中：K_p——朗金被动土压力系数。

E_p 的方向与填土表面平行，土压应力呈三角形分布，作用点距离墙踵高度为 $H/3$。

当填土表面水平时，即 $\beta = 0°$，则式(2-22)、式(2-26)转化为式(2-10)、式(2-16)。

5. 朗金土压力理论的应用

(1) 朗金理论可用于具有均布荷载、填土表面为倾斜平面的垂直墙，如图2-9所示，若该均布荷载换算高度为 h_0，则土压力为：

$$E_a = \frac{1}{2}\gamma H(H + 2h_0)K_a \tag{2-27}$$

$$E_p = \frac{1}{2}\gamma H(H + 2h_0)K_p \tag{2-28}$$

(2) 如墙背（或假想墙背）为俯斜，如图2-10所示，虽然朗金理论只适用于垂直墙背，但可利用朗金理论近似计算土压力。其方法是从墙踵 A 点引竖直线交于填土表面的 C 点，以 AC 为假想墙背，假想墙背的计算墙高 H' 为：

$$H' = H(1 + \tan\alpha\tan\beta)$$

用式(2-11)或式(2-21)求出假想墙背 AC 上的主动土压力 E_a，然后计算△ABC的填土重 W，作为该土体对实际墙背的竖直压力，则 E_a 与 W 的矢量和可近似认为是 AB 墙背上的土压力。

(3) 填土表面为折线形时，朗金理论不适用。

(4) 朗金理论不适用于仰斜墙背（图2-11），因为这时朗金状态只存在于棱体 AMN 中，其下部破裂面 AA' 段将是曲面，还没有较简单的方法进行近似计算。

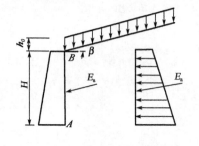

图2-9 均布荷载作用

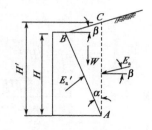

图2-10 俯斜墙背

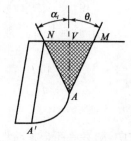

图2-11 仰斜墙背

朗金土压力理论是应用弹性半无限体的应力状态，根据土的极限平衡理论推导和计算土压力，其概念明确，计算公式简单。但由于假定墙背垂直、光滑、填土表面为单一平面，使计算条件和适用范围受到限制，计算结果与实际有出入，所得主动土压力值偏大，被动土压力值偏小。

四、库仑土压力理论

库仑理论是200多年前提出的计算土压力的一种经典理论。随着生产和科学技术的不断发展，这个理论在很大程度上得到了丰富和发展。

库仑理论是一种计算土压力的简化方法。它具有计算简便，能适用于各种复杂情况和计算结果比较接近实际等优点。因此，目前仍被工程界所广泛应用。

1. 基本原理

库仑土压力理论是从研究墙后宏观土体的滑动出发的,这和朗金理论先求得土压应力有所不同。当墙后破裂棱体产生滑动时,土体处于极限平衡状态,根据破裂棱体的静力平衡条件,求得墙背主动土压力和被动土压力。库仑理论在分析土压力时,基于下述基本假定:

(1) 墙后土体为均质散粒体,粒间仅有内摩擦力而无黏聚力。

(2) 当墙产生一定位移(移动或转动)时,墙后土体将形成破裂棱体,并沿墙背和破裂面滑动(下滑或上移)。

(3) 破裂面为通过墙踵的一平面。

(4) 当墙后土体开始滑动时,土体处于极限平衡状态,破裂棱体在其自重 W、墙背反力(它的反作用力即为土压力 E)和破裂面反力 R 的作用下维持静力平衡。由于破裂棱体与墙背及土体间具有摩擦阻力,故 E 与墙背法线成 δ 角、R 与破裂面法线成 φ 角,并均偏向阻止棱体滑动的一侧。

(5) 挡土墙及破裂棱体均视为刚体,在外力作用下不发生变形。

库仑理论可以计算土质砂填料,挡土墙墙背倾斜、填土表面倾斜、墙背粗糙,与填土间存在摩擦作用等各种情况下的土压力。

2. 主动土压力

如图 2-12a)所示,AB 为挡土墙墙背,BC 为破裂面,BC 与竖直方向的夹角 θ 为破裂角,ABC 即为破裂棱体。在这个棱体上作用着三个力,即破裂棱体自重 W、主动土压力的反力 E_a、破裂面上的反力 R。其中,E_a 的方向与墙背法线成 δ 角,且偏于阻止棱体下滑的方向,R 的方向与破裂面法线成 φ 角,同样偏于阻止棱体下滑的方向。由于棱体处于极限平衡状态,因此,力三角形必须闭合,如图 2-12b)所示。从力三角形中,可得:

$$E_a = W \frac{\cos(\theta + \varphi)}{\sin(\theta + \psi)} \tag{2-29}$$

但是,破裂角 θ 是未知的,由式(2-29)和图 2-12 可知,由于所假定的破裂面的位置不同(即 θ 不同),W 和 E_a 都将随之改变。当 $\theta = 90° - \varphi$ 时,R 与 W 重合,$E_a = 0$;当 $\theta = \alpha$ 时,破裂面与墙背重合,$W = 0$,$E_a = 0$;当 $\theta > \alpha$ 时,E_a 随 θ 增加而增大;当 θ 等于某一定值时,E_a 值达最大,而后又逐渐减小,至 $\theta = 90° - \varphi$ 时变为零。E_a 的最大值即为主动土压力,相应的 BC 面即为主动状态最危险破裂面,θ 称为主动状态破裂角。

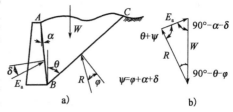

图 2-12 库仑主动土压力计算图式

根据上面分析,E_a 是 θ 的函数,且存在最大值。因此,利用微分学中极值原理,将式(2-29)对 θ 求导,并令:

$$\frac{dE_a}{d\theta} = 0$$

由此即可求得主动状态时破裂角 θ,然后将 θ 代入式(2-29)求得 E_a 值,这就是库仑理论求算 E_a 的各种图解法和数解法的依据。

当填土表面为倾斜平面时,如图 2-13a)所示,依据上述方法所得的主动土压力的表达式为:

$$E_a = \frac{1}{2}\gamma H^2 \frac{\cos^2(\varphi-\alpha)}{\cos^2\alpha\cos(\delta+\alpha)\left[1+\sqrt{\dfrac{\sin(\varphi+\delta)\sin(\varphi-\beta)}{\cos(\delta+\alpha)\cos(\alpha-\beta)}}\right]^2}$$

或
$$E_a = \frac{1}{2}\gamma H^2 K_a \tag{2-30}$$

$$K_a = \frac{\cos^2(\varphi-\alpha)}{\cos^2\alpha\cos(\delta+\alpha)\left[1+\sqrt{\dfrac{\sin(\varphi+\delta)\sin(\varphi-\beta)}{\cos(\delta+\alpha)\cos(\alpha-\beta)}}\right]^2} \tag{2-31}$$

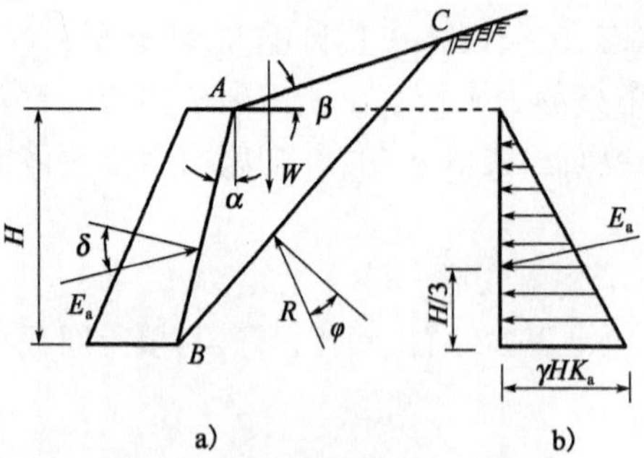

式中：K_a——库仑主动土压力系数；
γ——填土的重度(kN/m^3)；
H——墙背高度(m)；
φ——填土的内摩擦角(°)；
δ——墙背摩擦角(°)；
β——填土表面的倾角(°)；
α——墙背倾角(°)，当墙背俯斜时，α为正，当墙背仰斜时，α为负。

图2-13 倾斜表面库仑主动土压力

沿墙高的土压应力 σ_a，可通过 E_a 对 h 求导而得到：

$$\sigma_a = \frac{dE_a}{dh} = \gamma h K_a \tag{2-32}$$

由上式可见，主动土压应力沿墙高呈三角形分布，土压力的作用点离墙踵的高度为 $H/3$，方向与墙背的法线成 δ 角，或与水平方向成 $\delta+\alpha$ 角，如图2-13b)所示。

3. 被动土压力

如图2-14a)所示，若 BC 为破裂面，则破裂棱体自重 W 为墙背对被动土压力的反力 E_p 和破裂面反力 R 所平衡。不过，破裂棱体被推挤向上滑动，因而 E_p 和 R 偏离法线的方向与主动极限状态相反。由于破裂棱体是处于极限平衡状态，力三角形是闭合的，如图2-14b)所示，依据力三角形即可求得 E_p：

$$E_p = W\frac{\cos(\theta-\varphi)}{\sin(\theta-\varphi-\delta+\alpha)} \tag{2-33}$$

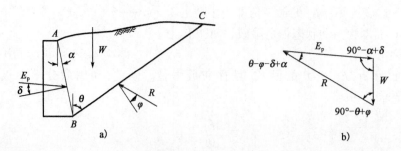

图2-14 库仑被动土压力计算图式

由式(2-33)可知，θ 值不同，求得的土压力值亦不同。在被动极限状态下，土压力的最小值即为被动土压力 E_p，相应于土压力最小值时的破裂面即为被动状态破裂面。

按照求解主动土压力的原理与方法，即可求得填土表面为倾斜平面时的被动土压力 E_p，如图 2-15 所示。

$$E_p = \frac{1}{2}\gamma H^2 \frac{\cos^2(\varphi+\alpha)}{\cos^2\alpha\cos(\delta-\alpha)\left[1-\sqrt{\frac{\sin(\varphi+\delta)\sin(\varphi+\beta)}{\cos(\delta-\alpha)\cos(\alpha-\beta)}}\right]^2}$$

或

$$E_p = \frac{1}{2}\gamma H^2 K_p \tag{2-34}$$

$$K_p = \frac{\cos^2(\varphi+\alpha)}{\cos^2\alpha\cos(\delta-\alpha)\left[1-\sqrt{\frac{\sin(\varphi+\delta)\sin(\varphi+\beta)}{\cos(\delta-\alpha)\cos(\alpha-\beta)}}\right]^2} \tag{2-35}$$

式中：K_p——库仑被动土压力系数。

被动土压应力沿墙高也呈三角形分布，如图 2-15b)所示，土压应力为：

$$\sigma_p = \gamma h K_p \tag{2-36}$$

土压力的作用点在距离墙踵 $H/3$ 高度处，方向与墙背法线顺时针成 δ 角，即与水平方向成 $(\delta-\alpha)$ 角。

若填土表面水平，墙背垂直且光滑时，即 $\beta=0$、$\alpha=0$ 及 $\delta=0$ 时，式(2-31)式(2-35)可简化成：

$$K_a = \frac{\cos^2\varphi}{(1+\sin\varphi)^2} = \tan^2\left(45°-\frac{\varphi}{2}\right)$$

$$K_p = \tan^2\left(45°+\frac{\varphi}{2}\right)$$

这与土质砂填料时的朗金土压力系数公式相同，如式(2-10)和式(2-16)所示。由此可见，在特定条件下，两种土压力理论得到的结果是相同的。

4. 复杂边界条件下的主动土压力

式(2-30)表示的库仑主动土压力公式是按墙后土体表面为平面的边界条件推导的，适用于路堑墙或破裂面交会于边坡上的路堤墙。实际工程中，挡土墙后的填土表面有时不是平面，而且在路基表面有车辆荷载作用，因而边界条件较为复杂。挡土墙因路基形式和荷载分布不同，土压力有多种计算图式。按破裂面交于路基面的位置不同，可分为下列几种图式，如图 2-16所示，破裂面 BC_1 交会于内边坡、破裂面 BC_2 交会于荷载内侧、破裂面 BC_3 交会于荷载中部、破裂面 BC_4 交会于荷载外侧、破裂面 BC_5 交会于外边坡等。

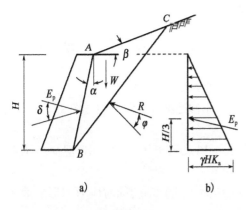

图 2-15 倾斜表面库仑被动土压力

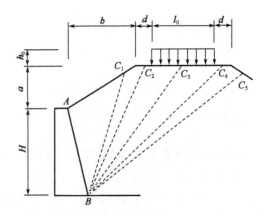

图 2-16 不同边界土压力计算图式

复杂边界条件的主动土压力计算公式的推导思路和方法同式(2-30),其中,破裂棱体的自重可统一表示为:

$$W = \gamma(A_0\tan\theta - B_0) \tag{2-37}$$

式中：A_0、B_0——与破裂角 θ 无关的边界条件系数,按表2-2中的公式计算。

边界条件 A_0、B_0 表2-2

边界条件	A_0	B_0
破裂面交于荷载内侧	$A_0 = \frac{1}{2}(a+H)^2$	$B_0 = \frac{1}{2}ab - \frac{1}{2}H(H+2a)\tan\alpha$
破裂面交于荷载中部	$A_0 = \frac{1}{2}(a+H+2h_0)(a+H)$	$B_0 = \frac{1}{2}ab + (b+d)h_0 - \frac{1}{2}H(H+2a+2h_0)\tan\alpha$
破裂面交于荷载外侧	$A_0 = \frac{1}{2}(a+H)^2$	$B_0 = \frac{1}{2}ab - l_0 h_0 - \frac{1}{2}H(H+2a)\tan\alpha$

将式(2-37)代入式(2-29)得：

$$E_a = \gamma(A_0\tan\theta - B_0)\frac{\cos(\theta+\varphi)}{\sin(\theta+\psi)} \tag{2-38}$$

令 $\frac{dE_a}{d\theta} = 0$,并经整理化简得：

$$\tan\theta = -\tan\psi \pm \sqrt{(\tan\psi + \cot\varphi)(\tan\psi + B_0/A_0)} \tag{2-39}$$

5. 土压应力分布图

当地面不是一个平面而是多个平面或有荷载作用时,墙背上的土压应力往往不呈直线分布。为了求得土压力的作用点,常借助于土压应力分布图,土压应力分布图还可用来计算挡土墙任一截面上所受的土压力。

土压应力分布图表示墙背在竖直投影面上的应力分布情况,按下述原则绘制：墙顶以上的填土及均布荷载向墙背扩散压应力的方向平行于破裂面；各点压应力与其所承受的竖直应力成正比,即：

$$\sigma = \gamma h K$$

式中：K——主动土压力系数。

应该指出,主动土压力系数 K 不同于前文的 K_a（也称为主动土压力系数）,只有在特殊情况下, $K = K_a$。

土压应力分布图有以下三种表示方法,常采用第一种方法：

（1）土压力 E_a 按水平方向绘制,它的面积等于 E_a,但不能表示土压力的方向,如图2-17b)所示。

（2）土压力 E_a 按与水平方向成 $(\delta+\alpha)$ 角绘制,它可以表明土压力的方向,但应力图形的面积不等于土压力,如图2-17c)所示。

（3）水平土压力 E_x 按水平方向绘制,它既表示土压力 E_x 的方向,同时应力图形的面积也等于土压力 E_a 的水平分力 E_x,如图2-17d)所示。

土压力系数 K 可按下述方法推求,从图 2-17a)可以求得,当填土表面水平时,则破裂棱体 ABC 的重力为：

$$W = \frac{1}{2}\gamma H^2 (\tan\theta + \tan\alpha)$$

代入式(2-29),得土压力：

$$E_a = \frac{1}{2}\gamma H^2 \frac{\cos(\theta + \varphi)}{\sin(\theta + \psi)}(\tan\theta + \tan\alpha)$$

由土压应力分布图可求得：

$$E_a = \frac{1}{2}\gamma H^2 K$$

上述两式相等,于是得土压力系数：

$$K = \frac{\cos(\theta + \varphi)}{\sin(\theta + \psi)}(\tan\theta + \tan\alpha) \tag{2-40}$$

上述填土为水平时的土压力系数 K 具有普遍意义,可用以推算各种复杂边界条件时的土压应力分布图。

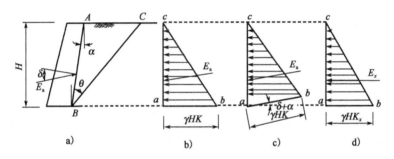

图 2-17 土压应力分布图表示方法

对于图 2-18a)所示的破裂面交会于荷载外侧的路堤墙,其土压应力分布图如图 2-18b)所示。

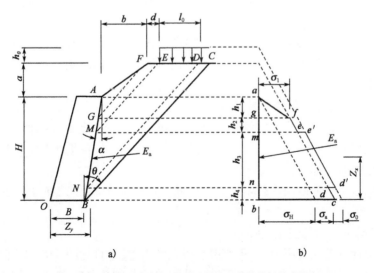

图 2-18 土压应力分布图(破裂面交会于荷载外侧的路堤墙)

在图中,GF、ME、ND 都是平行于破裂面 BC 的直线。墙背上各应力变化点的应力值为:

$$\sigma_H = \gamma H K$$
$$\sigma_a = \gamma a K$$
$$\sigma_0 = \gamma h_0 K$$
$$\sigma_1 = \gamma(a + h_1)K$$

应力图各变化点的高度可由几何关系求得:

$$h_1 = \frac{b - a\tan\theta}{\tan\theta + \tan\alpha}$$

$$h_2 = \frac{d}{\tan\theta + \tan\alpha}$$

$$h_3 = \frac{l_0}{\tan\theta + \tan\alpha}$$

$$h_4 = H - h_1 - h_2 - h_3$$

绘出应力图,就很容易求出该应力图的面积 S 和该面积对 B 点的面积矩 M_0。土压力 E_a 及其作用点则分别为:

$$E_a = S$$
$$Z_x = M_0/E_a$$
$$Z_y = B - Z_x\tan\alpha$$

6. 库仑土压力理论的适用范围

(1)库仑主动土压力的适用范围

①库仑理论虽有不够严谨之处,但概念清晰,计算简单,适应范围较广,可适用于不同墙背坡度和粗糙度、不同墙后填土表面形状和荷载作用情况下的主动土压力计算。而且,一般情况下,计算结果均能满足工程要求。

②库仑理论较适用于土质砂,主动土压力计算值与实际情况比较接近。当应用于黏质土时,应考虑黏聚力的影响。

③库仑理论不仅适用于墙背为平面或近似平面的挡土墙,也可用于 L 形墙背(如悬臂式和扶壁式挡土墙),此时可以将墙背顶点和墙踵的连线为假想墙背来计算土压力,其中,墙背摩擦角为填土的内摩擦角 φ。

④当俯斜墙背(包括 L 形墙背的假想墙背)的坡度较缓时,破裂棱体不一定沿着墙背(或假想墙背)滑动,而可能沿土体内某一破裂面滑动,即土体中出现第二破裂面,此时应按第二破裂面法计算土压力。

⑤当库仑理论应用于仰斜墙背时,墙背坡度不宜太缓,一般以不缓于 1:0.3 ~ 1:0.35 为宜,不然将出现较大的误差,计算土压力偏小,如墙背倾角 $\alpha = \varphi$,理论上 $E_a = 0$,但实际上 $E_a \neq 0$。

⑥库仑理论仅适用于刚性挡土墙。对于锚杆式、锚定板式、桩板式等柔性挡土墙的土压力只能按库仑理论近似计算。

⑦库仑理论适用于地面或墙后填土表面倾角 $\beta < \varphi$ 的情况,否则在计算主动土压力系数时将出现虚根。

(2)库仑被动土压力的使用条件

用库仑理论计算被动土压力时,常会引起很大的误差,并且它随 α、δ 和 β 值的增大而迅速增大。另外,实际的被动土压力达不到理论计算值。这是因为产生被动极限状态时的位移量远较主动极限状态大,如表 2-1 所示,这对一般挡土墙来说几乎是不可能的,有时也是不允许的。因此,如果在设计中考虑土的被动抗力,应对被动土压力的计算值进行大幅度的折减。

例如重力式挡土墙设计时,墙背上承受主动土压力,墙趾处虽有部分土层,但由于主动土压力产生的位移量较小,墙前土体难以达到被动状态,因此,墙前被动抗力要比理论计算的被动土压力小得多。目前尚无可靠的计算方法,根据经验并为安全起见,一般只取 1/3 的被动土压力计算值作为设计值,并且常常是在基础埋深较大(如大于 1.5m),土层稳定不受水流冲刷或其他的扰动破坏时才考虑。

五、特殊条件下的库仑土压力计算

1. 第二破裂面的土压力

在挡土墙设计中,往往遇到墙背俯斜很缓,即墙背倾角 α 比较大,如衡重式挡土墙的上墙,如图 2-19a)所示,其假想墙背 AC 的倾角一般比较大。当墙身向外移动,土体达到主动极限平衡状态时,破裂棱体并不沿墙背滑动,而是沿着土体中另一破裂面 CD 滑动,这时土体中出现相交于墙踵 C 的两个破裂面,远墙的破裂面 CF 称为第一破裂面,而近墙的破裂面 CD 则称为第二破裂面,用 θ_i 和 α_i 分别表示第一、第二破裂角。由于土体中出现了两个破裂面,用库仑理论的一般公式来计算土压力便不适用了,在这种情况下,应按破裂面出现的位置,来求算土压力。在工程实际中,常把出现第二破裂面时计算土压力的方法称为第二破裂面法。

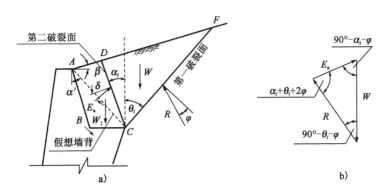

图 2-19 第二破裂面法计算图式

(1)第二破裂面产生的条件

①墙背(或假想墙背)倾角 α(或 α')必须大于第二破裂面的倾角 α_i,即墙背不妨碍第二破裂面的产生。

②墙背(或假想墙背)上的诸力(第二破裂面与墙背之间的土体自重 W_1 及作用在第二破裂面上的土压力 E_a)所产生的下滑力必须小于墙背上的抗滑力,可表示为:

$$E_x \tan(\alpha + \delta) > (E_y + W_1) \tag{2-41}$$

即作用在墙背上的合力对墙背法线的倾角 δ' 必须小于墙背摩擦角 δ。亦可表述为第二破裂面与墙背之间的土体不会沿墙背下滑。

(2)第二破裂面的土压力计算

用库仑理论的方法可求算第二破裂面的土压力,这时,第二破裂面上的摩擦角等于土体的内摩擦角 φ。由于破裂棱体有两组破裂面,按照库仑理论,作用于第二破裂面的土压力 E_a 或 E_x 是 α_i 与 θ_i 的函数,即:

$$E_a = f(\alpha_i, \theta_i)$$
或
$$E_x = f(\alpha_i, \theta_i)$$

从图 2-19b)所示的力三角形中可知：

$$E_a = W \frac{\cos(\theta_i + \varphi)}{\sin[(\alpha_i + \varphi) + (\theta_i + \varphi)]} \tag{2-42}$$

$$E_x = E_a \cos(\alpha_i + \varphi) = \frac{W}{\tan(\alpha_i + \varphi) + \tan(\theta_i + \varphi)} \tag{2-43}$$

取 E_x 等于最大值为出现第二破裂面的极值条件，可得：

$$\left. \begin{array}{l} \dfrac{\partial E_x}{\partial \alpha_i} = 0 \\[6pt] \dfrac{\partial E_x}{\partial \theta_i} = 0 \end{array} \right\} \tag{2-44}$$

$$\left. \begin{array}{l} \dfrac{\partial^2 E_x}{\partial \alpha_i^2} < 0 \\[6pt] \dfrac{\partial^2 E_x}{\partial \theta_i^2} < 0 \\[6pt] \dfrac{\partial^2 E_x}{\partial \alpha_i^2} \cdot \dfrac{\partial^2 E_x}{\partial \theta_i^2} - \left(\dfrac{\partial^2 E_x}{\partial \alpha_i \partial \theta_i} \right)^2 > 0 \end{array} \right\} \tag{2-45}$$

求解上式可分别得到第一、第二破裂角 θ_i 和 α_i。并将 θ_i 和 α_i 代入式(2-42)中，即可求得第二破裂面的土压力 E_a。

2. 折线形墙背的土压力

为了适应地形和工程需要，常采用凸形折线(简称凸折式)墙背的挡土墙或衡重式挡土墙。这些挡土墙的墙背不是一个平面，而是折面。对于这类折线形墙背，以墙背转折点或衡重台为界，分为上墙与下墙，如图 2-20 所示。

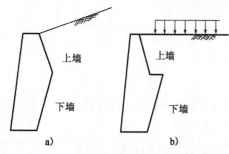

图 2-20 折线形墙背
a)凸折式墙背；b)衡重式墙背

如前所述，库仑理论仅适用于直线墙背。当墙背为折线时，不能直接用库仑理论求算全墙的土压力。这时，可将上墙与下墙看作独立的墙背，分别按库仑理论计算主动土压力，然后取两者的矢量和作为全墙的土压力。

计算上墙土压力时，不考虑下墙的影响，采用一般库仑土压力公式计算；若上墙墙背(或假想墙背)倾角较大，出现第二破裂面，则采用第二破裂面法计算。

下墙土压力计算较为复杂，目前普遍采用简化的计算方法，常用的有延长墙背法和力多边形法两种。

(1)延长墙背法

如图 2-21 所示，AB 为上墙墙背，BC 为下墙墙背。先将上墙视为独立的墙背，用一般的方法求出主动土压力 E_1，土压应力分布图形为 abc。计算下墙土压力时，首先延长下墙墙背 CB，交填土表面于 D 点；以 DC 为假想墙背，用一般库仑土压力理论求算假想墙背的土压力，其土压应力分布图形为 def；截取其中与下墙相应的部分，即 $hefg$，其合力即为下墙主动土压力 E_2。

延长墙背法是一种简化的近似方法,由于计算简便,该方法至今在工程界仍得到广泛的应用。然而,它的理论根据不足,给计算带来一定的误差,这主要是忽略了延长墙背与实际墙背之间的土体重力及作用其上的荷载,但多考虑了由于延长墙背与实际墙背上土压力作用方向的不同而引起的竖直分量差,虽然两者能相互补偿,但未必能抵消。此外,在计算假想墙背上的土压力时,认为上墙破裂面与下墙破裂面平行,实际上,一般情况下,两者是不平行的,这就是产生误差的第二个原因。

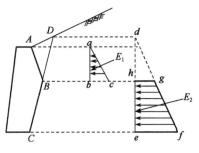

图 2-21　延长墙背法求下墙土压力

(2) 力多边形法

力多边形法依据极限平衡条件下作用于破裂棱体上的诸力应构成闭合力多边形的原理,来求算下墙土压力。这种方法不需要借助于任何假想墙背,因而避免了延长墙背法所引起的误差。

力多边形法求算折线墙背下墙土压力采用数解法,作用于破裂棱体上的力及由此构成的力多边形,如图 2-22 所示。在力多边形中,根据其几何关系,即可求得下墙土压力 E_2:

$$E_2 = W_2 \frac{\cos(\theta_2 + \varphi)}{\sin(\theta_2 + \varphi + \delta_2 - \alpha_2)} - \Delta E \quad (2\text{-}46)$$

$$\Delta E = R_1 \frac{\sin(\theta_2 - \theta_i)}{\sin(\theta_2 + \varphi + \delta_2 - \alpha_2)} \quad (2\text{-}47)$$

$$R_1 = E_1 \frac{\cos(\alpha_1 + \delta_1)}{\cos(\theta_2 + \varphi)} \quad (2\text{-}48)$$

式中:W_2——挡土墙下墙破裂棱体的重力(包括破裂棱体上的荷载)(kN);
　　　θ_i——上墙第一破裂角;
　　　θ_2——下墙破裂角;
　　　R_1——上墙破裂面上的反力(kN);
　　　E_1——上墙土压力(kN);
　　　α_1——上墙墙背倾角;
　　　α_2——下墙墙背倾角;
　　　δ_1——上墙墙背摩擦角;
　　　δ_2——下墙墙背摩擦角;
　　　φ——填土的内摩擦角。

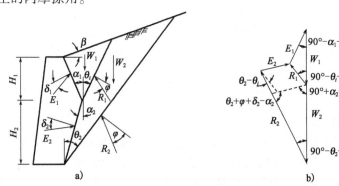

图 2-22　力多边形法求下墙土压力

由上式可知，下墙土压力 E_2 是试算破裂角 θ_2 的函数，为求 E_2 的最大值，可令 $\dfrac{\partial E_2}{\partial \theta_2} = 0$，求得破裂角 θ_2。将求出的 θ_2 代入式(2-46)即可求得下墙土压力 E_2。

3. 黏质土的土压力

当墙后填料为黏质土时，由于黏聚力的存在，对土压力值有很大的影响，因此，在计算土压力时，应考虑黏聚力。

(1) 等效内摩擦角法

由于库仑理论仅限于计算土质砂的土压力，故最简单的办法就是增大内摩擦角的计算数值，把黏聚力的影响考虑在内摩擦角这一参数内，然后按土质砂的公式计算其主动土压力。这就是所谓的等效内摩擦角法。

通常把黏质土的内摩擦角值增大 5°~10°，作为等效内摩擦角 φ_D；或直接取等效内摩擦角值为 30°~35°，地下水位以下为 25°~30°。

按经验确定等效内摩擦角 φ_D，仅与一定的墙高 H 相适应，按 φ_D 设计挡土墙，对低于 H 的挡土墙偏于保守，而对高于 H 的挡土墙则偏于危险，如图 2-23 所示。为了消除这一不利因素，等效内摩擦角 φ_D 可以按换算前后土体抗剪强度相等的原则或土压力相等的原则进行计算。

按土体抗剪强度相等的原则计算 φ_D (图 2-23)时：

$$\tan\varphi_D = \tan\varphi + \dfrac{c}{\gamma H} \tag{2-49}$$

按土压力相等的原理计算 φ_D (图 2-24)时：

$$\tan\left(45° - \dfrac{\varphi_D}{2}\right) = \tan\left(45° - \dfrac{\varphi}{2}\right) - \dfrac{2c}{\gamma H} \tag{2-50}$$

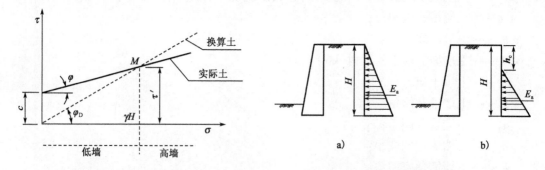

图 2-23　按抗剪强度相等原理计算 φ_D　　　　图 2-24　按土压力相等原理计算 φ_D

事实上，影响土体等效内摩擦角的因素很多，按土体抗剪强度相等或土压力相等的原理计算 φ_D，虽然考虑了土体的黏聚力 c 和墙高 H 的影响，但未能考虑挡土墙的边界条件(如填土表面倾角 β 和墙背倾角 α 等)对 φ_D 的影响。因此，要选取能真实反映黏质土抗剪强度的 φ_D 是比较困难。最好按实际的 c、φ 值计算黏质土的主动土压力，即按力多边形法来计算黏质土的主动土压力。

(2) 力多边形法

力多边形法，仍以库仑理论为依据，其计算图式如图 2-25 所示，其中，图 2-25b)为作用于破裂棱体 $ABDEFMNA$ 上的各力所构成的力多边形。图中，C 为破裂面上的黏结力，$C = \overline{BD} \cdot c$；$h_c$ 为考虑黏聚力后，填土表面所产生的裂缝深度，如式(2-12)所示。

用力多边形计算黏质土土压力时，仍然是先列出主动土压力 E_a 与试算破裂角 θ 间的函数

关系 $E_a = f(\theta)$,然后取 $\dfrac{\partial E_a}{\partial \theta} = 0$,即可求得破裂角 θ,并进而计算主动土压力 E_a。

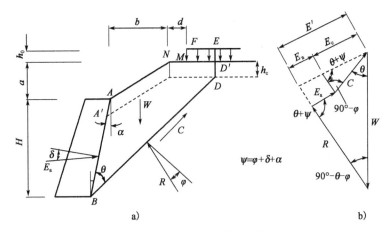

图 2-25 力多边形法求黏质土土压力

从力多边形可知,作用于墙背上的主动土压力为:

$$E_a = E' - E_c \tag{2-51}$$

$$E' = W \frac{\cos(\theta + \varphi)}{\sin(\theta + \psi)} \tag{2-52}$$

$$E_c = \frac{C \cdot \cos\varphi}{\sin(\theta + \psi)} \tag{2-53}$$

式中:E'——当 $c = 0$ 时的土压力(kN);

E_c——由于黏聚力 c 的存在而减少的土压力(kN)。

根据上述关系,利用极值原理,即可求得最不利破裂角 θ 和最大主动土压力 E_a。

土压应力分布图可近似地假定局部荷载不影响裂缝区深度,按土质砂的方法绘制。

4. 浸水挡土墙的土压力

浸水挡土墙的土压力应考虑水对填土的影响。填土受到水的浮力作用,使土压力减小;土质砂的内摩擦角受水的影响不大,可认为浸水后不变,但黏质土浸水后应考虑抗剪强度的降低。

(1)浸水后填土的 φ 值不变的土压力计算

在假设填土的 φ 值不变的条件下,则主动土压力系数 K 也不变。当墙后填土表面水平时,破裂角 θ 不受浸水的影响;当填土表面倾斜或有荷载作用时,则破裂角 θ 受浸水的影响而略有变化。虽然破裂角 θ 有变化,但对计算土压力的影响不大,而且影响浸水挡土墙土压力计算因素复杂,为简化计算,可进一步假设浸水后破裂角 θ 不变。

当 φ、θ 都不变时,浸水挡土墙的土压力,可采用不浸水时的土压力 E_a 扣除计算水位以下因浮力影响而减小的土压力 ΔE_b,如图 2-26 所示,即:

$$\left.\begin{array}{l} E_b = E_a - \Delta E_b \\ \Delta E_b = \dfrac{1}{2}(\gamma - \gamma')H_b^2 K \end{array}\right\} \tag{2-54}$$

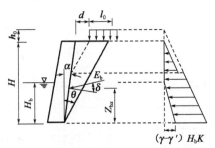

图 2-26 浸水挡土墙土压力计算图式

式中：γ'——填土的浮重度（kN/m^3）。

土压力作用点为：

$$Z_{bx} = \frac{E_a Z_x - \Delta E_b H_b/3}{E_b} \tag{2-55}$$

式中：Z_x——填土浸水前土压力作用点的高度（m）。

对于浸水时的凸折式挡土墙的下墙土压力，当采用延长墙背法时，按上述方法计算，即扣除由于水的浮力影响而减少的土压力 ΔE_{2b} 后由应力分布图确定土压力及作用点。当采用力多边形法时，土压力及作用点按下式计算：

$$E_{2b} = E_{2a} - \Delta E_{2b} \tag{2-56}$$

$$Z_{2bx} = \frac{E_{2a} Z_{2x} - \Delta E_{2b} \Delta Z_{2bx}}{E_{2b}} \tag{2-57}$$

$$\Delta E_{2b} = \frac{1}{2}(\gamma - \gamma')H_2(2H_b - H_2)K$$

$$\Delta Z_{2bx} = \frac{H_2}{3}\left(1 + \frac{H_b - H_2}{2H_b - H_2}\right)$$

式中：H_2——下墙墙高，当 $H_b \leqslant H_2$ 时，式中 H_2 用 H_b 代替即可。

(2)浸水后填土的 φ 值变化的土压力计算

当考虑浸水后填土的内摩擦角 φ 值降低时，应以计算水位为界，将填土的上下部分视为不同性质的土层，分层计算土压力。计算中，先求出计算水位以上填土的土压力 E_1；然后再将上层填土重力作为超载，计算浸水部分的土压力 E_2。上述两部分土压力 E_1 和 E_2 的矢量和即为全墙土压力 E_b。

在计算浸水部分的土压力 E_2 时，将上部土层（计算水位以上部分填土）及其上的荷载按浮重度 γ' 换算为均布土层，作为浸水部分的超载。均布土层的厚度 h_b 为：

$$h_b = \frac{\gamma}{\gamma'}(h_0 + H - H_b) \tag{2-58}$$

5. 地震作用下的土压力

地震对挡土墙的破坏主要是由水平地震力引起的，因此，在分析地震作用下的土压力时，只考虑水平方向地震力的影响。

求地震土压力通常采用静力法，又称惯性力法。这种方法与计算一般土压力的区别在于多考虑一个由破裂棱体自重 W 所引起的水平地震力 P_h。P_h 作用于棱体重心，其方向水平，并朝向墙后土体滑动方向，它的大小为：

$$P_h = C_z K_h W \tag{2-59}$$

式中：C_z——综合影响系数，$C_z = 0.25$；

K_h——水平地震力系数，如表 2-3 所示。

水平地震力系数与地震角　　　　　　　　　　　　　表 2-3

基本烈度		7	8	9
K_h		0.1	0.2	0.4
θ_s	非浸水	1°30′	3°	6°
	浸水	2°30′	5°	10°

地震力 P_h 与破裂棱体自重 W 的合力 W_s[如图 2-27c)所示]为：

$$W_s = \frac{W}{\cos\theta_s} \tag{2-60}$$

式中：θ_s——地震角。

地震角按下式计算，实际应用可按表 2-3 取值。

$$\theta_s = \arctan(C_z K_h) \tag{2-61}$$

已知地震力与破裂棱体自重的合力 W_s 的大小与方向，并且假定在地震条件下土的内摩擦角 φ 与墙背摩擦角 δ 不变，则墙后破裂棱体上的平衡力系如图 2-27a)所示。

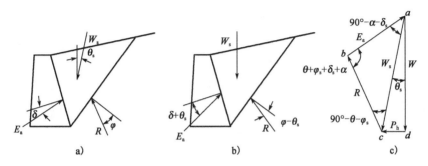

图 2-27 地震土压力计算图式

若保持挡土墙和墙后棱体位置不变，将整个平衡力系转动 θ_s 角，使 W_s 位于竖直方向，如图 2-27b)所示，由于没有改变平衡力系中三力间的相互关系，即没有改变图 2-27c)中的力三角形 abc，则这种改变并不影响对 E_a 的求算。由图 2-27b)可以看出，只要用下列各值：

$$\left.\begin{array}{l} \gamma_s = \gamma/\cos\theta_s \\ \delta_s = \delta + \theta_s \\ \varphi = \varphi - \theta_s \end{array}\right\} \tag{2-62}$$

取代 γ、δ、φ 值，地震作用下的力三角形 abc 与一般情况下的力三角形（图 2-12）完全相似，因此，可直接采用一般库仑土压力公式来计算地震作用下的土压力。

按上述方法计算时，必须满足下列条件：

$$\left.\begin{array}{l} \alpha + \delta + \theta_s < 90° \\ \varphi \geqslant \beta + \theta_s \end{array}\right\} \tag{2-63}$$

用静力法求得地震土压力 E_a 后，在计算 E_x 和 E_y 时，仍应采用实际墙背摩擦角 δ，而不应用 δ_s。

对于路肩墙还可以按下式计算地震土压力 E_a，作用于距墙踵以上 $0.4H$ 处。

$$E_a = \frac{1}{2}\gamma H^2 K_a (1 + 3C_i C_z K_h \tan\varphi) \tag{2-64}$$

式中：C_i——重要性修正系数，如表 2-4 所示。

重要性修正系数　　　　　　　　　　　　　　　　　　表 2-4

公路等级及墙高 H	C_i	公路等级及墙高 H	C_i
高速公路、一级公路，$H > 10\mathrm{m}$	1.7	二级、三级公路，$H > 10\mathrm{m}$	1.0
高速公路、一级公路，$H \leqslant 10\mathrm{m}$	1.3	三级公路，$H \leqslant 10\mathrm{m}$	0.6

6. 车辆荷载作用下的土压力

墙背填土表面常有车辆荷载作用,使土体中产生附加的竖向应力,从而产生附加的侧向压力。土压力计算时,对于作用于墙背填土表面的车辆荷载可以近似地按均布荷载来考虑,并将其换算为重度与墙背填土相同的均布土层。

换算均布土层厚度 h_0(m)可直接由挡土墙高度确定的附加荷载强度计算,如图 2-28 所示,即:

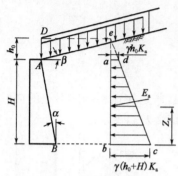

图 2-28 均布荷载换算图式

$$h_0 = \frac{q}{\gamma} \quad (2\text{-}65)$$

式中:γ——墙背填土的重度(kN/m³);
q——附加荷载强度(kPa),按表 2-5 取值。

附加荷载强度 q 表 2-5

墙高 H(m)	q(kPa)	墙高 H(m)	q(kPa)
≤2.0	20.0	≥10.0	10.0

注:当 H = 2.0～10.0m 时,q 可按线性内插法确定。

7. 人群荷载作用下的土压力

作用于墙背填土表面的人群荷载等,也会产生附加的侧向压力。与车辆荷载一样,近似地按均布荷载来考虑,并按下式换算成等代均布土层厚度 h'_0,由此来计算人群荷载引起的附加侧向压力。

$$h'_0 = \frac{q_r}{\gamma} \quad (2\text{-}66)$$

式中:q_r——作用于墙背填土上的人群荷载标准值(kN/m²)。

作用于墙顶或墙背填土上的人群荷载 q_r 一般可按 3kN/m² 考虑,城郊行人密集区可参照所在地区城市桥梁设计规范的规定采用,或取上述规定值的 1.15 倍。

六、土压力问题讨论

土压力的计算采用经典的极限平衡理论,一般能得到较为满意的结果。用它来设计挡土墙(如重力式挡土墙),在一定的范围内是可靠的。尤其是库仑理论,计算简便,适用于各种不同的复杂边界条件,因此,被世界各国所采用。

但是,土压力计算是一个十分复杂的问题,它涉及墙身、填土与地基三者之间的共同作用。因此,用静力平衡求解土压力的极限平衡理论在很大程度上不符合实际情况,存在一定的问题,尚待进一步研究解决。

1. 土压力分布

土压力沿墙高的分布规律是:当填土表面为平面时,库仑土压力分布与朗金理论的一样,呈三角形分布,如图 2-29b)所示。然而,多数试验的观测结果表明,刚性墙背的土压力呈曲线分布,其上半部近于直线,土压应力的最大值出现在下半部,并在接近墙踵处趋于零,如图 2-29c)所示,墙背的土压力分布特性与墙身位移条件有关。墙身位移的形式有以下四种:绕墙踵转动;绕墙顶转动;平移;以上位移形式的综合。在第一种位移条件下,土压力接近三角形分布(直线分布);而在其余各种位移条件下,则呈曲线分布。实际挡土墙的位移是因土压力的作用和地基不均匀沉降所造成的,常为各种形式位移的综合,故墙背土压力的分布多呈曲线形。一些大型模型试验结果表明:曲线形分布的实测土压力总值与按库仑理论计算的土压力总值近似相等;在平面填土的情况下,曲线分布的土压力作用点距墙踵的高度为$(0.40 \sim 0.43)H$。根据这些研究结果,为了使支挡构造物设计更符合实际受力条件,有的轻型挡土墙(如锚定板挡土墙)的土压力分布图采用倒梯形,即上部$0.5H$高度为三角形,下部$0.5H$高度为矩形,其形心距底部约为$0.4H$,如图2-29d)所示。

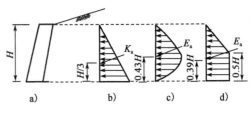

图2-29 土压力分布

2. 破裂面形状

库仑理论假定在极限状态时所产生的破裂面为平面,这一假定大大简化了计算,但是与实际不符。试验和理论分析均表明,破裂面并非平面而是曲面,而黏质土填料时曲面则更显著,在断面上呈对数螺旋线形状。对于垂直墙背和水平填砂的情况,曾有人通过模型试验,认为在主动极限状态下破裂面形状可近似地用以下方程式表示(图2-30):

$$y = b(3.6\varphi + 0.5)^{\frac{x}{b}} \tag{2-67}$$

式中:b——具有长度单位的系数。

由于假定破裂面为平面,给库仑理论计算结果带来了一定误差,使主动土压力的计算值偏小。此外,计算结果还表明,破裂面的弯曲程度随墙背倾角α和墙背摩擦角δ的增大而增大,当α和δ小于$15°$时,库仑理论带来的计算误差一般不超过10%。当墙背倾角过大时,尤其是仰斜墙背,按库仑理论设计是不安全的。

而且,由于库仑理论破裂面的平面假设,使得破裂棱体平衡所必需的力系对于任何一点的力矩和应等于零这个条件不能满足。如图2-31a)所示,作用于墙背AB下三分点的E_p交W于a点,而作用于BC下三分点的R却交W于b点。除非α、β、δ角都很小,否则这个误差将随α、β、δ角的增大而迅速增大。同样,在依据库仑理论计算主动土压力E_a时,也存在这类误差,不过表现得没有这么显著。

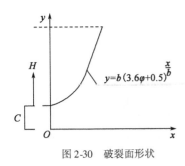

图2-30 破裂面形状

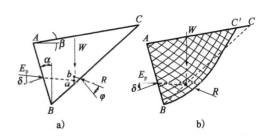

图2-31 库仑理论与实际力系
a)库仑理论力系;b)实际力系

然而,库仑理论之所以具有计算简便,适应范围广的优点,也正是因为破裂面的平面假设。

3. 黏质土土压力

根据就地取材的原则,墙后不可能采用远运土质砂来回填,而是就近取土填筑,而大多填土均或多或少地具有黏聚力。库仑理论和朗金理论的基本假定填料均为土质砂,因而计算结果与实际是有出入的,有时甚至出入还很大。

常用的方法是等效内摩擦角法和力多边形法。等效内摩擦角法就是用等效内摩擦角 φ_D 来代替一般内摩擦角 φ 和黏聚力 c。如考虑一般的稳定边坡是 1:1.5，相当于边坡与水平面的稳定角 33°41′，故等效内摩擦角选在 33°~35°之间，实际常用 30°~35°。但是，墙背的土压应力，在不同的填土高度下，虽然法向应力不同，但黏聚力是不变的，而由内摩擦角 φ 引起的摩擦力，则随法向应力的增大（即填土高度增加）而增大。因此，采用等效内摩擦角 $\varphi_D = 30°~35°$，填土高为 6~8m 是较为合适的，但用此角度计算高墙或低墙土压力时，则产生低墙偏大、高墙偏小的结果，依据它所设计出的挡土墙截面则有低墙保守，高墙危险的问题出现。

虽然，目前已注意到这个问题，并规定等效内摩擦角随墙高而改变，但等效内摩擦角不仅与墙高有关，而且与墙顶以上路堤填土高有关。有时墙高较低但填土很高，例如路堤墙墙高 4m，而其上路堤高 6m，则总的填土高为 10m，它与总填土高 4m 的路肩墙（实际墙高亦为 4m）的等效内摩擦角 φ_D 是不相同的。另外即使墙高相同，路堑墙与路堤墙两者的填土状况也不相同，因此，只考虑墙高来确定等效内摩擦角还是存在问题的。

采用力多边形法则较好地解决了上述存在的问题。

4. 墙背摩擦角

墙背摩擦角 δ 与填土的物理、力学性质（φ 值愈大，δ 值也愈大）、墙背的粗糙程度（墙背愈粗糙，δ 值也愈大）和墙背接触面上填土的含水率等有密切关系，另外还与墙移动方式和排水过程有关，而与墙背的倾斜角和墙顶填土表面形状关系不大。

大量试验证实了上述观点，试验测得的墙背摩擦角均大于 $\frac{3}{4}\varphi_D$，有的甚至大于 $\frac{4}{5}\varphi_D$。一般情况下，墙背摩擦角根据墙背粗糙程度和排水条件确定。

以往在应用库仑理论时，假定墙背摩擦角 δ 等于墙背倾角 α，即 δ 只随 α 的变化而变化，而与其他因素无关。这不仅与实际情况不符，而且计算结果误差也较大，如重力式挡土墙墙背坡度大多为 1:0.25，即 $\alpha = 14°02′$，而填土等效内摩擦角 φ_D 为 35°，则石砌圬工墙身的 $\delta = 23°20′$，两种取值相差达 9°18′，根据 δ 两种取值所设计的墙身截面相差 10%~20%。

5. 墙背倾斜度

墙背倾斜度对库仑公式计算值影响很大，如当 $\varphi = 35°$，$\delta = \frac{2}{3}\varphi$，表面倾斜坡度为 1:1.5 时，用式 (2-31) 计算的库仑土压力系数 K_a 列于表 2-6。

墙背倾斜度与土压力系数表 表 2-6

填背倾斜方面	俯斜					垂直	仰斜				
倾斜度	1:0.35	1:0.3	1:0.25	1:0.20	1:0.15	1:0	1:-0.15	1:-0.20	1:-0.25	1:-0.3	1:-0.35
K_a	1.040	0.949	0.863	0.788	0.718	0.476	0.410	0.372	0.338	0.305	0.275

由表 2-6 可以看出，在其他条件相同时，土压力仰斜墙背较俯斜墙背的小，而后仰愈大，土压力愈小。当地面有横向坡度时，相应的墙身高度会有所增加，但是在考虑了高度增加的影响后，墙身截面仍然是仰斜的较俯斜的小，而且后仰愈大，墙身截面愈小，因此，重力式挡土墙的墙背坡度，一般用 1:0.25 的坡度。

由于后仰度大，对计算结果有利，于是为了进一步减小截面而将仰斜坡度加大为 1:0.3 甚至 1:0.35，这样做的结果将会产生下述两个问题。

(1) 前文已分析了仰斜度大，库仑公式计算值偏小，当墙背坡度仰斜度为 1:0.25 时，偏小

10%左右,当仰斜度为1:0.30或1:0.35时,则偏小达到15%~20%,这样大的偏差,会使设计出的挡土墙不安全。

(2)后仰度过大会使墙身重心后移,当墙背坡度仰斜大于1:0.25时,多数墙身重心超出墙踵,如不及时边砌墙身边填土,则墙身会向填土方向倾斜,这将给施工造成困难。另外,还使基底的负偏心过大与墙踵压应力过大。从对缓墙背进行的模型试验及有限元分析结果看,1:0.35与1:0.25两种墙背的土压力数值几乎相同,分析其原因是,1:0.35后仰过大,形成墙身压向填土,产生的土压力已不是主动土压力,其值比主动土压力大。

这些也就决定了库仑土压力理论的适用范围。目前,对后仰缓墙背当墙压填土时还没有较为合理的土压力计算方法,因此在设计墙型时,墙背坡度不宜后仰过大。

6. 极限平衡理论的应用范围

极限平衡理论是从破裂棱体的静力平衡条件出发,假定墙身及破裂棱体均为刚体,它对墙背倾角不大的重力式挡土墙能得到较为满意的解答。但是,由于没有考虑土的应力—应变关系,没有考虑墙身、基底及填土的共同作用,因而只能求得极限平衡时的土压力而得不到位移,实际上,墙身位移对土压力有明显的影响。一些挡土墙,尤其是轻型挡土墙,由于为柔性的复合结构,墙面系与填土之间的相对位移很小,其位移量不可能产生主动极限平衡,因而墙面系上的作用力采用主动土压力是不合适的。但是,目前还没有较好的方法计算介于静止土压力与主动土压力之间的土压力,一般是根据有关试验资料,用主动土压力乘以大于1的增大系数来解决,这仅是一种经验方法。

用有限单元法对挡土墙进行数值分析是解决这个问题的途径,但目前还不够成熟,国内还未用于设计实践,有待进一步探讨,同时需要用模型试验或现场实测资料来验证,使土的应力—应变指标和设计程序更臻于完善。

第二节 滑坡推力计算

当公路路线穿越滑坡地段时,应根据滑坡勘测和稳定性分析结果,常通过设置抗滑构造物来提高滑坡的稳定性。

抗滑构造物设计时,必须了解滑坡推力的特点和性质,确定滑坡推力的大小。在确定滑坡推力时,除需知道滑动面的位置外,还必须知道滑坡体的重度 γ,滑动面土的抗剪强度指标 c、φ 值,以及设计所要求的安全系数 K。

滑坡体重度确定比较容易,通常采用试验的方法或凭经验确定。而抗剪强度指标确定比较困难,而且它与安全系数对滑坡稳定性分析和滑坡推力计算影响很大。因此,应给予足够的重视。

一、滑坡推力的特征

作用在抗滑构造物上的侧压力为滑坡推力,它不同于挡土墙上的土压力。主要表现在力的大小、方向、分布和合力作用点等方面。

1. 大小

作用在挡土墙上的土压力,是按库仑理论或朗金理论来计算,其破裂面与土压力的大小均随墙高和墙背形状的变化而变化。作用在抗滑构造物上的滑坡推力则在已知滑动面(如直线、折线或圆弧滑动面等)的情况下按剩余下滑力法来计算。一般情况下,滑坡推力远大于土压力。

2. 方向

普通土压力,其方向与墙背法线成 δ 角(墙背摩擦角),它与墙背的形状及粗糙程度有关;对于朗金土压力来说,则与墙顶填土(或土体)表面平行。而滑坡推力,其方向与墙(桩)后滑动面(带)有关,并认为与紧挨桩(墙)背的一段较长滑动面平行。

3. 分布及合力作用点

普通土压力一般为三角形分布,其合力作用点在墙踵以上 1/3 墙高处(如有车辆荷载作用或路堤墙,土压力为梯形分布)。滑坡推力分布和作用点则与滑坡的类型、部位、地层性质、变形情况等因素有关,如图 2-32 所示。

(1)当滑坡体为黏聚力较大的土层时,如黏土、土夹石,或滑坡体为较完整的岩层时,滑坡体系均匀向下蠕动,或整体向下移动,滑坡推力可按矩形分布考虑。

(2)当滑坡体为以内摩擦角为主要抗剪特性的堆积体时,或滑坡体为松散体和堆积层时,其靠近滑动面的滑动速度较大,而滑坡体表层的滑动速度较小,可按三角形分布考虑。

(3)介于以上两种情况之间,滑坡推力可按抛物线形或简化为梯形分布考虑。

就抗滑桩而言,滑坡推力的分布,实际上还与桩的变形性质、桩前滑坡体产生抗力的性质、滑坡体滑动的速度等因素有关。抗滑桩实体试验和模型试验表明,滑坡推力基本呈抛物线分布,最大值出现在滑坡体的中部,靠近滑动面的应力较小。当滑坡体土质为黏质土时,由于黏聚力的影响,顶部应力较松散介质时大,作用点也较高。

二、抗剪强度指标的确定

滑动面土的抗剪强度指标 c、φ 值的确定是抗滑构造物设计成败的关键,一般可用土的剪切试验、根据滑坡过去或现在的状态进行反算以及选用经验数据三方面来获得。

1. 剪切试验法

根据滑坡的滑动性质用剪切试验法确定滑动面土的抗剪强度指标,关键在于尽可能地模拟它的实际状态,只有这样才可能获得符合实际情况的数值。

土样在剪切试验过程中,随着剪切变形的增加,剪切应力逐渐增加,当剪切破裂面完全形成时,剪切应力达到峰值(τ_F),然后随变形的增加,剪切应力逐渐下降,最终趋近于一稳定值(τ_W)。其中,τ_F 为峰值抗剪强度;τ_W 则为残余抗剪强度,如图 2-33 所示。

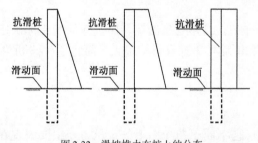

图 2-32 滑坡推力在桩上的分布

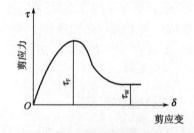

图 2-33 剪应力与剪应变关系

对于各种类型的滑坡,就其滑动面上的剪切状况来说,大致可分为三种情况:

①新生滑坡,现在尚未滑动而即将发生滑坡者,显然这时潜在滑动面上并未发生剪切破坏,待发生剪切破坏时滑坡就滑动了。

②滑坡已滑动,而且持续不断发生剪切位移,滑动面土已剪坏。

③介于上述两者之间,历史上曾发生过滑动,而目前并非经常滑动的滑坡。

(1)新生滑坡

对于新生的即将滑动的滑坡,由于滑动面尚未完全形成,采用滑动面原状土根据滑动面土的充水情况(持续充水或季节充水)做固结快剪或快剪试验,取其峰值(如图 2-33 所示的 τ_F)作为抗剪强度指标。

(2)多次滑动的滑坡

对于多次滑动并仍在活动的滑坡,由于滑动面已经完全形成,滑动面土的原状结构已遭受破坏,所以应取残余值(如图 2-33 所示的 τ_W)作为抗剪强度指标。

残余抗剪强度指标可用以下试验方法测定:

①滑动面重合剪切试验

从试坑或钻孔中取含有滑动面的原状土试样,用直剪仪保持沿原有滑动方向剪切,试验方法同一般快剪试验。由于滑动面已多次滑动,取样及试验保持原有含水率,则得到的将为残余强度。当试样含水率太大,剪切时土易从剪切盒间挤出,此法将不适用。

②重塑土多次直剪试验

由于多次滑动后,滑动面土原状结构已遭破坏,在原状土不易取得时,用重塑土做剪切试验得到的残余强度,与用原状土试验得到的大致相同。试验时用一般应变式直剪仪按常规快剪方法,进行一次剪切后,在已有剪切面上,再重复做多次剪切,直至土的抗剪强度不再降低为止。

③环状剪力仪大变形剪切试验(简称环剪试验)

试样可用重塑土或原状土,剪切时试样因上下限制环的相对旋转而产生环形剪切面。环剪试验的主要特点是试样在剪切时剪切面积保持不变,相应的正应力也是恒定的,适合于进行大变形的残余强度试验。

在室内试验中,也可以用三轴剪切试验来较快地测得黏质土的残余强度。试样为含有滑动面的原状土,或为人工制备剪切面的土,使剪切时剪切强度达到残余值时的剪切位移可以缩小。

残余强度指标除用上述各种室内试验方法确定外,还可以做现场原位剪切试验。即在选定的土结构遭到破坏的滑动面上,沿滑动方向进行直接剪切,这样可以克服室内试验的一些限制,反映实际情况。试验多在滑坡前缘出口处挖试坑或探井进行。

(3)古滑坡

对于古滑坡或滑动量不大的滑坡,滑动面土的抗剪强度介于峰值强度与残余强度之间,故较难确定。一般可在现场实际滑动面上做原位剪切试验测定。但是这种方法往往受条件限制,只能在滑坡体四周进行,而主滑地段滑动面太深,不易做到,用边缘部位的指标来代替则有一定出入。抗剪强度指标也可做滑动面处原状土样的重合剪切试验来求得。另外,还可以根据滑坡体当前所处的状态,用滑动面土的重塑土做多次剪切试验,选用其中某几次剪切试验结果作为抗剪强度指标。

滑动面土的抗剪强度指标不仅与滑坡体的滑动过程和当前所处状态有关,而且与季节含水情况有关。即使是同一滑动面,所取试样的位置不同,抗剪强度指标也会不同。因此,确定滑动面土的抗剪强度指标时应按最不利情况考虑,同时滑动面上各段指标应分别确定。

2. 反算法

滑坡的每一次滑动都可以看成是一次大型的模型试验。只要弄清滑动瞬间的条件,就可以求出该条件下滑动面土的抗剪强度指标。通常假定滑坡体行将滑动的瞬间处于极限平衡状态，令其剩余下滑力为零，按安全系数 $K=1$ 的极限平衡条件反算滑动面土的抗剪强度指标。反算法所求出 c、φ 值的可靠性取决于反算条件是否完备与可靠。实践证明，只要反算条件可靠，所得指标将能较好地反映土的力学性质。因此，反算法得到较广泛的应用。

根据滑动面土的性质不同，滑坡极限平衡状态抗剪强度指标的推算可分为综合 c 法、综合 φ 法及兼有 c、φ 法。

(1) 综合 c 法

当滑动面土的抗剪强度主要受黏聚力控制，且内摩擦角很小时，将摩擦力的实际作用纳入 c 的指标内(即认为 $\varphi \approx 0$)，反算综合黏聚力 c。此种简化只适用于滑动面饱水且滑动中排水困难，滑动面又为饱和黏质土或虽含有少量粗颗粒但被黏土所包裹而滑动时粗颗粒不能相互接触的情况。

对于均质土，滑动面可假定为圆弧形，如图 2-34 所示。滑动面抗剪强度综合 c 值可按下式推算：

$$K = \frac{W_2 d_2 + cLR}{W_1 d_1} = 1 \quad (2\text{-}68)$$

式中：c——极限平衡条件下滑动面(带)土的综合黏聚力(kPa)；

R——滑动圆弧的半径(m)；

W_1、W_2——滑动圆心铅垂线(OA)两侧的滑坡体重力，即滑坡体下滑部分和抗滑部分的重力(kN)；

L——滑动面(带)的长度(m)；

d_1——W_1 重心至滑动圆心铅垂线(OA)的水平距离(m)；

d_2——W_2 重心至滑动圆心铅垂线(OA)的水平距离(m)。

对于折线形滑动面，如图 2-35 所示，根据主轴断面上折线的变坡点将滑坡体分为若干条块，将各条块的抗滑力与下滑力投影到水平面上，那么，综合黏聚力 c 可按下式计算：

$$K = \frac{\sum T_R + \sum C_R}{\sum T_C} = \frac{\sum W_{Ri}\sin\alpha_{Ri}\cos\alpha_{Ri} + c\sum(L_{Ri}\cos\alpha_{Ri} + L_{Cj}\cos\alpha_{Cj})}{\sum W_{Cj}\sin\alpha_{Cj}\cos\alpha_{Cj}} = 1 \quad (2\text{-}69)$$

式中：$\sum T_R$、$\sum T_C$——滑坡体抗滑、下滑段的抗滑力及下滑力的水平投影；

$\sum C_R$——滑动面黏聚力水平投影；

W_{Ri}、W_{Cj}——抗滑、下滑段滑坡体重力(kN)；

α_{Ri}、α_{Cj}——抗滑、下滑段滑动面倾角；

L_{Ri}、L_{Cj}——抗滑、下滑段滑动面的长度(m)。

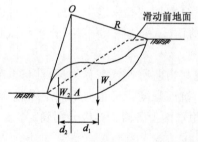

图 2-34　圆弧滑动面

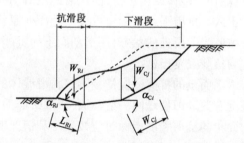

图 2-35　折线形滑动面

(2)综合 φ 法

当滑动面土的抗剪强度主要为摩擦力而黏聚力很小时,可假定 $c \approx 0$,反算土的综合内摩擦角 φ。所谓综合是指包含了少量黏聚力的因素。这种简化方法适用于滑动面土由断层错动带或错落带等风化破碎岩屑组成,或为硬质岩的风化残积土的情况。因为这种情况下滑动面土中粗颗粒含量很大,抗剪强度主要受摩擦力控制。

对于折线形滑动面,其抗剪强度综合 φ 值可按下式推算:

$$K = \frac{\sum W_{Ri}\sin\alpha_{Ri}\cos\alpha_{Ri} + \tan\varphi(\sum W_{Ri}\cos^2\alpha_{Ri} + \sum W_{Cj}\cos^2\alpha_{Cj})}{\sum W_{Cj}\sin\alpha_{Cj}\cos\alpha_{Cj}} = 1 \quad (2\text{-}70)$$

式中:φ——滑动面(带)土的综合内摩擦角。

(3)c、φ 法

当滑动面土由粗细颗粒混合组成时,必须同时考虑黏聚力和内摩擦力,此时有如下几种方法反算 c、φ 值:

①在同一次滑动中,找出两邻近的瞬间滑动计算断面,建立两个反算式联立求解。

②根据同一断面位置,不同时间但条件相似的两次滑动瞬间计算断面,建立两个反算式联立解出。

③根据滑动面土的条件和滑动瞬间的含水情况,参照类似土质情况的有关资料定出其中的一个指标值,反算另一个指标值。其计算公式为:

$$K = \frac{\sum W_{Ri}\sin\alpha_{Ri}\cos\alpha_{Ri} + \tan\varphi(\sum W_{Ri}\cos^2\alpha_{Ri} + \sum W_{Cj}\cos^2\alpha_{Cj}) + c\sum(L_{Ri}\cos\alpha_{Ri} + L_{Cj}\cos\alpha_{Cj})}{\sum W_{Cj}\sin\alpha_{Cj}\cos\alpha_{Cj}}$$

$$= 1 \quad (2\text{-}71)$$

用反算法只能求出一组 c、φ 值,它只能代表整个滑动面上的平均指标。对大多数滑坡来说,由于滑动面各段的性质有差别,从上到下使用同一组 c、φ 值将带来一定误差。为了消除这种影响,反算时可先用试验方法或经验数据确定上下两段(即所谓牵引段、抗滑段)的指标,只反算埋深较大的主滑段指标。

按上述方法反算的指标只能代表过去的情况,以后滑动,指标可能要低一些。对于过去滑动次数较少的滑坡来说,这种降低将比较明显;对于多次滑动过的滑坡,则不明显。因此,应用反算指标时应考虑这一情况,加适当的安全系数后再使用。

如果能够估计出现今滑坡的稳定状态,即目前的抗滑稳定系数有多大,也可按上述原则反算获得现今的滑动面土指标。当然,这种稳定状态的判断更具有经验性质。

3.经验数据法

根据过去的经验发现,滑坡的出现具有一定规律,例如构成滑动面的土往往是某些性质特别软弱的土层,如风化的泥质岩层及含有蒙脱石等矿物的黏质土,滑动时滑动面土的含水率也比较高,或滑动面被水润湿。因此,可以从以往整理滑坡所积累的资料里,根据滑动面土的组成、含水情况等与现今滑坡进行工程地质类比,参考选用指标。需要指出的是,使用经验数据要特别注意地质条件的相似性。

对每一个滑坡的滑动面土的抗剪强度指标,为了确保其可靠性,通常都同时从上述三个方面来获得数据,然后经过分析整理确定使用值。

三、安全系数的确定

安全系数 K 是指要求滑坡必须具有的安全储备。安全系数应根据对滑坡的认识程度和经济合理的原则来确定,因此,它不是一个定值,而是根据具体情况有所不同。

确定安全系数时应考虑的因素主要有:
(1)计算方法和计算指标的可靠性。
(2)对滑坡性质、形成原因的认识程度。
(3)结构物的重要程度。
(4)滑坡可能造成的危害程度。
(5)工程破坏后修复的难易程度。

安全系数的选取与整治滑坡的工程规模及整治效果有着密切的关系,安全系数越大,工程规模越大,整治效果越好。

一般情况下,滑坡推力计算中 K 值可取用 $1.05 \sim 1.50$。对凡是计算中已考虑了一切不利因素,即不但考虑了主力,而且也考虑了附加力的滑坡;规模不大、形态和滑动性质、形成原因等容易判断、今后动向易于控制的滑坡;整治滑坡为附属或临时工程;危害性较小的滑坡以及掌握资料可靠的滑坡,安全系数可取小值。反之,对计算中仅考虑主力的滑坡;规模较大、一时不易摸清全部性质的滑坡等,安全系数应取大一些。总之,为了工程建设的安全和人力物力的合理使用,安全系数的取用应尽可能做到基本符合实际,并稍留余地。按工程的重要性可以选用如下的 K 值:

临时性工程	$K = 1.05 \sim 1.10$
一般性工程	$K = 1.10 \sim 1.25$
重要性工程	$K = 1.25 \sim 1.50$

四、滑坡推力的计算

滑坡推力是作用于抗滑构造物上的主要荷载。滑坡推力的计算是在已知滑动面形状、位置和滑动面土的抗剪强度指标的基础上进行的,并采用极限平衡理论来计算单位宽度上滑动断面的推力。计算滑坡推力时作了如下假定:

(1)滑坡体是不可压缩的介质,不考虑滑坡体的局部挤压变形。
(2)块间只传递推力不传递拉力。
(3)块间作用力(即推力)以集中力表示,其方向平行于前一块滑动面。
(4)垂直于主滑动方向取 1m 宽的土条作为计算单元,忽略土条两侧的摩阻力。
(5)滑坡体的每一计算块体的滑动面为平面,并沿滑动面整体滑动。

根据滑动面的变坡点和抗剪强度指标变化点,将滑坡体分成若干条块,如图 2-36 所示,从上到下逐块计算其剩余下滑力,最后一块的剩余下滑力即为滑坡推力。

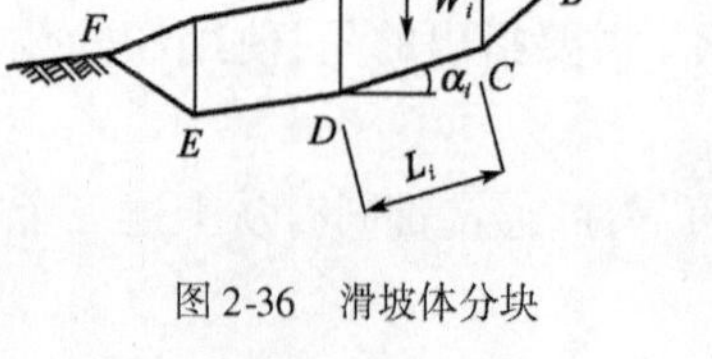

如果滑动面为单一平面(图 2-37)时,滑坡推力为:

$$E = KW\sin\alpha - (W\cos\alpha\tan\varphi + cL) \tag{2-72}$$

式中:E——滑坡体下滑力(kN);
W——滑坡体总重力(kN);

图 2-36 滑坡体分块

α——滑动面与水平面间的倾角；

L——滑动面长度(m)；

c——滑动面土的黏聚力(kPa)；

φ——滑动面土的内摩擦角；

K——安全系数。

如果滑动面为折面(图 2-36)，根据第 i 条块的受力情况(图 2-38)，其剩余下滑力为：

$$E_i = KT_i + E_{i-1}\cos(\alpha_{i-1} - \alpha_i) - [N_i + E_{i-1}\sin(\alpha_{i-1} - \alpha_i)]\tan\varphi_i - c_i L_i \quad (2-73)$$

$$T_i = W_i \sin\alpha_i$$

$$N_i = W_i \cos\alpha_i$$

式中：E_i——第 i 条块的剩余下滑力(kN)；

T_i——第 i 条块自重 W_i 的切向分力(kN)；

N_i——第 i 条块自重 W_i 的法向分力(kN)；

α_i——第 i 条块所在滑动面的倾角；

φ_i——第 i 条块滑动面土的内摩擦角；

c_i——第 i 条块滑动面土的黏聚力(kPa)；

L_i——第 i 条块滑动面的长度(m)。

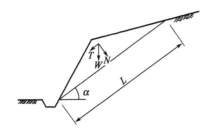

图 2-37 直线滑动面

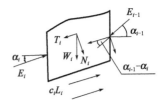

图 2-38 剩余下滑力计算图式

上式亦可表示为：

$$E_i = KT_i - (N_i \tan\varphi_i + c_i L_i) + E_{i-1}\psi_i \quad (2-74)$$

式中：ψ_i——传递系数，$\psi_i = \cos(\alpha_{i-1} - \alpha_i) - \sin(\alpha_{i-1} - \alpha_i)\tan\varphi_i$，即上一条块的剩余下滑力 E_{i-1} 通过该系数转换变成下一条块剩余下滑力 E_i 的一部分。

对于第一条块，其剩余下滑力 E_1 的计算与直线滑动面的相同，即：

$$\begin{aligned} E_1 &= KT_1 - (N_1 \tan\varphi_1 + c_1 L_1) \\ &= KW_1 \sin\alpha_1 - (W_1 \cos\alpha_1 \tan\varphi_1 + c_1 L_1) \end{aligned} \quad (2-75)$$

如果是圆弧滑动面，其滑坡推力可采用条分法进行计算。

当 E_i 为正值时，说明滑坡体有下滑推力，是不稳定的，应传给下一条块；当 E_i 为负值时，表示第 i 条块以上滑坡体处于稳定状态，E_i 不能传递；当 E_i 为零时，第 i 条块以上滑坡体也是稳定的。

在滑坡推力计算中，关于安全系数 K 的使用目前认识上尚不一致，有的建议采用 $c'_i = \dfrac{c_i}{K}$、$\tan\varphi'_i = \dfrac{\tan\varphi_i}{K}$ 来计算滑坡推力；而有的采用扩大自重下滑力，即采用 $KW_i \sin\alpha_i$ 来计算滑坡推力。式(2-72)～式(2-75)即按后者来计算滑坡推力的。

用式(2-73)或式(2-74)计算推力时应注意：

(1)计算所得的 E_i 为负值时，说明以上各条块在满足安全情况下已能自身稳定。根据假定，负值 E_i(即拉力)不再往下传递，因此，下一条块计算时按上一条块的推力等于零考虑。

(2)计算断面中有反坡时，由于滑动面倾角为负值，因而分块的 $W_i\sin\alpha_i$ 项也为负值，即它已不是下滑力，而是抗滑力了。在计算推力时，$W_i\sin\alpha_i$ 项就不应乘安全系数 K。

(3)计算断面有反坡时，除按实有滑动面计算推力外，尚应考虑沿新的滑动面滑动的可能性，如图 2-39 所示的虚线滑动面 ABDEF 或 ABCEF。

应该指出，剩余下滑力法只考虑了力的平衡，而没有考虑力矩平衡的问题。虽有缺陷，但因计算简便，工程上应用较广。

五、附加力的计算

在计算滑坡推力的同时，还需考虑附加力的影响。应考虑的附加力有(图 2-40)：

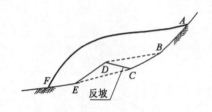

图 2-39 反坡滑动面

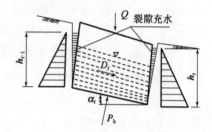

图 2-40 作用于滑块上的附加力

(1)滑坡体上有外荷载 Q 时，将 Q 加在相应的滑块自重 W 之中。

(2)滑坡体有水且与滑动面水连通时，应考虑动水压力 D，其作用点位于饱水面积的形心处，方向与水力坡度平行：

$$D = \gamma_w \Omega I \tag{2-76}$$

式中：γ_w——水的重度(kN/m^3)；
Ω——滑坡体条块饱水面积(m^2)；
I——水力坡降。

另外，还应考虑浮力 P，其方向垂直于滑动面：

$$P = n\gamma_w \Omega \tag{2-77}$$

式中：n——滑坡体土的孔隙度。

(3)当滑动面水有承压水头 H_0 时，应考虑浮力 P_f，其方向垂直于滑动面，大小为：

$$P_f = \gamma_w H_0 \tag{2-78}$$

(4)滑坡体内有贯通至滑动面的裂隙，滑动时裂隙充水，则应考虑裂隙水对滑坡体的静水压力 J，作用于裂隙底以上 $h_i/3$ 高度处，水平指向下滑方向：

$$J = \frac{1}{2}\gamma_w h_i^2 \tag{2-79}$$

式中：h_i——裂隙水深度(m)。

(5)在地震烈度不小于 7 度的地区，应考虑地震力 P_h 的作用，P_h 作用于滑坡体条块重心处，水平指向下滑方向，大小按式(2-59)计算。

为便于比较、应用，将各附加力汇总于表 2-7 中。

附加力汇总表 表2-7

附 加 力	大 小	方 向	作 用 点
动水压力 D	$\gamma_w \Omega I$	平行于水力坡度	滑块饱水面积形心处
浮力 P	$n\gamma_w \Omega$	垂直于滑动面	
承压水浮力 P_f	$\gamma_w H_0$	垂直于滑动面	
静水压水 J	$\frac{1}{2}\gamma_w h_i^2$	水平指向下滑方向	距裂隙底 $h_i/3$ 处
地震力 P_h	$C_z K_h W$	水平指向下滑方向	滑块重心处

第三节 荷载组合

作用于支挡构造物上的荷载,根据其性质分为永久荷载、可变荷载和偶然荷载。

永久荷载是长期作用在支挡构造物上的,而且在设计基准期内,其值不随时间而变化,或其变化值与平均值比较可忽略不计,如图2-41所示,它包括下列一些力:

(1)由填土自重产生的土压力 E_a,可分解为水平土压力 E_x 与垂直土压力 E_y。

(2)墙身自重 G。

(3)填土(包括基础襟边以上土)自重。

(4)墙顶上的有效永久荷载 W_0。

(5)墙背与第二破裂面之间的有效荷载 W_r。

(6)计算水位的浮力及静水压力。

(7)预加力。

(8)混凝土收缩及徐变影响力。

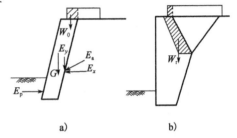

图2-41 作用于挡土墙上的永久荷载

(9)基础变位影响力。

可变荷载在支挡构造物设计基准期内,其值随时间而变化,且变化值与平均值比较不可忽略。可变荷载主要有:

(1)行车荷载引起的土压力。

(2)人群荷载及引起的土压力。

(3)水位退落时的动水压力。

(4)流水压力。

(5)波浪冲击力。

(6)冻胀压力和冰压力。

(7)温度影响力。

(8)与施工有关的临时荷载。

可变荷载按其对支挡构造物的影响程度,又分为基本可变荷载、其他可变荷载和施工荷载,其中,前两项为基本可变荷载,第八项为施工荷载,另外五项为其他可变荷载。

偶然荷载是指暂时的或属于灾害性的,在支挡构造物设计基准期内,发生概率是极小的,而且一旦出现,其值很大且持续时间很短。包括地震作用力、滑坡和泥石流作用力、作用于墙顶护栏上的车辆碰撞力等。

至于墙前被动土压力 E_p(图2-41),一般不予考虑。当基础埋置较深(如大于1.5m时),

且地层稳定,不受水流冲刷或扰动破坏时才予考虑。

作用在一般地区支挡构造物上的力,只计永久荷载和基本可变荷载,浸水地区、地震地区的支挡构造物,尚应计入其他可变荷载和偶然荷载。按作用于支挡构造物上荷载的特点和支挡构造物的类型,将荷载组合分为Ⅰ、Ⅱ、Ⅲ类,即采用几种永久荷载间组合或永久荷载与可变荷载相组合,如表2-8所示,荷载组合Ⅰ、Ⅱ、Ⅲ均属于基本组合,支挡构造物设计时,应根据可能同时出现的作用荷载,按最不利状态,选择荷载组合。其中,荷载组合Ⅰ适用于路堑挡土墙或山坡挡土墙设计;荷载组合Ⅱ适用于一般路肩挡土墙或路堤挡土墙设计;荷载组合Ⅲ用于特殊环境条件的挡土墙设计。

常用荷载组合 表2-8

组 合	荷 载 名 称
Ⅰ	挡土墙结构自重、墙顶上的有效永久荷载、填土自重和土压力、其他永久荷载相组合
Ⅱ	组合Ⅰ与基本可变荷载相组合
Ⅲ	组合Ⅱ与其他可变荷载、偶然荷载相组合

根据荷载性质和作用的可能性,洪水与地震力不同时考虑;冻胀压力、冰压力与流水压力或波浪冲击力不同时考虑;行车荷载与地震力不同时考虑。

以往,根据荷载性质,荷载组合分为主要组合、附加组合和偶然组合:
(1)主要组合:永久荷载与可能发生的主要可变荷载组合。
(2)附加组合:永久荷载与主要可变荷载和附加可变荷载组合。
(3)偶然组合:永久荷载、主要可变荷载与一种偶然荷载组合。

思考题

1. 挡土墙位移对土压力有什么影响?
2. 朗金土压力理论和库仑土压力理论的"基本假设"为土压力分析提供了哪些便利条件?
3. 作用于挡土墙上的土压力有哪几类?一般情况下挡土墙设计采用哪一种土压力?
4. 试从分析方法、适用范围和计算误差三个方面比较朗金和库仑土压力理论。
5. 试述土压力分布图的作用,如何绘制土压应力分布图?
6. 如何利用库仑土压力理论计算黏质土的土压力?试分析等效内摩擦角法存在的问题及解决的方法。
7. 计算滑坡推力时,涉及哪些参数?如何确定这些参数?
8. 试述滑坡推力的特点以及计算方法。
9. 作用于挡土墙上的荷载有哪些?如何对各种荷载进行组合?
10. 如图2-42所示的路肩和路堑挡土墙,已知墙背垂直,墙后填料重度 $\gamma = 20 \text{kN/m}^3$,主动土压力系数 $K = 0.25$,墙背摩擦角 $\delta = 18°$,试根据土压力分布图,计算土压力的大小,并在图上标出土压力的作用方向。

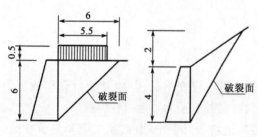

图2-42 思考题第10题的计算图(尺寸单位:m)

第三章 重力式挡土墙

第一节 概 述

重力式挡土墙是以墙身自重来维持挡土墙在土压力作用下的稳定,它是目前最常用的一种挡土墙形式。重力式挡土墙多用浆砌片(块)石砌筑,缺乏石料地区,有时可用混凝土预制块作为砌体,也可直接用混凝土浇筑,一般不配钢筋或只在局部范围配置少量钢筋。这种挡土墙形式简单、施工方便,可就地取材、适应性强,因而应用广泛。

由于重力式挡土墙依靠自身重力来维持平衡稳定,因此,墙身截面大,圬工数量也大,在软弱地基上修建往往受到承载力的限制。如果墙过高,材料耗费多,因而亦不经济。当地基较好,墙高不大,且当地又有石料时,一般优先选用重力式挡土墙。

重力式挡土墙的墙背可做成俯斜、仰斜、垂直、凸形折线(凸折式)和衡重式五种,如图 3-1 所示。由图 3-1 可清楚地看出:墙背向填土一侧倾斜称仰斜,如图 3-1a)所示;墙背向外侧倾斜称俯斜,如图 3-1c)所示;墙背竖向时称垂直,如图 3-1b)所示;墙背只有单一坡度,称为直线形墙背;若多于一个坡度,如图 3-1d)、e)所示,则称为折线形墙背,其中图 3-1d)为凸折式墙背,图 3-1e)带有衡重台,则为衡重式墙背。

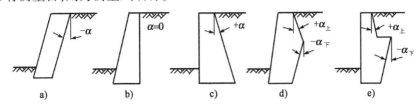

图 3-1 重力式挡土墙墙背形式
a)仰斜;b)垂直;c)俯斜;d)凸折式;e)衡重式

仰斜墙背所受的土压力较小,用于路堑墙时,墙背与开挖面边坡较贴合,因而开挖量和回填量均较小,但墙后填土不易压实,不便施工。当墙趾处地面横坡较陡时,采用仰斜墙背将使墙身增高(图 3-2),断面增大,所以仰斜墙背适用于路堑墙及墙趾处地面平坦的路肩墙或路堤墙。

俯斜墙背所受土压力较大,其墙身断面较仰斜墙背的大,通常在地面横坡陡峻时,借陡直的墙面,以减小墙高。俯斜墙背可做成台阶形,以增加墙背与填土间的摩擦力。

垂直墙背的特点,介于仰斜和俯斜墙背之间。

凸折式墙背系由仰斜墙背演变而来,上部俯斜、下部仰斜,以减小上部断面尺寸,多用于路堑墙,也可用于路肩墙。

衡重式墙背,在上下墙间设有衡重台,利用衡重台上填土的重量使全墙重心后移,增加墙身的稳定。因采用陡直

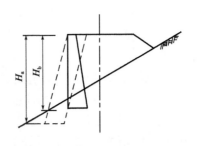

图 3-2 地面横坡对墙高的影响

的墙面,且下墙采用仰斜墙背,因而可以减小墙身高度,减少开挖工作量。适用于山区地形陡峻处的路肩墙和路堤墙,也可用于路堑墙。

第二节 挡土墙的构造及材料要求

一、墙身构造

墙身构造必须满足强度与稳定性的要求,同时应考虑就地取材、经济合理、施工养护的方便与安全。

1. 墙背

重力式挡土墙的墙背坡度一般采用1:0.25仰斜,如图3-3所示。仰斜墙背坡度不宜缓于1:0.3;俯斜墙背坡度一般为1:0.25~1:0.4,衡重式或凸折式挡土墙下墙墙背坡度多采用1:0.25~1:0.30仰斜,上墙墙背坡度受墙身强度控制,根据上墙高度,采用1:0.25~1:0.45俯斜。衡重式挡土墙上墙与下墙高度之比,一般采用4:6较为经济合理。

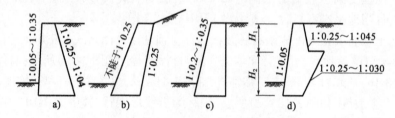

图3-3 挡土墙墙背和墙面坡度

对一处挡土墙而言,其截面形式不宜变化过多,以免造成施工困难,并且应当注意不要影响挡土墙的外观。

2. 墙面

墙面一般为直线型,其坡度应与墙背坡度相协调,如图3-3所示。同时,还应考虑墙趾处的地面横坡,在地面横向倾斜时,墙面坡度会影响挡土墙的高度,横向坡度愈大影响愈大。因此,地面横坡较陡时,墙面坡度一般为1:0.05~1:0.20,矮墙时也可采用直立;地面横坡平缓时,墙面可适当放缓,但一般不缓于1:0.35。仰斜式挡土墙墙面一般与墙背坡度一致或缓于墙背坡度;凸折式和衡重式挡土墙墙面坡度多采用1:0.05,所以在地面横坡较大的山区,采用凸折式或衡重式挡土墙较经济。

3. 墙顶

浆砌挡土墙的墙顶宽度一般不应小于50cm,路肩挡土墙墙顶应以粗料石或C15混凝土做帽石,其厚度通常为40cm,宽度不小于60cm,突出墙顶外的帽檐宽为10cm。如不做帽石或为路堤墙和路堑墙,应选用大块片石置于墙顶并用砂浆抹平。

干砌挡土墙墙顶宽度不应小于60cm,墙顶50cm高度范围内,应用M2.5砂浆砌筑,以增加墙身稳定。干砌挡土墙的高度一般不超过6m,高速公路、一级公路不宜采用干砌挡土墙。

在有石料的地区,重力式挡土墙应尽可能采用浆砌片石。在缺乏石料的地区,重力式挡土墙可用C15混凝土或片石混凝土浇筑;在严寒地区,则应采用C20混凝土或片石混凝土浇筑。此时墙顶宽度不应小于40cm。

二、墙身材料要求

石料应经过挑选,采用结构密实、质地均匀、不易风化且无裂缝的硬质石料,其抗压强度不应小于30MPa。在浸水地段及冰冻地区,应具有抗浸蚀及耐冻性能。

尽量选用较大的石料砌筑。块石形状应大致方正、上下面大致平整,厚度不小于20cm,宽度和长度为厚度的1~1.5倍和1.5~3倍,用作镶面时,由外露面四周向内稍加修凿。片石应具有两个大致平行的面,其厚度不应小于15cm,宽度及长度不应小于厚度的1.5倍,质量约30kg,用作镶面的片石,可选择表面较平整,尺寸较大者,并应稍加修整。粗料石外形应方正成大面体,厚度20~30cm,宽度为厚度的1~1.5倍,长度为厚度的2.5~4倍,表面凹陷深度不大于2cm,用作镶面时,应适当修凿,外露面应有细凿边缘。

混凝土预制块的规格与料石相同,抗压强度不小于C15,并根据砌体形式的需要和起吊能力决定预制块的形状大小。

砌筑挡土墙用的砂浆宜采用中砂或粗砂拌制,当砌筑片石时,最大粒径不宜超过5mm,砌筑块石、粗料石、混凝土块时不宜超过2.5mm。其强度等级应按挡土墙类别、部位及用途选用,如表3-1所示。

挡土墙砌筑常用砂浆强度等级　　　　表3-1

挡土墙类别、部位及用途	砂浆强度等级
一般挡土墙	M5(四级公路可用M2.5)
浸水挡土墙常水位以下部分	M7.5
严寒地区的挡土墙及抗震挡土墙	较非地震地区提高一级
勾缝	比砌筑用等级提高一级

对于干砌挡土墙,墙较高时最好用块石砌筑。在墙高超过5m或石料强度较低时,可在挡土墙的中部设置厚度不小于50cm的浆砌水平层,以增加墙身的稳定性。

混凝土挡土墙所用混凝土强度等级不应低于C15,其基础部分可采用相同强度等级的片石混凝土(其中,掺入片石量不应超过总体积的25%)。

第三节　挡土墙的验算

挡土墙是用来承受土体侧向压力的构造物,它应具有足够的强度和稳定性。重力式挡土墙可能的破坏形式有:滑移、倾覆、不均匀沉陷和墙身断裂等。因此,重力式挡土墙的设计应保证在自重和外荷载作用下不发生全墙的滑动和倾覆,并保证墙身截面有足够的强度、基底应力小于地基承载力和偏心距不超过容许值。这就要求在拟定墙身截面形式及尺寸之后,对上述几方面进行验算。

挡土墙验算方法有两种:一是采用总安全系数的容许应力法;二是采用分项安全系数的极限状态法。

一、容许应力验算法

1. 稳定性验算

对于重力式挡土墙,墙的稳定性往往是设计中的控制因素。挡土墙的稳定性包括抗滑稳定性与抗倾覆稳定性两方面。设置在不良土质地基及斜坡上的挡土墙，还应对包括挡土墙、地基及填土在内的整体稳定性进行验算，其稳定系数不应小于 1.25。表土层下覆倾斜基岩上设置挡土墙，则应验算包括挡土墙、填土及山坡覆盖层沿基岩面下滑的稳定性。

(1) 抗滑稳定性验算

挡土墙的抗滑稳定性是指在土压力和其他外荷载的作用下，基底摩擦阻力抵抗挡土墙滑移的能力，用抗滑稳定系数 K_C 表示，即作用于挡土墙的抗滑力与实际下滑力之比，如图 3-4 所示，一般情况下：

$$K_C = \frac{\mu \sum N + E_p}{E_x} \tag{3-1}$$

$$\sum N = G + E_y \tag{3-2}$$

式中：$\sum N$——作用于基底的竖向力的代数和（kN），即挡土墙自重 G（包括墙顶上的有效荷载 W_0 及墙背与第二破裂面之间的有效荷载 W_r) 和墙背主动土压力的竖向分力 E_y（包括车辆荷载引起的土压力）；

E_x——墙背主动土压力（包括车辆荷载引起的土压力）的水平分力（kN）；

E_p——墙前被动土压力（kN）；

μ——基底摩擦因数。

抗滑稳定系数 K_C 不应小于 1.3；施工荷载验算时，抗滑稳定系数 K_C 不应小于 1.2。当设计墙高大于 12~15m 时，应适当加大 K_C 值，以保证挡土墙的抗滑稳定性。

当挡土墙抗倾覆稳定性已满足而受抗滑稳定性控制时，可采用向内倾斜基底以增加抗滑稳定性。基底倾斜度应按表 1-3 控制，即一般土质地基不应大于 1:5、岩质地基不应大于 1:3.33；浸水地基，当 $\mu < 0.5$ 时，不宜设置倾斜基底；当 $0.5 \leq \mu < 0.6$ 时，基底倾斜度不应大于 1:10；当 $\mu \geq 0.6$ 时，不应大于 1:5。

设置倾斜基底就是保持墙面高度不变，而使墙踵下降 Δh，从而使基底具有向内倾斜的逆坡，如图 3-5 所示。与水平基底相比，可减小滑动力，增大抗滑力，从而增强抗滑稳定性。需要注意的是，由于墙踵下降了 Δh，也就使墙背的计算高度增大 Δh，计算土压力的墙高应增加 Δh，即计算墙高 $H' = H + \Delta h$。由图 3-5 可知：

$$\Delta h = \frac{B\tan\alpha_0}{1 + \tan\alpha_0 \tan\alpha} \tag{3-3}$$

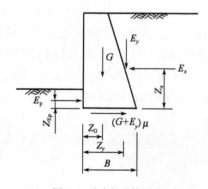

图 3-4 稳定性验算图式

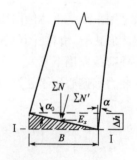

图 3-5 倾斜基底

若将竖向力 $\sum N$ 和水平力 E_x 分别按倾斜基底的法线方向和切线方向分解，则倾斜基底法向力和切向力为：

$$\sum N' = \sum N\cos\alpha_0 + E_x\sin\alpha_0 \brace \sum T' = E_x\cos\alpha_0 - \sum N\sin\alpha_0 \qquad (3-4)$$

式中：α_0——基底倾角，即基底与水平面的夹角。

依据式(3-1)可知，挡土墙在设置倾斜基底后的抗滑稳定系数应为：

$$K_C = \frac{\mu\sum N' + E_p\sin\alpha_0}{\sum T'} = \frac{\mu(\sum N + E_x\tan\alpha_0) + E_p\tan\alpha_0}{E_x - \sum N\tan\alpha_0} \qquad (3-5)$$

由式(3-5)可以看出，由于设置倾斜基底，明显地增大了抗滑稳定系数，而且基底倾角 α_0 越大，越有利于抗滑稳定性。应当指出，除验算沿基底的抗滑稳定性外，尚应验算沿墙踵水平面（图3-5中的Ⅰ—Ⅰ面）上的抗滑稳定性，以免挡土墙连同地基土体一起滑动。正因为这个原因，基底的倾斜度不宜过大。

沿墙踵水平面的抗滑稳定系数为：

$$K'_C = \frac{(\sum N + \Delta G)\mu_n}{E_x} \qquad (3-6)$$

式中：ΔG——基底与通过墙踵的地基水平面（Ⅰ—Ⅰ面）间的土楔重力（kN）；

μ_n——地基土的内摩擦因数。

增加抗滑稳定性的另一种办法是采用凸榫基础（图3-6），就是在基础底面设置一个与基础连成整体的榫状凸块。利用榫前土体所产生的被动土压力以增加挡土墙抗滑稳定性。

凸榫的深度 h 根据抗滑的要求确定，凸榫的宽度 b_2 按截面强度（图3-6中的 EF 面上的弯矩和剪力）的要求确定。

增加抗滑稳定性的措施还有：改善地基，例如在黏质土地基夯嵌碎石，以增加基底摩擦因数；改变墙身截面形式等。但单纯的扩大断面尺寸，收效不大，而且也不经济。

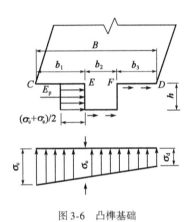

图3-6 凸榫基础

(2)抗倾覆稳定性验算

挡土墙的抗倾覆稳定性是指它抵抗墙身绕墙趾向外转动倾覆的能力，用抗倾覆稳定系数 K_0 表示，即对墙趾的稳定力矩之和 $\sum M_y$ 与倾覆力矩之和 $\sum M_0$ 的比值，如图3-4和图3-7所示。

$$K_0 = \frac{\sum M_y}{\sum M_0} \qquad (3-7)$$

$$\sum M_y = GZ_G + E_yZ_y + E_pZ_p \qquad (3-8)$$

$$\sum M_0 = E_xZ_x \qquad (3-9)$$

式中：$\sum M_y$——各荷载对墙趾 O 点的稳定力矩之和（kN·m）；

$\sum M_0$——各荷载对墙趾 O 点的倾覆力矩之和（kN·m）；

Z_G、Z_x、Z_y、Z_p——相应各力对墙趾 O 点的力臂（m）。

对于荷载组合Ⅰ、Ⅱ，抗倾覆稳定系数不应小于1.5；对于荷载组合Ⅲ，抗倾覆稳定系数不应小于1.3。施工荷载验算时，抗倾覆稳定系数不应小于1.2。但墙高大于12～15m时，应适

当加大 K_0 值,以保证挡土墙的抗倾覆稳定性。

当抗滑稳定性满足要求,挡土墙受抗倾覆稳定性控制时,可展宽墙趾以增加抗倾覆稳定性,如图3-8所示。在墙趾处展宽基础可增大稳定力矩的力臂,是增强抗倾覆稳定性的常用方法。但在地面横坡较陡处,由此会引起墙高的增加。展宽部分一般用与墙身相同的材料砌筑,不宜过宽,展宽度 Δb,重力式挡土墙不宜大于墙高的 10%;衡重式挡土墙不宜大于墙高的 5%。基础展宽可分级设置成台阶基础,每级的宽度和高度关系应符合刚性角的要求(即基础台阶的斜向连线与竖直方向的夹角),对于石砌圬工不大于 $35°$;对于混凝土圬工不大于 $45°$。如超过时,则应采用钢筋混凝土基础板。

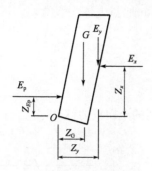

图3-7 倾斜基底抗倾覆稳定性验算

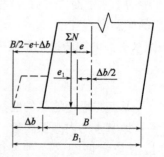

图3-8 展宽墙趾

增加抗倾覆稳定性的措施还有:改变墙背或墙面的坡度,以减少土压力或增加稳定力臂;改变墙身形式,如改用衡重式、墙后增设卸荷平台或卸荷板等。

2. 基底应力及合力偏心距验算

为了保证挡土墙的基底应力不超过地基的承载力,应进行基底应力验算;同时为了使挡土墙墙型结构合理和避免发生显著的不均匀沉陷,还应控制作用于挡土墙基底合力的偏心距。

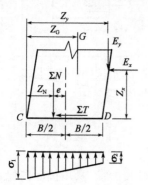

图3-9 基底应力及合力偏心距验算图式

如图3-9所示,若作用于基底合力的法向分力为 $\sum N$,它对墙趾的力臂为 $Z_N(\mathrm{m})$,即:

$$Z_N = \frac{\sum M_y - \sum M_0}{\sum N} \quad (3\text{-}10)$$

合力偏心距 $e(\mathrm{m})$ 为:

$$e = \frac{B}{2} - Z_N \quad (3\text{-}11)$$

基底的合力偏心距,对于土质地基不应大于 $B/6$;岩石地基不应大于 $B/4$。

基底两边缘点,即趾部和踵部的法向压应力 σ_1、σ_2(kPa)为:

$$\begin{matrix}\sigma_1\\\sigma_2\end{matrix} = \frac{\sum N}{A} \pm \frac{\sum M}{W} = \frac{G + E_y}{B}\left(1 \pm \frac{6e}{B}\right) \quad (3\text{-}12)$$

式中:$\sum M$——各力对中性轴的力矩之和(kN·m),$\sum M = \sum N \cdot e$;

W——基底截面模量(m^3),对1m长的挡土墙,$W = B^2/6$;

A——基底面积(m^2),对1m长的挡土墙而言,$A = B$。

基底压应力不得大于地基的容许承载力 $[\sigma]$,对于荷载组合Ⅲ及施工荷载验算,当地基容许承载力大于150kPa时,可提高25%。

当$|e|>B/6$时,基底的一侧将出现拉应力,考虑到一般情况下地基与基础间不能承受拉力,故不计拉力而按应力重分布计算基底最大压应力,如图3-10所示,基底应力图形将由虚线图形变为实线图形。根据力的平衡条件,总压力等于$\sum N$,实线三角形的形心必在$\sum N$的作用线上,故基底压应力三角形的底边长度等于$3Z_N$。于是有:

$$\sum N = \frac{1}{2}\sigma_{max} \cdot 3Z_N$$

故最大压应力为:

$$\sigma_{max} = \frac{2\sum N}{3Z_N} \tag{3-13}$$

如图3-11所示,当设置倾斜基底时,倾斜基底的宽度B'为:

$$B' = \frac{B\cos\alpha}{\cos(\alpha_0 - \alpha)} \tag{3-14}$$

倾斜基底法向力$\sum N'$[式(3-4)]对墙趾的力臂为Z'_N:

$$Z'_N = \frac{\sum M_y - \sum M_0}{\sum N'} \tag{3-15}$$

倾斜基底的合力偏心距e'为:

$$e' = \frac{B'}{2} - Z'_N \tag{3-16}$$

这时,基底的法向应力为:

$$\left.\begin{array}{l}\sigma_1\\\sigma_2\end{array}\right\} = \frac{\sum N'}{B}\left(1 \pm \frac{6e'}{B'}\right) \qquad (|e'| \leq B'/6) \tag{3-17}$$

$$\sigma_{max} = \frac{2\sum N'}{3Z'_N} \qquad (|e'| > B'/6) \tag{3-18}$$

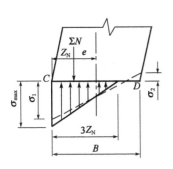

图3-10 基底应力重分布

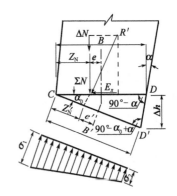

图3-11 倾斜基底应力计算

当基底压应力或偏心距过大时,可采取加宽墙趾或扩大基础的方式予以调整,也可采用换填地基土以提高其承载力;调整墙背坡度或断面形式,以减少合力偏心距等措施。

3. 墙身截面验算

通常,选取一或两个墙身截面进行验算,验算截面可选在基础顶面、1/2墙高处、上下墙(凸折式及衡重式墙)交界处等,如图3-12所示。

墙身截面强度验算包括法向应力和剪应力验算。

(1)法向应力及偏心距验算

如图3-13所示,若验算截面Ⅰ—Ⅰ的强度,从土压力分布图可得到Ⅰ—Ⅰ截面以上的土

压力为 E_{xi} 和 E_{yi}，截面以上的墙身自重为 G_i，截面宽度为 B_i，则：

$$\left.\begin{array}{l}\sum N_i = G_i + E_{yi} \\ \sum M_{yi} = G_i Z_{Gi} + E_{yi} Z_{yi} \\ \sum M_{0i} = E_{xi} Z_{xi} \\ Z_{Ni} = \dfrac{\sum M_{yi} - \sum M_{0i}}{\sum N_i}\end{array}\right\} \quad (3-19)$$

$$e_i = B_i/2 - Z_{Ni} \quad (3-20)$$

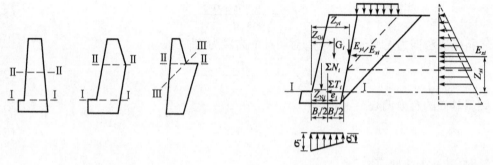

图 3-12 墙身验算截面　　　　图 3-13 容许应力法墙身截面验算图式

要求截面的偏心距，考虑荷载组合Ⅰ、Ⅱ时，$e_i \leqslant 0.3B_i$；考虑荷载组合Ⅲ和施工荷载时，$e_i \leqslant 0.35B_i$。

截面两端边缘的法向应力为：

$$\begin{matrix}\sigma_1 \\ \sigma_2\end{matrix} = \frac{\sum N_i}{B_i}\left(1 \pm \frac{6e_i}{B_i}\right) \quad (3-21)$$

考虑荷载组合Ⅰ、Ⅱ时，应使最大压应力和最大拉应力不超过圬工的容许应力。当考虑荷载组合Ⅲ时，容许应力可提高 30%。干砌挡土墙不能承受拉应力。

(2) 剪应力验算

验算图 3-13 所示的Ⅰ—Ⅰ截面的水平剪应力时，剪切面上水平剪力 $\sum T_i$ 等于Ⅰ—Ⅰ截面以上墙身所受水平土压力 $\sum E_{xi}$，则：

$$\tau_i = \frac{\sum T_i}{B_i} = \frac{\sum E_{xi}}{B_i} \leqslant [\tau] \quad (3-22)$$

式中：$[\tau]$——圬工的容许剪应力(kPa)。

当墙身受拉力出现裂缝时，应折减裂缝区的面积。

二、极限状态验算法

极限状态法是根据结构在荷载作用下的工作特征，在容许应力法基础上发展形成的一种设计方法。

容许应力法视结构材料为理想的弹性体，在荷载作用下产生的应力和变形不超过规定的容许值。极限状态法则不再采用匀质弹性体的假定,而是承认结构在临近破坏时处于弹塑性工作阶段,以结构物在各种荷载组合情况下均不得达到其极限状态为出发点,同时相应地给以足够的安全储备。

两种设计理论出发点虽然不同,但总的目的却都是为了保证构造物的安全、正常使用。容许应力法在安全度处理上采用了一个总的安全系数(即材料的极限强度与容许应力的比值),但它不能正确地反映各种实际因素的影响,如荷载的变异、材料的不均匀、结构实际受力情况的变异等,仅对材料起了安全保证作用,而对结构没有明确的物理意义。极限状态法能比较科学、全面地分析影响结构安全和正常使用的因素,从而对构造物提出合理的要求,根据荷载的性质和对构造物的影响,采用荷载分项安全系数来反映构造物的安全度。

1. 极限状态法的设计原则

挡土墙承载能力极限状态设计的基本条件是结构抗力设计值应大于或等于计入结构重要性系数的荷载效应的组合设计值,即:

$$\gamma_0 S \leq R \tag{3-23}$$

$$R = R\left(\frac{R_k}{\gamma_f}, \alpha_d\right) \tag{3-24}$$

式中:γ_0——结构重要性系数,如表 3-2 所示;

S——荷载效应的组合设计值;

R——挡土墙结构抗力;

R_k——抗力材料的强度标准值;

γ_f——结构材料、岩土性能的分项系数,如表 3-3 所示;

α_d——结构或构件几何参数的设计值,当无可靠数据时,可采用几何参数标准值。

结构重要性系数 γ_0　　　　表 3-2

公 路 等 级	高速、一级、二级公路	二级以下公路
墙高 $H \leq 5.0$m	1.0	0.95
墙高 $H > 5.0$m	1.05	1.0

承载能力极限状态荷载分项系数　　　　表 3-3

项　目 荷载组合	荷载增大对挡土墙起有利作用时		荷载增大对挡土墙起不利作用时	
	Ⅰ、Ⅱ	Ⅲ	Ⅰ、Ⅱ	Ⅲ
垂直恒载 γ_G	0.90		1.20	
主动土压力 γ_{Q1}	1.00	0.95	1.40	1.30
被动土压力 γ_{Q2}	0.30		0.50	
水浮力 γ_{Q3}	0.95		1.10	
静力压力 γ_{Q4}	0.95		1.05	
动水压 γ_{Q5}	0.90		1.20	
流水压力 γ_{Q6}	0.95		1.10	

注:作用于挡土墙结构顶面的车辆荷载、人群荷载,作为垂直力计算时,可采用垂直恒载的分项系数 γ_G。

挡土墙构件按正常使用状态设计时,应根据不同设计目的,分别采用荷载效应标准组合、荷载短期效应组合、荷载长期效应组合进行设计,使变形、裂缝等作用效应的设计值符合下式规定:

$$S_d \leq C \tag{3-25}$$

式中：S_d——变形、裂缝等作用的设计值；

C——设计对变形、裂缝等规定的相应限值。

挡土墙按承载能力极限状态设计时，在某类荷载效应组合下，荷载效应的组合设计值按下式计算：

$$S = \psi_{ZL}(\gamma_G \sum S_{Gik} + \gamma_{Qi} \sum S_{Qik}) \tag{3-26}$$

式中：S——荷载效应的组合设计值；

γ_G、γ_{Qi}——荷载的分项系数，如表3-3所示；

S_{Gik}——第 i 个垂直恒载（挡土墙及附加物自重）的标准值效应；

S_{Qik}——土压力、水浮力、静水压力、其他可变荷载的标准值效应；

ψ_{ZL}——荷载的综合效应组合系数，如表3-4所示。

荷载的综合效应组合系数 ψ_{ZL}　　　　表3-4

荷 载 组 合	Ⅰ、Ⅱ	Ⅲ	施 工 荷 载
ψ_{ZL}	1.0	0.8	0.7

2. 抗滑稳定性验算

挡土墙抗滑稳定性（图3-4）应满足式（3-27）的要求：

$$[1.1G + \gamma_{Q1}(E_y + E_x \tan\alpha_0) - \gamma_{Q2}E_p \tan\alpha_0]\mu + (1.1G + \gamma_{Q1}E_y)\tan\alpha_0 - \gamma_{Q1}E_x + \gamma_{Q2}E_p > 0 \tag{3-27}$$

式中：G——作用于基底以上的重力（kN），浸水挡土墙的浸水部分应计入的浮力；

γ_{Q1}、γ_{Q2}——主动土压力分项系数、墙前被动土压力分项系数，如表3-3所示。

由式（3-27）可知，墙身自重 G 的分项系数为1.1。

采用倾斜基底的挡土墙，沿墙踵处地基土水平面滑动的稳定性（图3-5）应满足式（3-28）的要求：

$$(1.1G + \gamma_{Q1}E_y)\mu_n + 0.67cB_1 - \gamma_{Q1}E_x > 0 \tag{3-28}$$

式中：B_1——挡土墙基底水平投影宽度（m）；

μ_n——地基土的内摩擦因数；

c——地基土的黏结力（kN/m）；

G——作用于基底水平滑动面上的重力，包括基底与通过墙踵的地基水平面（Ⅰ—Ⅰ面）间的土楔重力（kN）。

其中，墙身自重 G 的分项系数为1.1。

同容许应力法，设置在软土地基及斜坡上的挡土墙，也应对包括挡土墙、地基及填土在内的整体稳定性进行验算。

3. 抗倾覆稳定性验算

挡土墙抗倾覆稳定性（图3-7）应满足式（3-29）的要求：

$$0.8GZ_G + \gamma_{Q1}(E_y Z_y - E_x Z_x) + \gamma_{Q2}E_p Z_p > 0 \tag{3-29}$$

其中，墙身自重 G 的分项系数为0.8，不同于抗滑稳定性。

4. 基底应力及合力偏心距验算

偏心荷载作用下，基底两边缘的压应力为：

$$\left.\begin{aligned}\sigma_{\max} &= \frac{N_d}{A}\left(1 + \frac{6e_0}{B}\right)\\ \sigma_{\min} &= \frac{N_d}{A}\left(1 - \frac{6e_0}{B}\right)\end{aligned}\right\} \tag{3-30}$$

式中：$\sigma_{\max}$、$\sigma_{\min}$——基底边缘的最大、最小压应力设计值(kPa)；
   N_d——采用荷载效应标准组合时，作用于基底的垂直荷载组合设计值(kN)；
   e_0——基底合力偏心距，如式(3-31)所示。

$$e_0 = \left|\frac{M_d}{N_d}\right| \tag{3-31}$$

式中：M_d——采用荷载效应标准组合时，作用于基底形心的力矩组合设计值(kN·m)。

应该指出，基底应力及合力偏心距验算时，各类荷载组合下，荷载效应组合设计值计算式中的荷载分项系数，除被动土压力分项系数γ_{Q2}取0.3外，其余荷载分项系数都取1.0。

对于岩石地基，当$e_0 > B/6$时，不计地基拉应力，而按压应力重分布计算基底应力，即：

$$\left.\begin{aligned}\sigma_{\max} &= \frac{2N_d}{3a_1}\\ \sigma_{\min} &= 0\end{aligned}\right\} \tag{3-32}$$

式中：a_1——作用于基底的总竖向力N_d对受压边缘的力臂(m)，$a_1 = B/2 - e_0$，且a_1不能小于零。

基底合力偏心距，对于土质地基不应大于$B/6$；岩石地基不应大于$B/4$。

基底最大压应力值应满足下式要求：

$$\sigma_{\max} \leq K f'_a \tag{3-33}$$

式中：f'_a——地基承载力特征值(kPa)；
   K——地基承载力特征值提高系数，如表3-5所示。

地基承载力提高系数 K   表3-5

荷载组合与使用情况	提高系数K	荷载组合与使用情况	提高系数K
荷载组合Ⅰ、Ⅱ	$K=1.0$	经多年压实未受破坏的旧基础	$K=1.5$
荷载组合Ⅲ、施工荷载	$K=1.3$		

地基承载应力抗力值按下式计算：

$$f'_a = f_a + k_1\gamma_1(B-2) + k_2\gamma_2(h_D - 3) \tag{3-34}$$

式中：f_a——地基承载力特征值(kPa)；
   B——基础底面宽度(m)，小于2m，按2m计，大于10m，按10m计；
   h_D——基础底面的埋置深度(m)，从天然地面算起；有水流冲刷时，从一般冲刷线算起，小于3m，按3m计；
   γ_1——基底下持力层土的天然重度(kN/m^3)，如在水面以下且为透水者，应采用浮重度；
   γ_2——基底面以上土的加权平均重度(kN/m^3)，如持力层在水面以下，且为不透水层，在水面以下采用饱和重度；如持力层为透水层，应采用浮重度，土的加权平均重度按$\gamma_2 = \sum\gamma_i h_i / \sum h_i$计算；
   k_1、k_2——地基承载力特征值的基础宽度和埋深修正系数，如表3-6所示。

承载力特征值修正系数 k_1、k_2　　　　　表3-6

土的类别			k_1	k_2
黏质土	老黏质土		0	2.5
	一般黏质土	$I_L \geq 0.5$	0	1.5
		$I_L < 0.5$	0	2.5
	新近沉积黏质土		0	1.0
	残积黏质土		0	1.5
黄土	新近堆积黄土		0	1.0
	一般新黄土		0	1.5
	老黄土		0	1.5
砂类土	粉砂	中密	1.0	2.0
		密实	1.2	2.5
	细砂	中密	1.6	3.0
		密实	2.0	4.0
	中砂	中密	2.0	4.0
		密实	3.0	5.5
	砾砂、粗砂	中密	3.0	5.0
		密实	4.0	6.0
碎石类土	碎石、圆砾、角砾	中密	3.0	5.0
		密实	4.0	6.0
	卵石	中密	3.0	6.0
		密实	4.0	10.0

注：1. 对于稍松状态的砂土和松散状态的碎石，k_1、k_2 值可采用表列值的50%。
　　2. 节理不发育或较发育的岩石不作宽度、埋深修正；节理发育或很发育的岩石，k_1、k_2 可参照碎石的系数；对已风化成砂、土状者，可参照砂土、黏质土的系数。

5. 墙身截面验算

(1) 合力偏心距验算

挡土墙墙身或基础为圬工构件时，偏心受压构件计算截面上的轴向力偏心距 e_0（图3-14）按下式计算，且应符合表3-7的规定。

$$e_0 = \left| \frac{M_k}{N_k} \right| \qquad (3-35)$$

式中：M_k——在某一类荷载组合下，荷载对验算截面形心的总力矩（kN·m）；

N_k——在某一类荷载组合下，作用于验算截面上的轴向力的合力（kN）。

混凝土挡土墙截面在受拉一侧配有不小于截面积0.05%的纵向钢筋时，表3-7中的偏心距限值可增加0.05B。当截面配筋率大于表3-8的规定时，应按钢筋混凝土构件计算，偏心距不受限制。

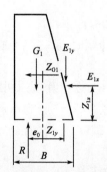

图3-14　极限状态法墙身截面验算图式

圬工挡土墙截面上轴向力合力偏心距的限值　　　　　　　　　　表3-7

荷载组合	Ⅰ、Ⅱ	Ⅲ	施工荷载
容许偏心距	0.25B	0.30B	0.33B

注：B 为沿力矩转动方向的矩形计算截面宽度(m)。

按钢筋混凝土构件计算的受拉钢筋最小配筋率　　　　　　　　表3-8

钢筋类型	钢筋最小配筋率(%)	
	截面一侧钢筋	全截面钢筋
HPB235 钢筋（Ⅰ级）	0.20	0.50
HRB355、HRB 400 钢筋（Ⅱ、Ⅲ级）	0.20	0.50

注：钢筋最小配筋率按构件的全截面面积计算。

(2) 强度和稳定性验算

挡土墙轴心或偏心受压时，正截面强度和稳定性应分别满足式(3-36)和式(3-37)的要求：

强度
$$\gamma_0 N_d \leqslant \frac{a_k A R_a}{\gamma_f} \tag{3-36}$$

稳定性
$$\gamma_0 N_d \leqslant \frac{\psi_k a_k A R_a}{\gamma_f} \tag{3-37}$$

$$a_k = \frac{1 - 256\left(\dfrac{e_0}{B}\right)^8}{1 + 12\left(\dfrac{e_0}{B}\right)^2} \tag{3-38}$$

式中：N_d——验算截面上的轴向力组合设计值(kN)；

　　　γ_0——重要性系数，如表3-2所示；

　　　γ_f——圬工构件或材料的抗力分项系数，如表3-9所示；

　　　R_a——材料抗压极限强度(kPa)；

　　　A——验算截面的截面面积(m^2)；

　　　a_k——轴向力偏心系数；

　　　ψ_k——受压构件在弯曲平面内的纵向弯曲系数；

　　　e_0——轴向力的偏心距(m)；

　　　B——验算截面的宽度(m)。

圬工构件或材料的抗力分项系数　　　　　　　　　　　　　表3-9

圬工种类	受力情况	
	受压	受弯、剪、拉
石料	1.85	2.31
片石砌体、片石混凝土砌体	2.31	2.31
块石、粗料石、混凝土预制块、砖砌体	1.92	2.31
混凝土	1.54	2.31

偏心受压构件在弯曲平面内的纵向弯曲系数 ψ_k 可按下式计算，轴心受压构件在弯曲平面内的纵向弯曲系数 ψ_k 可按表3-10确定。

$$\psi_k = \cfrac{1}{1 + a_s\beta_s(\beta_s - 3)\left[1 + 16\left(\cfrac{e_0}{B}\right)^2\right]} \tag{3-39}$$

$$\beta_s = \frac{2H}{B} \tag{3-40}$$

式中：H——验算截面处的墙高，即验算截面至墙顶的距离(m)；

a_s——与材料有关的系数，如表 3-11 所示。

轴心受压构件的纵向弯曲系数 表 3-10

2H/B	混凝土构件	砌体砂浆强度等级	
		M10、M7.5、M5	M2.5
≤3	1.00	1.00	1.00
4	0.99	0.99	0.99
6	0.96	0.96	0.96
8	0.93	0.93	0.91
10	0.88	0.88	0.85
12	0.82	0.82	0.79
14	0.76	0.76	0.72
16	0.71	0.71	0.66
18	0.65	0.65	0.60
20	0.60	0.60	0.54
22	0.54	0.54	0.49
24	0.50	0.50	0.44
26	0.46	0.46	0.40
28	0.42	0.42	0.36
30	0.38	0.38	0.33

a_s 值 表 3-11

圬工名称	浆砌砌体采用以下砂浆强度等级			混凝土
	M10、M7.5、M5	M2.5	M1	
a_s 值	0.002	0.0025	0.004	0.002

偏心受压构件除验算弯曲平面内的纵向稳定外，还应按轴心受压构件验算非弯曲平面内的稳定。

三、衡重式挡土墙的验算

对于衡重式挡土墙，除了验算抗滑稳定性、抗倾覆稳定性、水平截面应力、基底应力及合力偏心距外，还应对衡重台处的水平截面及斜截面(图 3-12)进行剪应力验算。

1. 上墙实际墙背的土压力

上墙墙身截面验算时，应采用上墙实际墙背所承受的土压力。上墙实际墙背的土压力 E'_1

是由第二破裂面上的土压力 E_1 传递而来,一般可根据实际墙背及衡重台与土体间无相对移动（即无摩擦力）的条件,利用力多边形法推求,如图 3-15 所示。

$$E'_{1x} = E_{1x} = E_1\cos(\alpha_i + \varphi) \tag{3-41}$$

$$E'_{1y} = E'_{1x}\tan\alpha = E_1\cos(\alpha_i + \varphi)\tan\alpha \tag{3-42}$$

假设此土压力沿墙背呈线性分布,作用于上墙的下三分点处。

需要指出的是,在验算中应将衡重台上面的那部分回填土的重量计入稳定力系。

2. 斜截面剪应力验算

如图 3-16 所示,设衡重式挡土墙上墙底面沿倾斜方向 AB 被剪裂,剪裂面与水平面成 ε 角,剪裂面上的作用力是竖向力 $\sum N$ 和水平力 $\sum T$,则:

$$\left.\begin{array}{c}\sum N = E'_{1y} + G_1 + G_2 \\ \sum T = E'_{1x}\end{array}\right\} \tag{3-43}$$

式中:E'_{1x}——上墙土压力的水平分力(kN),如式(3-41)所示;

E'_{1y}——上墙土压力的竖向分力(kN),如式(3-42)所示;

G_1——上墙圬工重力(kN);

G_2——$\triangle ABC$ 的圬工重力(kN)。

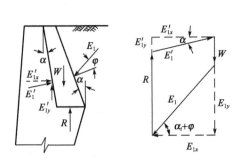

图 3-15　上墙实际墙背土压力计算图式　　图 3-16　斜截面剪应力验算

当 ε 角不同时,AB 面上的剪应力 τ 也不同,故 τ 是 ε 的函数,即:

$$\tau = \frac{p}{l} \tag{3-44}$$

$$p = \sum T\cos\varepsilon + \sum N\sin\varepsilon = E'_{1x}\cos\varepsilon + (E'_{1y} + G_1)\sin\varepsilon + \frac{1}{2}\gamma_h B_1^2 \frac{\tan\varepsilon\sin\varepsilon}{(1 - \tan\alpha'\tan\varepsilon)} \tag{3-45}$$

$$l = \frac{B_1\tan\varepsilon}{\sin\varepsilon(1 - \tan\alpha'\tan\varepsilon)} \tag{3-46}$$

式中:p——剪裂面 AB 上的切向分力(kN);

γ_h——圬工的重度(kN/m³);

l——剪裂面的长度(m)。

将式(3-45)、式(3-46)代入式(3-44),并令 $\tau_x = \dfrac{E'_{1x}}{B_1}$, $\tau_w = \dfrac{E'_{1y} + G_1}{B_1}$, $\tau_r = \dfrac{1}{2}\gamma_h B_1$,整

理得：

$$\tau = \cos^2\varepsilon[\tau_x(1 - \tan\alpha'\tan\varepsilon) + \tau_w\tan\varepsilon(1 - \tan\alpha'\tan\varepsilon) + \tau_r\tan^2\varepsilon] \quad (3\text{-}47)$$

对式(3-47)微分，令 $\dfrac{d\tau}{d\varepsilon} = 0$，整理得：

$$\tan\varepsilon = -\eta \pm \sqrt{\eta^2 + 1} \quad (3\text{-}48)$$

$$\eta = \frac{\tau_r - \tau_x - \tau_w\tan\alpha'}{\tau_x\tan\alpha' - \tau_w}$$

由式(3-48)解出 ε 角，代入式(3-47)，即可求得 AB 斜截面的最大剪应力 τ_{max}。如 $\tau_{max} \leqslant [\tau]$，说明斜截面抗剪强度满足要求。

四、浸水挡土墙的验算

浸水条件下土压力按第二章的方法计算。作用于浸水挡土墙上的力系，除一般重力式挡土墙的力系外，尚应考虑浸水时的附加力。

1. 作用于浸水挡土墙的附加力

（1）墙内外侧的静水压力

如图3-17所示，墙面的水位高度为 H_{b1}，墙背的水位高度为 H_{b2}，水的重度为 γ_w，则作用于墙面和墙背法向的静水压力分别为 J_1 及 J_2：

$$J_1 = \frac{1}{2}\gamma_w H_{b1}^2 \frac{1}{\cos\alpha'} \quad (3\text{-}49)$$

$$J_2 = \frac{1}{2}\gamma_w H_{b2}^2 \frac{1}{\cos\alpha} \quad (3\text{-}50)$$

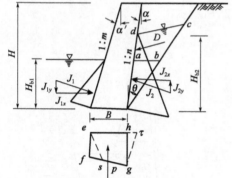

图 3-17 作用于浸水挡土墙上的附加力

作用于墙背及墙面的竖向静水压力之和为：

$$J_y = J_2\sin\alpha + J_1\sin\alpha' = \frac{1}{2}\gamma_w(H_{b2}^2\tan\alpha + H_{b1}^2\tan\alpha') \quad (3\text{-}51)$$

考虑到 $H_{b2} - H_{b1}$ 段已计入动水压力[式(3-54)]，计算水平静水压力差时不应计入，则作用于墙背及墙面的水平静水压力差为：

$$J_x = \left[J_2\cos\alpha - \frac{1}{2}\gamma_w(H_{b2} - H_{b1})^2\frac{1}{\cos\alpha}\cos\alpha\right] - J_1\cos\alpha'$$

$$= \frac{1}{2}\gamma_w(2H_{b1}H_{b2} - H_{b1}^2) - \frac{1}{2}\gamma_w H_{b1}^2$$

即

$$J_x = \gamma_w H_{b1}(H_{b2} - H_{b1}) \quad (3\text{-}52)$$

（2）作用于基底的上浮力

作用于基底的上浮力 P 与墙身所排开水的体积和地基的透水性有关，按下式计算：

$$P = \frac{1}{2}\gamma_w(H_{b1} + H_{b2})B\lambda \quad (3\text{-}53)$$

式中：λ——上浮力折减系数，对于透水的或不能肯定透水与否的地基：$\lambda = 1.0$；对于岩石地基或基底与岩石间灌注混凝土,认为是相对不透水时:$\lambda = 0.5$。

(3)动水压力

当墙背填土中出现渗透水流时,墙背上作用着动水压力 D,其值按下式计算:

$$D = I\gamma_w\Omega \tag{3-54}$$

$$\Omega = \frac{1}{2}(H_{b2}^2 - H_{b1}^2)(\tan\theta + \tan\alpha) \tag{3-55}$$

式中:Ω——破裂棱体内产生动水压力的浸水面积,即图3-17中的 $abcd$,可近似地按式(3-55)计算;

θ——计算土压力时的破裂角。

动水压力 D 作用于 Ω 面积的形心,其方向平行于 I(水力坡降)。

2. 浸水挡土墙验算

验算抗滑稳定性和抗倾覆稳定性时,应计入上述浸水时的附加力,分别代入有关的公式,对于容许应力法分别代入式(3-1)或式(3-5)及式(3-7)中,求 K_c、K_0;对于极限状态法,则分别代入式(3-27)或式(3-28)及式(3-29)。对于浸水挡土墙 K_c 不应小于 1.2,K_0 不应小于 1.3。

当填料为透水性材料,$H_{b1} = H_{b2}$ 时,其静水压力和动水压力可忽略不计。

浸水地区因墙基受水浸泡,当地基软弱($\mu < 0.5$)时,不易挖成倾斜基底,故不宜设置倾斜基底。但对于密实的卵石、块石土、岩石地基,则可按前文所述设置倾斜基底。

验算基底合力偏心距和基底法向应力时,也应计入浸水时的附加力,代入相应的公式中进行计算。由于附加力是暂时的,地基承载力可提高 25%。

3. 最不利水位的确定

浸水挡土墙验算,由于计算水位不同,验算结果也不相同,故应考虑水位的涨落情况,以确定最不利水位高度,以便求得最不利稳定状态,控制挡土墙设计。通常最不利水位不是最高水位,而且对于不同的验算项目,最不利水位高度也是不同的。为减少试算工作量,可采用"优选法"推求最不利水位高度,下面以容许应力法的抗滑稳定性和抗倾覆稳定性验算加以说明。

设最高水位高度为 H_B,用优选法选点试算时,第一次计算 $0.618H_B$ 处(即图3-18 的 C 点)的稳定系数 K_C。一般在 $0.382H_B$ 处(即 D 点)以下不控制设计,可舍去 AD 段。

第二次计算余下的 BD 段的 0.618 倍处(即图3-18 的 E 点)的稳定系数 K_E。比较 C、E 两点的 K 值,如 $K_E > K_C$,则舍去 BE 段,如 $K_C > K_E$,则舍去 CD 段。

第三次再计算余下段 DE 的 0.382 倍处(或 BC 的 0.618 倍处)即图中的 F 点的稳定系数,并比较 K_F 值,舍去 K 值大的一段,如此进行 3~5 次,即可求得最不利水位的高度。

当最高水位不能确定时,可按墙高减 0.5m 为 H_B 进行验算。

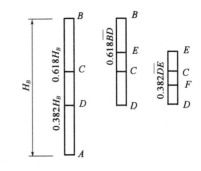

图3-18 优选法求算最不利水位

对于基底应力,一般情况下,它随着水位的降低而增大,即在枯水位时为最大值,故验算时,通常以枯水位作为最不利水位。

五、地震条件下挡土墙的验算

1. 挡土墙抗震验算范围

对地震地区的挡土墙,应先按一般条件进行设计,然后再考虑地震力的作用,进行抗震验算。挡土墙抗震验算范围列于表 3-12。

挡土墙抗震验算范围 表 3-12

公 路 等 级		高速公路及一、二级公路			二级以下公路
基本烈度		7	8	9	9
岩石、非软土、非液化土地基	非浸水	不验算	$H>5m$ 验算	验算	验算
	浸水	不验算	验算	验算	验算
液化土及软土地基		验算	验算	验算	验算

2. 地震条件下作用于挡土墙的特殊力

地震作用下的土压力已在第二章作了介绍,地震条件下的特殊力是指墙身自重产生的水平地震惯性力 Q_h,它作用于验算截面以上的墙身重心处,按下式计算:

$$Q_h = C_i C_z K_h \psi_i G_i \tag{3-56}$$

式中:C_z——综合影响系数,$C_z = 0.25$;

C_i——重要性修正系数,如表 2-4 所示;

K_h——水平地震系数,如表 2-3 所示;

G_i——验算截面以上的墙身圬工重力(kN);

ψ_i——水平地震作用沿墙高的分布系数。

地震力对构造物的影响,顶部较底部大,有时超过一倍。从因地震而产生破坏的高挡土墙看,破坏位置多出现在中部以上接近顶部。因此,当墙高≤12m 时,地震作用沿墙高影响不显著,计算时取 $\psi_i = 1$。当墙高 >12m 时,则应考虑地震作用沿墙高向顶部的增大,ψ_i 按下式计算:

$$\psi_i = 1 + \frac{H_i}{H} \tag{3-57}$$

式中:H_i——验算截面 h_i 以上墙身圬工的重心至墙底的高度,如图 3-19 所示。

对于三、四级公路,不考虑地震作用沿墙高的影响,分布系数 $\psi_i = 1$。

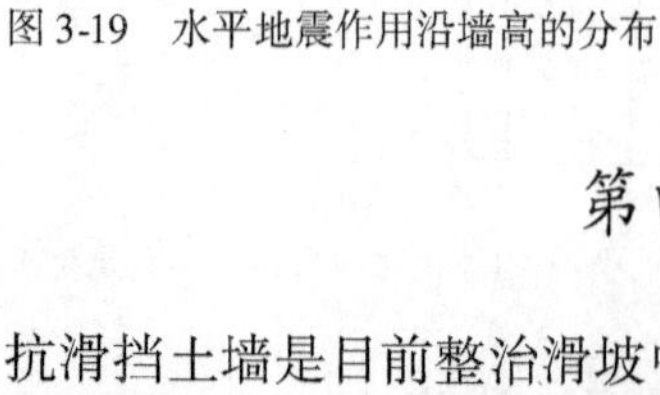

3. 挡土墙的抗震验算

验算时要考虑墙身承受的地震力作用,并采用地震作用下的土压力,将地震荷载和永久荷载组合,并考虑常水位的浮力。不考虑季节性浸水的影响,车辆荷载、人群荷载等其他外荷载均不考虑。

由于地震力系偶然荷载,稳定性、承载力等要求可适当放宽,按荷载组合Ⅲ考虑,其抗滑稳定系数 K_C 和抗倾覆稳定系数 K_0 不应小于 1.3。

图 3-19 水平地震作用沿墙高的分布

第四节 抗滑挡土墙设计

抗滑挡土墙是目前整治滑坡中应用最广且较为有效的措施之一,采用抗滑挡土墙整治滑坡,其优点是山体破坏少,稳定滑坡收效快。对于大型滑坡,常作为排水、减重等综合措施的一部分;对于中、小型滑坡,可单独使用,也可与支撑渗沟联合使用;以抗滑桩为主要整治措施的工点,也可用抗滑挡土墙作为辅助措施,分担一部分滑坡推力。抗滑挡土墙尤其适用于因挖去山坡坡脚失去支撑而引起滑动为主要原因的牵引式滑坡,特别是当滑动面较陡、含水率较小、整体性较强、滑动较急剧的滑坡,修建抗滑挡土墙后能起到抑制滑动的作用。但应用时必须弄清滑坡的性质、滑体结构、滑动面层位和层数、滑体的推力及基础的地质情况,否则,易使墙体变形而失效。如果开挖基坑太深,则施工困难,又易加剧滑坡滑动,因此,深层滑坡和正在滑动的滑坡不宜采用。

抗滑挡土墙因其受力条件、材料和结构不同虽有多种类型,但一般多采用重力式抗滑挡土墙,利用墙身重量来抗衡滑坡体。重力式抗滑挡土墙可采用浆砌片(块)石、混凝土预制块,也可采用混凝土和钢筋混凝土直接浇筑。重力式抗滑挡土墙设计主要包括以下内容:

(1)断面形式的选择。
(2)挡土墙平面位置的布设。
(3)设计推力的确定。
(4)合理墙高的确定。
(5)墙基埋深的确定。
(6)稳定性和强度的验算。

一、结构特征与断面形式

抗滑挡土墙承受的是滑坡推力,不同于普通重力式挡土墙。由于滑坡推力大,合力作用点高,因此抗滑挡土墙具有墙面坡度缓、外形矮胖的特点,这有利于挡土墙自身的稳定。抗滑挡土墙墙面坡度常采用1:0.3～1:0.5的坡率,有时甚至缓至1:0.75～1:1。基底常做成反坡或锯齿形,为了增加抗滑挡土墙的稳定性和减少墙体圬工,可在墙后设置1～2m宽的衡重台或卸荷平台。图3-20是重力式抗滑挡土墙常用的几种断面形式。

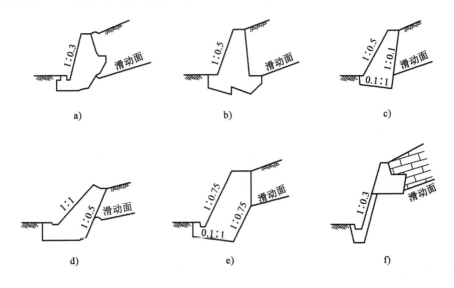

图 3-20 抗滑挡土墙常用断面形式

抗滑挡土墙主要是用来稳定滑坡的,因滑坡形式的多种多样,导致了抗滑挡土墙结构断面形式的不同。故不能像普通挡土墙那样,可以采用标准断面,而是需视滑坡的具体情况,进行个别设计。

二、平面布置

抗滑挡土墙的平面布置应根据滑坡范围、滑坡推力大小、滑动面位置和形状,以及基础地质条件等因素确定。对于中小型滑坡,一般将抗滑挡土墙布设在滑坡的前缘;当滑坡中、下部有稳定岩层锁口时,可将抗滑挡土墙设在锁口处,如图 3-21 所示,锁口以下部分可另作处理。当滑动面出口在路基附近,滑坡前缘距路线有一定距离时,应尽可能将抗滑挡土墙靠近路线,墙后余地填土加载,以增强抗滑力,减少下滑力。当滑动面出口在路堑边坡上时,可按滑床地基情况决定布设抗滑挡土墙的位置,若滑床为完整岩层,可采用上挡下护的办法;若滑床为不宜设置基础的破碎岩层时,可将基础置于坡脚以下的稳定地层内。对于多级滑坡或滑坡推力较大时,可以分级支挡,如图 3-22 所示。

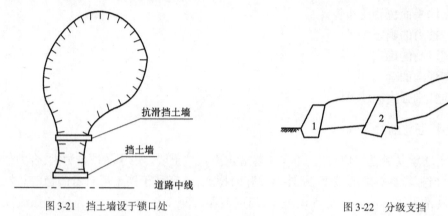

图 3-21　挡土墙设于锁口处　　　　　　图 3-22　分级支挡

三、设计推力的确定

抗滑挡土墙上所受的是滑坡推力,可按剩余下滑力求得,其方向与紧挨墙背的一段较长的滑动面平行。当滑坡推力小于主动土压力时,应把主动土压力作为设计推力控制设计,但当滑坡推力的合力作用点位置较主动土压力的高时,挡土墙的抗倾覆稳定性,取其力矩较大者进行验算。因此,抗滑挡土墙设计,既要满足抗滑挡土墙的要求,又要满足普通挡土墙的要求。

四、合理墙高的确定

抗滑挡土墙的高度如果不合理的话,尽管它使滑坡体原来的出口受阻,但滑坡体可能沿新的滑动面发生越过抗滑挡土墙的滑动。因此,抗滑挡土墙的墙高应保证滑坡体不发生越过墙顶的滑动。合理墙高可采用试算的方法确定,如图 3-23 所示,先假定一适当的墙高,过墙顶 A 点作与水平线成 $(45°-\varphi/2)$ 夹角的直线,交滑动面于 a 点,以 Sa、aA 为最后滑动面,计算滑坡体的剩余下滑力。然后,再自 a 点向两侧每隔 $5°$ 做出 Ab、Ac 等和 Ab'、Ac' 等虚拟滑动面进行计算,直至出现剩余下滑力的负值低峰为止。若计算结果剩余下滑力为正值时,则说明墙高不足,应予增高;当剩余下滑力为过大的负值时,则说明墙身过高,应予降低。

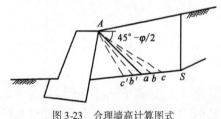

图 3-23　合理墙高计算图式

如此反复调整墙高,经几次试算直至剩余下滑力为不大的负值时,即可认为是安全、经济、合理的挡土墙高度。

五、基础埋置深度的确定

基础埋置深度应通过计算予以确定,一般情况下,抗滑挡土墙的基础须埋入完整稳定的岩层中不小于 0.5m,或者埋入稳定坚实的土层中不小于 2m,并置于可能向下发展的滑动面以下,即应考虑设置抗滑挡土墙后由于滑坡体受阻,滑动面可能向下延伸。当基础埋置深度较大,墙前有形成被动土压力条件时(埋入密实土层3m、中密土层4m以上),可酌情考虑被动土压力的作用,其值可按第二章的方法计算确定。

六、抗滑挡土墙的验算

重力式抗滑挡土墙的稳定性验算与普通重力式挡土墙的稳定性验算相同,仅由设计推力替代主动土压力。

由于抗滑挡土墙基础埋置较深,一般为2m以上,有的可达5m,设计时可以计入部分墙前的被动土压力。同时应指出,实际的被动土压力达不到理论计算值。这是因为产生被动极限状态时的位移量远较主动极限状态为大,如表2-1所示,这对一般挡土墙来说几乎是不可能的,有时也是不允许的。因此,如果在设计中考虑土的被动抗力时,应对被动土压力的计算值进行大幅度的折减。根据经验,并为安全起见,在抗滑挡土墙设计中一般只取1/3的被动土压力计算值作为设计值。

验算内容包括:

(1)稳定性验算。包括抗滑稳定性验算与抗倾覆稳定性验算。

(2)基底应力及合力偏心距验算。应分别对基底应力和合力偏心距进行验算。

(3)墙身截面强度验算。包括法向应力和剪应力以及偏心距的验算,一般取一两个控制截面即可。

由于滑坡推力远较主动土压力大,抗滑挡土墙往往受抗滑稳定性控制,并应加强挡土墙上部各截面强度的验算。

抗滑挡土墙设计时,还应注意:

(1)若在墙后有两层以上滑动面存在时,则应视其活动情况,将沿各层滑动面的滑坡推力绘制出综合推力图形(取各图形的包络线),进行各项验算,特别应注意上面几层滑动面处挡土墙截面的验算。

(2)如原建挡土墙不足以稳定滑坡或已被滑坡破坏而需要加固时,可经过验算另加部分圬工,使新旧墙成一整体共同抗滑。加固墙的设计计算与新墙基本相同,但应特别注意新旧墙的衔接与截面验算,必要时可另加钢筋及其他材料,以保证新旧墙连成整体共同发挥作用。

(3)原滑坡的滑动面受挡土墙的阻止后,应防止滑动面向下延伸,致使挡土墙结构失效,必要时,应对墙基以下可能产生的新滑动面进行稳定性验算。

第五节 设 计 示 例

一、容许应力法设计示例

1. 设计资料

路堑式挡土墙截面形式及尺寸如图3-24所示。

(1)墙高6.0m,墙面和墙背倾角 $\alpha = -14.04°$。

(2)墙后填土为土质砂,重度 $\gamma = 18 kN/m^3$,内摩擦角 $\varphi = 35°$,黏聚力 $c = 0$。

(3)填土与挡土墙墙背的摩擦角 $\delta = \dfrac{2}{3}\varphi = 23.3°$。

(4)填土面与水平面夹角 $\beta = 18.43°$。
(5)基础底面与地基的摩擦因数 $\mu = 0.4$。
(6)基础底面与水平面夹角 $\alpha_0 = 11.31°$。
(7)挡土墙由片石砌筑,其重度 $\gamma_c = 24\text{kN/m}^3$,抗压强度 $f_{cd} = 710\text{kPa}$,抗剪强度 $f_{vd} = 120\text{kPa}$。
(8)地基承载力设计值 $f = 300\text{kPa}$。

2. 土压力计算

不计墙前覆土的被动土压力,即 $E_p = 0$。作用于墙背的主动土压力采用库仑理论计算,其土压力系数按式(2-31)计算:

$$K_a = \frac{\cos^2(35° + 14.04°)}{\cos^2(-14.04°)\cos(23.3° - 14.04°)\left[1 + \sqrt{\frac{\sin(35° + 23.3°)\sin(35° - 18.43°)}{\cos(23.3° - 14.04°)\cos(-14.04° - 18.43°)}}\right]^2}$$

$= 0.195$

土压力则按式(2-30)计算:

$$E_a = \frac{1}{2}\gamma H^2 K_a = \frac{1}{2} \times 18 \times 6^2 \times 0.195 = 63.18(\text{kN})$$

其中,土压力的水平分力和竖向分力分别为:

$$E_x = E_a\cos(\alpha + \delta) = 63.18 \times \cos(-14.04° + 23.3°) = 62.36(\text{kN})$$
$$E_y = E_a\sin(\alpha + \delta) = 63.18 \times \sin(-14.04° + 23.3°) = 10.17(\text{kN})$$

水平土压力作用点至墙趾的力臂为:

$$Z_x = \frac{H}{3} - 0.23 = 1.77(\text{m})$$

竖向土压力作用点至墙趾的力臂为:

$$Z_y = 1.14 - Z_x\tan\alpha = 1.14 - 1.77 \times \tan(-14.04°) = 1.58(\text{m})$$

3. 挡土墙自重及力臂计算(图3-25)

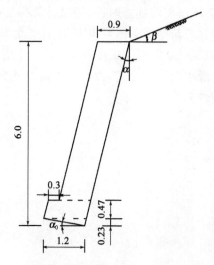

图3-24 挡土墙截面图及基本尺寸(尺寸单位:m)

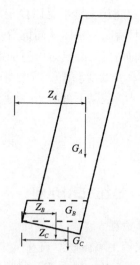

图3-25 挡土墙自重及力臂计算示意图

按截面将挡土墙分为 A、B 和 C 部分,各分块重力和对墙趾的力臂为:

$$G_A = \gamma_c h_1 B_1 = 24 \times 5.3 \times 0.9 = 114.48(\text{kN})$$

$$Z_A = 0.5 \times \tan14.04° + 0.3 + \frac{1}{2}(0.9 + 5.3 \times \tan14.04°) = 1.54(\text{m})$$

$$G_B = 24 \times 1.2 \times 0.47 = 13.54(\text{kN})$$

$$Z_B = \frac{1}{2} \times (0.118 + 1.2) = 0.66(\text{m})$$

$$G_C = \frac{1}{2} \times 24 \times 1.2 \times 0.23 = 3.31(\text{kN})$$

$$Z_C = \frac{2}{3} \times (1.14 + 1.2) = 1.56(\text{m})$$

墙身总重为:
$$G = G_A + G_B + G_C = 114.48 + 13.54 + 3.31 = 131.33(\text{kN})$$

墙身重心至墙趾的力臂为:
$$Z_G = (G_A Z_A + G_B Z_B + G_C Z_C)/G$$
$$= (114.48 \times 1.54 + 13.54 \times 0.66 + 3.31 \times 1.56)/131.33 = 1.45(\text{m})$$

4. 抗滑稳定验算

作用于基底的竖向力为:
$$\sum N = G + E_y = 131.33 + 10.17 = 141.50(\text{kN})$$

抗滑稳定系数为:
$$K_C = \frac{(\sum N + E_x \tan\alpha_0)\mu}{E_x - \sum N \tan\alpha_0} = \frac{(141.50 + 62.36 \times \tan11.31°) \times 0.4}{62.36 - 141.50 \times \tan11.31°} = 1.81 > 1.30$$

抗滑动稳定性满足要求。

5. 倾覆稳定验算

各力系对墙趾的稳定力矩和倾覆力矩分别为:
$$\sum M_y = GZ_G + E_y Z_y = 131.33 \times 1.45 + 10.17 \times 1.58 = 206.50(\text{kN} \cdot \text{m})$$
$$\sum M_0 = E_x Z_x = 62.36 \times 1.77 = 110.38(\text{kN} \cdot \text{m})$$

抗倾覆稳定系数为:
$$K_0 = \frac{\sum M_y}{\sum M_0} = \frac{206.50}{110.38} = 1.87 > 1.50$$

抗倾覆稳定性满足要求。

6. 偏心距及地基承载力验算

作用于倾斜基底的法向力及对墙趾的力臂为:
$$\sum N' = (G + E_y)\cos\alpha_0 + E_x \sin\alpha_0$$
$$= (131.33 + 10.17) \times \cos11.31° + 62.36 \times \sin11.31° = 150.98(\text{kN})$$

$$Z'_N = \frac{\sum M_y - \sum M_0}{\sum N'} = \frac{206.50 - 110.38}{150.98} = 0.64(\text{m})$$

倾斜基底的宽度 B' 为:
$$B' = \frac{B\cos\alpha}{\cos(\alpha - \alpha_0)} = \frac{1.2 \times \cos(14.04°)}{\cos(14.04° - 11.31°)} = 1.17(\text{m})$$

倾斜基底的合力偏心距为:
$$e' = \left|\frac{B'}{2} - Z'_N\right| = \left|\frac{1.18}{2} - 0.64\right| = 0.05(\text{m}) < \frac{B'}{6} = 0.2(\text{m})$$

基底法向应力由式(3-17)计算：

$$\sigma_{\max} = \frac{\sum N'}{B'}\left(1 + \frac{6e'}{B'}\right) = \frac{150.98}{1.17} \times \left(1 + \frac{6 \times 0.05}{1.17}\right) = 162.13(\mathrm{kPa}) < f_a = 300(\mathrm{kPa})$$

$$\sigma_{\min} = \frac{\sum N'}{B'}\left(1 - \frac{6e'}{B'}\right) = \frac{150.98}{1.17} \times \left(1 - \frac{6 \times 0.05}{1.17}\right) = 95.95(\mathrm{kPa}) > 0$$

地基承载力和合力偏心距满足要求。

7. 墙身截面验算

取距墙顶 5.3m 的 Ⅰ—Ⅰ 截面(图 3-26)作为验算截面。

(1) 土压力计算

由土压力系数 $K_a = 0.195$ 和计算墙高 $H_1 = 5.3\mathrm{m}$，可得土压力为：

$$E_1 = \frac{1}{2}\gamma K_a H_1^2 = \frac{1}{2} \times 18 \times 0.195 \times 5.3^2 = 49.30(\mathrm{kN})$$

其中，土压力的水平分力和竖向分力分别为：

$$E_{1x} = E_1\cos(\alpha + \delta)$$
$$= 49.30 \times \cos(-14.04° + 23.3°) = 48.66(\mathrm{kN})$$
$$E_{1y} = E_1\sin(\alpha + \delta)$$
$$= 49.30 \times \sin(-14.04° + 23.3°) = 7.93(\mathrm{kN})$$

水平土压力作用点至基顶截面前缘(O')的力臂：

$$Z_{1x} = \frac{H_1}{3} = \frac{5.3}{3} = 1.77(\mathrm{m})$$

竖向土压力作用点至基顶截面前缘(O')的力臂：

$$Z_{1y} = 0.9 - Z_{1x}\tan\alpha = 0.9 - 1.77 \times \tan(-14.04°) = 1.34(\mathrm{m})$$

(2) 偏心距验算

作用于 Ⅰ—Ⅰ 截面的竖向力为：

$$\sum N_1 = G_A + E_y = 114.48 + 7.93 = 122.41(\mathrm{kN})$$

各力系对 Ⅰ—Ⅰ 截面趾点的稳定力矩和倾覆力矩分别为：

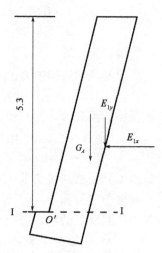

图 3-26 基顶截面 Ⅰ—Ⅰ 的土压力计算图式(尺寸单位:m)

$$\sum M_{y1} = G_A\left(\frac{0.9 + 5.3\tan 14.04°}{2}\right) + E_{1y}Z_{1y} = 114.48 \times 1.11 + 7.93 + 1.34 = 137.70(\mathrm{kN \cdot m})$$

$$\sum M_{01} = E_{1x}Z_{1x} = 48.66 \times 1.77 = 86.13(\mathrm{kN \cdot m})$$

法向力对 Ⅰ—Ⅰ 截面趾点的力臂为：

$$Z_{N1} = \frac{\sum M_{y1} - \sum M_{01}}{\sum N_1} = \frac{137.70 - 86.13}{122.41} = 0.42(\mathrm{m})$$

Ⅰ—Ⅰ 截面的合力偏心距为：

$$e_1 = \left|\frac{B}{2} - Z_1\right| = \left|\frac{0.9}{2} - 0.42\right| = 0.03(\mathrm{m}) < \frac{B}{6} = 0.15(\mathrm{m})$$

Ⅰ—Ⅰ 截面的偏心距满足要求。

(3) 法向应力验算

截面法向应力按式(3-21)计算：

$$\sigma_{1\max} = \frac{\sum N_1}{B}\left(1 + \frac{6e_1}{B}\right) = \frac{122.41}{0.90} \times \left(1 + \frac{6 \times 0.03}{0.90}\right) = 163.21(\mathrm{kPa}) < f_{cd} = 710(\mathrm{kPa})$$

$$\sigma_{1\min} = \frac{\sum N_1}{B}\left(1 - \frac{6e_1}{B}\right) = \frac{122.41}{0.90} \times \left(1 - \frac{6 \times 0.03}{0.90}\right) = 108.81(\text{kPa}) > 0$$

墙身截面抗压强度满足要求。

(4) 水平剪应力验算

截面的水平剪应力按式(3-22)验算,则:

$$\tau_1 = \frac{\sum T_1}{B} = \frac{\sum E_{1x}}{B} = \frac{48.66}{0.90} = 54.07(\text{kPa}) < f_{vd} = 120(\text{kPa})$$

Ⅰ—Ⅰ截面的直剪强度满足要求。

二、极限状态法设计示例

1. 设计资料

某一级公路设置仰斜重力式路肩挡土墙,如图3-27所示,有关截面尺寸列于图中,其中,墙高 $H = 6.30$m,墙面和墙背坡度均为 1:0.25($\alpha = 14.04°$);基底倾斜度 $\tan\alpha_0 = 1:5$($\alpha_0 = 11.31°$);墙身和基础由 M5 砂浆砌筑片石 MU50;墙背填料为砂类土,基础持力层为密实砂类土;基础顶面距天然地面 0.8m。有关墙背填料、地基土和砌体物理力学参数列于表 3-13。

墙背填料、地基和砌体物理力学参数　　　　　表 3-13

填料	重度 γ(kN/m³)	19		圬工重度 γ_k(kN/m³)	23
	内摩擦角 φ(°)	35		抗压强度 f_{cd}(kPa)	710
	墙背摩擦角 δ	$\varphi/2$	M5 浆砌片石 MU50	轴心抗拉强度 f_{td}(kPa)	48
地基	重度 γ(kN/m³)	21		弯曲抗拉强度 f_{tmd}(kPa)	72
	容许承载力 [σ](kPa)	400		直接抗剪强度 f_{vd}(kPa)	120
基底摩擦因数 μ		0.4	地基土内摩擦因数 μ_n		0.8

2. 土压力计算

按表 2-5 规定,墙身高度为 6.30m 的附加荷载强度为 $q = 14.63$kN/m²,则等代均布土层厚度为:

$$h_0 = \frac{q}{\gamma} = \frac{14.63}{19} = 0.77(\text{m})$$

采用库仑土压力理论计算墙后填土和车辆荷载引起的主动土压力,计算图式如图 3-28 所示。

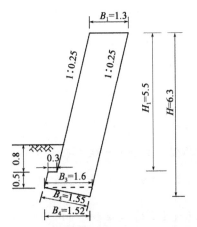

图 3-27　挡土墙截面基本尺寸(尺寸单位:m)

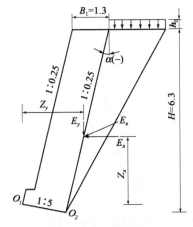

图 3-28　挡土墙土压力计算图式(尺寸单位:m)

由表2-2可确定边界条件系数(破裂面交会于荷载中部)为：

$$A_0 = \frac{1}{2}(a + H + 2h_0)(a + H) = \frac{1}{2} \times (6.30 + 2 \times 0.77) \times 6.30 = 24.77$$

$$B_0 = \frac{1}{2}ab + (b + d)h_0 - \frac{1}{2}H(H + 2a + 2h_0)\tan\alpha$$

$$= -\frac{1}{2} \times 6.30 \times (6.30 + 2 \times 0.77) \times (-0.25) = 6.19$$

其中：$a = 0$，$d = 0$，$b = 0$

破裂面倾角为：

$$\tan\theta = -\tan\psi + \sqrt{(\cot\varphi + \tan\psi)(\tan\psi + B_0/A_0)}$$

$$= -\tan 38.46° + \sqrt{(\cot 35° + \tan 38.46°) \times (\tan 38.46° + 6.19/24.77)} = 0.7291$$

$$\theta = 36.10°$$

其中：$\psi = \varphi + \alpha + \delta = 35° - 14.04° + 17.5° = 38.46°$

主动土压力系数为：

$$K = \frac{\cos(\theta + \varphi)}{\sin(\theta + \psi)}(\tan\theta + \tan\alpha) = \frac{\cos(36.10° + 35°)}{\sin(36.10° + 38.46°)} \times (\tan 36.10° - 0.25) = 0.161$$

作用于墙背的主动土压力为：

$$E_a = \frac{1}{2}\gamma KH(H + 2h_0) = \frac{1}{2} \times 19 \times 0.161 \times 6.30 \times (6.30 + 2 \times 0.77) = 75.55(\text{kN})$$

土压力的水平分力和竖向分力分别为：

$$E_x = E_a\cos(\alpha + \delta) = 75.55 \times \cos(-14.04° + 17.5°) = 75.41(\text{kN})$$

$$E_y = E_a\sin(\alpha + \delta) = 75.55 \times \sin(-14.04° + 17.5°) = 4.56(\text{kN})$$

水平土压力作用点至墙趾的力臂：

$$Z_x = \frac{H(H + 3h_0)}{3(H + 2h_0)} = \frac{6.30 \times (6.30 + 3 \times 0.77)}{3 \times (6.30 + 2 \times 0.77)} = 2.31(\text{m})$$

竖向土压力作用点至墙趾的力臂：

$$Z_y = B_4 - Z_x\tan\alpha = 1.52 - 2.31 \times (-0.25) = 2.10(\text{m})$$

3. 挡土墙自重及力臂计算(图3-29)

将挡土墙截面划分为三部分，如图3-29虚线所示，截面各部分对应的墙体重力及对墙趾(O_1)的力臂：

$$G_1 = \gamma_k B_1 H_1 = 23 \times 1.3 \times 5.5 = 164.45(\text{kN})$$

$$Z_1 = 0.3 + 0.5 \times 0.25 + (5.5 \times 0.25 + 1.3)/2$$

$$= 1.76(\text{m})$$

$$G_2 = 23 \times 1.6 \times 0.5 = 18.4(\text{kN})$$

$$Z_2 = 0.5 \times 0.25/2 + 1.6/2 = 0.86(\text{m})$$

$$G_3 = 23 \times 1.6 \times 0.30 \times 1/2 = 5.52(\text{kN})$$

$$Z_3 = \frac{2}{3} \times (1.6 + 1.52) = 2.08(\text{m})$$

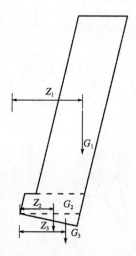

图3-29 挡土墙自重及重心计算示意图

墙体总重及为对墙趾(O_1)的力臂：

$$G = G_1 + G_2 + G_3 = 164.45 + 18.40 + 5.52 = 188.37(\text{kN})$$

$$Z_G = (G_1Z_1 + G_2Z_2 + G_3Z_3)/G = 164.45 \times 1.76 + 18.4 \times 0.86 + 5.52 \times 2.08$$
$$= 1.68(\text{m})$$

4. 抗滑稳定验算

(1) 沿基底平面滑动的稳定性验算

①抗滑稳定方程

滑动稳定应满足下式要求：

$$[1.1G + \gamma_{Q1}(E_y + E_x\tan\alpha_0)]\mu + (1.1G + \gamma_{Q1}E_y)\tan\alpha_0 - \gamma_{Q1}E_x > 0$$

由于土压力的作用效应增大对挡土墙结构起不利作用，故 $\gamma_{Q1} = 1.4$，则有：

$$[1.1 \times 188.37 + 1.4 \times (4.56 + 75.41 \times 0.2)] \times 0.4 +$$
$$(1.1 \times 188.37 + 1.4 \times 4.56) \times 0.2 - 1.4 \times 75.41 = 32.30(\text{kN}) > 0$$

②抗滑稳定系数

$$\sum N = G + E_y = 188.37 + 4.56 = 192.93(\text{kN})$$

$$K_C = \frac{(\sum N + E_x\tan\alpha_0)\mu}{E_x - \sum N\tan\alpha_0}$$

$$= \frac{(192.93 + 75.41 \times 0.2) \times 0.4}{75.41 - 192.93 \times 0.2} = 2.26 > 1.3$$

抗滑稳定性满足要求。

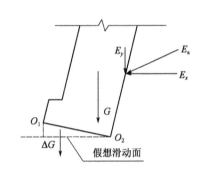

图 3-30 沿墙踵水平滑动的稳定性验算图式

(2) 沿过墙踵水平面滑动的稳定性验算（图 3-30）

计入倾斜基底与水平滑动面之间的土楔的重力 ΔG：

$$\Delta G = \frac{1}{2} \times 1.52 \times 0.30 \times 21 = 4.79(\text{kN})$$

①滑动稳定方程

$$(1.1G + \gamma_{Q1}E_y)\mu_n - \gamma_{Q1}E_x = [1.1 \times (188.37 + 4.79) + 1.4 \times 4.56] \times 0.8 - 1.4 \times 75.41$$
$$= 69.51(\text{kN}) > 0$$

②抗滑稳定系数

$$K_C = \frac{(\sum N + \Delta G)\mu_n}{E_x} = \frac{(192.93 + 4.79) \times 0.8}{75.41} = 2.10 > 1.3$$

沿过墙踵水平面的抗滑稳定性满足要求。

5. 倾覆稳定验算

(1) 倾覆稳定方程

倾覆稳定应满足下式要求：

$$0.8GZ_G + \gamma_{Q1}(E_yZ_y - E_xZ_x) > 0$$

即 $0.8 \times 188.37 \times 1.68 + 1.4 \times (4.56 \times 2.10 - 75.41 \times 2.31) = 22.70(\text{kN} \cdot \text{m}) > 0$

(2)抗倾覆稳定系数

$$K_0 = \frac{GZ_G + E_y Z_y}{E_x Z_x} = \frac{188.37 \times 1.68 + 4.56 \times 2.10}{75.41 \times 2.31} = 1.87 > 1.5$$

抗倾覆稳定性满足要求。

6. 偏心距及地基承载力验算

(1)荷载效应标准组合

按表 3-4,取荷载综合效应组合系数 $\psi_{ZL} = 1.0$。

作用于基底中心处的力矩组合:

$$M_d = G \times \left(Z_G - \frac{B_4}{2}\right) + E_y\left(Z_y - \frac{B_4}{2}\right) - E_x\left(Z_x + \frac{0.30}{2}\right)$$

$$= 188.37 \times (1.68 - 0.76) + 4.56 \times (2.10 - 0.76) - 75.41 \times (2.31 + 0.15)$$

$$= -6.10(\text{kN} \cdot \text{m})$$

作用于倾斜基底的轴向力组合:

$$N_d = (G + E_y)\cos\alpha_0 + E_x\sin\alpha_0$$

$$= (188.37 + 4.56) \times \cos 11.31° + 75.41 \times \sin 11.31° = 203.97(\text{kN})$$

(2)合力偏心距验算

对于倾斜基底,其合力偏心距为:

$$e_0 = \left|\frac{M_d}{N_d}\right| = \left|\frac{-6.10}{203.97}\right| = 0.03(\text{m}) < \frac{B_5}{6} = \frac{1.55}{6} = 0.26(\text{m})$$

合力偏心距满足要求。

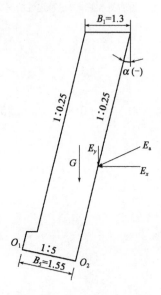

图 3-31 挡土墙基底应力验算图式
(尺寸单位:m)

(3)基底应力验算

基础埋深(算至墙趾点)为:

$$h_D = 0.8 + 0.5 = 1.30(\text{m}) > 1.0(\text{m})$$

因 $h_D < 3.0\text{m}$、基础宽度 $B_5 < 2.0\text{m}$,所以不对地基承载力特征值进行修正,即 $f'_a = f_a$。对于荷载组合 II,地基承载力特征值提高系数 $K = 1.0$,因此,$f'_a = f_a = 400\text{kPa}$。基底应力计算图式如图 3-31 所示。

基底应力由式(3-30)求得:

$$\sigma_{\max} = \frac{N_d}{B_5}\left(1 + \frac{6e_0}{B_5}\right) = \frac{203.97}{1.55} \times \left(1 + \frac{6 \times 0.03}{1.55}\right)$$

$$= 146.88(\text{kPa}) < f'_a = 400(\text{kPa})$$

$$\sigma_{\min} = \frac{N_d}{B_5}\left(1 - \frac{6e_0}{B_5}\right) = \frac{203.97}{1.55} \times \left(1 - \frac{6 \times 0.03}{1.55}\right)$$

$$= 116.31(\text{kPa}) > 0$$

基底应力满足要求。

7. 墙身截面验算

取基顶截面(即Ⅰ—Ⅰ截面)为验算截面,如图 3-32 所示。

(1)土压力计算

由前面的主动土土压力计算结果可知:$K = 0.161, h_0 = 0.77(\text{m})$。

Ⅰ—Ⅰ截面宽度 $B_s = B_2 = 1.30(\text{m})$,Ⅰ—Ⅰ截面处的计算墙高 $H_1 = 5.5(\text{m})$。

土压力为:

$$E_1 = \frac{1}{2}\gamma K H_1(H_1 + 2h_0) = \frac{1}{2} \times 19 \times 0.161 \times 5.5 \times (5.5 + 2 \times 0.77) = 59.22(\text{kN})$$

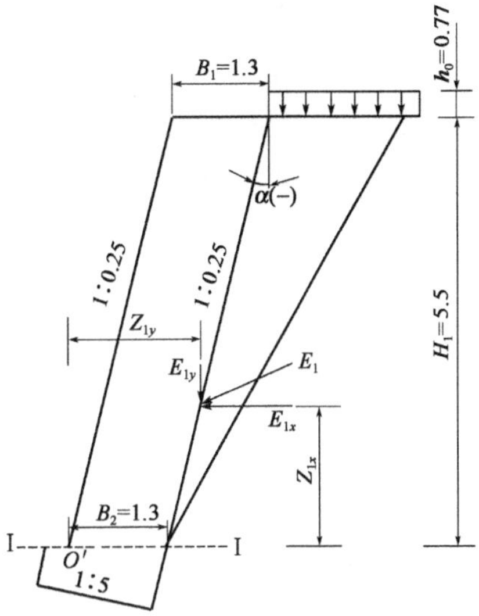

图 3-32 基顶截面(Ⅰ—Ⅰ截面)土压力计算图式(尺寸单位:m)

土压力的水平分力和竖向分力分别为:

$$E_{1x} = E_1\cos(\alpha + \delta) = 59.22 \times \cos(-14.04° + 17.5°) = 59.11(\text{kN})$$

$$E_{1y} = E_1\sin(\alpha + \delta) = 59.22 \times \sin(-14.04° + 17.5°) = 3.57(\text{kN})$$

水平土压力的作用点至Ⅰ—Ⅰ截面趾点(O')的力臂:

$$Z_{1x} = \frac{H_1(H_1 + 3h_0)}{3(H_1 + 2h_0)} = \frac{5.5 \times (5.5 + 3 \times 0.77)}{3 \times (5.5 + 2 \times 0.77)} = 2.03(\text{m})$$

竖向土压力的作用点至Ⅰ—Ⅰ截面趾点(O')的力臂:

$$Z_{1y} = B_s - Z_x \times \tan\alpha = 1.30 - 2.03 \times \tan(-14.04°) = 1.81(\text{m})$$

(2)合力偏心距验算

作用于Ⅰ—Ⅰ截面的轴向力的合力:

$$N_k = G_1 + E_{1y} = 164.45 + 3.57 = 168.02(\text{kN})$$

墙身自重 G_1 对Ⅰ—Ⅰ截面趾点(O')的力臂:

$$Z_s = (B_s - H_1\tan\alpha)/2 = (1.30 + 5.5 \times 0.25)/2 = 1.34(\text{m})$$

作用于Ⅰ—Ⅰ截面形心的总力矩:

$$M_k = G_1(Z_s - 0.3 - B_s/2) + E_{1y}(Z_{1y} - B_s/2) - E_{1x}Z_{1x}$$
$$= 164.45 \times (1.34 - 1.3/2) + 3.57 \times (1.81 - 1.3/2) - 59.11 \times 2.03$$
$$= -2.38(\text{kN} \cdot \text{m})$$

截面上的轴向力合力偏心距:

$$e'_0 = \left|\frac{M_k}{N_k}\right| = \left|\frac{-2.38}{168.02}\right| = 0.014(\text{m})$$

由表 3-7,可得圬工结构合力偏心距容许限值为:

$$[e'_0] = 0.25 B_s = 0.25 \times 1.3 = 0.33(\text{m})$$

因 $e'_0 < [e'_0]$,故合力偏心距满足要求。

(3)截面强度验算

挡土墙墙身受压时,截面强度应满足下式要求:

$$\gamma_0 N_d \leq \frac{\alpha_k A R_a}{\gamma_f}$$

查表 3-2 和表 3-9 可得,结构重要性系数 $\gamma_0 = 1.05$,材料抗力分项系数 $\gamma_f = 2.31$。

$$\alpha_k = \frac{1 - 256\left(\frac{e'_0}{B_s}\right)^8}{1 + 12\left(\frac{e'_0}{B_s}\right)^2} = \frac{1 - 256 \times \left(\frac{0.014}{1.3}\right)^8}{1 + 12 \times \left(\frac{0.014}{1.3}\right)^2} = 1.0$$

$$A = 1 \times B_s = 1.3(\text{m}^2)$$

则

$$\frac{\alpha_k A R_a}{\gamma_f} = \frac{1.0 \times 1.3 \times 710}{2.31} = 399.56(\text{kN})$$

作用于 I—I 截面上的轴向力组合设计值为:

$$N_d = \psi_{ZL}(\gamma_G G_1 + \gamma_{QI} E_y) = 1.0 \times (1.2 \times 164.45 + 1.4 \times 3.57) = 202.34(\text{kN})$$

其中,根据表 3-4,取综合效应组合系数 $\psi_{ZL} = 1.0$,并按表 3-3,取荷载分项系数 $\gamma_G = 1.2$,$\gamma_{QI} = 1.4$。

因 $\gamma_0 N_d = 1.05 \times 202.34 = 212.46(\text{kN}) < 399.56(\text{kN})$,故截面强度满足要求。

(4)截面稳定性验算

挡土墙墙身偏心受压时,稳定性应满足下式要求:

$$\gamma_0 N_d \leq \frac{\psi_k \alpha_k A R_a}{\gamma_f}$$

$$\beta_s = 2H_1/B_s = 2 \times 5.5/1.3 = 8.46$$

$$\psi_k = \frac{1}{1 + a_s \beta_s (\beta_s - 3)\left[1 + 16\left(\frac{e'_0}{B_s}\right)^2\right]}$$

$$= \frac{1}{1 + 0.002 \times 8.46 \times (8.46 - 3) \times \left(1 + 16 \times \left(\frac{0.014}{1.3}\right)^2\right)}$$

$$= 0.92$$

其中,由表 3-11 查得,$a_s = 0.002$。

则

$$\frac{\psi_k \alpha_k A R_a}{\gamma_f} = \frac{0.92 \times 1.0 \times 1.3 \times 710}{2.31} = 367.60(\text{kN})$$

因 $\gamma_0 N_d = 1.05 \times 202.34 = 212.46(\text{kN}) < 367.60(\text{kN})$,故截面稳定性满足要求。

第六节 施 工 技 术

浆砌片(块)石重力式挡土墙施工工序主要有基坑开挖、基底处理、砂浆配合比设计与拌制、基础砌筑、墙身砌筑、墙背填料填筑与压实等,其施工工艺流程如图 3-33 所示。

现浇混凝土重力式挡土墙施工工序主要有基坑开挖、基底处理、模板制作与安装、钢筋绑扎、混凝土配合比设计与拌制、混凝土浇筑与养生、墙背填料填筑与压实等，其施工工艺流程如图3-34所示。

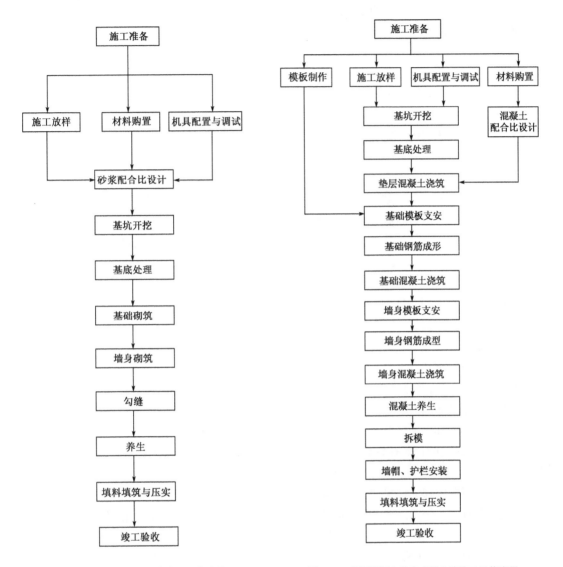

图3-33 浆砌重力式挡土墙施工工艺流程　　　　图3-34 现浇混凝土重力式挡土墙施工工艺流程

本节重点介绍浆砌片（块）石重力式挡土墙的施工。

一、砂浆的拌制及运送

1. 材料要求

砂浆一般由水泥、砂、水按一定比例拌和而成，称为水泥砂浆；也可用水泥、石灰、砂与水拌和而成，称为水泥混合砂浆；或用石灰、砂、水拌和而成，称之为石灰砂浆。砂浆中常掺入外加剂，以改善砂浆的技术性能。

水泥品种一般采用硅酸盐水泥和普通水泥，也可采用矿渣、火山灰、粉煤灰水泥。通常水泥的强度等级应为砂浆强度等级的4~5倍，水泥砂浆采用的水泥强度等级不宜大于42.5级，水泥混合砂浆采用的水泥强度等级不宜大于52.5级。

砂料宜采用中砂或粗砂,当用于砌筑片石时,最大粒径不宜超过4.75mm,砌筑块石、粗料石、混凝土块时,不宜超过2.36mm。当采用细砂时,应适当增加水泥用量。

采用水泥石灰砂浆时,使用的石灰宜为优等品,其中CaO + MgO含量和细度要求,应符合《公路桥涵施工技术规范》(JTG/T F50—2011)的规定。采用磨细生石灰粉拌制砂浆时,应尽量在砂浆拌和物中掺入炉渣、炉灰或黏土等磨细掺和料。

一般饮用的水均可作为拌和用水。

新拌砂浆应具有良好的和易性,可根据其流动性和保水性来综合评定。而流动性(稠度)可参考下列规定选用。

(1)砌片石、块石:50~70mm。

(2)砌粗料石、混凝土块:70~100mm。

(3)灌浆:100~150mm。

(4)零星工程可采用直观检查法,用手捏成小团,松手后不松散,又不会从灰刀上流下为度。

对于吸水率较大的石料或在干燥多风季节,宜选用较大稠度。

砂浆的类别和强度等级,应符合设计规定。砂浆的配合比应按照《砌筑砂浆配合比设计规程》(JGJ/T 98—2010)的规定,通过试验确定。

2.砂浆的拌制

砂浆配料应准确,配料精度不应超过下列规定:

(1)水泥、外加剂等以质量计,±2%。

(2)砂、石灰以质量或体积计,±5%。

砂料的用量应按其含水率加以调整。

砂浆搅拌应充分,颜色必须均匀一致。一般应用机械搅拌。机拌时,宜先将3/4的用水量和1/2的用砂量与全部胶结材料在一起稍加拌和,然后加入其余的砂和水。搅拌时间不小于2.5min,一般为3~5min,时间过短或过长均不适宜,以免影响砌筑质量。

砂浆用人工拌和时,宜在铁板上进行,须2~3人操作,拌和次数不应少于3次,至砂浆颜色均匀一致为止。

砂浆宜随拌随用,保持适当稠度,已加水拌和的砂浆,应于开始凝结前全部用完。因此,在拌和时,应根据砌筑进度决定每次拌和量,宜少拌快用。一般宜在3~4h内使用完毕,气温超过30℃时,宜在2~3h内用完。在运输过程中或在储存器中发生离析、泌水的砂浆,砌筑前应重新拌和。已凝结的砂浆不得使用。

砂浆的流动性应经常进行检查。当流动性变小时,不可用加水的方法增加流动性,应采用同时按比例加水和水泥,保持规定水灰比的方法加以改善;或采用掺加减水剂的方法改善。

3.砂浆的运送

砂浆应使用铁桶、斗车等不漏水的容器运送。砂浆经运输后,应检查其稠度和分层度,稠度不足或分层的砂浆必须重新拌和,符合要求后才能使用。

炎热天气或雨天运送砂浆时,容器应加以覆盖,以防砂浆凝结或受雨淋而失去应有的流动性。冬季施工时,砂浆应加保温设施,防止受冻而影响砌体强度。

二、砌体砌筑

砌筑前应将砌块表面泥垢清扫干净并用水保持湿润,基础顶面也应洒水湿润。砌筑时必须两面立杆挂线或样板挂线,外面线应顺直整齐,逐层收坡,内面线应大致适顺,以保证砌体各部尺寸符合设计要求,所以在砌筑过程中应经常校正线杆。砌块底面应卧浆铺砌,立缝填浆补实,不得有空隙和立缝贯通现象。砌筑工作中断时,应将砌好的砌块层孔隙用砂浆填满。再砌时,表面要仔细清扫干净,洒水湿润。工作段的分段位置宜在伸缩缝和沉降缝处,各段水平缝应一致。分段砌筑时,相邻段的高差不宜超过1.2m。砌筑砌体外皮时,浆缝需留出1~2cm深的缝槽,以便砂浆勾缝。隐蔽面的砌缝可随砌随刮平,不另行勾缝。

砌筑时砌块及砂浆的供应方法,当数量零散,距地面不高时,可用简单的马凳跳板直接运送;距地面较高时,可根据工地条件采用开架式吊机,固定式动臂吊机或桅杆式动臂吊机,各种木质扒杆或绳索吊机等小型起重设备及铁链、吊筐、夹石钳等捆装设备运送。当工程量较大时,可采用卷扬机带动轻轨斗车上料或摇头摆杆式垂直提升,如图3-35所示。

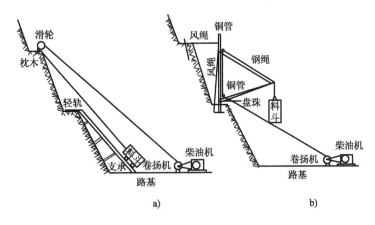

图3-35 石料及砂浆运送
a)轻轨车;b)摇头摆杆

下面分浆砌片石、浆砌块石、浆砌粗料石与混凝土砌块三种情况加以论述。

1. 浆砌片石

浆砌片石的一般砌石顺序为先砌角石,再砌面石,最后砌腹石,如图3-36所示。角石应选择比较方正、大小适宜的石块,否则应稍加清凿。角石砌好后即可将线移挂到角石上,再砌筑面石(即定位行列)。面石应留一运送填腹石料缺口,砌完腹石后再封砌缺口。腹石宜采取往运送石料方向倒退砌筑的方法,先远处,后近处。腹石应与面石一样按规定层次和灰缝砌筑整齐、砂浆饱满。上下层石块应交错排列,避免竖缝重合,如图3-37所示,砌缝宽度一般不应大于4cm。

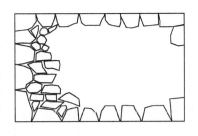

图3-36 砌筑顺序

砌体外侧定位行列与转角石应选择表面较平、尺寸较大的石块,浆砌时,长短相间并与里层石块咬紧,分层砌筑应将大块石料用于下层,每处石块形状及尺寸搭配合适。竖缝较宽者可塞以小石子,但不能在石块下用高于砂浆层的小石块支垫。排列时,石块应交错,坐实挤紧,尖锐凸出部分应敲除。

浆砌片石一般采用挤浆法和铺浆法砌筑。

(1)挤浆法

除基底为土质的第一层砌块外,每砌一块,均应先铺底浆,再放砌块,经左右轻轻揉动几下后,再轻击砌块,使灰缝砂浆被压实。在已砌筑好的砌块侧面安砌时,应在相邻侧面先抹砂浆,后砌石,并向下及侧面用力挤压砂浆,使灰缝挤实,砌体被贴紧。砂浆的铺砌如图3-38所示。

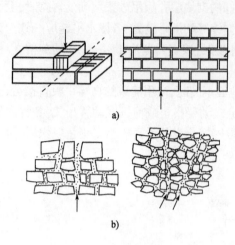

图3-37 竖向错缝
a)正常错缝;b)不符合要求的错缝
注:图中箭头表示错缝位置

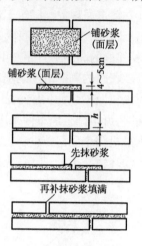

图3-38 砂浆的铺砌

挤浆法应分层砌筑,分层的高度宜在50~100cm间(2~3层)。分层与分层间的砌缝应大致找平,即每隔2~3层找平一次。分层内的每层石块,不必铺通层找平砂浆,而可按石块高低不平形状,逐块或逐段铺浆。

砌筑时,每一块石料均应先铺砂浆,再安放石块,经左右揉动几下,再用手锤轻击,将下面砂浆挤压密实。在已砌好片石侧面继续安放砌筑时,除坐浆外,应在相邻石块侧面铺抹砂浆,再砌石块,并向下面及抹浆的侧面用手挤压,用锤轻击,将下面和侧面的砂浆挤实,挤出的砂浆可刮起再用。分层内各层间石块的砌缝应尽可能错开,但不强求。分层与分层间的砌缝则必须错开不得贯通。

(2)铺浆法

此法与挤浆法不同之处,在于每层石块应选高度大致相同的石块,每一层应用砂浆砌平整理,而不是砌2~3层石块再找平。具体砌法是:先铺一层坐浆,将石块安放在砂浆上,用手推紧。每层高度视石料尺寸确定,一般不应超过40cm,并随时选择厚度适宜的石块,用作砌平整理,空隙处先填满较稠的砂浆,用灰刀或捣棒插实,再用适当的小石块填塞紧密。然后再铺上层坐浆,以同样方法继续砌上层石块。

浆砌片石时,除按上述方法砌筑外,还应注意以下几点:

①应利用片石的自然形状,使其相互交错的衔接在一起。因此,除最下一层石块应大面朝下外,上面的石块不一定必须大面朝下,做到犬牙交错、搭接紧密即可,如图3-39b)所示。同时在砌下层石块时,即应考虑上层石块如何接砌。

②石块应大小搭配、相互错叠、咬接紧密,并备有各种尺寸的小石块,作挤浆填缝用。

③片石与片石之间均应有砂浆隔开,不得直接接触。

④片石砌筑时,应设置拉结石,并应均匀分布,相互错开,一般每$0.7m^2$至少设一块。

⑤石料的供应和砌石的配合也很重要,在砌角石、面石时应供应比较方正的石块;砌腹石时,可采用不规则形状而尺寸适宜的石块。

⑥使用片石应有计划。角石、面石应首先选出备用。砌体下层应选用较大石块,向上逐渐用较小尺寸石块。

⑦一天中完成的砌体高度不宜超过1m。冬季寒冷时,砂浆强度增长很慢,当天的砌高还应减小。

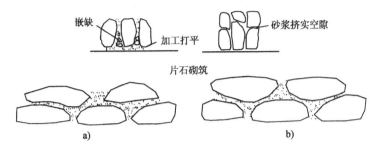

图 3-39 片石搭砌
a)错误的砌法;b)正确的砌法

2. 浆砌块石

浆砌块石亦多用铺浆法和挤浆法。先铺底层砂浆并打湿石块,安砌底层。分层平砌大面向下,先砌角石,再砌面石,后砌腹石,上下竖缝错开,错缝距离不应小于8cm(图3-37),镶面石的垂直缝应用砂浆填实饱满,不能用稀浆灌注。填腹石亦应采用挤浆法,先铺浆,再将石块放入挤紧,垂直缝中应挤入1/3~1/2的砂浆,不满部分再分层插入砂浆。厚大砌体,若不易按石料厚度砌成水平时,可设法搭配成较平的水平层,块石镶面,如图3-40所示。为使面石与腹石连接紧密可采用丁顺相间,一丁一顺排列,有时也可采用两丁一顺排列。

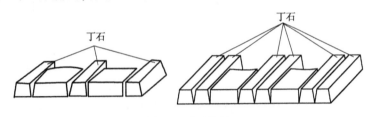

图 3-40 浆砌块石

浆砌块石时应注意以下几点:

(1)块石应平砌,应根据墙高进行层次配料,每层石料高度大致齐平。

(2)用作镶面的块石,表面四周应加以修整,尾部略小,以利于安砌,镶面石应丁顺排列。

(3)镶面石灰缝宽为2~3cm,不得有干缝和瞎缝。上、下层竖缝应错开不小于8cm。

(4)填腹块石水平灰缝的宽度不应大于3cm,垂直灰缝的宽度不应大于4cm,灰缝也应错开,灰缝中可以填塞小石块,以节省砂浆。

3. 浆砌粗料石与混凝土砌块

浆砌粗料石和混凝土砌块如图3-41所示,砌筑过程中应注意以下几点:

(1)每层镶面料石均应按规定的灰缝宽度及错缝要求配好石料,再用铺浆法顺序砌筑,边砌边填立缝,并应先砌角石。

(2)按砌体高度确定砌石层数,砌筑粗料石时依石块厚薄次序,将厚的砌在下层,薄的砌在上层。

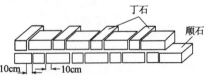

图 3-41 浆砌料石或混凝土砌块

(3)当一层镶面石砌筑完毕后,方可砌填腹石,其高度与镶面石齐平。如用水泥混凝土填心,则可先砌2~3层后再浇筑混凝土。

(4)每层料石或预制混凝土砌块均应采用一丁一顺砌置,砌缝宽度均匀,当为粗料石时缝宽不应大于2cm,混凝土砌块时缝宽不应大于1cm。相邻两层的竖缝应错开不小于10cm,在丁石的上层和下层不得有竖缝。水平缝为通缝。

(5)竖缝应垂直,砌筑时须随时用水平尺及铅垂线校核。

三、现浇混凝土挡土墙

在缺乏石料的地区,可使用现浇混凝土或片石混凝土(其中,掺入片石量不超过总体积的25%)修筑重力式挡土墙。

现浇混凝土重力式挡土墙模板支安应牢固,底脚加扫地方木,两侧设对接螺栓和水平撑、斜撑,并加方木内撑,以防模板在浇筑混凝土时板动、跑模、下沉;钢、本模板拼缝严密不漏浆,模内不得存有木屑等杂物;模板隔离剂涂刷均匀,不得污染钢筋;对于高挡土墙模板,应事先准备好模板松动、跑模、下沉、变形等应急补救措施。

钢筋、模板安装经检查验收后,方可浇筑。混凝土按规范规定,应分层浇筑,插捣密实,不得出现蜂窝、麻面、露筋、空洞。应设专人盯住模板,以便及时实施补救措施。

有关混凝土的浇筑详见第四章薄壁式挡土墙。

四、变形缝砌筑

变形缝的宽度一般为2~3cm。为保证接缝的作用,两种接缝均须垂直,并且缝两侧砌体表面需要平整,不能搭接,必要时缝两侧的石料须加修凿。

砌筑接缝砌体时,最好根据设计规定的接缝位置设置,采用跳段砌筑的方法,使相邻两段砌块高度错开,如图3-42所示,并在接缝处作为一个外露面,挂线砌筑,达到又直又平。

接缝中尚需填塞防水材料,防止砌体漏水。当用胶泥作填缝料时,应沿墙壁内、外、顶三边填塞并捣实;当填缝材料为沥青麻筋或沥青木板时,可贴置在接缝处已砌墙段的端面,也可在砌筑后再填塞,但均须沿墙壁内、外、顶三边填满、挤紧。不论填哪种材料,填塞深度不宜小于15cm,以满足防水要求。

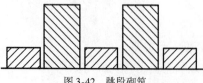

图3-42 跳段砌筑

五、墙顶处理

路肩式浆砌挡土墙墙顶宜用粗料石或现浇混凝土(C15)做成顶帽,其厚度通常为40cm,宽度不应小于60cm,顶部帽檐悬出的宽度为10cm;不做墙帽的路肩墙或路堤墙和路堑墙,墙顶层应用较大块石砌筑,并以M5以上砂浆勾缝且抹平顶面,砂浆层厚2cm。

六、勾缝

圬工表面应勾缝,以防雨水渗漏,并增加结构物的美观。勾缝一般采用水泥砂浆,其强度等级比砌筑砂浆提高一个等级。勾缝的形式一般有平缝、凹缝及凸缝三种,其形状有方形、圆形、三角形等,如图3-43所示。一般砌体宜采用平缝或凸缝,料石砌体宜采用凹缝。

设计有勾缝时,最好在安砌石料时预留 2cm 深的凹槽,以备勾缝之用;未预留凹槽时,应在勾缝前用扒钉或凿子开缝,开出凹槽,并以钢丝刷用水刷去砌石面上流浆和湿润凹槽。如原有的底浆不足,应先用砂浆填满,然后再勾缝,使勾缝均匀一致。勾缝完成后应注意养生。

如未设计勾缝,应随砌随用灰刀将灰缝刮平、压实。

砌体勾缝应牢固、美观,当勾凸缝时,其宽度、厚度应基本一致。

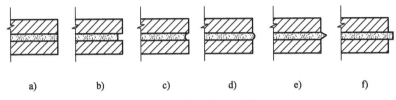

图 3-43 勾缝类型及形状

a)平缝方形;b)凹缝方形;c)凹缝圆形;d)凸缝圆形;e)凸缝三角形;f)凸缝方形

七、砌体养生

对浆砌砌体应加强养生,以便砌体砂浆强度的形成和提高。养生时,应注意以下几点:

(1)不可在砌体上抛掷或凿打石块。已砌好但砂浆尚未凝结的砌体,不可使其承受荷载。

(2)如所砌石块在砂浆凝结后有松动现象,应予拆除,刮净砂浆,清洗干净后,重新安砌。拆除和重砌时,不得撞动邻近石块。

(3)新砌圬工告一段落或收工时,须用浸湿的草帘、麻袋等覆盖物将砌体盖好。一般气温条件下,在砌完后的 10~12h 以内,炎热天气在砌完后 2~3h 以内即须洒水养生。养生时间一般不少于 7~14d。

(4)养生时须使覆盖物经常保持湿润,一般条件下(气温在 15°C 及以上),最初的 3d 内,昼间至少每隔 3h 浇水一次,夜间至少浇水一次;以后每昼夜至少浇水 3 次。

(5)新砌圬工的砂浆,在硬化期间不应使其受雨水冲刷或水流淹浸。

(6)在养生期间,除抗冻砂浆外,一般砂浆在强度尚未达到设计强度的 70% 以前,不可使其受力。

八、排水设施及防水层施工

挡土墙应根据渗水量在墙身适当的高度布设泄水孔。对于衡重式挡土墙,则还应在衡重台上也设置一排泄水孔,如图 3-44 所示。

当墙身为浆砌或现浇混凝土时,应按设计要求进行泄水孔的预留或预埋。浆砌砌块一般采用矩形泄水孔、现浇混凝土一般采用圆形泄水孔。泄水孔在墙身断面方向应有 3%~5% 的向外的坡度,如图 3-44 和图 3-45 所示,以利于墙后渗水的迅速排除。

最下排泄水孔底部应铺 30cm 厚的黏土隔水层,并夯实以防止水渗入基础。墙背泄水孔周围应用由粗至细的颗粒覆盖形成反滤层,使泄水孔免于淤塞,如图 3-44 和图 3-45 所示。有冻胀可能时,最好用炉渣覆盖。

反滤层的粒径宜在 0.074~4.75cm 之间,符合一般级配要求,并筛选干净。施工时,可用薄隔板按各层厚度隔开,自下而上逐层填筑,逐层抽出隔板,如图 3-46 所示。防水、排水设施应与墙体施工同步进行,同时完成。

对于墙背排水不良或有冻胀可能时,宜在填料与墙背间填筑一条厚度大于30cm的竖向连续排水层,以疏干墙后填料中的水。排水层的顶、底部应用30~50cm厚的不透水材料,如胶泥封闭,以防止水的下渗,如图3-47所示。

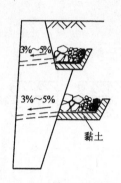

图3-44 衡重式挡土墙泄水孔的设置

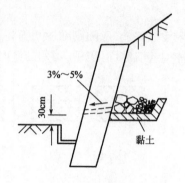

图3-45 泄水孔的反滤层与隔水层

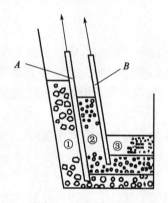

图3-46 用模板铺设反滤层
注:A、B均为隔板;①、②、③分别为大小不同的粒料。

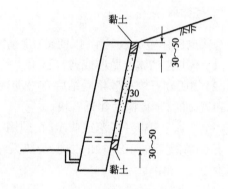

图3-47 竖向排水层(尺寸单位:cm)

墙背一般不设防水层,但在严寒地区应做防水处理,一般先抹2cm厚M5砂浆,再涂以2mm厚的热沥青。

九、墙背填料填筑

1. 基底处理

挡土墙范围内的基底处理与一般路堤基底处理相似。对于原地面的坑、洞、穴等,应用原地的土或土质砂回填并压实;基底为耕地或松土时,应先清除有机土、种植土,平整后进行压实,深耕地段,必要时应将松土翻挖,土块打碎,然后回填、整平、压实;基底原状土的强度不符合要求时,如软弱土层,应进行换填,换填深度不应小于30cm,并予以分层压实;地面横坡不陡于1:5,且基底土满足强度要求时,基底可不作处理,直接回填墙背填料,地面横坡陡于1:5时,原地面宜挖成台阶,台阶宽度不应小于1m,并用小型夯实机具加以夯实。开挖台阶可减少墙背土压力,有利于挡土墙的稳定。填筑应由最低一层台阶填起,并分层夯实,然后逐台向上填筑。

2. 填筑与压实

墙背填料的填筑,需待砌体砂浆强度达到75%以上时,方可进行。

正式填筑前,碾压机具和填料性质应进行压实试验,确定填料分层厚度及碾压遍数,以便正确地指导施工。墙后回填要均匀,摊铺要平整,并设不小于3%的横坡,逐层填筑,逐层碾压夯实,不允许向墙背斜坡填筑。

压实时,应勿使墙身受较大的冲击影响,临近墙背1m范围内,不得有大型机械行驶或作业,以防碰坏墙体,应采用小型压实机具碾压,每层压实厚度不得超过20cm。除临近墙背1m的范围之外,墙后填料的填筑方法和要求基本同一般路堤。根据设计断面,分层填筑,分层压实,用透水性不良的填料回填时,应控制其含水率在最佳含水率±2%之内。采用机械压实时,分层的最大松铺厚度,高速公路和一级公路不应超过30cm;其他公路,按土质类别、压实机具功能、碾压遍数试验确定,但最大松铺厚度,不宜超过50cm。路床顶面最后一层填土厚度不应小于8cm。

如原地面不平,应由最低处分层填起。若分几个作业段回填,两段交接处不在同一时间填筑,则先填地段应按1:1的坡度分层留台阶;若两个地段同时填筑,则应分层相互交叠衔接,其搭接长度,不得小于2m。

不同性质的土应分别填筑,不得混填,透水性较小的土填筑于下部,并应做成4%的向外倾斜的横坡。强度大、稳定性好的土填于上层。

墙背填料的压实效果应达到所在路基相应高度处的压实度。距墙背1m范围以内,是填料压实的薄弱部位,容易引起不均匀沉降,致使路面开裂等,因此,应特别重视填料的选择,并加强压实质量的控制。

思考题

1. 试述重力式挡土墙各种墙背的特点,选择墙背时应考虑哪些因素?
2. 试述重力式挡土墙的破坏形式以及稳定性验算的内容。
3. 试述容许应力法和极限状态法的特点以及两者的本质区别。
4. 试述提高和改善重力式挡土墙稳定性的措施。
5. 试述衡重式挡土墙的结构特点以及衡重台的作用。
6. 浸水挡土墙的受力状态与普通挡土墙有何区别?两者的设计有何异同?
7. 从挡土墙荷载效应及结构抗力两方面分析,在挡土墙修建中改善挡土墙墙背排水条件和优选墙背填料的意义。
8. 试述重力式挡土墙的主要施工工序。

第四章 薄壁式挡土墙

第一节 概 述

薄壁式挡土墙是钢筋混凝土结构,属轻型挡土墙,包括悬臂式和扶壁式两种形式。悬臂式挡土墙的一般形式如图4-1所示,它是由立壁(墙面板)和墙底板(包括墙趾板和墙踵板)组成,呈倒T字形,具有三个悬臂,即立壁、墙趾板和墙踵板。当墙身较高时,在悬臂式挡土墙的基础上,沿墙长方向每隔一定距离加设扶肋,即为扶壁式挡土墙。扶壁式挡土墙由立壁(墙面板)、墙底板(包括墙趾板和墙踵板)及扶肋(扶壁)组成,如图4-2所示。扶肋把立壁与墙踵板连接起来,扶肋起加劲作用,以改善立壁和墙踵板的受力条件,提高结构的刚度和整体性,减小立壁的变形。扶壁式挡土墙宜整体浇筑,也可采用拼装,但拼装式扶壁挡土墙不宜在地质不良地段和地震烈度大于或等于8度的地区使用。

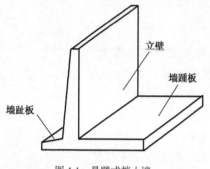

图4-1 悬臂式挡土墙

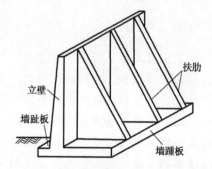

图4-2 扶壁式挡土墙

薄壁式挡土墙的结构稳定性由墙踵板上方填土的重力和墙身自重来保证,而且墙趾板也显著地增大了抗倾覆稳定性,并大大减小了基底应力。它们的主要特点是构造简单、施工方便,墙身断面较小,自身重力小,可以较好地发挥材料的强度性能,能适应承载力较低的地基。但是需耗用一定数量的钢材和水泥,特别是墙高较大时,钢材用量急剧增加,影响其经济性能。一般情况下,墙高6m以内采用悬臂式,6m以上则采用扶壁式。它们适用于缺乏石料及地震地区。由于墙踵板的施工条件,一般用于填方路段作路肩墙或路堤墙使用。

第二节 土压力计算

一、库仑土压力法

薄壁式挡土墙土压力一般采用库仑土压力理论计算,特别是填土表面为折线或有局部荷载作用时。由于假想墙背AC的倾角较大,当墙身向外移动,土体达到主动极限平衡状态时,往往会产生第二破裂面DC,如图4-3所示。若不出现第二破裂面,则按一般库仑理论计算作用于假想墙背 AC 上的土压力 E_a，此时墙背摩擦角 $\delta = \varphi$。若出现第二破裂面，则应按第二破裂面法来计算土压力 E_a。立壁设计计算时，应以立壁的实际墙背为计算墙背进行土压力计算，并假定立壁与填土间的摩擦角 $\delta = 0°$。当验算地基承载力、稳定性、墙底板(墙趾板和墙踵板)截面内力时，以假想墙背 AC(或第二破裂面 DC)为计算墙背来计算土压力。将计算墙背与实际墙背间的土体重量，作为计算墙体的一部分。

有关土压力计算详见第二章。

二、朗金土压力法

填土表面为一平面或其上有均布荷载作用时，也可采用朗金土压力理论来计算土压力，如图 4-4 所示。按朗金理论计算的土压力作用于通过墙踵的竖直面 AC 上，在立壁和墙踵板设计时，应将 E_a 分成两部分，一是作用于竖直面 AB 上的土压力 E_{H1}；二是作用于竖直面 BC 上的土压力 E_{B3}。E_a、E_{H1} 和 E_{B3} 方向平行于填土表面，其大小以及对墙踵 C 点的力臂按下列公式计算：

$$E_a = \frac{1}{2}\gamma H' K_a (H' + 2h_0) \tag{4-1}$$

$$E_{H1} = \frac{1}{2}\gamma H_1 K_a (H_1 + 2h_0) \tag{4-2}$$

$$E_{B3} = \frac{1}{2}\gamma (H' - H_1) K_a (H' + H_1 + 2h_0) \tag{4-3}$$

$$Z_{Ea} = \frac{(3h_0 + H')H'}{3(2h_0 + H')} \tag{4-4}$$

$$Z_{EH1} = \frac{(3h_0 + H_1)H_1}{3(2h_0 + H_1)} \tag{4-5}$$

$$Z_{EB3} = \frac{(3h_0 + 2H_1 + H')(H' - H_1)}{3(2h_0 + H_1 + H')} \tag{4-6}$$

式中：K_a——朗金主动土压力系数；

γ——填土的重度(kN/m^3)。

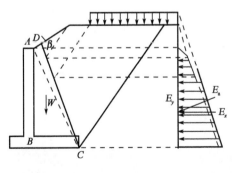

图 4-3 库仑土压力法

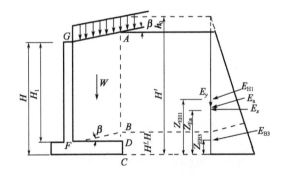

图 4-4 朗金土压力法

立壁与墙踵竖直面 AD 间的填土重力 W 作用于墙踵板上。为简化计算，车辆荷载可以按整个路基范围分布来考虑。

第三节 悬臂式挡土墙设计

悬臂式挡土墙设计,包括墙身构造设计、墙身截面尺寸拟定、结构稳定性和基底应力验算以及墙身配筋计算、裂缝开展宽度验算等。

一、墙身构造设计

1. 分段

悬臂式挡土墙分段长度不应大于15m,段间设置沉降缝和伸缩缝。

2. 立壁

为便于施工,立壁(图4-5)内侧(即墙背)做成竖直面,外侧(即墙面)坡度应陡于1:0.1,一般为1:0.02~1:0.05,具体坡度值应根据立壁的强度和刚度要求确定。当挡土墙高度不大时,立壁可做成等厚度,墙顶宽度不得小于20cm;当墙较高时,宜在立壁下部将截面加宽。

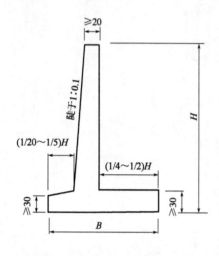

图4-5 悬臂式挡土墙构造(尺寸单位:cm)

3. 墙底板

墙底板(图4-5)一般水平设置。墙趾板的顶面一般从与立壁连接处向趾端倾斜。墙踵板顶面水平,但也可做成向踵端倾斜。墙底板厚度不应小于30cm。墙踵板宽度由全墙抗滑稳定性确定,并具有一定的刚度,其值宜为墙高的1/4~1/2,且不应小于50cm。墙趾板的宽度应根据全墙的抗倾覆稳定、基底应力(即地基承载力)和偏心距等条件来确定,一般可取墙高的1/20~1/5。墙底板的总宽度B一般为墙高的0.5~0.7倍。当墙后地下水位较高,且地基为承载力很小的软弱地基时,B值可增大到一倍墙高或者更大。

4. 钢筋、混凝土及保护层

悬臂式挡土墙的混凝土强度等级不得低于C20,钢筋可选用HPB235、HPB300热轧光圆钢筋和HRB335、HRB400热轧带肋钢筋,受力钢筋的直径不应小于12mm。主钢筋间距不应大于20cm。墙趾板上缘、墙踵板下缘应对应配置不小于50%主筋面积的构造钢筋。挡土墙外侧墙面应配置分布钢筋,直径不应小于8mm,每延米墙长每米墙高需配置的钢筋总面积不宜小于500mm²,钢筋间距不应大于300mm。

钢筋混凝土的保护层厚度a,在立壁的外侧$a>30mm$、内侧受力钢筋$a>50mm$;墙踵板受力钢筋$a>50mm$、墙趾板受力钢筋$a>75mm$。

二、墙身截面尺寸拟定

1. 墙底板宽度

悬臂式挡土墙的整体稳定性通常取决于墙底板的宽度,增大墙底板宽度,可以提高挡土墙的抗滑稳定性和抗倾覆稳定性,减小基底应力。墙底板的宽度B可分为三部分:墙趾板宽度B_1、立壁底部宽度B_2和墙踵板宽度B_3,即$B=B_1+B_2+B_3$,如图4-6所示。

(1)墙踵板宽度

墙踵板宽度 B_3 是根据挡土墙抗滑稳定性的要求确定的,其抗滑稳定系数为:

$$K_C = \frac{\mu \sum N}{E_x}$$

竖向力 $\sum N$ 包括墙身自重 G、墙踵板上方的填土和车辆荷载的重力 W、墙趾板上方的填土重力 W_1,如图 4-6a)所示,即:

$$\sum N = G + W + W_1$$

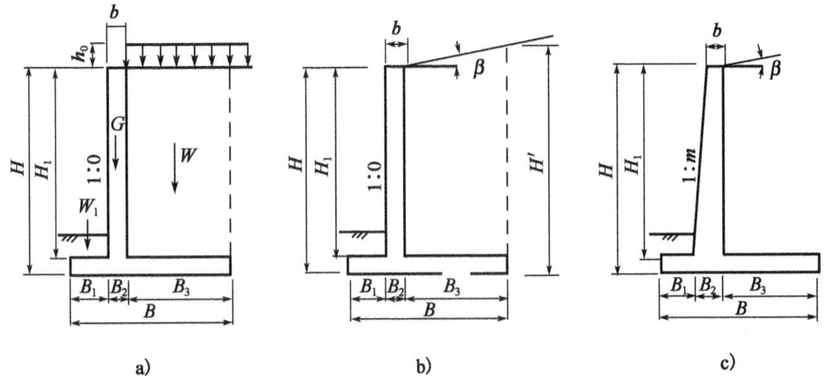

图 4-6 墙踵板宽度计算图式

在拟定墙身截面尺寸时, $\sum N$ 可采用近似计算。

路肩墙 $$\sum N = (B_2 + B_3)(H + h_0) m_\gamma \gamma \tag{4-7}$$

路堤墙或路堑墙 $$\sum N = (B_2 + B_3)\left(H + \frac{1}{2}B_3 \tan\beta\right) m_\gamma \gamma + E_y \tag{4-8}$$

将式(4-7)和式(4-8)分别代入 $[K_C] = \mu \sum N / E_x$ 中,并经整理,即可确定墙踵板的宽度 B_3。

①路肩墙,墙顶有均布荷载 h_0,立壁面坡垂直时,如图 4-6a)所示。

$$B_3 = \frac{[K_C] E_x}{\mu (H + h_0) m_\gamma \gamma} - B_2 \tag{4-9}$$

②路堑墙或路堤墙,填土表面倾斜,立壁面坡垂直时,如图 4-6b)所示。

$$B_3 = \frac{[K_C] E_x - \mu E_y}{\mu \left(H + \frac{1}{2}B_3 \tan\beta\right) m_\gamma \gamma} - B_2 \tag{4-10}$$

B_3 由上式通过试算法求出。

③当立壁面坡的坡度为 $1:m$ 时,上两式应加上立壁面坡修正宽度 $\Delta B_3(\mathrm{m})$,如图 4-6c)所示。

$$\Delta B_3 = \frac{1}{2} m H_1 \tag{4-11}$$

式中:$[K_C]$——容许抗滑稳定系数,如果加设凸榫,在设凸榫前,要求 $[K_C] = 1.0$ 即可;
　　　μ——基底摩擦因数;
　　　γ——填土重度($\mathrm{kN/m^3}$);
　　　h_0——车辆荷载的换算土层高度(m);
　　　m_γ——重度修正系数,由于未考虑墙趾板及其上部土体的重力对抗滑稳定性的作用,因而近似地将填土的重度加以修正,其值与填土重度 γ 和基底摩擦因数 μ 有关,如表 4-1 所示。

填土重度 γ(kN/m³)	摩擦因数 μ								
	0.30	0.35	0.40	0.45	0.5	0.6	0.7	0.84	1.00
16	1.07	1.08	1.09	1.10	1.12	1.13	1.15	1.17	1.20
18	1.05	1.06	1.07	1.08	1.09	1.11	1.12	1.14	1.16
20	1.03	1.04	1.04	1.05	1.06	1.07	1.08	1.10	1.12

重度修正系数 m_γ 表 4-1

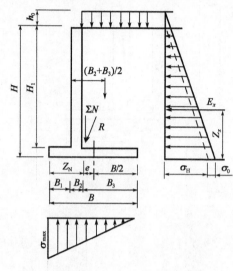

图 4-7 墙趾板宽度计算图式

(2) 墙趾板宽度 B_1

墙趾板宽度 B_1 除高墙受抗倾覆稳定性控制外,一般都由基底应力或偏心距控制,并要求墙踵处的基底不出现拉应力,如图 4-7 所示。令偏心距 $e = \dfrac{B}{6}$,则:

$$Z_N = \frac{B}{3} = \frac{\sum M_y - \sum M_0}{\sum N} \quad (4-12)$$

式(4-12)中竖向力 $\sum N$ 根据抗滑稳定性要求确定,即 $\sum N = E_x [K_C]/\mu$,并近似地认为作用于墙踵板和立壁底部宽度的中部,即距墙踵 $(B_2 + B_3)/2$ 处。因此,稳定力矩为:

$$\sum M_y = \sum N\left(\frac{B_2 + B_3}{2} + B_1\right) \quad (4-13)$$

将式(4-13)代入式(4-12),可得:

$$B_1 = \frac{3\mu \sum M_0}{2[K_C]E_x} - \frac{1}{4}(B_2 + B_3) \quad (4-14)$$

为便于计算,可分以下几种情况加以讨论。

① 路肩墙,且无车辆荷载作用时,倾覆力矩为:

$$\sum M_0 = \frac{1}{2}HE_x$$

将上式代入式(4-14)中,则:

$$B_1 = \frac{\mu H}{2[K_C]} - \frac{1}{4}(B_2 + B_3) \quad (4-15)$$

② 路肩墙,墙顶有均布荷载 h_0 时(图 4-7),土压力 E_x 和倾覆力矩 $\sum M_0$ 分别为:

$$E_x = \frac{H}{2}(2\sigma_0 + \sigma_H)$$

$$\sum M_0 = \frac{H^2}{6}(3\sigma_0 + \sigma_H)$$

将上两式代入式(4-14)中,则:

$$B_1 = \frac{\mu H(3\sigma_0 + \sigma_H)}{2[K_C](2\sigma_0 + \sigma_H)} - \frac{1}{4}(B_2 + B_3)$$

即:

$$B_1 = \frac{\mu H(3h_0 + H)}{2[K_C](2h_0 + H)} - \frac{1}{4}(B_2 + B_3) \quad (4-16)$$

$$\sigma_0 = \gamma h_0 K_a$$
$$\sigma_H = \gamma H K_a$$

③路堑墙或路堤墙,如图4-6b)所示,计算高度 $H' = H + B_3\tan\beta$,则:

$$\sum M_0 = \frac{1}{3}(H + B_3\tan\beta)E_x$$

$$B_1 = \frac{\mu(H + B_3\tan\beta)}{2[K_C]} - \frac{1}{4}(B_2 + B_3) \tag{4-17}$$

如果按 $B = B_1 + B_2 + B_3$ 计算出的基底应力 σ 或偏心距 e 不能满足要求时,应采用加宽基础的方法增大 B_1,使其满足要求。如果地基承载力较低,致使计算的墙趾板过宽,那么,可适当增大墙踵板的宽度。

2. 立壁和墙底板厚度

立壁和墙底板厚度除满足墙身构造要求外,主要取决于截面强度要求,分别按配筋要求和斜裂缝宽度控制要求计算其有效厚度,然后取其大者为设计值。

(1)内力计算

如图4-8所示,将挡土墙分为立壁、墙趾板和墙踵板三个悬臂梁,同时固定于中间夹块 AB-CD 上,并认为夹块处于平衡状态。

①墙趾板

作用于墙趾板上的力有:地基反力、墙趾板自重以及墙趾板上填土重力等。当墙趾板埋深为 h_D 时,墙趾板 AB 截面处的剪力 Q_1(kN)和弯矩 M_1(kN·m)为:

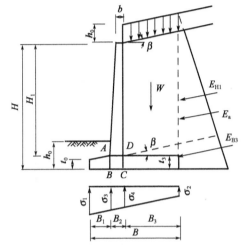

图4-8 悬臂式挡土墙内力计算图式

$$Q_1 = B_1[\sigma_1 - (\sigma_1 - \sigma_2)\frac{B_1}{2B} - \gamma_h t_{pj} - \gamma(h_D - t_{pj})] \tag{4-18}$$

$$M_1 = \frac{B_1^2}{6}[3(\sigma_1 - \gamma h_D) - (\gamma_h - \gamma)(t_1^0 + 2t_{pj}) - (\sigma_1 - \sigma_2)\frac{B_1}{B}] \tag{4-19}$$

式中:B_1——墙趾板计算宽度(墙趾至立壁根部的距离)(m);
σ_1、σ_2——墙趾和墙踵处的基底应力(kPa);
t_{pj}——墙趾板厚度的平均值(m);
t_1^0——墙趾板端部厚度(m);
γ_h——钢筋混凝土重度(kN/m³);
γ——填土的重度(kN/m³)。

②立壁

立壁主要承受墙后的主动土压力 E_{hi},任一截面的剪力和弯矩为:

$$Q_{2i} = E_{xhi} = E_{hi}\cos\beta = \gamma h_i\cos\beta(0.5h_i + h_0)K_a \tag{4-20}$$

$$M_{2i} = M_{hi} = \frac{1}{6}\gamma h_i^2\cos\beta(h_i + 3h_0)K_a \tag{4-21}$$

式中:Q_{2i}——计算截面处的剪力(kN);

M_{2i}——计算截面处的弯矩(kN·m);

E_{hi}、E_{xhi}——计算截面以上(至立壁顶部的高为h_i)的主动土压力及其水平分力(kN)。

③墙踵板

墙踵板上作用有计算墙背与实际墙背间的土体重力(包括车辆荷载)、墙踵板自重、主动土压力的竖向分力以及地基反力等。墙踵板任一截面处的剪力和弯矩为:

$$Q_{3i} = B_{3i}\left[\gamma(H_1 + h_0) + \gamma_h t_3 - \sigma_2 - \frac{1}{2}B_{3i}\left(\frac{\sigma_1 - \sigma_2}{B} - \gamma\tan\beta\right)\right] + E_{B3}\sin\beta \quad (4-22)$$

$$M_{3i} = \frac{B_{3i}^2}{6}\left[3\gamma(H_1 + h_0) + 3\gamma_h t_3 - 3\sigma_2 - B_{3i}\left(\frac{\sigma_1 - \sigma_2}{B} - 2\gamma\tan\beta\right)\right] + E_{B3}\sin\beta Z_{EB3}$$
$$(4-23)$$

$$Z_{EB3} = \frac{B_{3i}}{3}\left[1 + \frac{(h_0 + H_1) + 2B_{3i}\tan\beta}{2(h_0 + H_1) + B_{3i}\tan\beta}\right] \quad (4-24)$$

式中:Q_{3i}、M_{3i}——计算截面处的剪力(kN)和弯矩(kN·m);

B_{3i}——墙踵板计算长度(墙踵至计算截面的距离)(m);

E_{B3}——作用于墙踵板上的主动土压力(kN);

Z_{EB3}——作用于墙踵板上的主动土压力的竖向分力对计算截面的力臂(m);

t_3——墙踵板厚度(m)。

当采用极限状态法设计时,用式(4-18)~式(4-23)计算出的内力,应换算成相应的计算内力。为简化计算过程,将车辆荷载产生的附加土压力当作永久荷载处理。

(2)截面厚度计算

①按配筋率要求确定

按配筋率要求,截面厚度为:

$$t \geqslant \sqrt{\frac{M_j \gamma_c}{A_0 L R_a}} \quad (4-25)$$

$$A_0 = \xi(1 - 0.5\xi) \quad (4-26)$$

$$\xi = \frac{\mu R_g}{R_a} \quad (4-27)$$

式中:t——计算截面的有效厚度(m),它可以是立壁高度范围内或墙趾板和墙踵板宽度范围内的任一截面;

M_j——计算弯矩(kN·m),见式(4-19)、式(4-21)和式(4-23);

γ_c——混凝土安全系数,$\gamma_c = 1.25$;

L——矩形截面单位长度,即$L = 1.0$m;

R_a——混凝土抗压设计强度(kPa);

A_0——计算系数;

μ——配筋率,$\mu = 0.3\% \sim 0.8\%$;

R_g——纵向受拉钢筋设计强度(kPa)。

②按斜裂缝宽度要求确定

为了防止斜裂缝开展过大和端部斜压破坏,截面有效厚度应满足下式的要求:

$$t \geqslant \frac{Q_j}{0.05\sqrt{RL}} \quad (4-28)$$

式中：t——计算截面的有效厚度(cm)；
  Q_j——计算剪力(kN)，见式(4-18)、式(4-20)和式(4-22)；
  R——混凝土强度等级(MPa)；
  L——矩形截面长度，取 $L=100\mathrm{cm}$。

三、墙身稳定性及基底应力验算

悬臂式挡土墙验算内容包括抗滑稳定性、抗倾覆稳定性、基底应力及合力偏心距、墙身截面强度等，其中抗滑稳定性、抗倾覆稳定性、基底应力及合力偏心距验算方法与重力式挡土墙相同。对于荷载组合Ⅰ、Ⅱ，抗滑稳定系数 K_C 不应小于1.3，抗倾覆稳定系数 K_0 不应小于1.5；对于荷载组合Ⅲ，抗滑稳定系数 K_C 和抗倾覆稳定系数 K_0 均不应小于1.3；对于施工荷载，抗滑稳定系数 K_C 和抗倾覆稳定系数 K_0 均不应小于1.2。合力偏心距 e 要求为：土质地基不应小于 $B/6$；岩质地基不应小于 $B/4$。

墙身截面验算时，一般选取以下截面作为控制截面：
(1)对立壁，选底部、2/3立壁高与1/3立壁高处三个截面。
(2)对墙踵板，选根部与1/2墙踵板宽度处两个截面。
(3)对墙趾板，选根部与1/2墙趾板宽度处两个截面。

四、配筋设计

悬臂式挡土墙的立壁和墙底板，按受弯构件配置受力钢筋，如图4-9所示。钢筋设计包括确定钢筋直径和钢筋的布置，是在已确定钢筋截面面积的基础上进行的。

1. 立壁

立壁受力钢筋 N_3 沿内侧(墙背)竖向放置，底部钢筋间距一般为10~15cm。因立壁承受弯矩越向上越小，可根据弯矩图将钢筋切断。当墙身立壁较高时，可将钢筋分别在不同高度分两次切断，仅将1/4~1/3的受力钢筋延伸到立壁顶部。顶端受力钢筋间距不应大于50cm。钢筋切断部位，应在理论切断点以上再加一钢筋锚固长度，而其下端插入墙底板一个锚固长度。锚固长度一般取 $25d\sim30d$，d 为钢筋直径）。在水平方向也应配置不小于 $\phi6\mathrm{mm}$ 的分布钢筋，其间距不大于40~50cm，截面面积不应小于立壁底部受力钢筋的10%。

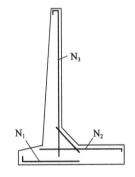

图4-9 悬臂式挡土墙钢筋布置

对于特别重要的悬臂式挡土墙，在立壁的外侧(墙面)和墙顶，可按构造要求配置少量钢筋或钢丝网，以提高混凝土表层抵抗温度变化和混凝土收缩的能力，防止混凝土表层出现裂缝。

2. 墙底板

墙踵板受力钢筋 N_2 设置在墙踵板的顶面。该钢筋一端伸入立壁与墙底板连接处并伸过不小于一个锚固长度；另一端按弯矩图切断，在理论切断点向外延长一个锚固长度。

墙趾板受力钢筋 N_1 设置于墙趾板的底面，该筋一端伸入立壁与墙趾板连接处并伸过不小于一个锚固长度；另一端一半延伸到墙趾，另一半在墙趾板宽度中部再加一个锚固长度处切断。

为便于施工,墙底板的受力钢筋间距最好与立壁的间距相同或取其整数倍。在实际应用中,常将立壁的底部受力钢筋一半或全部弯曲作为墙趾板的受力钢筋。立壁与墙踵板连接处最好做成贴角予以加强,并配以构造钢筋,其直径与间距可与墙踵板钢筋一致,墙底板也应配置构造钢筋。钢筋直径及间距均应符合规范的规定。

另外,还应根据截面剪力布置箍筋。

第四节 扶壁式挡土墙设计

扶壁式挡土墙设计与悬臂式挡土墙设计相近,但有其自己的特点。扶壁式挡土墙设计内容主要包括墙身构造设计、墙身截面尺寸的拟定、墙身稳定性和基底应力及合力偏心距验算、墙身配筋设计和裂缝开展宽度验算等。

墙趾板设计、立壁和墙踵板厚度计算,墙身稳定性和基底应力及合力偏心距验算等均与悬臂式挡土墙相同。

一、墙身构造设计

扶壁式挡土墙墙高不宜超过 15m,一般为 9~10m,分段长度不宜大于 20m。扶肋间距应根据经济性要求确定,一般为墙高的 1/4~1/2,每段中宜设置三个或三个以上的扶肋,扶肋厚度一般为扶肋间距的 1/10~1/4,但不应小于 30cm,采用随高度逐渐向后加厚的变截面,也可采用等厚式截面以利于施工。

立壁宽度和墙底板厚度与扶肋间距成正比,立壁顶宽不得小于 20cm,可采用等厚的垂直面板,墙踵板宽一般为墙高的 1/4~1/2,且不应小于 50cm,墙趾板宽宜为墙高的 1/20~1/5,板端厚度不应小于 30cm。

扶壁式挡土墙有关构造要求如图 4-10 所示,其余要求同悬臂式挡土墙。

为了提高扶壁式挡土墙的抗滑能力,墙底板常设置凸榫(图 4-11)。为使凸榫前的土体产生最大的被动土压力,墙后的主动土压力不因设凸榫而增大,故应注意凸榫设置的位置。通常将凸榫置于通过墙趾与水平面成 45°-φ/2 角线和通过墙踵与水平面成 φ 角线的范围内。凸榫高则应根据凸榫前土体的被动土压力能够满足抗滑稳定性要求而定,宽度除满足混凝土的抗剪和抗弯拉要求以外,为便于施工,还不应小于 30cm。

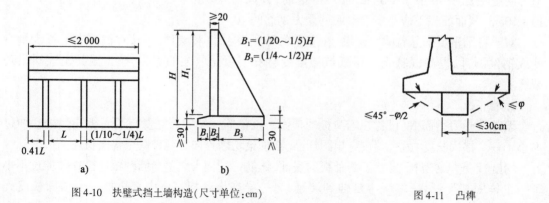

图 4-10 扶壁式挡土墙构造(尺寸单位:cm)
a)平面图;b)横断面图

图 4-11 凸榫

二、立壁设计计算

1. 计算模型和计算荷载

立壁计算通常取扶肋中至扶肋中或跨中至跨中的一段为计算单元,视为固支于扶肋及墙踵板上的三向固支板,属超静定结构,一般作简化近似计算。计算时,将其沿墙高或墙长划分为若干单位宽度的水平板条与竖向板条,假定每一单元条上作用均布荷载,其大小为该条单元位置处的平均值,近似按支承于扶肋上的连续板来计算水平板条的弯矩和剪力;按固支于墙底板上的刚架梁来计算竖向板条的弯矩。

立壁的荷载仅考虑墙后主动土压力的水平分力,而墙自重、土压力竖向分力及被动土压力等均不考虑。为简化计算,将作用于立壁上的水平土压力图形 $afeg$ 近似地用 $abdheg$ 表示的土压力图形来代替,如图 4-12 所示,其中土压应力为:

$$\left.\begin{aligned}\sigma_{pi} &= \sigma_0 + \sigma_{H1}h_i/H_1 & (h_i \leq h') \\ \sigma_{pi} &= 4\sigma_D h_i/H_1 & (h' < h_i \leq H_1/4) \\ \sigma_{pi} &= \sigma_D & (H_1/4 < h_i \leq 3H_i/4) \\ \sigma_{pi} &= \sigma_D[1 - 4(h_i - 3H_1/4)/H_1] & (3H_1/4 < h_i \leq H_i)\end{aligned}\right\} \quad (4\text{-}29)$$

$$\sigma_D = \sigma_0 + \sigma_{H1}/2$$
$$\sigma_0 = \gamma K_a h_0$$
$$\sigma_{H1} = \gamma K_a H_1$$

2. 水平内力

根据立壁计算模型,水平内力计算简图如图 4-13b)所示。各内力分别为:

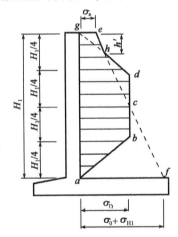

图 4-12 立壁简化土压力图

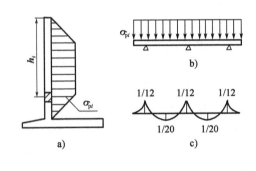

图 4-13 立壁的水平内力计算
a)计算模型;b)荷载作用图;c)设计弯矩图

支点负弯矩	$M_1 = -\dfrac{1}{12}\sigma_{pi}l^2$	(4-30)
支点剪力	$Q = \sigma_{pi}l/2$	(4-31)
跨中正弯矩	$M_2 = \dfrac{1}{20}\sigma_{pi}l^2$	(4-32)
边跨自由端弯矩	$M_3 = 0$	

式中:l——扶肋间净距(m)。

立壁承受的最大水平正弯矩及最大水平负弯矩在竖直方向上分别发生在扶肋跨中的 $H_1/2$ 处和扶肋固支处的第三个 $H_1/4$ 处,如图 4-14 所示。

设计采用的弯矩值和实际弯矩值相比是偏安全的,如图 4-13c)所示。例如,对于固端梁而言,当它承受均布荷载 σ_{pi} 时,其跨中弯矩应为 $\sigma_{pi}l^2/24$。但是,考虑到立壁虽然按连续板计算,然而它们的固支程度并不充分,为安全计,故设计值按式(4-32)确定。

3. 竖向弯矩

立壁在土压力的作用下,除了产生上述水平弯矩外,将同时产生沿墙高方向的竖向弯矩。其扶肋跨中的竖向弯矩沿墙高的分布如图 4-15a)所示,负弯矩出现在墙背一侧底部 $H_1/4$ 范围内;正弯矩出现在墙面一侧,最大值在第三个 $H_1/4$ 段内。其最大值可近似按下列公式计算:

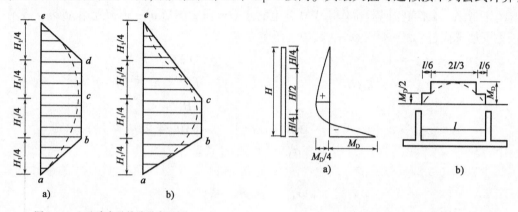

图 4-14 立壁跨中及扶肋处弯矩图
a)跨中弯矩;b)扶肋处弯矩

图 4-15 立壁竖向弯矩图
a)竖向弯矩沿墙高分布;b)竖向弯矩沿墙长分布

竖向负弯矩 $\qquad M_D = -0.03(\sigma_0 + \sigma_{H1})H_1 l \qquad$ (4-33)

竖向正弯矩 $\qquad M = 0.03(\sigma_0 + \sigma_{H1})H_1 l/4 \qquad$ (4-34)

沿墙长方向(纵向)竖向弯矩的分布如图 4-15b)所示,呈抛物线形分布。设计时,可采用中部 $2l/3$ 范围内的竖向弯矩不变,两端各 $l/6$ 范围内的竖向弯矩较跨中减少一半的阶梯形分布。

4. 扶肋外悬臂长度 l' 的确定

扶肋外悬臂节长 l',可按悬臂梁的固端弯矩与设计采用弯矩相等求得(图 4-14),即:

$$M = \frac{1}{12}\sigma_{pi}l^2 = \frac{1}{2}\sigma_{pi}l'^2$$

于是得 $\qquad l' = 0.41l \qquad$ (4-35)

三、墙踵板设计计算

1. 计算模型和计算荷载

墙踵板可视为支承于扶肋上的连续板,不计立壁对它的约束,而视其为铰支。内力计算时,可将墙踵板沿墙长方向划分为若干单位宽度的水平板条,根据作用于墙踵板上的荷载,对每一连续板条进行弯矩、剪力计算,并假定竖向荷载在每一连续板条上的最大值均匀作用于板条上。

作用于墙踵板上的力有:计算墙背与实际墙背间的土重力及活载 W_1;墙踵板自重 W_2;作用于墙踵板顶面上的土压力的竖向分力 $W_3(E_{BCy})$;作用于墙踵板端部的土压力的竖向分力 $W_4(E_{CDy})$;由墙趾板固端弯矩 M_1 的作用在墙踵板上引起的等代荷载 W_5 以及地基反力等,如

图 4-16a)所示。

为简化计算,假设 W_3 为中心荷载,如图 4-16b)所示;W_4 是悬臂端荷载 E_{CDy} 所引起的,如图 4-16c)所示,实际应力呈虚线表示的二次抛物线分布,简化为实线表示的三角形分布;M_1 引起的等代荷载的竖向应力近似地假设成图 4-16d)所示的抛物线形,其重心位于距固支端 $\frac{5}{8}B_3$ 处,以其对固支端的力矩与 M_1 相平衡,可得墙踵处的应力 $\sigma_{W5}=2.4M_1/B_3^2$。

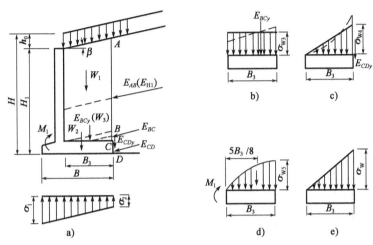

图 4-16 墙踵板计算荷载图式

a)墙踵板受力图;b)E_{BCy} 对墙踵板的作用;c)E_{CDy} 对墙踵板的作用;d)M_1 对墙踵板的作用;e)墙踵板法向应力总和

将上述荷载在墙踵板上引起的竖向应力叠加,即可得到墙踵板的计算荷载。由于立壁对墙踵板的支撑约束作用,在墙踵板与立壁衔接处,墙踵板沿墙长方向板条的弯曲变形为零,并向墙踵方向变形逐渐增大。故可近似假设墙踵板的计算荷载为三角形分布,最大值 σ_W 在踵点处[图 4-16e)]。于是得:

$$\sigma_W = \sigma_{W1} + \sigma_{W2} + \sigma_{W3} + \sigma_{W4} + \sigma_{W5} - \sigma_2$$
$$= \gamma(H_1 + B_3\tan\beta + h_0) + \gamma_h t_3 + \frac{E_{BC}\sin\beta}{B_3} + \frac{2E_{CD}\sin\beta}{B_3} + 2.4\frac{M_1}{B_3^2} - \sigma_2$$

即:
$$\sigma_W = \gamma(H_1 + B_3\tan\beta + h_0) + \gamma_h t_3 + \frac{\sin\beta}{B_3}(E_{BC} + 2E_{CD}) + 2.4\frac{M_1}{B_3^2} - \sigma_2 \qquad (4\text{-}36)$$

式中:E_{BC}——作用于 BC 面上的土压力(kN);

E_{CD}——作用于 CD 面上的土压力(kN);

M_1——墙趾板固端处的计算弯矩(kN·m);

$\gamma、\gamma_h$——墙后填土和钢筋混凝土的重度(kN/m³);

t_3——墙踵板厚度(m);

σ_2——墙踵板端处的地基反力(kPa)。

2.纵向内力

墙踵板沿墙长方向(纵向)板条的弯矩和剪力计算与立壁相同,各内力分别为:

支点负弯矩 $\qquad M_1 = -\dfrac{1}{12}\sigma_W l^2 \qquad (4\text{-}37)$

支点剪力 $\qquad Q = \sigma_W l/2 \qquad (4\text{-}38)$

跨中正弯矩 $\quad M_2 = \dfrac{1}{20}\sigma_W l^2 \quad$ (4-39)

边跨自由端弯矩 $\quad M_3 = 0$

3. 横向弯矩

墙踵板沿板宽方向(横向)的弯矩由两部分组成：

(1)在图 4-16e)所示的三角形分布荷载作用下产生的横向弯矩,最大值出现在墙踵板的根部。由于墙踵板的宽度通常只有墙高的 1/3 左右,其值一般较小,对墙踵板横向配筋不起控制作用,故不必计算此横向弯矩。

(2)由于在荷载作用下立壁与墙踵板有相反方向的移动趋势,即在墙踵板根部产生与立壁竖向负弯矩相等的横向负弯矩,沿纵向分布与立壁的竖向弯矩沿纵向分布的相同,如图 4-15b)所示。

四、扶肋设计计算

1. 计算模型和计算荷载

扶肋可视为锚固于墙踵板上的 T 形变截面悬臂梁,立壁则作为该 T 形梁的翼缘板,如图 4-17a)所示。翼缘板的有效计算宽度由墙顶向下逐渐加宽,如图 4-17a)、b)所示。为简化计算,只考虑墙背主动土压力的水平分力,而扶肋和立壁的自重以及土压力的竖向分力忽略不计。

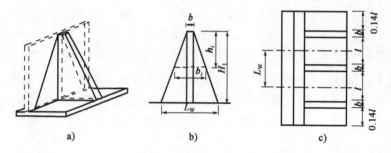

图 4-17 扶肋计算图式

2. 剪力和弯矩

悬臂梁承受两相邻扶肋的跨中至跨中长度 L_W 与立壁高 H_1 范围内的土压力。在土压力 E_{AB}[图 4-16a),作用于 AB 面上]的水平分力作用下,产生的剪力和弯矩为:

$$Q_{hi} = \gamma h_i L_W (0.5 h_i + h_0) K_a \cos\beta \quad (4\text{-}40)$$

$$M_{hi} = \frac{1}{6}\gamma h_i^2 L_W (h_i + 3h_0) K_a \cos\beta \quad (4\text{-}41)$$

式中:Q_{hi}、M_{hi}——高度为 h_i(从墙顶算起)截面处的剪力(kN)和弯矩(kN·m);

L_W——跨中至跨中的计算长度(m)。

如图 4-17c)所示计算长度 L_W 按下式计算,且 $L_W \leq b + 12B_2$。

$$\left.\begin{array}{l} L_W = l + b \quad (\text{中跨}) \\ L_W = 0.91l + b \quad (\text{悬臂跨}) \end{array}\right\} \quad (4\text{-}42)$$

3. 翼缘宽度

扶肋的受压区有效翼缘宽度 b_i,墙顶部 $b_i = b$,底部 $b_i = L_W$(或 $12B_2$),中间为直线变化,如图 4-17b)所示,即:

$$b_i = b + \frac{12 B_2 h_i}{H_1} \quad (4\text{-}43)$$

$$b_i = b + \frac{h_i l}{H_1} \tag{4-44}$$

或

五、配筋设计

扶壁式挡土墙的立壁、墙趾板、墙踵板按矩形截面受弯构件配置钢筋,如图4-18所示,而扶肋按变截面T形梁配筋。

1. 立壁

立壁的水平受拉钢筋分为内、外侧钢筋两种。内侧水平受拉钢筋 N_2,布置在立壁靠填土一侧,承受水平负弯矩,按扶肋处支点弯矩设计,全墙可分为3~4段。

外侧水平受拉钢筋 N_3,布置在中间跨立壁临空一侧,承受水平正弯矩,该钢筋沿墙长方向通长布置。为方便施工,可在扶肋中心切断。沿墙高可分为几个区段进行配筋,但区段不宜分得过多。

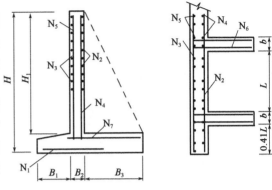

图4-18 扶壁式挡土墙钢筋布置

立壁的竖向受力钢筋,也分内、外两侧。内侧竖向受力钢筋 N_4 布置在靠填土一侧,承受立壁的竖向负弯矩。该筋向下伸入墙踵板不少于一个钢筋锚固长度;向上在距墙踵板顶高 $H_1/4$ 加上一个钢筋锚固长度处切断,每跨中部 $2l/3$ 范围内按跨中的最大竖向负弯矩 M_D 配筋,靠近扶肋两侧各 $l/6$ 部分按 $M_D/2$ 配筋,如图4-15b)所示。

外侧竖向受力钢筋 N_5,布置在立壁临空一侧,承受立壁的竖向正弯矩,该钢筋通长布置,兼作立壁的分布钢筋之用。

连接立壁与扶肋的U形拉筋 N_6,其开口向扶肋的背侧,并在扶肋水平方向通长布置,承受钢筋间距水平条块间的支点剪力。

2. 墙踵板

墙踵板顶面横向水平钢筋 N_7 是为了立壁承受竖向负弯矩的钢筋 N_4 得以发挥作用而设置的。该筋位于墙踵板顶面,垂直于立壁方向。其布置与钢筋 N_4 相同,该筋一端插入立壁一个钢筋锚固长度;另一端伸至墙踵端,作为墙踵板纵向钢筋 N_8 的定位钢筋。如钢筋 N_7 的间距很小,可以将其中一半在墙踵板宽度中部加一个钢筋锚固长度处切断。

墙踵板顶面和底面纵向水平受拉筋 N_8、N_9(图中未示),承受墙踵板在扶肋两端的负弯矩和跨中正弯矩。该钢筋切断情况与 N_2、N_3 相同。

连接墙踵板与扶肋之间的U形钢筋 N_{10}(图中未示),其开口向上。可在距墙踵板顶面一个钢筋锚固长度处切断,也可延至扶肋的顶面,作为扶肋两侧的分布钢筋。在垂直于立壁方向的钢筋分布与墙踵板顶面纵向水平钢筋 N_8 相同。

3. 墙趾板

同悬臂式挡土墙墙趾板的钢筋布置。

4. 扶肋

扶肋背侧的受拉钢筋 N_{11}(图中未示),应根据扶肋的弯矩图,选择2~3个截面,分别计算所需的钢筋根数。为节省混凝土,钢筋 N_{11} 可多层排列,但不得多于3层。其间距应满足规范要求,必要时可采用束筋。各层钢筋上端应按不需此钢筋的截面再延长一个钢筋锚固长度,必要时,可将钢筋沿横向弯入墙踵板的底面。

除受力钢筋外,还需根据截面剪力配置箍筋,并按构造要求布置构造钢筋。

第五节 设 计 示 例

悬臂式路肩挡土墙设计,结构示意图如图4-19所示。

1. 设计资料

(1)墙高 $H = 5$m,立壁顶宽 $b = 0.25$m,墙背垂直,墙面坡度 $1:m = 1:0.05$。

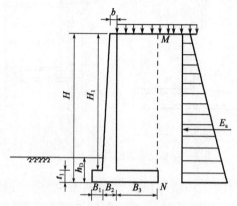

图4-19 悬臂式挡土墙示意图

(2)基础埋深 $h = 1$m。

(3)墙背填土重度 $\gamma = 18$kN/m³,内摩擦角 $\varphi = 35°$。

(4)墙背摩擦角 $\delta = \varphi/2 = 17.5°$。

(5)基底摩擦因数 $\mu = 0.40$。

(6)地基土等效内摩擦角 $\varphi_D = 35°$,容许应力 $[\sigma] = 400$kPa。

(7)钢筋混凝土结构设计参数:

①水泥混凝土强度等级为C15,抗压设计强度 $R_a = 8.5$MPa,弹性模量 $E_h = 2.3 \times 10^4$MPa,抗拉设计强度 $R_l = 1.05$MPa。

②钢筋抗拉设计强度 $R_g = 240$MPa,弹性模量 $E_g = 2.1 \times 10^5$MPa。

③钢筋混凝土重度 $\gamma_h = 25$kN/m³。

2. 土压力计算

按表2-5规定,墙身高度为5.0m的附加荷载强度为 $q = 16.25$kN/m²,则等代均布土层厚度为:

$$h_0 = \frac{q}{\gamma} = \frac{16.25}{18} = 0.90(\text{m})$$

布置在路基范围内。

按朗金理论计算作用于假想墙背 MN 上的主动土压力。

主动土压力系数为:

$$K_a = \tan^2(45° - \varphi/2) = \tan^2(45° - 17.5°) = 0.271$$

则作用于假想墙背 MN 上的主动土压力 E_a 为:

$$E_a = \frac{1}{2}\gamma H(H + 2h_0)K_a = \frac{1}{2} \times 18 \times 5 \times (5 + 2 \times 0.90) \times 0.271 = 82.93(\text{kN})$$

因墙顶填土水平($\beta = 0$),故 E_a 水平作用于假想墙背 MN 上,即:

$$E_x = E_a = 82.93(\text{kN})$$

土压力作用点至墙趾的力臂:

$$Z_x = \frac{H(H + 3h_0)}{3(H + 2h_0)} = \frac{5 \times (5 + 3 \times 0.90)}{3 \times (5 + 2 \times 0.90)} = 1.89(\text{m})$$

3. 墙身截面尺寸确定

(1)墙底板宽度

墙底板采用等厚式,即墙趾板和墙踵板厚度相同,并设 $t_1 = t_3 = 0.4$m,则:

$$H_1 = H - t_1 = 5 - 0.4 = 4.6(\mathrm{m})$$
$$B_2 = b + mH_1 = 0.25 + 0.05 \times 4.6 = 0.48(\mathrm{m})$$

当 $\gamma = 18\mathrm{kN/m^3}, \mu = 0.40$ 时，查表 4-1 得重度修正系数 $m_\gamma = 1.07$，所以墙踵板宽度 B_3 为：

$$B_3 = \frac{[K_C]E_x}{\mu(H+h_0)m_\gamma\gamma} - B_2 = \frac{1.30 \times 82.93}{0.40 \times (5.0+0.90) \times 1.07 \times 18.0} - 0.48 = 1.89(\mathrm{m})$$

墙踵板修正宽度为：

$$\Delta B_3 = \frac{1}{2}mH_1 = \frac{1}{2} \times 0.05 \times 4.6 = 0.12(\mathrm{m})$$

修正后的墙踵板宽度为：

$$B_3 = 1.89 + 0.12 = 2.01(\mathrm{m})$$

由式(4-16)可求得墙趾板宽度：

$$B_1 = \frac{\mu H(3h_0+H)}{2[K_C](2h_0+H)} - \frac{1}{4}(B_2+B_3)$$

$$= \frac{0.4 \times 5.0 \times (3 \times 0.90 + 5.0)}{2 \times 1.30 \times (2 \times 0.90 + 5.0)} - \frac{1}{4} \times (0.48+2.01) = 0.25(\mathrm{m})$$

则墙底板宽度为：

$$B = B_1 + B_2 + B_3 = 0.25 + 0.48 + 2.01 = 2.74(\mathrm{m})$$

取 $B = 2.75\mathrm{m}$，其中，$B_3 = 2.02\mathrm{m}$。

(2) 立壁厚度

①立壁根部截面(即立壁与墙底板的交界面，其中 $H_1 = 4.6\mathrm{m}$)的内力计算

剪力
$$Q_2 = \gamma H_1 \cos\beta(0.5H_1 + h_0)K_a$$
$$= 18 \times 4.6 \times \cos0° \times (0.5 \times 4.6 + 0.90) \times 0.271 = 71.80(\mathrm{kN})$$

弯矩
$$M_2 = \frac{1}{6}\gamma H_1^2 \cos\beta(H_1+3h_0)K_a$$
$$= \frac{1}{6} \times 18 \times 4.6^2 \times \cos0° \times (4.6+3 \times 0.90) \times 0.271 = 125.58(\mathrm{kN \cdot m})$$

立壁厚度计算时，一般取计算内力的 1.2 倍作为设计内力。

$$Q_{2j} = 1.2Q_2 = 1.2 \times 71.80 = 86.16(\mathrm{kN})$$
$$M_{2j} = 1.2M_2 = 1.2 \times 125.58 = 150.70(\mathrm{kN \cdot m})$$

②厚度计算

a. 按配筋要求确定

取配筋率 $\mu = 0.7\%$，则：

$$\xi = \mu R_g/R_a = 0.007 \times 240/8.5 = 0.198$$
$$A_0 = \xi(1-0.5\xi) = 0.198 \times (1-0.5 \times 0.198) = 0.178$$

立壁的有效厚度为：

$$t_2 \geq \sqrt{\frac{M_{2j} \cdot \gamma_c}{A_0 \cdot L \cdot R_a}} = \sqrt{\frac{150.70 \times 1.25}{0.178 \times 1 \times 8500}} = 0.35(\mathrm{m})$$

b. 按斜裂缝宽度控制要求确定

立壁的有效厚度为：

$$t_2 \geq \frac{Q_{2j}}{0.05\sqrt{R} \cdot L} = \frac{86.16}{0.05 \times \sqrt{15} \times 100} = 4.45(\text{cm}) \approx 0.04(\text{m})$$

所以立壁有效厚度由配筋率控制,$t_1 = 0.35\text{m}$,当考虑钢筋混凝土保护层时,立壁厚度约为 0.40m。根据构造要求,取立壁厚度顶部为 0.25m、底部为 0.48m。

(3)墙底板厚度

墙底板采用等厚度形式,即墙趾板和墙踵板厚度相同,因此,墙底板厚度由墙踵板控制。

①挡土墙基底反力计算

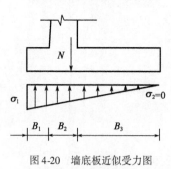

图 4-20 墙底板近似受力图

假设地基反力近似呈三角形分布(即 $\sigma_2 = 0$),如图 4-20 所示。作用于基底的反力近似按下式计算:

$$N = [K_c]\frac{E_x}{\mu} = 1.30 \times \frac{82.93}{0.40} = 269.52(\text{kN})$$

其中,容许抗滑稳定系数 $[K_c] = 1.30$。

则基底应力为:

$$\sigma_1 = 2\frac{N}{B} = 2 \times \frac{269.52}{2.75} = 196.01(\text{kPa})$$

②墙踵板内力计算

以墙踵板根部截面为控制截面。根据式(4-22)和式(4-23)可求得该截面的剪力和弯矩:

$$Q_3 = B_3\left[\gamma(H_1 + h_0) + \gamma_h t_3 - 0.5B_3\frac{\sigma_1}{B}\right]$$

$$= 2.02 \times \left[18.0 \times (4.6 + 0.90) + 25.0 \times 0.4 - 0.5 \times 2.02 \times \frac{196.01}{2.75}\right]$$

$$= 74.76(\text{kN})$$

$$M_3 = \frac{B_3^2}{6}\left[3\gamma(H_1 + h_0) + 3\gamma_h t_3 - \sigma_1\frac{B_3}{B}\right]$$

$$= \frac{2.02^2}{6} \times \left[3 \times 18.0 \times (4.6 + 0.90) + 3 \times 25.0 \times 0.4 - 196.01 \times \frac{2.02}{2.75}\right]$$

$$= 124.47(\text{kN} \cdot \text{m})$$

取 1.2 倍的计算内力作为设计内力,即:

$$Q_{3j} = 1.2Q_3 = 1.2 \times 74.76 = 89.71(\text{kN})$$
$$M_{3j} = 1.2M_3 = 1.2 \times 124.47 = 149.36(\text{kN} \cdot \text{m})$$

③厚度计算

a. 按配筋要求确定

当配筋率 $\mu = 0.7\%$ 时,$A_0 = 0.178$,则墙踵板的有效厚度为:

$$t_3 \geq \sqrt{\frac{M_{3j} \cdot \gamma_c}{A_0 \cdot L \cdot R_a}} = \sqrt{\frac{149.36 \times 1.25}{0.178 \times 1 \times 8500}} = 0.35(\text{m})$$

b. 按斜裂缝宽度控制要求确定

墙踵板的有效厚度为:

$$t_3 \geq \frac{Q_{3j}}{0.05\sqrt{RL}} = \frac{89.71}{0.05 \times \sqrt{15} \times 100} = 4.63(\text{cm}) \approx 0.05(\text{m})$$

墙踵板厚度由配筋率控制,取 $t_3 = 0.35\text{m}$,考虑钢筋混凝土保护层厚度,则墙踵板厚度约为 0.40m,墙底板(包括墙踵板和墙趾板)厚度实际采用 0.40m。

4. 墙体稳定性验算

(1)求全墙总竖向力 N 和力臂

①墙踵板上填土重 W 及力臂 Z_W(对墙趾的力臂,下同)

$$W = \gamma B_3(H_1 + h_0) = 18.0 \times 2.02 \times (4.6 + 0.90) = 199.98(\text{kN})$$

$$Z_W = B_1 + B_2 + B_3/2 = 0.25 + 0.48 + 2.02/2 = 1.74(\text{m})$$

②墙身自重 G 及力臂 Z_G

将墙身截面分为立壁和墙底板两部分,如图 4-21 所示。

a. 立壁自重 G_A 及力臂 Z_A

$$G_A = \frac{1}{2}\gamma_h H_1(B_2 + b) = \frac{1}{2} \times 25.0 \times 4.6 \times (0.48 + 0.25)$$
$$= 41.98(\text{kN})$$

$$Z_A = \frac{2(B_2 - b)^2 + 6b(B_2 - b/2)}{3(b + B_2)} + B_1$$
$$= \frac{2 \times (0.48 - 0.25)^2 + 6 \times 0.25 \times (0.48 - 0.25/2)}{3 \times (0.25 + 0.48)} + 0.25$$
$$= 0.54(\text{m})$$

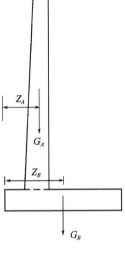

图 4-21 墙身截面划分

b. 墙底板自重 G_B 及力臂 Z_B

$$G_B = \gamma_h B t_1 = 25.0 \times 2.75 \times 0.4 = 27.5(\text{kN})$$

$$Z_B = B/2 = 2.75/2 = 1.38(\text{m})$$

c. 墙身自重 G 及力臂 Z_G

$$G = G_A + G_B = 41.98 + 27.5 = 69.48(\text{kN})$$

$$Z_G = (G_A Z_A + G_B Z_B)/G$$
$$= (41.98 \times 0.54 + 27.5 \times 1.38)/69.48 = 0.87(\text{m})$$

(2)抗滑稳定性验算

滑动稳定方程为:

$$[1.1(G + W) + \gamma_{Q1} E_y]\mu - \gamma_{Q1} E_x > 0$$

由于土压力增大对挡土墙稳定性起不利作用,故土压力分项系数 $\gamma_{Q1} = 1.4$,则有:

$$1.1 \times (69.48 + 199.98) \times 0.4 - 1.4 \times 82.93 = 2.46(\text{kN}) > 0$$

抗滑稳定系数为:

$$K_C = \frac{(G + W + E_y)\mu}{E_x} = \frac{(69.48 + 199.98) \times 0.4}{82.93} = 1.30 = [K_C] = 1.30$$

因此,抗滑稳定性满足要求。

(3)抗倾覆稳定性验算

抗倾覆稳定方程为:

$$0.8(GZ_G + WZ_W) + \gamma_{Q1}(E_y Z_y - E_x Z_x) > 0$$

即:

$$0.8 \times (69.48 \times 0.87 + 199.98 \times 1.74) - 1.4 \times 82.93 \times 1.89 = 107.30(\text{kN} \cdot \text{m}) > 0$$

抗倾覆稳定系数为:

$$K_0 = \frac{GZ_G + WZ_W + E_y Z_y}{E_x Z_x} = \frac{69.48 \times 0.87 + 199.98 \times 1.74}{82.93 \times 1.89} = 2.61 > 1.50$$

因此,抗倾覆稳定性满足要求。

(4) 合力偏心距验算

在地基承载力计算中,基础的作用效应应取正常使用极限状态下作用效应标准组合。作用于基底形心处的弯矩:

$$M_d = W\left(Z_W - \frac{B}{2}\right) + G\left(Z_G - \frac{B}{2}\right) - E_x Z_x$$
$$= 199.98 \times (1.74 - 2.75/2) + 69.48 \times (0.87 - 2.75/2) - 82.93 \times 1.89$$
$$= -118.83 (\text{kN} \cdot \text{m})$$

竖向力　　　$N_d = G + W + E_y = 69.48 + 199.98 = 269.46 (\text{kN})$

偏心距　　　$e = \left|\dfrac{M_d}{N_d}\right| = \left|\dfrac{-118.83}{269.46}\right| = 0.44 (\text{m}) < \dfrac{B}{6} = 0.46 (\text{m})$

合力偏心距满足要求。

(5) 基底应力验算

$$\sigma_{\max} = \frac{N_d}{B}\left(1 + \frac{6e}{B}\right) = \frac{269.46}{2.75} \times \left(1 + \frac{6 \times 0.44}{2.75}\right) = 192.05 (\text{kPa}) < [\sigma] = 400 (\text{kPa})$$

$$\sigma_{\min} = \frac{N_d}{B}\left(1 - \frac{6e}{B}\right) = \frac{269.46}{2.75} \times \left(1 - \frac{6 \times 0.44}{2.75}\right) = 3.92 (\text{kPa}) > 0$$

因此,基底应力满足要求。

第六节　施 工 技 术

薄壁式挡土墙宜就地整体浇筑。为加快施工进度,扶壁式挡土墙也可采用拼装式结构。采用现场整体浇筑施工时,施工工序包括基槽开挖、地基处理、混凝土配合比设计、钢筋骨架制作与成型、模板制作与安装、混凝土浇筑、防排水设施工、填料摊铺与压实等,其施工工艺流程如图 4-22 所示。

本章重点介绍钢筋骨架制作与成型、模板制作与安装,以及混凝土浇筑等,其余内容不再赘述。

一、钢筋骨架制作

1. 钢筋加工

钢筋加工、调直、切断、弯钩、绑扎成形等,均应用冷加工的方法进行。并应符合下述要求:
(1) 钢筋浮皮、铁锈、油渍、污垢等应清除干净。
(2) 钢筋应平直,无局部曲折。
(3) 成卷的钢筋或弯曲的钢筋,应在使用前调直。使用调直机调直时,应注意不得使钢筋受损伤。
(4) 采用冷拉法调直钢筋时,HPB235 钢筋的冷弯率不宜大于 2%;HRB335 和 HRB400 钢筋不宜大于 1%。

用冷拉法调直 HPB235 钢筋,可同时去掉钢筋表面锈皮,提高除锈工作效率。冷拉率的大小以能将钢筋调直并去掉锈皮为宜,不必也不宜过多的提高冷拉率。这是因为国内生产的 HPB235 钢筋多属 12mm 以下的光面圆钢筋,且多用于箍筋、分布钢筋或构造钢筋,没有必要通过冷拉来提高它的强度,故其冷拉率以不过多超过钢筋的屈服点时的伸长率为宜。

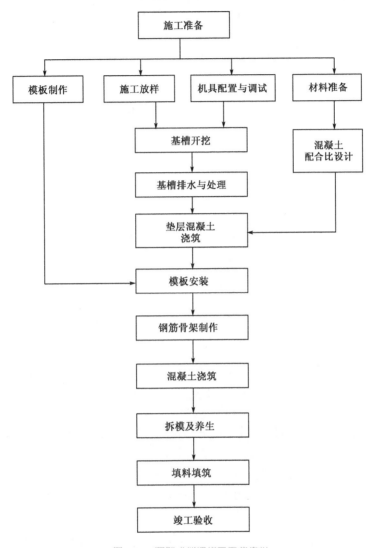

图 4-22 薄壁式挡墙施工工艺流程

钢筋应按所需下料长度加工。计算下料长度时,需考虑弯曲引起的钢筋增长量,其延伸率与弯曲角度和钢筋直径有关,如表 4-2 所示。因此,对于弯钩加长值和弯起加长值除参考有关规定外,均应减去其延伸率。

钢 筋 延 伸 率　　　　　　　　表 4-2

弯曲角度	延伸长度	举例说明
45°	钢筋直径的 2/3	如 $\phi 22mm$ 钢筋弯曲 45°时延伸率长度为 14.6mm
90°	钢筋直径的 1 倍	如 $\phi 22mm$ 钢筋弯曲 90°时延伸率长度为 22.0mm
180°	钢筋直径的 1.5 倍	如 $\phi 22mm$ 钢筋弯曲 180°时延伸率长度为 33.0mm

弯钩是加强钢筋在混凝土中锚固作用的有效措施,在绑扎骨架中,一般光圆受力钢筋均应在末端设弯钩。钢筋冷弯可采用手工和机械方法进行,弯钩的形状如表 4-3 所示。为了防止加工时弯钩部分发生裂纹,降低弯钩部分的抗拉强度,弯钩的半径不宜太小,其弯曲最小半径如表 4-3 所示。另外,为了防止弯曲处的混凝土被钢筋的合成应力压碎,主钢筋在跨中弯起(即中间弯钩)时,其弯曲半经也应满足最小半径的要求。

受力主钢筋制作和末端弯钩形状　　　　　表 4-3

弯曲部位	弯曲角度	形状图	钢筋种类	弯曲直径 D	平直部分长度
末端弯钩	180°		HPB235 HPB300	≥2.5d	≥3d
	135°		HRB335	≥4d	≥5d
			HRB400	≥5d	
	90°		HRB335	≥4d	≥10d
			HRB400	≥5d	
中间弯钩	90°以下		各类	≥20d	

注:1. 采用环氧树脂涂层钢筋时,除应满足表内规定外,当钢筋直径 d≤20mm 时,弯钩内直径 D 不应小于 4d;当直径 d>20mm 时,弯钩内直径 D 不应小于 6d;直线段长度不应小于 5d。
2. d 为钢筋直径。

有些受压截面内的变形钢筋,设计上已满足黏结力的要求,故末端可不设弯钩。一般主钢筋末端除应做弯钩外,并应有适当的锚着平直长度,以便发挥其受力作用,锚着平直长度,HPB235 钢筋应大于等于 3d;HRB335 钢筋不应小于 5d,HRB400 钢筋不应小于 10d。

箍筋的末端也应做弯钩,弯钩的弯曲直径应大于被箍受力主钢筋的直径,且 HPB235 钢筋不应小于箍筋直径的 2.5 倍;HRB335 钢筋不应小于箍筋直径的 4 倍。弯钩平直部分的长度,一般结构不宜小于箍筋直径的 5 倍;有抗震要求的结构,不应小于箍筋直径的 10 倍。弯钩的形式,如设计无要求时,可按图 4-23a)、b)加工;有抗震要求的结构,应按图 4-23c)加工。

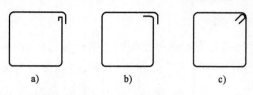

图 4-23　箍筋弯钩形式

弯曲某种型号第一根钢筋时,应按设计尺寸、技术标准进行核实,确认无误后,以此为样板,进行成批加工。

2. 钢筋连接

当构件太长而现有钢筋长度不够,需要接头时,宜优先采用焊接接头,以节约钢材、改善结构受力性能、提高工效、降低成本。在不具备焊接条件时,可采用绑扎接头。对轴心受拉和小偏心受拉杆件中的钢筋接头,不宜绑接;直径大于 25mm 的钢筋,宜采用焊接。钢筋常用焊接方法有:闪光对焊、电弧焊、电渣压力焊、电阻点焊等。

钢筋的焊接宜采用闪光对焊,或者采用电弧焊、电渣压力焊、气压焊。但电渣压力焊仅可用于竖向钢筋的连接,不得用于水平钢筋和斜筋的连接。

由于单面焊缝,钢筋将产生偏心应力,这对钢筋受力状况不利,因此,钢筋接头采用搭接或帮条电弧焊时,宜采用双面焊缝。但由于钢筋布置密集,双面帮条摆不下去等原因,致使双面焊缝困难时,可采用单面搭接焊和单面帮条电弧焊。钢筋接头采用搭接电弧焊时,两钢筋搭接端部应预先折向一侧,使两接合钢筋轴线一致。根据接头强度不小于钢筋强度的原则,接头双面焊缝的长度不应小于 $5d$,单面焊缝的长度不应小于 $10d$(d 为钢筋直径)。钢筋接头采用帮条电弧焊时,帮条应采用与主筋同级别的钢筋,其总截面面积不应小于被焊钢筋的截面面积。帮条长度,如用双面焊缝不应小于 $5d$,如用单面焊缝不应小于 $10d$。

电弧焊条选用的原则为,焊条熔解后形成的金属强度应与焊接的钢筋强度相等,表4-4给出了目前常用的电弧焊条型号,其中,×××03 型焊条(如 E4303)属钛钙型焊条,是一种最常用的焊条。在实际应用时,应根据具体情况,亦可选用相同熔敷金属抗拉强度的其他药皮类型焊条。

钢筋电弧焊条型号   表4-4

钢筋类别	电弧焊接接头形式			
	帮条焊搭接焊	坡口焊、熔槽帮条焊 预埋件穿孔塞焊	窄间隙焊		钢筋与钢板搭接焊 预埋件T形角焊
HPB235	E4303	E4303	E4316	E4315	E4303
HRB335	E4303	E5003	E5016	E5015	E4303
HRB400	E5003	E5503	E6016	E6015	

受力钢筋焊接或绑扎接头应设置在内力较小处,并错开布置,对于绑扎接头,两接头间距离不应小于1.3倍搭接长度。对于焊接接头,在接头长度区段内,同一根钢筋不得有两个接头,配置在接头长度区段内的受力钢筋,其接头的截面面积占总截面面积的百分率应符合表4-5的规定。焊接接头长度区段是指 $35d$(d 为钢筋直径)长度范围,并不得小于50cm,绑扎接头长度区段是指1.3倍搭接长度,在同一根钢筋上应尽量少设接头。

接头长度区段内受力钢筋接头面积的最大百分率   表4-5

接头形式	接头面积最大百分率(%)	
	受拉区	受压区
主钢筋绑扎接头	25	50
主钢筋焊接接头	50	不限制

注:1.装配式构件连接处的受力钢筋焊接接头可不受此限制。
2.绑扎接头中钢筋的横向净距不应小于钢筋直径且不应小于25mm。
3.环氧树脂涂层钢筋绑扎搭接长度,对受拉钢筋,应至少为涂层钢筋锚固长度的1.5倍且不应小于375mm;对受压钢筋,为无涂层钢筋锚固长度的1.0倍不应小于250mm。

电弧焊接和绑扎接头与钢筋弯曲处的距离不应小于10倍钢筋直径,也不宜位于构件的最大弯矩处。

绑扎搭接是在钢筋搭接处用铁丝绑扎而成,它的受力原理,主要是靠钢筋和混凝土之间的黏结力来传递钢筋的内力,因此,为了保证接头强度可靠,在接头处的钢筋必须具有足够的搭接长度。受拉钢筋绑扎接头的搭接长度,应符合表4-6的规定;受压钢筋绑扎接头的搭接长度,应取受拉钢筋绑扎接头搭接长度的0.7倍。

受拉钢筋绑扎接头的搭接长度 表4-6

钢筋类型	混凝土强度等级		
	C20	C25	>C25
HPB235	35d	30d	25d
HRB335	45d	40d	35d
HRB400	—	50d	45d

注：1. 当带肋钢筋直径 d 不大于25mm时，其受拉钢筋的搭接长度应按表中值减少5d采用；当带肋钢筋直径 d 大于25mm时，其受拉钢筋的搭接长度应按表中值增加5d采用。

2. 当混凝土在凝固过程中受力钢筋易受扰动时，其搭接长度宜适当增加。

3. 在任何情况下，纵向受拉钢筋的搭接长度不应小于300mm；受压钢筋的搭接长度不应小于200mm。

4. 当混凝土强度等级低于C20时，HPB235、HRB335牌号钢筋的搭接长度应按表中C20的数值相应增加10d；HRB500钢筋不宜采用。

5. 对有抗震要求的受力钢筋的搭接长度，当抗震烈度为7度及以上时应增加5d。

6. 两根不同直径的钢筋的搭接长度，以较细的钢筋直径计算。

受拉区内HPB235钢筋绑扎接头的末端应做弯钩，HRB335、HRB400钢筋的绑扎接头末端可不做弯钩。

直径小于等于12mm的受压HPB235级钢筋的末端，可不做弯钩，但搭接长度不应小于30d。钢筋搭接处，应在中心和两端用铁丝扎牢。

钢筋焊接前，必须根据施工条件进行试焊，合格后方可正式施焊，焊接时，对施焊场地应有适当的防风、雨、雪、严寒设施。冬期施焊时应按冬期施工的要求进行，低于-20℃时，不得施焊。

3. 钢筋骨架制作与安装

对适宜于预制钢筋骨架的构件，宜先预制成钢筋骨架片，在工地就位后进行焊接或绑扎成整体，以保证钢筋安装质量和加快施工进度。预制成的钢筋骨架，必须具有足够的刚度和稳定性，以便在运送、吊装和浇筑混凝土时不致松散、移位、变形，必要时可在钢筋骨架的某些连接点处加以焊接或增设加强钢筋。

骨架的焊接拼装应在坚固的工作台上进行，操作时应符合下列要求：

(1)拼装时应按设计图纸放大样，放样时应考虑焊接变形。

(2)钢筋拼装前，对有焊接接头的钢筋应检查每根接头是否符合焊接要求。

(3)拼装时，在需要焊接的位置用楔形卡卡住，防止电焊时局部变形。待所有焊接点卡好后，先在焊缝两端点焊定位，然后进行焊缝施焊。

(4)骨架焊接时，不同直径的钢筋的中心线应在同一平面上。为此，较小直径的钢筋在焊接时，下面宜垫以厚度适当的钢板。

(5)为了防止或减少骨架的变形，施焊顺序宜由中到边对称地向两端进行，先焊骨架下部，后焊骨架上部。相邻的焊缝采用分区对称跳焊，不得顺方向依次焊成。

钢筋网焊点应符合设计规定，当设计无规定时，应按下列要求焊接：

(1)当焊接网的受力钢筋为HPB235或冷拉HPB235钢筋时，如焊接网只有一个方向为受力钢筋，网两端边缘的两根锚固横向钢筋与受力钢筋的全部相交点必须焊接；如焊接网的两个方向均为受力钢筋，则沿网四周边缘的两根钢筋的全部相交点均应焊接，其余的交叉点，可根据运输和安装条件决定，一般可焊接或绑扎一半交叉点。

(2)当焊接网的受力钢筋为冷拔低碳钢丝，而另一方向的钢筋间距小于10cm时，除网两端边缘的两根钢筋的全部相交点必须焊接外，中间部分的焊点距离可增大至25cm。

现场绑扎钢筋网时,应注意钢筋接头的布置,钢筋的交叉点应用铁丝绑扎结实,必要时,亦可用点焊焊牢。除设计有特殊规定者外,箍筋应与主筋垂直。

墙底板钢筋绑扎时,应预埋高度不等的锚固钢筋,并与立壁和扶肋竖向钢筋对应焊接。焊接接头应设于内力较小处,且应交错布置,竖向间距不应小于1.3倍搭接长度。接头处,焊接钢筋截面面积不应大于钢筋总截面面积的50%。

钢筋的安装除满足绑扎和焊接连接的各项要求外,尚应注意保证受力钢筋的混凝土保护层厚度及钢筋的间距,这对保持钢筋与混凝土的握裹力,防止钢筋锈蚀,保证结构的耐久性具有重要的作用。因此,应在钢筋与模板间设置垫块,垫块应与钢筋扎紧,并互相错开,间距不能过大,以达到支垫的效果。非焊接钢筋骨架的多层钢筋之间,应用短钢筋支垫,保证位置准确。钢筋混凝土保护层厚度应符合设计要求。在浇筑混凝土前,应对已安装好的钢筋及预埋件(钢板、锚固钢筋等)进行检查。

二、模板制作与安装

模板的作用是保证浇筑混凝土的位置和几何形状、尺寸的准确性,它对保证混凝土工程施工的质量具有重要的作用,是浇筑混凝土结构成型质量的决定因素之一。模板工程的结构内容主要包括模板、支架和配件等。

1. 模板要求

模板应有足够的强度和刚度,保证在浇筑混凝土的周转使用中,表面始终平整,不漏浆,保持正确的形状、尺寸。模板接缝可做成平缝、搭接缝或企口缝。采用平缝时,应采取措施,防止漏浆。

为使挡土墙墙体光滑整洁,尺寸准确,宜优先采用通用化组合钢模,钢模板具有质量高,拆装方便、快速,可多次周转使用,节省木材等优点。如用木模,应在内侧加钉镀锌薄铁皮,以降低表面损耗和粗糙度,保证混凝土表面平整光滑,并可增加周转使用的次数。木材可按各地区实际情况选用,但材质不低于Ⅲ等。

墙体模板一般由侧板、立档、横档、斜撑和水平撑组成。斜撑的下端须设垫板。固定斜撑垫板,在泥地上可用木桩;在混凝土上可用预埋铁件或浇筑临时水泥墩作固定。当墙模较高时,也可用对拉螺栓固定,或与斜撑结合使用,但斜撑与模板横档水平交角不宜大于45°。

2. 模板制作

(1)钢模板制作

钢模板宜采用标准化的组合模板,主要由平面模板、连接件和支承件三部分组成。组合钢模板及配件的加工制作应符合下列要求:

①模板及配件应按国家标准《组合钢模板技术规范》(GB 50214—2001)制作。

②模板的槽板制作宜采用冷轧冲压整体成型的生产工艺,沿槽板纵向两侧的凸棱倾角,应严格按标准图尺寸控制。

③模板槽板边肋上的U形卡孔和凸鼓,宜采用一次冲孔和压鼓成型的生产工艺。

④模板的组装焊接,宜采用组装胎具定位及合理的焊接顺序。

⑤焊接后的模板,宜采用整形机校正模板的变形。当采用手工校正时,不得碰伤其棱角,且棱面不得留有锤痕。

⑥焊接外形应光滑、均匀,不得有漏焊、焊穿、裂纹等缺陷,并不宜产生咬肉、夹渣、气孔等缺陷。

⑦焊接选用的焊条材质、性能和直径,应与被焊物相适应。

⑧U形卡应采用冷作工艺成型,卡口弹性夹紧力不应小于1.5kN,其圆弧半径应符合设计要求,且不得出现非圆弧形的折角皱纹。

⑨连接件应采用镀锌表面处理,厚度应为0.05~0.08mm,镀层应均匀,不得有漏镀缺焊。

⑩钢模板及配件的表面,必须除去油污、锈迹后再作防锈处理。

(2)木模板制作

木模板可在工厂或施工现场制作。根据设计图纸,核对各部件模板尺寸,其类型应尽量统一,便于重复使用并应能始终保证表面平整、光滑,形状、尺寸正确,有足够的强度和刚度。接缝可做成平缝、搭接缝或企口缝。当接缝为平缝时,为防止漏浆,可采取在缝内镶嵌塑料管(线),拼缝处钉以铁皮,或在拼缝外面钉板条、缝内压塑料薄膜或水泥纸袋等措施,应根据具体情况选定防漏的方法。

多次重复使用的木模板,在内侧钉以薄铁皮,可以降低木模表面的损耗,增加其周转次数。木模的转角应加嵌条或做成斜角(钝角),可使拆模时构造物的转角处不易损伤、破裂,且较为美观。

3. 模板安装

安装的模板必须牢固,不得松动、跑模、下沉,不得与脚手架相连,避免引起模板变形;拼缝严密不漏浆;模板内部保持清洁。

模板与钢筋安装工作应配合进行,妨碍绑扎钢筋的模板应待钢筋安装完毕后安设。挡土墙模板施工时,先弹出中心线和二边线,选择一端先安装。依次立竖挡、横挡及斜撑,钉侧板,在顶部用线锤吊直,拉线找平,撑牢钉实。待钢筋绑扎后,墙基清理干净,再竖另一端模板。一般应设置撑头或内撑,保证墙体混凝土厚度。为便于拆模和混凝土表面整洁光滑,应在模板上涂刷隔离剂。外露面混凝土模板应使用同一品种的隔离剂,选用隔离剂应符合取材容易,配制简单,经济适用,不污染构造物表面,对混凝土及钢筋无损害作用等原则。隔离剂不得使用废机油等油料,以免黏附于混凝土表面,影响构造物的美观。

模板结构应与所采用的钢筋安装绑扎方法及混凝土的浇筑方法相适配,根据混凝土浇筑及振捣工作需要,在必要部位可设置活板或门子洞(天窗),所谓活板和门子洞就是该部位的模板不钉死,浇筑混凝土前可打开,不仅便于清除模内的杂物,而且可作为浇筑混凝土的窗口,降低浇筑高度,防止混凝土离析。

模板外侧可设立支撑,用于固定侧模。墙体的侧模除设斜撑固定外,也可设拉杆固定。墙体较高时,两法应结合使用;墙高较小时,可用金属线代替拉杆。

模板在安装过程中,必须设置防倾覆设施。模板安装完毕后,应对其平面位置、顶部高度、节点联系及纵横向稳定性进行检查,检查合格方可浇筑混凝土。浇筑时,发现模板有超过允许偏差变形值的可能时,应及时纠正。

三、墙身混凝土浇筑

水泥混凝土由水泥、粗集料、细集料和水组成。为了改善混凝土拌和物的某些性能,必要时可掺加适量的外加剂。

混凝土浇筑是薄壁式挡土墙施工中的重要组成部分,是实现设计者意图的关键环节。混凝土浇筑应均质密实、平整、无蜂窝麻面,不露筋骨,强度符合设计要求。做到搅拌均匀、振捣密实、养生及时。

1. 混凝土拌制

(1)材料要求

水泥品种,应根据混凝土工程的特点、所处环境、施工条件和气候因素等进行选用。公路挡土墙一般选用硅酸盐水泥和普通硅酸盐水泥,也可选用矿渣、火山灰质、粉煤灰硅酸盐水泥。选用水泥的强度等级应与要求配制的混凝土强度等级相适应。

挡土墙混凝土使用的粗集料,可以是碎石或卵石(砾石),应质地坚硬、耐久、洁净。为保证混凝土强度,要求碎石和卵石必须具有一定的强度,可用压碎值指标控制。为获得密实、高强的混凝土,并能节约水泥,粗细集料组成的矿质混合料应有良好的级配。粗集料最大粒径应按构件尺寸及施工方法选取,但最大粒径不应大于80mm,也不应大于构件截面最小尺寸的1/4,且不应大于钢筋之间最小净距的3/4。采用泵送混凝土时,除应符合上述规定外,碎石集料最大粒径不宜大于输送管径的1/3,卵石集料最大粒径不宜大于输送管径的1/2.5。

挡土墙混凝土选用的细集料,应采用级配良好、质地坚硬、颗粒洁净、粒径小于4.75mm的河沙,也可用山砂或用硬质岩石加工的机制砂。由于海沙中常含有碎贝壳、盐类和有害杂质,一般不宜使用。

一般能供饮用的清洁水可作为挡土墙混凝土用水。

挡土墙混凝土的试配强度,应根据设计强度等级及施工条件,参照《公路桥涵施工技术规范》(JTG/T F50—2011)的相关规定进行计算确定。

(2)配料数量允许偏差

拌制混凝土配料时,各种衡器应保持准确。配料数量的允许偏差(以质量计)如表4-7所示。

配料数量允许偏差　　　　表4-7

项次	材料类别	允许偏差(%)	
		现场拌制	预制场或集中搅拌站拌制
1	水泥、掺和料	±2	±1
2	粗、细集料	±3	±2
3	水、外加剂	±2	±1

试验室提出的混凝土配合比,是集料表面干燥时的理论计算配合比。工地进行混凝土拌制时,应根据砂、石料的实际含水率换算成施工配合比。一般每日开工前应测定粗、细集料的含水率,以后每隔4h再测定一次。由于天气变化,雨雪降落,砂石料含水率也常有变化,为稳定混凝土的水灰比,确保质量,应随时进行测定。

由于搅拌机的吸浆现象,在混凝土拌和前,应开动搅拌机,当空载运转正常后,加入清水运转2~3min,使筒壁、叶片全部湿润后再上料。拌和第一盘混凝土时,宜较配合比多加入10%的水泥、水和砂,以覆盖拌和筒的内壁而不降低拌和物所需的含浆量。

每一工作班正式称量前,应对计量设备进行重点校核。计量器具应定期检定,经大修、中修或迁移至新的地点后,也应进行检定。

(3)混凝土搅拌时间

混凝土应使用机械搅拌,零星工程的塑性混凝土也可用人工拌和。用机械搅拌时,自全部材料装入搅拌筒至开始出料的最短搅拌时间应按设备出厂说明书的规定,并经试验确定,且不得少于表4-8的规定。搅拌细砂混凝土或掺有外加剂的混凝土时,搅拌时间应适当延长1~2min。但搅拌时间也不宜过长,对搅拌时间每一工作班至少应抽查两次,当采用其他形式的搅拌设备时,搅拌的最短时间应按设备说明书的规定或经验确定。

混凝土最短搅拌时间　　　　　　　　　　　表 4-8

搅拌机类型	搅拌机容量(L)	混凝土坍落度(mm)		
		<30	30~70	>70
		混凝土最短搅拌时间(min)		
自落式	≤400	2.0	1.5	1.0
	≤800	2.5	2.0	1.5
	≤1 200	—	2.5	1.5
强制式	≤400	1.5	1.0	1.0
	≤1 500	2.5	1.5	1.5

注:1. 外加剂可先调成适当浓度的溶液后再掺入。
　　2. 搅拌机装料数量(装入粗集料、细集料、水泥等松体积的总数)不应大于搅拌机标定容量的110%。
　　3. 表列时间为从搅拌加水算起。

如掺用高效减水剂或速凝剂,运距又较远时,可将混凝土运至浇筑地点,再掺入外加剂重拌。

(4) 混凝土拌和物性能检查

对于在施工现场集中搅拌的混凝土,应检查混凝土拌和物的均匀性。拌和物应拌和均匀,颜色一致,不得有离析和泌水现象。检查混凝土拌和物均匀性时,应在搅拌机的卸料过程中,从卸料流的 1/4~3/4 之间部位,采集试样,进行试验。

混凝土搅拌完毕后,检测混凝土拌和物的坍落度时,应在搅拌地点和浇筑地点分别取样检测,每一工作班或每一单元结构物不应少于两次。评定时应以浇筑地点的测值为准。如混凝土拌和物从搅拌机出料起至浇筑入模的时间不超过 15min 时,其坍落度可仅在搅拌地点取样检测。在检测坍落度时,还应观察混凝土拌和物的黏聚性和保水性。

2. 混凝土运输

混凝土的运输能力应与混凝土凝结速度和浇筑速度相适应,使浇筑工作不间断并使混凝土运到浇筑地点时仍保持均匀性和规定的坍落度,做到有序配合,互不影响。从搅拌机运送到模板中的水平运输,可用铁制轨道活底斗车或倾卸汽车。当混凝土拌和物运输数量少或运距较近时,可采用无搅拌器的运输工具运输,如铁制翻斗车或手推车;当运距较远时,宜采用搅拌运输车运输。混凝土垂直运送到墙体上,可用各种吊机和门架提升,一般宜使用兼顾水平和垂直运输的缆索吊机,如混凝土数量大,浇筑速度快,可采用混凝土地泵及泵罐车。运输时间不宜超过表 4-9 的规定。当运距较远时,可用搅拌运输车运干拌料到浇筑地点后再加水搅拌。掺外加剂或采用快硬水泥拌制混凝土时,应通过试验确定所配制混凝土的凝结时间后,并以此确定运输时间的限制。

混凝土拌和物运输时间限制(单位:min)　　　　　　表 4-9

气温(℃)	无搅拌设备运输	有搅拌设备运输
20~30	30	60
10~19	45	75
5~9	60	90

注:表列时间系指从加水搅拌至入模时间。

混凝土运至浇筑地点后发生离析、严重泌水或坍落度损失过大时,应进行第二次搅拌。二次搅拌时不得任意加水,确有必要时,应在加水的同时增加水泥以保持其原水灰比不变。如二次搅拌仍不符合要求,则不得使用。

夏天运输混凝土应采取遮阳措施,冬天运送时应有防冻措施。整个运输过程不得超过混凝土的初凝时间。

3. 混凝土浇筑

浇筑混凝土前,应全面地进行复查,检查模板高程、截面尺寸、接缝、支撑、钢筋的直径、数量、弯曲尺寸、位置间距、节点连接、焊接等是否符合设计要求,检查锚固螺栓、预埋件及预留孔位置是否正确,发现问题,应及时纠正。同时模板内的杂物、积水和钢筋上的污垢应清理干净;模板如有缝隙,应填塞严密,模板内面应涂刷隔离剂。并且应对混凝土的均匀性和坍落度进行检查。

(1)混凝土浇筑宜分两次进行,先浇墙底板(墙趾板和墙踵板),然后再浇立壁,当墙底板强度达2.5MPa后,应立即浇筑墙身立壁,以便减少温差。接缝处的墙底板面上宜做成凹凸不平,以增加黏结,并按施工缝处理,要求如下:

①应凿除混凝土表面的水泥砂浆及松弱层,凿毛后用水洗干净。

②对垂直缝应刷一层水泥净浆,水平缝铺一层1~2cm的1:2水泥砂浆。当采用界面剂涂刷时,可免去凿毛工作。

③施工缝处理后应待前层混凝土强度达到2.5MPa时,方可进行凿毛冲洗及安装立壁模板、钢筋焊接绑扎和浇筑混凝土等工序。

对于墙身立壁的主筋可考虑预留钢筋,采用电弧焊焊接,如墙身立壁较低时可与墙底板钢筋一次绑扎到顶,并可在墙身两侧搭以支架,将竖立钢筋临时稳固,以便施工。

(2)混凝土应按一定厚度、顺序和方向分层浇筑。分层浇筑时,应在下层混凝土初凝或能重塑前完成上层混凝土的浇筑,以便使插入式振动器伸入(深度5~10cm)下层振捣,使层面黏结为一体,无分层接缝的痕迹。上下层同时浇筑时,上层与下层前后浇筑距离应保持1.5m以上。在倾斜面上浇筑混凝土时,应从低处开始逐层扩展升高,保持水平分层。混凝土分层浇筑厚度不宜超过表4-10的规定。

混凝土分层浇筑厚度　　　　　　表4-10

捣实方法		浇筑层厚度(cm)
插入式振动器		30
附着式振动器		30
表面振动器	无筋或配筋稀疏时	25
	配筋较密时	15
人工捣实	无筋或配筋稀疏时	20
	配筋较密时	15

注:表列规定可根据结构物和振动器型号等情况适当调整。

一般混凝土的初凝时间与重塑时间很接近,前者在室内试验得出,后者可在现场试验确定。有条件时,两者应进行对比,使之更正确合理。重塑的试验方法为:依靠自重将插入式振动器插入混凝土中,振动15s后,当周围10cm内能泛浆,拔出振动器时,不留有孔洞,即认为能重塑。

为便于分段分层浇筑和混凝土振捣,宜在墙模侧面设置不小于30cm高的门子洞作浇筑口,以便装料留槽浇筑,门子洞的上下间距不宜超过2.0m,采用地泵或泵罐车可另作考虑。扶肋的浇筑与立壁应同步进行,并应严格水平分层浇筑振捣。浇筑扶肋斜面时,应从低处开始逐层扩展升高,与立壁保持水平分层。为了扶肋模板支撑的需要,应在墙底板上设置预埋钢筋或预埋件。

(3)为防止离析,从高处向模板内倾卸混凝土时,应符合下列要求:

①从高处直接倾卸时,其自由倾卸高度一般不宜超过2.0m,以不发生离析为度。

②当倾注高度超过2m时,应通过多节导管、串筒、溜管或振动溜管等设施下落;倾落高度超过8m时,应设置减速装置(如在导管内附加减速翼板)。

③在串筒出料口下面,混凝土的堆积高度不宜超过1.0m。

(4)浇筑混凝土时,一般应采用振动器振实,振捣时,应符合下列规定:

①使用插入式振动器时,移动间距应保证全部混凝土均受到振实,如以直线行列插入,应不超过振动器作用半径的1.5倍,按交错梅花式插入,不超过作用半径的1.75倍,并应与侧模保持5~10cm的距离;插入下层混凝土5~10cm,每一处振动完毕后应边振动边徐徐提出振动棒;应避免振动棒碰撞模板、钢筋及其他预埋件。

②表面振捣器仅允许用以振实混凝土表面,其移动距离应以使振动平板能覆盖已振实部分的10cm左右为宜。

③附着式振捣器的布置间距,可根据构造物形状、断面大小、振动器性能等情况通过试验确定。

④振捣时间不宜过长,但也不能过短,一般的标志是混凝土达到不再下沉,无显著气泡上升,顶面平坦一致,并开始浮现水泥浆为止。当发现表面浮现水层,应立即设法排除,但不得带走水泥浆,并须检查发生的原因或调整混凝土配合比。

(5)浇筑长度按挡土墙分段长度划分为一节段,一般为15.0~20.0m。墙身立壁应严格分层,混凝土浇筑工作宜连续进行,一次浇完,不得间断,并应在前层所浇筑的混凝土尚未初凝以前,即将此层混凝土浇筑捣实完毕。混凝土的允许最大间歇时间应根据水泥凝结时间、水灰比及水泥的硬化条件等情况而定,当缺乏资料难以决定时,可通过试验测定或参考表4-11酌定。

混凝土允许间断时间 表4-11

顺 次	混凝土入机温度(℃)	允许间断时间(min)	
		普通水泥	矿渣、火山灰、粉煤灰水泥
1	20~30	90	120
2	10~19	120	150
3	5~9	150	180

注:表列数值未考虑外加剂。

若混凝土的间歇时间已经超过表4-11的规定,而前层混凝土已开始凝结,此时应中断浇筑,但必须按施工缝处理。

(6)立壁顶面混凝土应进行二次抹面,以防松顶,并压光或拉毛。

4.混凝土养生及修饰

混凝土浇筑完毕后,一般在10h左右即可覆盖浇水。当气候炎热时或在有风的天气时,2~3h后即可浇水以维持充分的润湿状态,混凝土养生用水的条件与拌和用水相同。在潮湿气候条件下,空气相对湿度大于60%,使用普通水泥时,湿润养生时间不少于7d;使用火山灰质或矿渣水泥时,不少于14d。在比较干燥气候条件下,相对湿度小于60%时,应不少于14d(普通水泥)和21d(火山灰质、矿渣水泥)。当气候变化较大,内外温度差异较大时,拆除模板后,宜用草帘、塑料布等遮盖继续浇水养生,以防产生温缩和干缩裂缝。也可采用养护剂,但要喷洒均匀,形成薄膜,可不洒水进行封闭养生。不宜直接以冷水喷浇混凝土外露面。

混凝土表面的光洁程度依不同部位而异,外露面无装饰设计时,在混凝土浇筑完成后,对混凝土裸露面应及时进行修整、抹平,待定浆后再抹第二遍并压光或拉毛。当裸露面面积较大或气候不良时,应加盖防护,但在开始养生前,覆盖物不得接触混凝土面。对有模板的外露面应安装同一类别的模板和涂刷同一类别的隔离剂,模板应光洁,无变形、无漏浆。发现表面质量有缺陷时,应及时进行处理,符合要求后,再进行装饰。对表面有一般抹灰(水泥砂浆抹面)和装饰抹灰(水刷石、水磨石、剁斧石)等装饰设计的结构,应在浇筑混凝土时采用表面平整的模板,拆模后按设计要求的装饰类别进行装饰。

5. 模板拆除

模板的拆除期限应根据结构物特点、模板部位和混凝土所达到的强度来决定。非承重侧模板应在混凝土强度能保证其表面及棱角不致因拆模而受损坏时方可拆除,一般应在混凝土抗压强度达到 2.5MPa 时方可拆除侧模板。侧模拆除的具体时间可参考表 4-12。

侧模拆除时限　　　　表 4-12

水泥品种	混凝土强度等级	混凝土平均硬化温度(℃)					
		5	10	15	20	25	30
		混凝土强度达到 2.5MPa 所需天数(d)					
普通水泥	C10	5	4	3	2	1.5	1
	C15	4.5	3	2.5	2	1.5	1
	≥C20	3	2.5	2	1.5	1	1
矿渣水泥火山灰质水泥	C10	8	6	4.5	3.5	2.5	2
	C15	6	4.5	3.5	2.5	2	1.5

承重模板,应在混凝土强度能承受其自重力及其他可能的叠加荷载时,方可拆除。如设计上对拆除承重模板另有规定,应按照设计规定执行。

模板拆除时应按设计的顺序进行,设计无规定时,应遵循先支后拆,后支先拆的顺序,拆时严禁抛扔。卸落支架应按拟定的卸落程序进行,分几个循环卸完,卸落量开始宜小,以后逐渐增大。在纵向应对称均衡卸落,在横向应同时一起卸落。拆除模板,卸落支架时,不允许用猛烈的敲打和强扭等方法进行。模板和支架拆除后,应维修整理,分类妥善存放。

思考题

1. 试述薄壁式挡土墙的结构特点。
2. 试述薄壁式挡土墙的基本构造。
3. 确定薄壁式挡土墙墙底板宽度时应考虑哪些因素?并试述其确定方法。
4. 试述扶壁式挡土墙立壁的作用荷载和内力计算模型。
5. 试述影响薄壁式挡土墙应用的因素。
6. 试述薄壁式挡土墙施工要点。

第五章 加筋土挡土墙

第一节 概 述

加筋土挡土墙是利用加筋土技术修建的一种支挡构造物,加筋土是一种在土中加入拉筋的复合土,它利用拉筋与土之间的摩擦作用,改善土体的变形条件和提高土体的工程性能,从而达到稳定土体的目的。加筋土挡土墙由填料、在填料中布置的拉筋以及墙面板三部分组成,其基本结构如图 5-1 所示。

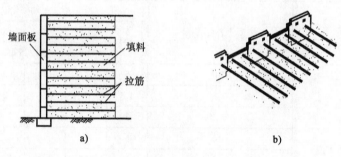

图 5-1 加筋土挡土墙基本结构

加筋土挡土墙一般应用于地形较为平坦且宽敞的填方路段上,在挖方路段或地形陡峭的山坡,由于不利于布置拉筋,一般不宜使用。当加筋土挡土墙用于高速公路和一级公路时,墙高不宜大于 12m;用于二级及二级以下公路时,墙高不宜大于 20m。岩石地基上或地基经处理后,可采用较高的墙身。当采用多级墙时,每级墙高不宜大于 10~12m。

常见的加筋土挡土墙形式有以下几种:

(1)单面式加筋土挡土墙。

(2)双面式加筋土挡土墙,双面式中又分为分离式、交错式以及对拉式加筋土挡土墙,如图 5-2 所示。

(3)台阶式加筋土挡土墙,如图 5-3 所示。

(4)无面板加筋墙。

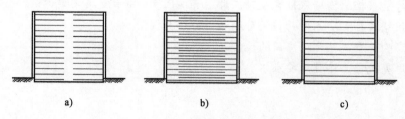

图 5-2 双面式加筋土挡土墙
a)分离式;b)交错式;c)对拉式

按拉筋的形式可分为条带式加筋土挡土墙,即拉筋为条带式,每一层不满铺拉筋;蓆垫式土工合成材料加筋挡土墙,即每一层连续满铺土工格网或土工蓆垫拉筋。目前,我国主要采用条带式有面板的加筋土挡土墙。

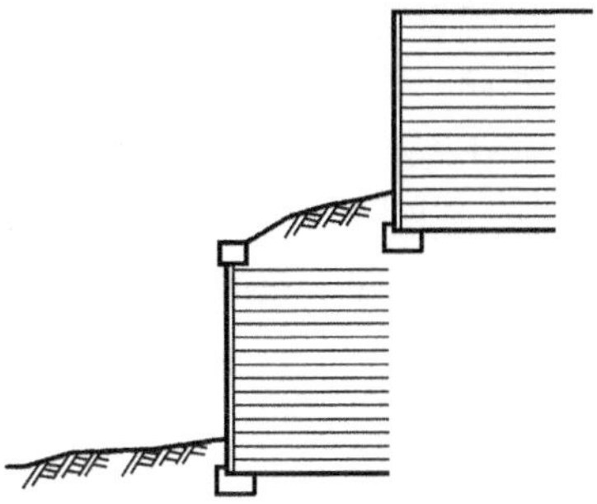

加筋土挡土墙能得到迅速发展和广泛应用是由于它具有以下的特点:

(1)组成加筋土的墙面板和拉筋可以预先制作,在现场用机械(或人工)分层填筑。这种装配式的方法,施工简便、快速,并且节省劳力和缩短工期。

图5-3 台阶式加筋土挡土墙

(2)加筋土是柔性结构物,能够适应地基轻微的变形。在软弱地基上修筑时,由于拉筋在填筑过程中逐层埋设,所以,因填土引起的地基变形对加筋土挡土墙的稳定性影响较对其他结构物小,地基的处理也较简便。

(3)加筋土挡土墙具有一定的柔性,抗振动性强,因此,它也是一种很好的抗震结构物。

(4)加筋土挡土墙占地面积小,造型美观。由于墙面板可以垂直砌筑,可减少占地。挡土墙的总体布设和墙面板的形式图案可根据周围环境特点和需要进行设计。

(5)加筋土挡土墙造价比较低。与钢筋混凝土挡土墙相比,可减少造价一半左右;与石砌重力式挡土墙比较,也可节约20%以上。而且,加筋土挡土墙造价的节省随墙高的增加而愈加显著。因此它具有良好的经济效益。

第二节 加筋土的基本原理

土质砂在自重或外力作用下易产生严重的变形或坍塌。若在土中沿应变方向埋置具有挠性的拉筋材料,则土与拉筋材料产生摩擦,使加筋土犹如具有某种程度的黏聚性,从而改良了土的力学特性。其基本原理存在于拉筋与土之间的相互摩阻连接之中,这些基本原理一般可以归纳为两点予以解释:摩擦加筋原理和准黏聚力原理(或莫尔—库仑理论)。

一、摩擦加筋理论

在加筋土结构中,由填土自重和外力产生的土压力作用于墙面板,通过墙面板上的拉筋连接件将此土压力传递给拉筋,企图将拉筋从土中拉出。而拉筋材料又被土压住,于是填土与拉筋之间的摩擦力阻止拉筋被拔出。因此,只要拉筋材料具有足够的强度,并与土颗粒产生足够的摩擦阻力,则加筋的土体就可保持稳定。

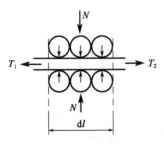

图5-4 摩擦加筋原理

为了分析拉筋与填土之间的摩擦作用,现从加筋体中取一微分段 dl 进行分析,如图5-4 所示。

设由土的水平推力在该微分段拉筋中所引起的拉力为 $dT = T_1 - T_2$(假定拉力沿拉筋长度呈非均匀分布);垂直作用的土重和外荷载为竖向力 N;拉筋与土之间的摩擦因数为 f^*;拉筋宽度为 b;作用于长 dl 的拉筋条上下两面的垂直力为 $2Nbdl$,拉筋与土体之间的摩擦阻力即为 $2Nf^*bdl$,如果

$$2Nf^*bdl > dT \tag{5-1}$$

则拉筋与土之间就不会产生相互滑动。这时,拉筋与土之间好像直接相连似的发挥着作用。如果每一层拉筋均能满足上式的要求,则整个加筋土结构的内部抗拔稳定性就得到保证。

在加筋土结构物中拉筋常成水平状,相间、成层地铺设在需要加固的土体中。如果土体密实,拉筋布置的竖向间距较小,上下拉筋间的土体能因拉筋对土的法向反力和摩擦阻力在土颗粒中传递(即由拉筋直接接触的土颗粒传递给没有直接接触的土颗粒),而形成与土压力相平衡的承压拱,如图5-5a)所示,这时,在上、下筋条之间的土体,除端部的土不稳定外,将与拉筋形成一个稳定的整体。同理,如左右拉筋的间距不大,左右拉筋间的土体也能在侧向力的作用下,通过土拱作用,传递给上下拉筋间已形成的土拱,最后也由拉筋对土的摩擦阻力承受侧压力,于是,除端部的土体外,左右拉筋间的土体也将获得稳定。

加筋体的成拱条件十分复杂,特别是在拉筋间距较大而填土的颗粒细小,以及土的密实度不足的情况下,这时,在拉筋间土体较难形成稳定的土拱,拉筋间的土体将失去约束而出现坍落和侧向位移,如图5-5b)所示。所以,用作支挡结构物时,加筋土结构应在拉筋端部加设墙面板,用以支挡不稳定的土体,承受拉筋与土间的摩擦阻力未能克服的剩余土压力,并通过连接件传递给拉筋。

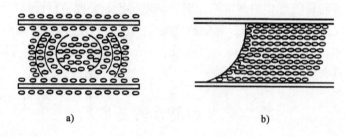

图5-5 拉筋间的承压拱作用

摩擦加筋理论由于概念明确、简单,因此,在高模量(如金属拉筋)加筋土结构中得到较广泛的应用。

二、准黏聚力理论

加筋土可以看作是各向异性的复合材料,通常采用的拉筋,其弹性模量远大于填土,在这种情况下,拉筋与填土的共同作用,包括填土的抗剪力、填土与拉筋的摩擦阻力及拉筋的抗拉力,使得加筋土的强度明显提高,这可从三轴试验中得到验证。

加筋土的基本应力状态如图5-6所示,在没有拉筋的土体中,在竖向应力 σ_1 的作用下,土体产生竖向压缩和侧向膨胀变形,随着竖向应力的加大,压缩变形和膨胀变形也随之加大,直到破坏。如果在土体中设置水平方向的拉筋,则在同样的竖向应力 σ_1 作用下,其侧向变形大大减小,甚至消失,如图5-6b)所示。由于水平拉筋与土体之间产生摩擦作用,将引起侧向膨胀的拉力传递给拉筋,使土体侧向变形受到约束。拉筋的约束力 σ_R 相当于在土体侧向施加一个侧压力 $\Delta\sigma_3$,其关系可用莫尔圆表示,如图5-7a)所示。莫尔圆Ⅰ为土体未破坏时的弹性应力状态;莫尔圆Ⅱ则是未加拉筋的土体极限应力状态;莫尔圆Ⅲ是加筋

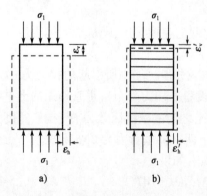

图5-6 加筋土的基本应力状态

土体的应力状态,土体中加入高弹性模量的拉筋后,拉筋对土体提供了一个约束阻力σ_R,使水平应力减小($\Delta\sigma_3 = \sigma_R$),即侧向压力减小,亦即在相同的轴向变形条件下,加筋土能承受较大的主应力差。这还可以通过常规三轴试验中的应力变化情况来表示,如图 5-7b)所示,图中莫尔圆Ⅳ为无筋土极限状态时的莫尔圆;莫尔圆Ⅵ为加筋土的莫尔圆,莫尔圆Ⅵ的σ_3与莫尔圆Ⅳ的相等,而能承受的压力则增加了$\Delta\sigma_1$;莫尔圆Ⅴ为加筋土中填土的极限莫尔圆,其最大主应力σ_1与莫尔圆Ⅵ的相等,而最小主应力却减少了$\Delta\sigma_3$。上述分析说明,加筋土体的强度有了增加,应有一条新的抗剪强度线来反映这种关系,如图 5-7c)所示。这已被试验所证实,如图 5-8 所示,图中加筋砂与未加筋砂的强度曲线几乎完全平行,说明φ值在加筋前后基本不变,加筋砂的力学性能的改善是由于新的复合土体(即加筋砂)具有"黏聚力"的缘故,"黏聚力"不是砂土固有的,而是加筋的结果,所以称为"准黏聚力"。

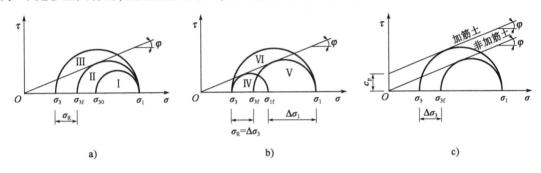

图 5-7 莫尔—库仑理论

准黏聚力 c 可根据莫尔—库仑定律求得,由图 5-7c)可知:

$$\sigma_1 = \sigma_{3f}\tan^2\left(45° + \frac{\varphi}{2}\right) = \left(\sigma_3 + \Delta\sigma_3\right)\tan^2\left(45° + \frac{\varphi}{2}\right) \tag{5-2}$$

加筋后,土体处于新的极限平衡状态,即:

$$\sigma_1 = \sigma_3\tan^2\left(45° + \frac{\varphi}{2}\right) + 2c\cdot\tan\left(45° + \frac{\varphi}{2}\right) \tag{5-3}$$

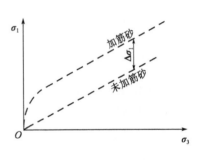

图 5-8 加筋砂与未加筋砂的强度曲线

比较式(5-2)与式(5-3)可得:

$$\Delta\sigma_3\tan^2\left(45° + \frac{\varphi}{2}\right) = 2c\tan\left(45° + \frac{\varphi}{2}\right) \tag{5-4}$$

因此,由于拉筋作用产生的"准黏聚力"为:

$$c_p = \frac{1}{2}\Delta\sigma_3\tan\left(45° + \frac{\varphi}{2}\right) \tag{5-5}$$

必须指出,上式是建立在拉筋不出现断裂和滑动,同时也不考虑拉筋受力作用后产生拉伸变形的条件下得出的。显然这只能适用于高抗拉强度和高模量的拉筋材料,如钢带、钢片和高强度高模量的加筋塑料带等。对于低模量、大延伸率的土工材料,因为它不能完全限制土体的侧向变形,所以对于这些材料的加筋作用机理,不考虑其变形的影响是不符合实际的。为了考虑拉筋的变形性质,取三轴试验中的试样楔体来作进一步的分析,如图 5-9 所示。图中,A 为试样的截面面积;θ 为破裂角,$\theta = \left(45° + \frac{\varphi}{2}\right)$;$\varphi$ 为土的内摩擦角;T 为与破裂面相交的各拉筋层的水平合力，σ_s 为拉筋的极限抗拉强度(kPa)。根据静力平衡条件：

$$T + \sigma_3 \tan\left(45° + \frac{\varphi}{2}\right) = \sigma_1 A / \tan\left(45° + \frac{\varphi}{2}\right) \tag{5-6}$$

而拉筋所能承受的水平合力为：

$$T = \frac{\sigma_3 A_s \cdot A \tan\left(45° + \frac{\varphi}{2}\right)}{S_x S_y} \tag{5-7}$$

式中：S_y——加筋土体中拉筋层垂直间距(m)；

S_x——加筋土体中拉筋层水平间距(m)；

A_s——拉筋的截面面积(m^2)。

将式(5-3)和式(5-7)代入式(5-6)，可得：

$$c_p = \frac{\sigma_s A_s \tan\left(45° + \frac{\varphi}{2}\right)}{2 S_x S_y} \tag{5-8}$$

式(5-8)求得的 c_p 便是由拉筋作用产生的"准黏聚力"。

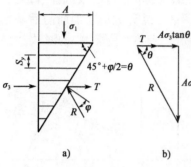

图5-9 加筋土楔体力系平衡图

第三节 加筋体材料与构造设计

加筋体是由填料、拉筋及墙面板组成，应根据具体条件与设计要求合理选用各组成部分的材料，并进行构件设计。

一、加筋体横断面

加筋体的横断面形式一般宜用矩形，如图5-10a)所示，即拉筋长度在加筋体内均相同，这种断面形式是根据最小拉筋长度的要求提出来的，试验表明，拉筋长度不宜小于3m，否则拉筋有被拔出的可能，这是因为加筋体中埋设的拉筋不会沿其全长发挥出全部摩擦阻力，在墙面板附近因不能使用重型机械碾压，填土处于未被充分压实的状态。因此，当理论计算与分析所需拉筋长度不足 3m 时，一般仍应取 3m，且不小于 0.4H（H 为墙高）。

斜坡地段，由于地形条件限制可采用倒梯形断面，如图5-10b)所示，即拉筋长度随填土深度的增加而减短，这种断面形式符合库仑破裂面的状态。

在宽敞的填方地段，可用正梯形断面，如图5-10c)所示，即拉筋的长度随填土深度的增加而加长。这种断面是根据传统的重力式挡土墙的断面形式提出来的，视加筋体为俯斜式挡土墙。

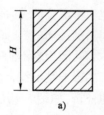
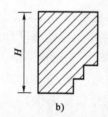
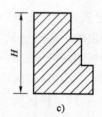

图5-10 加筋体横断面形式

当加筋土挡土墙高度大于10～12m时,应分级修建,墙高的中部宜设置宽度不应小于2.0m的错台。台面用厚度不小于15cm的C15混凝土板防护并设向外倾斜2%的排水横坡。当采用细粒土填料时,上级墙的墙面板基础宜设置宽度不小于1.0m、高度不应小于50cm的砂砾或石灰土人工地基(垫层),如图5-11所示。当加筋挡土墙墙高大于20m时,应进行特殊设计。

二、填料

填料是加筋体的主体材料,由它与拉筋产生摩擦阻力。其基本要求是:
(1)易于填筑与压实。
(2)能与拉筋产生足够的摩擦阻力。
(3)满足化学和电化学标准。
(4)水稳定性好。

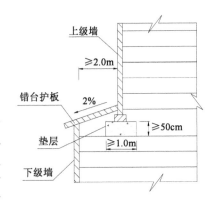

图5-11 设错台的加筋土挡土墙

为使拉筋与填料之间能发挥较大的摩擦阻力,以确保结构的稳定,通常填料优先选择具有一定级配、透水性好的砂类土、碎(砾)石类土。粗粒料中不得含有尖锐的棱角,以免在压实过程中压坏拉筋。当采用黄土、红黏土及工业废渣时应做好防水、排水设施并确保压实质量等。从压实的需求出发,粒径 $D = 60 \sim 200 mm$ 的卵石含量不宜大于30%,最大粒径不宜超过200mm。

填料的化学和电化学标准,主要为保证拉筋的长期使用品质和填料本身的稳定,加筋体内严禁使用泥炭、淤泥、腐殖土、冻土、盐渍土、白垩土、硅藻土及生活垃圾等,填料中不应含有大量有机物。采用钢带时,填料中的化学和电化学标准应满足表5-1的规定;采用聚丙烯土工带的填料,不宜含有二阶以上的铜、镁、铁离子及氯化钙、碳酸钠、硫化物等化学物质,因为它们会加速聚丙烯土工带的老化和溶解。

填料的化学和电化学标准　　　　　　表5-1

项　目	电阻率 (Ω/cm)	氯离子 $[m \cdot e/(100g 土)]$	硫酸根离子 $[m \cdot e/(100g 土)]$	pH值
无水工程	>1 000	≤5.6	≤21.0	5～10
淡水工程	>1 000	≤2.8	≤10.5	5～10

注:每毫克当量(m·e)氯离子为0.0355g;每毫克当量(m·e)硫酸根离子为0.048g。

三、拉筋

拉筋(又称筋带)的作用是通过拉筋与填料之间的摩擦作用,承受垂直荷载和水平拉力,从而使加筋体稳定。因此,拉筋材料必须具有以下特性:
(1)抗拉能力强,延伸率小,蠕变小,不易产生脆性破坏。
(2)与填料之间具有足够的摩擦阻力。
(3)耐腐蚀和耐久性能好。
(4)具有一定的柔性,加工容易,接长及与墙面板连接简单,牢固可靠。
(5)使用寿命长,施工简便。

拉筋在土中随着时间推移,有锈蚀或老化的可能,这时墙面板抵抗外力的能力减弱。挡土墙的稳定主要靠土体本身的自立作用,因此,不宜在急流、波浪冲击及高陡山坡地段使用加筋土挡土墙。必须设置时,水位以下部分的墙体应采用其他措施,如重力式挡土墙或浆砌片石防护等。

拉筋为带状,国内以采用聚丙烯土工带、钢塑复合带和钢筋混凝土带为主,对于高速公路和一级公路,应采用钢带和钢筋混凝土筋带,国外广泛使用镀锌钢带。

以下介绍常用的钢带、钢筋混凝土带、聚丙烯土工带和钢塑复合带。

1. 钢带

钢带一般用软钢轧制,分光面带和有肋带两种。对于有肋钢带,如图 5-12 所示,带上设置横肋以增加摩擦阻力。钢带的横断面为扁矩形,宽度不小于30mm,厚度不小于3mm。

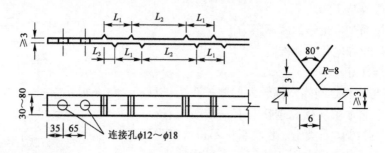

图 5-12 有肋钢带(尺寸单位:mm)

钢带防锈所涉及的因素较多,除表面采取镀锌防锈措施外,还应注意填料中的水及水中的化学物质,并考虑不同设计年限的锈蚀厚度,如表 5-2 所示。

钢带锈蚀厚度(单位:mm)   表 5-2

最短使用期 工程类别	拉筋性质	临时工程 (5 年)		长期工程 (30 年)		永久性工程			
						(70 年)		(100 年)	
		A	Az	A	Az	A	Az	A	Az
无水工程		0.5	0	1.5	0.5	3.0	1.0	4.0	1.5
淡水工程		0.5	0	2.0	1.0	4.0	1.5	5.0	2.0
海边工程		1.0	0	3.0		5.0		7.0	
特殊腐蚀地区工程		根据具体情况确定							

注:1. 本表引自"法国道路和桥梁中心试验室"规定。
2. A 为非镀锌钢带,Az 为镀锌钢带。
3. 30~70 年、70~100 年之间的锈蚀值可按内插法确定,当不足 0.1mm 时,按 0.1mm 计。

2. 钢筋混凝土带

钢筋混凝土带表面粗糙,与填料之间的摩擦阻力较大,加之筋带宽,所以拉筋长度较短,而且造价低。

钢筋混凝土带一般分节预制,每节长度不宜大于 2m,做成串联状。平面为长条矩形或宽度变化的楔形,横断面为扁矩形,如图 5-13 所示,带宽 10~25cm,厚度 6~10cm。在满足强度要求的前提下,宜采用宽而薄的扁楔形断面带为好,以增大拉筋与填料之间的摩擦力。

混凝土强度不应低于 C20,主筋可选用 HPB235、HPB300 热轧光圆钢筋,直径不应小于 8mm。为防止或减少混凝土被压裂,往往在混凝土内布设钢丝网。筋带的接长多用焊接,也可用螺栓连接,外露钢筋表面采用沥青纤维布处理,以减缓锈蚀。

3. 聚丙烯土工带

聚丙烯土工带是一种低模量、高蠕变材料，其抗拉强度受蠕变控制。

聚丙烯土工带由专业工厂定型生产，表面应有均匀的粗糙压纹，宽度均匀一致，带宽应大于18mm，厚度应大于0.8mm。由于各地产品性质差异较大，应通过试验，确定断裂强度和伸长率，断裂强度（在25℃±2℃的恒温下4h，以标距10cm，拉伸速度100mm/min测定）不应小于220MPa，断裂伸长率不宜大于10%，容许应力采用值应小于断裂强度的1/5。在含有硬质尖棱的碎石土中不得使用聚丙烯土工带以免筋带被割断。

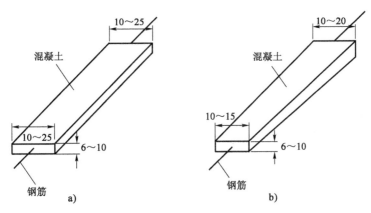

图5-13　钢筋混凝土拉筋（尺寸单位：cm）
a）矩形带；b）楔形带

4. 钢塑复合带

钢塑复合带采用高强钢丝和添加抗老化剂的塑料复合而成，它集刚性和柔性筋带的优点，即强度高、变形小、耐腐蚀性好、使用寿命长、造价低。由于其制作加工简单，接长以及与墙面板连接方便，故施工较为简便，应用较广泛。一般钢塑复合带宽度应大于30mm，厚度应大于1.5mm，断裂伸长率不应大于2%，表面有粗糙花纹。抗拉力由钢丝承担，塑料对钢丝起防腐作用，设计强度应考虑接头处或破损处的钢丝锈蚀的影响而折减。

另外，拉筋还可使用土工织物、钢筋格带等，并根据要求和使用经验设计。

在满足抗拔稳定的前提下，采用的拉筋长度应符合下列规定：

（1）墙高大于3.0m时，拉筋最小长度宜大于0.8倍墙高，且不应小于5m；当采用不等长的拉筋时，同等长度拉筋的墙段高度，应大于3.0m；相邻不等长拉筋的长度差不宜小于1.0m。

（2）墙高小于3.0m时，拉筋长度不应小于3.0m，且应采用等长拉筋。

四、墙面板

墙面板的作用是防止填料侧向挤出、传递土压力以及便于拉筋固定布设，并保证填料、拉筋和墙面构成具有一定形状的整体。墙面板不仅要有一定的强度以保证拉筋端部土体的稳定；而且要求具有足够的刚度，以抵抗预期的冲击和震动作用；还应具有足够的柔性，以适应加筋体在荷载作用下产生的容许沉降所带来的变形。因此，墙面板设计应满足坚固、美观以及运输与安装方便等要求。

国内常用混凝土或钢筋混凝土墙面板，国外亦有采用金属墙面板。混凝土或钢筋混凝土墙面板的类型有十字形、槽形、六角形、L形、矩形和弧形等（表5-3），各种形式墙面板的参考尺寸亦列于表5-3之中。

墙面板尺寸表 表5-3

类 型	简 图	高度(cm)	宽度(cm)	厚度(cm)	备 注
十字形		50~150	50~150	8~25	
槽形		30~75	100~200	14~20	槽形面板和翼缘厚度不应小于5cm; L形面板下缘宽度一般为20~25cm,厚度为8~12cm
六角形		60~120	70~180	8~25	
L形		30~50	100~200	8~12	
矩形		50~100	100~200	8~25	
弧形		50~100	100~200	8~15	

除上述标准形状墙面板外,为适应顶部和角隅处的构造要求,尚需设计异形墙面板和角隅板,如图5-14和图5-15所示。

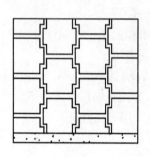

图5-14 墙面板组合及异形板

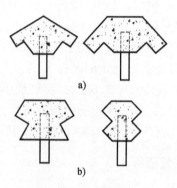

图5-15 角隅板
a)凸部时用;b)凹部时用

墙面板混凝土强度不宜低于C20,板厚不应小于8cm。计算墙面板厚度时,假定每块板单独受力,土压力均匀分布,并由拉筋平均承担,即将墙面板视为均布荷载作用下的简支板,沿竖直方向和水平方向分别计算在土压力作用下,墙面板内力,并按下式估算厚度:

$$t = \sqrt{\frac{60M_{\max}}{K[\sigma_{\mathrm{WL}}]a}} \tag{5-9}$$

式中：t——墙面板厚度(m)；

M_{max}——计算断面内的最大弯矩(kN·m)，按简支梁或悬臂梁求得，当按悬臂梁计算时：

$$M_{max} = \frac{1}{8}q_i S_x^2 \qquad (5\text{-}10)$$

$$q_i = \frac{0.75T_i}{S_x S_y} \qquad (5\text{-}11)$$

q_i——深度 h_i 处的土压应力(kPa)；

T_i——深度 h_i 处的拉筋拉力(kN)，$0.75T_i$ 为墙面板处的拉筋拉力(详见拉筋拉力计算)；

S_x——拉筋的水平间距(m)；

S_y——拉筋的垂直间距(m)；

$[\sigma_{WL}]$——混凝土的容许弯拉应力(MPa)；

K——材料容许应力提高系数；

a——计算断面宽度(m)。

当挡土墙较高时，墙面板厚度可按不同高度分段设计，但分段不宜过多。

墙面板与拉筋间的连接必须坚固可靠，通常采用连接构件来实现，对于十字形、六角形或矩形等厚度墙面板，当采用钢带或钢筋混凝土带时，连接构件可以采用预埋钢板，外露部分预留12~18mm的连接孔，预埋钢板厚度不应小于3mm。当采用聚丙烯土工带时，可以在墙面板内预埋钢环。槽形、L形墙面板可在肋部预留穿筋孔，以便与聚丙烯土工带相连接，钢环采用直径不小于10mm的HPB235钢筋作成。露在混凝土外部的钢环和钢板应做防锈处理，与聚丙烯土工带接触面处应加以隔离，可用涂刷聚氨酯或两层沥青两层布作为防锈和隔离措施。墙面板四周应设企口和相互连接装置，当采用钢筋插销连接时，插销直径不应小于10mm。

金属墙面板由软钢或镀锌钢制作，每块板的高度一般为250mm或333mm，厚度为3~5mm，长度为3m、6m和10m多种，断面多为半椭圆形。为适应地形和构造要求，同样也会有非标准形构件和转角处的异形板。

第四节　内部稳定性分析

一、加筋土挡土墙内部失稳形式

加筋土挡土墙内部稳定性受诸多因素的影响，如拉筋的数量、断面尺寸、强度、间距、长度，以及作用在墙面板上的土压力、填土的性质等，而且上述诸因素又是相互影响的。与加筋土挡土墙内部稳定性有关的破坏形式(图5-16)有以下两种：

(1)由于拉筋断裂造成的加筋体破坏，如图5-16a)所示。

拉筋断裂造成的加筋体破坏，起因于拉筋强度不足。这种现象可能来源于拉筋或锚接点钢筋、螺栓的尺寸不够或荷载过大。也可能是因受力区段拉筋腐蚀，造成抗力减退。试验结果表明断裂破坏渐渐地沿最大拉力线发展。

(2)由于拉筋与填土之间结合力不足造成的加筋体破坏，如图5-16b)所示。

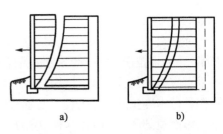

图5-16　加筋土挡土墙内部失稳形式

当拉筋与填土之间的摩擦力不足以平衡施加于拉筋的拉力时,就会因结合力不足而造成破坏。此时拉筋与填土相对滑动,加筋体出现严重变形,直至破坏。

内部稳定性主要用拉筋在拉力作用下的抗拉能力和抗拔能力来衡量。因为这两个方面能概括反映各因素对内部稳定性的影响。

加筋土挡土墙内部稳定性分析方法很多,大多采用库仑和朗金理论。目前设计中用得较多的是应力分析法和楔体平衡分析法。另外,还有滑裂楔体法、能量法、剪区法和有限元法等。

应力分析法与楔体平衡分析法共同的特点是:将加筋体本身分为活动区和稳定区。活动区的加筋体试图将拉筋材料从稳定区拔出;而稳定区的加筋体则力图阻止拔出。如果阻止的力不足以抵挡拔出的力,则加筋体产生拔出破坏。破裂面就是两区的交界面。

这两种方法的主要区别在于:破裂面形状;墙面的转动中心;作用在加筋体内的土压力三方面,这些区别如图 5-17 所示。

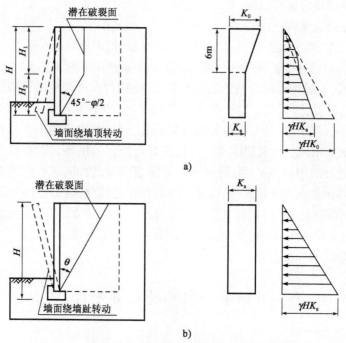

图 5-17 两种方法的主要区别
a)应力分析法;b)楔体平衡分析法

用楔体平衡分析法计算时,作用于墙面板上的侧向压力为主动土压力,主动土压力系数 K_a 沿墙高不变,墙面绕墙趾转动使得挡土墙破坏,且为朗金—库仑破裂面,如图 5-17b)所示。应力分析法认为在某一深度(一般为 6m)以下处于主动极限平衡状态,而且墙顶一般处于弹性平衡状态,并随墙深逐渐变化到主动极限平衡状态,其破坏主要是由于绕墙顶旋转的侧向变形引起的,如图 5-17a)所示。

内部稳定性分析方法的选择应根据拉筋的密度、性质以及施工方法等方面来考虑。若用高模量、高黏附拉筋(如钢带或钢筋混凝土带),按正常方法布置拉筋时,则宜采用应力分析法中的垂直应力均匀分布法,该法计算简便、用筋量较少,且为大量的已建工程所验证。对于采用高模量低密度拉筋或用低模量拉筋(如塑料带),则宜采用楔体平衡分析法,因为,此时加筋土结构墙面顶部产生$(0.001 \sim 0.005)H$(H 为加筋体高度)的水平位移的可能性是存在的。同时在结构变形容许条件下,可提高低模量拉筋的强度利用率。

二、应力分析法

应力分析法是以朗金理论为基础,视加筋土为复合材料。其基本原理是根据作用在填土中最大拉应力点上的应力来计算拉筋的最大拉力。在最大拉力点处剪应力等于零,仅存在竖向应力和水平应力,而水平应力则由拉筋所平衡。

1. 基本假定

(1) 在荷载作用下,加筋体沿着拉筋最大拉力点的连线产生破坏,因此加筋体被拉筋最大拉力点的连线[图 5-18b)]分为活动区和稳定区[采用的简化破裂面如图 5-18a)所示],拉筋在墙面处的拉力为拉筋最大拉力的 0.75 倍。

(2) 加筋体中的应力状态,在挡土墙顶部为静止状态,随深度逐步向主动应力状态变动,深度到 6m 以下便为主动应力状态。

(3) 只有稳定区内的拉筋与填土的相互作用才能产生抗拔阻力。

2. 拉筋拉力计算

(1) 加筋体自重产生的拉力

根据应力分析法的基本原理和基本假定,加筋体内任一深度 h_i 处的水平应力由拉筋来局部地平衡(图 5-19),因而,加筋体自重对第 i 层拉筋所产生的拉力 T_{hi} 为:

$$T_{hi} = \sigma_{vi} K_i S_x S_y \tag{5-12}$$

式中:σ_{vi}——第 i 层拉筋处的竖向应力(kPa);

K_i——第 i 层拉筋处的土压力系数;

S_x、S_y——拉筋水平方向、垂直方向的计算间距(m)。

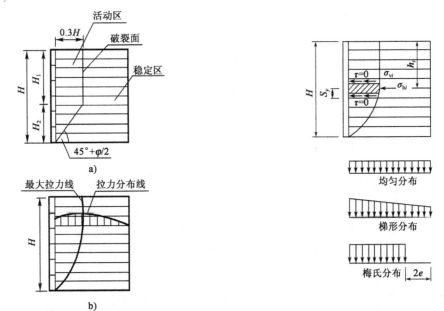

图 5-18 应力分析法计算图式　　图 5-19 应力分析法拉筋拉力计算图式

由基本假定可知,加筋体中的应力状态,在挡土墙顶部接近静止应力状态,并随深度加深逐渐向主动应力状态变化,靠近挡土墙底部则接近主动应力状态,如图 5-17a)所示。因此,土压力系数 K_i 可按下式计算:

$$K_i = K_0(1 - \frac{h_i}{6}) + K_a \frac{h_i}{6}(h_i < 6\text{m})$$
$$K_i = K_a(h_i \geq 6\text{m})$$
(5-13)

式中：K_0——静止土压力系数，如式(2-4)所示；

K_a——朗金主动土压力系数，如式(2-10)所示。

由于加筋体后填土土压力的作用，使得各层拉筋偏心受力。作用于拉筋上的竖向应力 σ_v 可按均匀分布、梯形分布和梅耶霍夫(Meyerhof)分布计算，如图5-19所示。

①均匀分布

均匀分布认为加筋体后填土的土压力对加筋体内部的竖向应力 σ_v 不产生影响，即：

$$\sigma_{vi} = \gamma_1 h_i \tag{5-14}$$

因此，拉筋拉力为：

$$T_{hi} = \gamma_1 h_i K_i S_x S_y \tag{5-15}$$

②梯形分布

梯形分布认为加筋体后填土的土压力对计算截面产生弯矩，使得拉筋偏心受力，因而竖向应力和拉筋拉力分别为：

$$\sigma_{vi} = \gamma_1 h_i \left(1 + K_i \frac{h_i^2}{L_i^2}\right) \tag{5-16}$$

$$T_{hi} = \gamma_1 h_i \left(1 + K_i \frac{h_i^2}{L_i^2}\right) K_i S_x S_y \tag{5-17}$$

③梅耶霍夫分布

当考虑加筋体后填土土压力的影响时，用 $L-2e$（e 为作用于拉筋上的合力偏心距）代替拉筋长度 L，假定在 $L-2e$ 的长度上竖向应力为均匀分布，则有：

$$\sigma_{vi} = \frac{\gamma_1 h_i}{1 - \frac{K_i}{3} \frac{h_i^2}{L_i^2}} \tag{5-18}$$

$$T_{hi} = \frac{\gamma_1 h_i}{1 - \frac{K_i}{3} \frac{h_i^2}{L_i^2}} K_i S_x S_y \tag{5-19}$$

式中：γ_1——加筋体内填土的重度(kN/m^3)；

h_i——自加筋体顶面至第 i 层拉筋的高度(m)；

L_i——第 i 层拉筋的长度(m)。

目前大多采用均匀分布法，我国《公路路基设计规范》(JTG D30—2004)和《公路路基施工技术规范》(JTG F10—2006)采用的也是均匀分布法。因此，下面关于加筋体上荷载(路堤填土、车辆荷载)引起的附加拉力和内部稳定性均按竖向应力均匀分布进行计算分析。

(2)加筋体上路堤填土产生的拉力

加筋体上路堤填土的计算分界面为通过加筋体墙面顶部的水平面，该面以上填土自重属加筋体上填土重力。由于拉筋拉力按竖向应力均匀分布计算，加筋体上的路堤填土重量需换算为假想的均布连续荷载。其等代均布土层厚度 h_F 为距墙面板背面1/2加筋体高度的水平距离处的加筋体上填土高度(图5-20)，即：

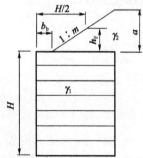

图5-20 路堤式挡土墙填土等代土层厚度计算

$$\left.\begin{array}{ll} h_F = \dfrac{1}{m}\left(\dfrac{H}{2} - b_b\right) & (h_F < a) \\ h_F = a & (h_F \geqslant a) \end{array}\right\} \quad (5\text{-}20)$$

式中：a——加筋体上路堤填土高度（m）；
m——加筋体上路堤边坡的坡率。

在外部稳定性分析时，加筋体上填土重量按几何尺寸计算。

因此，加筋体上路堤填土对第 i 层拉筋产生的拉力 T_{Fi} 为：

$$T_{Fi} = \gamma_2 h_F K_i S_x S_y \quad (5\text{-}21)$$

式中：γ_2——路堤填土的重度（kN/m^3）。

（3）车辆荷载产生的拉力

车辆荷载对拉筋产生的拉力可近似地以均布土层进行计算，等代均布土层的厚度 h_0 按式（2-65）计算。

车辆荷载换算成等代均布土层后，考虑到这种荷载影响将会随深度增加而减小，因此，路堤式挡土墙采用 1:0.5 向下扩散来传递荷载（图 5-21）。在深度 h_i 处，拉筋承受的拉力 T_{ai} 为：

$$T_{ai} = \sigma_{ai} K_i S_x S_y \quad (5\text{-}22)$$

$$\left.\begin{array}{ll} \sigma_{ai} = \gamma_1 h_0 \dfrac{B_0}{B_i} & (l_{oi} > l_{ci}) \\ \sigma_{ai} = 0 & (l_{oi} \leqslant l_{ci}) \end{array}\right\} \quad (5\text{-}23)$$

式中：σ_{ai}——在车辆荷载作用下，加筋体内深度 h_i 处的竖向应力（kPa）；
h_0——均布土层厚度（m）；
l_{oi}——第 i 层拉筋的活动区长度（m）；
l_{ci}——第 i 层拉筋墙面板背面至均布土层扩散线外侧的距离（m）；
B_0——车辆荷载布置宽度（m），取路基全宽；
B_i——均布土层扩散至第 i 层筋带处的分布宽度（m）。

$$\left.\begin{array}{ll} B_i = B_0 + a + h_i & (h_i + a \leqslant 2b) \\ B_i = B_0 + b + \dfrac{(a + h_i)}{2} & (h_i + a > 2b) \end{array}\right\} \quad (5\text{-}24)$$

式（5-23）表明，当车辆荷载等代土层未扩散至活动区（$l_{oi} \leqslant l_{ci}$）时，如图 5-21b）所示，不考虑车辆荷载引起的附加拉力 T_{ai}。

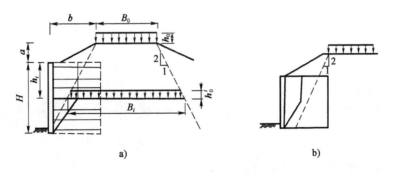

图 5-21　荷载传递及影响范围

对于路肩式挡土墙,不考虑车辆荷载的扩散作用。因此,车辆荷载引起的附加拉力 T_{ai} 为:

$$T_{ai} = \sigma_{ai} K_i S_x S_y = \gamma_1 h_0 K_i S_x S_y \tag{5-25}$$

(4)拉筋拉力

第 i 层拉筋总的拉力 T_i 按下式计算(竖向应力均匀分布)。

路堤式挡土墙　　　$T_i = T_{hi} + T_{Fi} + T_{ai} = (\gamma_1 h_i + \gamma_2 h_F + \sigma_{ai}) K_i S_x S_y$ 　　(5-26)

路肩式挡土墙　　　$T_i = T_{hi} + T_{ai} = \gamma_1 (h_i + h_0) K_i S_x S_y$ 　　(5-27)

3. 拉筋断面计算与抗拉稳定性验算

根据不同深度处拉筋所承受的最大拉力计算拉筋断面。当采用扁钢带并用螺栓连接时还应验算螺栓连接处的截面强度(该截面受到固定螺栓孔的削弱)和螺栓的抗剪强度。

(1)容许应力法

①拉筋断面计算

第 i 层拉筋截面面积根据拉筋拉力和拉筋强度确定,即:

$$A_i = \frac{T_i \times 10^3}{\eta [\sigma_t]} \tag{5-28}$$

式中:A_i——第 i 层拉筋的有效截面面积(mm²);
　　　η——拉筋容许应力提高系数,如表 5-4 所示;
　　　$[\sigma_t]$——拉筋容许拉应力(MPa)。

容许拉应力提高系数　　　　表 5-4

拉筋类别 荷载组合	钢带、钢筋混凝土带	聚丙烯土工带
组合Ⅰ	1.00	1.00
组合Ⅱ	1.25	1.30
组合Ⅲ	1.50	2.00

对于扁钢带,有效截面面积为扣除预留腐蚀厚度并扣除螺栓孔后的计算净截面面积;而对于钢筋混凝土带,不计混凝土的抗拉强度,钢筋有效截面面积为扣除钢筋直径预留腐蚀量后的主钢筋截面面积的总和。

也可按拉筋拉力和容许拉应力进行拉筋抗拉稳定性验算,抗拉稳定性用 K_r 表示,即:

$$K_{ri} = \frac{\eta [\sigma_t] A_i}{T_i \times 10^3} \tag{5-29}$$

式中:K_{ri}——第 i 层拉筋抗拉稳定系数,$K_{ri} \geq 1$。

②螺栓连接处拉筋强度验算

除去螺栓孔后,拉筋截面的容许拉力应大于或等于该层拉筋所承受的拉力,即:

$$T_i \leq \eta [\sigma_t] [b_i - n'(d + d')](t - c) \times 10^3 \tag{5-30}$$

式中:b_i——第 i 层拉筋总宽度(mm);
　　　n'——拉筋横截面内螺栓数;

$(d+d')$——安装螺栓的直径(mm)加上钻孔误差 d',取 $d'=3$mm;

t——拉筋的厚度(mm);

c——拉筋的预留锈蚀厚度(mm)。

③连接螺栓抗剪强度验算

安装螺栓承受的剪应力 τ_i 应小于或等于螺栓的容许剪应力,即:

$$\tau_i = \frac{T_i \times 10^3}{n'A_e} \leq [\tau_a] \tag{5-31}$$

式中:A_e——螺栓的螺纹部有效截面面积(mm^2);

$[\tau_a]$——螺栓的容许剪应力(MPa)。

(2)极限状态法

用极限状态法验算时,拉筋抗拉稳定性应满足下式要求:

$$\gamma_0 \gamma_{Q1} T_i \leq \frac{A_i f_k \times 10^{-3}}{\gamma_f \gamma_{R2}} \tag{5-32}$$

式中:γ_0——结构重要性系数;

γ_{Q1}——土压力分项系数;

f_k——拉筋材料强度标准值(MPa);

γ_f——拉筋材料抗拉性能的分项系数,取 1.25;

γ_{R2}——拉筋材料抗拉计算调节系数,如表 5-5 所示。

拉筋强度标准值及抗拉计算调节系数　　　　　　　　　　表 5-5

材料类型	f_k(MPa)	γ_{R2}
Q235 扁钢带	240	1.0
HPB235 钢筋混凝土带	240	1.05
钢塑复合带	试验断裂拉力	1.55~2.0
聚丙烯土工带	试验断裂拉力	2.7~3.4
土工格栅	试验断裂拉力	1.8~2.5

注:1. 土工合成材料带的 γ_{R2},在施工条件差、材料蠕变大时,取大值;材料蠕变小或施工荷载验算时,可取较小值。

2. 当为钢筋混凝土带时,受拉钢筋的含筋率应小于 2.0%。

3. 试验断裂拉力相应延伸率不得大于 10%。

4. 拉筋抗拔稳定性验算与拉筋长度计算

拉筋抗拔稳定性主要是验算拉筋与填土之间产生的摩擦阻力是否足以抵抗土体产生的拉拔力。

(1)容许应力法

拉筋抗拔稳定性用抗拔稳定系数 K_f 表示,定义为拉筋所具有的抗拔力(不计车辆荷载的影响)S_i 与它所受到的拉拔力(即拉筋拉力)T_i 之比值,即:

$$K_{fi} = \frac{S_i}{T_i} \tag{5-33}$$

抗拔力与拉筋填土之间的摩擦阻力、拉筋长度及破裂面形状有关,只有稳定区内的拉筋长度(称有效锚固长度),才能提供抗拔力。模型试验和现场原型试验结果表明,破裂面形状如图 5-18b)所示,为简化计算,工程设计中一般采用 $0.3H$ 简化破裂面,如图 5-18a)所示。因此,拉筋抗拔力 S_i 为:

$$S_i = 2b_i(\gamma_1 h_i + \gamma_2 h_F)f^* l_{ei} \quad (5\text{-}34)$$

$$\left.\begin{array}{ll} l_{ei} = l_i - 0.3H & (0 < h_i \leq H_1) \\ l_{ei} = l_i - (H - h_i)\tan\left(45° - \dfrac{\varphi}{2}\right) & (H_1 < h_i \leq H) \end{array}\right\} \quad (5\text{-}35)$$

$$H_1 = H\left[1 - 0.3\tan\left(45° - \dfrac{\varphi}{2}\right)\right] \quad (5\text{-}36)$$

式中：f^*——拉筋与填土的似摩擦因数；

l_{ei}——第i层拉筋的有效锚固长度(m)；

l_i——拉筋长度(m)。

另外，还应验算全墙的总抗拔稳定性，其总抗拔稳定系数K_f为：

$$K_f = \dfrac{\sum S_i}{\sum T_i} \quad (5\text{-}37)$$

式中：$\sum S_i$——各层拉筋的抗拔力总和(kN)；

$\sum T_i$——各层拉筋的拉力总和(kN)。

全墙的总抗拔稳定系数不应小于2.0。

如果抗拔稳定性不足，则应根据设计工点的地形、地质、材料来源等采用增加拉筋长度，或增加拉筋数量，或改用内摩擦角较大的填料等措施来改善和提高抗拔力。

也可按拉筋拉力和容许抗拔稳定系数$[K_f]$计算第i层拉筋的有效锚固长度l_{ei}：

$$l_{ei} = \dfrac{[K_f]T_i}{2b_i(\gamma_1 h_i + \gamma_2 h_F)f^*} \quad (5\text{-}38)$$

则深度h_i处拉筋的总长度为：

$$l_i = l_{ei} + l_{oi} \quad (5\text{-}39)$$

$$\left.\begin{array}{ll} l_{oi} = 0.3H & (0 < h_i \leq H_1) \\ l_{oi} = (H - h_i)\tan\left(45° - \dfrac{\varphi}{2}\right) & (H_1 < h_i \leq H) \end{array}\right\} \quad (5\text{-}40)$$

式中：l_{oi}——第i层拉筋活动区长度(m)。

(2) 极限状态法

用极限状态法验算时，拉筋的抗拔稳定性应满足下式要求：

$$\dfrac{S_i}{\gamma_{R1}} - \gamma_0 \gamma_{Q1} T_i \geq 0 \quad (5\text{-}41)$$

式中：γ_{R1}——拉筋抗拔力计算调节系数，如表5-6所示。

拉筋抗拔力计算调节系数 表5-6

荷载组合	Ⅰ、Ⅱ	Ⅲ	施工荷载
γ_{R1}	1.4	1.3	1.2

三、楔体平衡分析法

楔体平衡分析法以库仑理论为基础，视加筋体为复合结构。认为填土和活载引起的土压力通过拉筋与墙面板的连接而传给拉筋，即拉筋承担的拉力是通过计算其分担的墙面板面积范围内所承受的土压力来决定的；加筋土挡土墙墙面修建过程中可以产生足够的侧向位移，从而使墙后土体达到主动土压力状态,拉筋与填土之间产生相对位移,使拉筋与填土之间发挥摩擦作用,于是加筋体内部达到平衡。

1. 基本假定

(1) 加筋体填料为非黏质土。

(2) 加筋体墙面顶部能产生足够的侧向位移,从而使墙面后土体达到主动极限平衡状态(即加筋体的墙面绕墙面板底端墙趾旋转),在加筋体内产生与垂直面成 θ 角的破裂面(即库仑破裂面),破裂面将加筋体分为活动区与稳定区,如图 5-22a)所示。

(3) 加筋体中形成的楔体相当于刚体,墙面板与填土之间的摩擦作用忽略不计。作用于墙面板上的侧向压力为库仑主动土压力,如图 5-22b)所示。

(4) 拉筋拉力随深度逐渐增大,如图 5-22c)所示。在拉筋长度方向上,自由端拉力为零,墙面处的拉力最大,其间呈线性变化。

(5) 稳定区内的拉筋与填土的相互作用产生抗拔阻力。

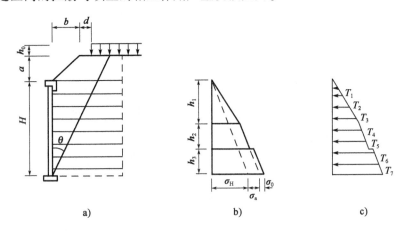

图 5-22 楔体平衡分析法计算图式(破裂面交于路基面荷载中部)

图中:$\sigma_0 = \gamma_1 h_0 K_a$, $\sigma_a = \gamma_2 a K_a$, $\sigma_H = \gamma_1 H K_a$

$$h_1 = \frac{b}{\tan\theta} - a, \quad h_2 = \frac{d}{\tan\theta}, \quad h_3 = H - h_1 - h_2$$

2. 拉筋拉力计算

根据上述基本假定,以库仑理论为基础,采用重力式挡土墙计算土压力的方法,按加筋体上填土表面的形态和车辆荷载的分布情况不同,并考虑到加筋土挡土墙通常墙背倾角 $\alpha = 0°$ 和墙背摩擦角 $\delta = 0°$ 的特点,加筋体上局部荷载(包括路堤填土)所产生的土压力在墙面板上的影响范围,近似地沿平行于破裂面的方向传递至墙背,由此绘制土压力分布图形(土压力分布图形的绘制方法详见第二章)。根据土压力分布图形推求出加筋土挡土墙沿墙高各层拉筋处的土压力,并由此确定各层拉筋所承受的拉力。因此,拉筋拉力即为作用于该层拉筋范围内的主动土压力,如图 5-22 所示,即:

$$T_i = \sigma_i S_x S_y \tag{5-42}$$

式中:σ_i——第 i 层拉筋处的土压应力(kPa)。

对于如图 5-22 所示的破裂面交于路基面荷载中部的路堤墙,不同深度 h_i 处的土压应力可根据土压力分布图求得:

$$\left.\begin{array}{ll} \sigma_i = \dfrac{h_i}{h_1}(h_i\gamma_1 + a\gamma_2)K_a & h_i \leq h_1 \\ \sigma_i = (h_i\gamma_1 + a\gamma_2)K_a & h_1 < h_i \leq h_1 + h_2 \\ \sigma_i = [(h_i + h_0)\gamma_1 + a\gamma_2]K_a & h_1 + h_2 < h_i \leq H \end{array}\right\} \quad (5\text{-}43)$$

式中：K_a——库仑主动压力系数。

3. 拉筋断面计算与抗拉稳定性验算

计算原理与方法同应力分析法，只是用楔体分析法求得的拉筋拉力 T_i 代入相应的公式。

4. 拉筋抗拔稳定性验算与拉筋长度计算

各层拉筋抗拔稳定性验算原理同应力分析法。但锚固长度 l_{ei} 为活动区（即破裂面）以后的长度，如图 5-23 所示。各层拉筋的抗拔力 S_i 按作用于该锚固长度范围内的垂直荷载的大小进行计算。

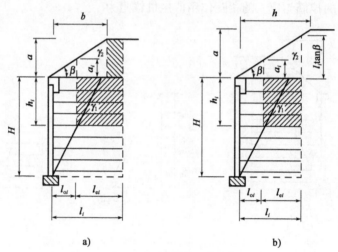

图 5-23 拉筋抗拔稳定性验算图式
a) $l_i > b$; b) $l_i \leq b$

(1) $l_i > b$ [图 5-23a)]

$$S_i = 2b_i f^* \left[\frac{1}{2}\gamma_2(a_i + a)(b - l_{oi}) + \gamma_2 a(l_i - b) + \gamma_1 l_{ei} h_i \right] \quad (5\text{-}44)$$

(2) $l_i \leq b$ [图 5-23b)]

$$S_i = 2b_i f^* \left[\frac{1}{2}\gamma_2 l_{ei}(a_i + l_i \tan\beta) + \gamma_1 l_{ei} h_i \right] \quad (5\text{-}45)$$

$$l_{oi} = (H - h_i)\tan\theta \quad (5\text{-}46)$$

式中：l_{ei}——第 i 层拉筋稳定区长度(m)，$l_{ei} = l_i - l_{oi}$；

l_i——第 i 层拉筋长度(m)；

l_{oi}——第 i 层拉筋活动区长度(m)；

θ——破裂角。

求得 S_i 后，即可按应力分析法，验算拉筋的抗拔稳定性。

根据抗拔稳定性要求，利用上述公式可确定拉筋的有效锚固长度 l_{ei}、活动区长度 l_{oi} 以及总长度 l_i。

四、问题的讨论

加筋土挡土墙内部稳定性分析主要是确定拉筋拉力和验算抗拉和抗拔稳定性,它与加筋体破裂面形状、拉筋与填土间的摩擦作用以及土压力等因素有关。

1. 似摩擦因数

拉筋拉力计算中所用的摩擦因数应为似摩擦因数 f^*,它是填土与拉筋的滑动摩擦,土颗粒之间的互相咬合以及拉筋凹凸引起的土抗力的综合。对于似摩擦因数,不能简单地从土的内摩擦角 φ 而得出,它取决于土的内摩擦角、土的密度、拉筋土的垂直压力、结构的几何形状、拉筋的长度、宽度以及粗糙程度等。试验表明,土的密度高,f^* 值大;填土高度增加或荷载增加,f^* 减小;并且 f^* 随着拉筋长度的增加而减小,拉筋表面愈粗糙,f^* 就愈大。在确定 f^* 时,应了解土的密度、抗剪强度、拉筋尺寸、结构形式等。因此,似摩擦因数的确定是比较复杂的,宜模拟实际工程的情况,进行抗拔试验。

一般来说,似摩擦因数的测试方法有以下几种:
(1) 填土与拉筋材料之间的直剪(滑动剪切)试验。
(2) 在模型或足尺加筋体中的拉筋抗拔试验。
(3) 在模型刚性移动墙中的拉筋抗拔试验。
(4) 填方中加拉筋的抗拔试验。
(5) 模型加筋土墙,在振动荷载作用下的拉筋抗拔试验。

根据拉筋似摩擦因数随垂直压力(墙高)增加而减小,并趋于稳定的试验结果,法国、日本等提出似摩擦因数的计算公式(图 5-24),即:

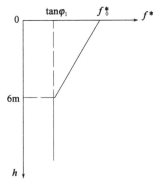

图 5-24 似摩擦因数的变化规律

$$\left. \begin{aligned} f^* &= f_0^* \left(1 - \frac{h_i}{6}\right) + \tan\varphi_1 \frac{h_i}{6} \quad (h_i < 6\text{m}) \\ f^* &= \tan\varphi_1 \quad (h_i \geq 6\text{m}) \end{aligned} \right\} \quad (5\text{-}47)$$

$$f_0^* = 1.2 + \lg C_u$$

式中:f_0^*——与填土的粒度、内摩擦角等有关的系数;
C_u——填土的不均匀系数;
φ_1——拉筋与填土的摩擦角。

当缺乏资料时,可取 $f_0^* = 1.5$。

2. 破裂面形状

加筋体潜在的破裂面为拉筋最大拉力点的连线,按朗金—库仑土压力理论,土体的破裂面与水平面成 $45° + \varphi/2$,但是许多试验证明,加筋土的破裂面为对数螺线面。由于试验方法的不同,得出的结论也不同。如法国采用加高墙身或在墙背填土表面加荷至墙破坏得出的实测破裂面,如图 5-25a) 所示,b_H 约等于 $0.3H$。而美国加州大学采用使墙身略微外移的方法使墙破坏,得出破裂面形状与位置都接近朗金主动极限状态,如图 5-25b) 所示。目前,普遍认为法国的试验比较符合实际工作情况。实用上简化成图 5-25a) 虚线所示的破裂面,这给设计上带来了便利。但是,这种简化没有考虑填土的内摩擦角 φ 值等因素。

根据理论与试验结果,实际工程中破裂面的形状常采用两种,即 $0.3H$ 型[图 5-25a)虚线]和朗金—库仑型[图 5-25b)虚线]。目前,应力分析法采用 $0.3H$ 型,而楔体平衡分析法则采用朗金—库仑型。

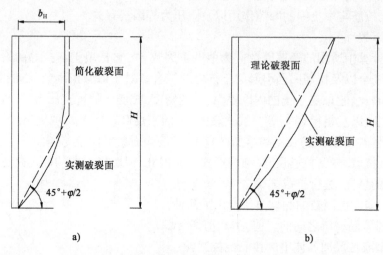

图 5-25 加筋土破裂面示意图

总之,加筋土结构的内部稳定性分析是设计的核心部分,不考虑拉筋的存在,而以传统的朗金—库仑破裂面为设计依据显然是保守的,但考虑拉筋的影响将会出现怎样的破裂面,却需要许多实际资料加以分析、证实,尤其是结构本身的参数众多,条件各异,即使有了较一致的认识而如何将其合理地体现到具体设计中,也是一个值得研究的问题。

3. 土压力系数

土压力系数 K 的取值直接影响到拉筋拉力的大小和加筋体的稳定性。目前,与破裂面形状一样,有两种观点,一种观点认为当加筋土墙面产生一定的侧向位移,并使加筋体破坏时,其破裂面为朗金—库仑破裂面,土体达到主动应力状态,这时,土压力系数 K 为主动土压力系数 K_a,楔体平衡分析法就是基于上述观点,取 $K = K_a$。但是,另一种观点则认为要使土体处于主动状态,墙面需要有一定的位移,加筋土挡土墙墙内由于拉筋约束了墙面板的位移,且侧向应变随深度而增加,因此,在墙顶处为静止土压力状态,而在墙脚处由于施工期间抗拔阻力不足以克服侧向土压力,使墙面产生侧向位移,使其接近主动状态,在静止状态和主动状态之间,有一过渡区,如图 5-17a)所示。一些模型及原型试验已证实了这一点。应力分析法就是基于这一观点,并按式(5-13)计算土压力系数。还有一些学者从理论分析及一些现场观测中得出加筋土墙内的应力状态接近静止状态,而在紧靠墙面后的填土部分近似主动状态,从而认为在墙面板附近的拉筋受主动土压力的影响,取 $K = K_a$,而在内侧则处于静止状态,取 $K = K_0$。有的设计理论提出在施工中采用让墙面板处的拉筋松弛,以达到主动状态所需的位移,使土压力减小。

第五节 外部稳定性分析

一、加筋土挡土墙外部失稳形式

加筋土挡土墙的外部稳定性与工程的地基土(承载能力、抗剪性能等)和工程相连的整体

土层等有关,其破坏形式有:

(1)加筋土挡土墙与地基间的摩擦阻力不足或墙后土体的侧向推力过大所引起的滑移,如图5-26a)所示。

(2)加筋土挡土墙被墙后土体的侧向推力所倾覆,如图5-26b)所示。

(3)由于地基承载力不足或不均匀沉降而引起的倾斜,如图5-26c)所示。

(4)加筋土挡土墙及墙后土体出现整体滑动,如图5-26d)所示。

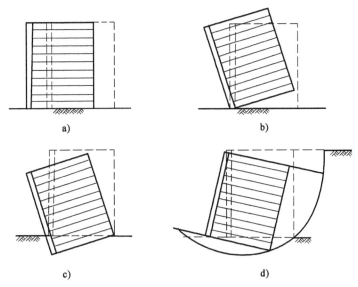

图5-26 加筋土挡土墙外部破坏形式
a)滑移;b)倾覆;c)倾斜;d)整体滑动

加筋土挡土墙的外部稳定性分析时,把拉筋的末端与墙面板之间的填土视为一整体墙,即加筋体,验算方法与普通重力式挡土墙相似,视加筋体为刚体。根据破坏形式,外部稳定性分析的内容有抗滑稳定性与抗倾覆稳定性验算、地基承载力验算,必要时还应对整体滑动稳定性和地基沉降进行验算。

二、土压力计算

根据加筋土挡土墙墙后填土的不同边界条件,采用库仑理论计算作用于加筋体的主动土压力,具体计算方法详见第二章。但是,应注意,此时墙背为 AB(图5-27),墙高则为 H',墙背摩擦角 δ 为:

$$\delta = \min(\varphi_1, \varphi_2) \tag{5-48}$$

式中:φ_1——加筋体填土的内摩擦角;

φ_2——墙后填土的内摩擦角。

如图5-27a)所示的路堤墙,其土压力分布如图5-27b)所示。

三、外部稳定性分析

1. 抗滑稳定性分析

为防止加筋土挡土墙产生滑动,需验算加筋体在总侧向推力作用下,加筋体与地基间产生摩擦阻力和黏聚力抵抗其滑移的能力,用抗滑稳定系数 K_c 表示(图5-28):

$$K_C = \frac{\mu \sum N + cL}{\sum T} \tag{5-49}$$

式中：$\sum N$——竖向力总和(kN)，包括加筋体的自重 G_1、加筋体上的路堤填土重 G_2 和作用于加筋体上的土压力的竖向分力 E_y，对于如图 5-28 所示的路堤墙，其计算如下：

$$\sum N = G_1 + G_2 + E_y = \gamma_1 HL + \frac{1}{2}\gamma_2 L^2 \tan\beta + E_y \tag{5-50}$$

$\sum T$——水平力总和(kN)；

c——加筋体底面与地基土之间的黏聚力(kPa)；

μ——加筋体底面与地基土之间的摩擦因数。

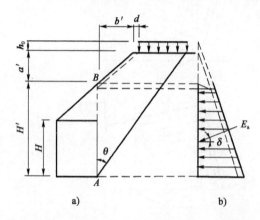 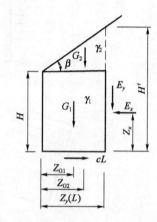

图 5-27　加筋体土压力计算图式(破裂面交于路基面荷载中部)　　图 5-28　抗滑、抗倾覆稳定性验算图式

2. 抗倾覆稳定性分析

为保证加筋土挡土墙抗倾覆稳定性，须验算它抵抗墙身绕墙趾向外转动倾覆的能力，用抗倾覆稳定系数 K_0 表示(图 5-28)：

$$K_0 = \frac{\sum M_y}{\sum M_0} \tag{5-51}$$

式中：$\sum M_y$——稳定力系对加筋体墙趾的力矩(kN·m)；

$\sum M_0$——倾覆力系对加筋体墙趾的力矩(kN·m)。

对于图 5-28 所示的加筋体，稳定力矩 $\sum M_y$ 和倾覆力矩 $\sum M_0$ 分别为：

$$\sum M_y = G_1 Z_{G1} + G_2 Z_{G2} + E_y Z_y = \frac{1}{2}\gamma_1 HL^2 + \frac{1}{3}\gamma_2 L^3 \tan\beta + E_y L \tag{5-52}$$

$$\sum M_0 = E_x Z_y = \frac{1}{3}E_x H' \tag{5-53}$$

3. 地基承载力分析

地基承载力验算就是要验证加筋体在总竖向力作用下，基底压应力是否小于地基承载力。由于加筋体承受偏心荷载，因此，基底压应力应按梯形分布或梅耶霍夫分布考虑。一般多采用梯形分布(图 5-29)，那么基底应力为：

$$\left.\begin{array}{l}\sigma_{\max} = \dfrac{\sum N}{L}\left(1 + \dfrac{6e}{L}\right) \\ \sigma_{\min} = \dfrac{\sum N}{L}\left(1 - \dfrac{6e}{L}\right)\end{array}\right\} \tag{5-54}$$

$$e = \frac{L}{2} - \frac{\sum M_y - \sum M_0}{\sum N} \tag{5-55}$$

式中：σ_{max}——基底最大压应力(kPa)；

σ_{min}——基底最小压实力(kPa)；

e——$\sum N$ 的偏心距(m)。

如果 $\sigma_{min} < 0$(即 $e > \frac{L}{6}$)，应按应力重分布计算基底最大压应力：

$$\sigma_{max} = \frac{2}{3} \frac{\sum N}{(L/2 - e)} \tag{5-56}$$

4. 整体抗滑稳定性分析

整体抗滑稳定性分析，即加筋体随地基一起滑动的验算，其目的在于确定潜在破裂面的稳定系数，目前大多采用圆弧滑动面法进行验算。

在进行验算时，应考虑埋置于填土中的拉筋作用，一般有以下三种方法：

(1) 设拉筋长度不超过可能的破裂面(图 5-30)，可以按普通的圆弧法计算。

(2) 拉筋穿越破裂面，在加筋体部分需考虑因拉筋产生的准黏聚力，而将该力视为稳定力，计入稳定力矩中。准黏聚力 c_p 按式(5-8)计算。

(3) 拉筋穿越破裂面，将伸入破裂面后的拉筋所产生的抗拔力对破裂面圆心取矩，视为稳定力矩，当拉筋的抗拉强度小于抗拔力时，则应以抗拉强度控制，计算稳定力矩。

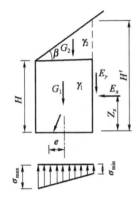

图 5-29 地基承载力验算图式

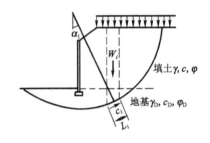

图 5-30 圆弧滑动面条分法验算图式

上述第(2)、(3)种方法比较复杂，一般情况下与第(1)种方法算出的滑动圆弧最小稳定系数差别不大，因此常按方法(1)进行整体抗滑稳定性验算。那么，整体抗滑稳定系数(图 5-30)为：

$$K_s = \frac{\sum (c_i L_i + W_i \cos\alpha_i \tan\varphi_i)}{\sum W_i \sin\alpha_i} \tag{5-57}$$

式中：c_i、φ_i——第 i 条块滑动面上土的黏聚力(kPa)和内摩擦角(°)；

W_i——第 i 条块自重及其荷载重(kN)；

L_i——第 i 条块滑动面的弧长(m)；

α_i——第 i 条块滑动弧的法线与竖直方向的夹角。

5. 沉降分析

地基土因加筋体自重及上部荷载引起的沉降，尤其是不均匀沉降必须控制在容许范围内。

由于拉筋具有柔性，能较好地随地基下沉而变形，因而顺拉筋的延长方向能克服较大沉降差，但沿墙面板的延长方向却必须严格控制不均匀沉降。目前尚无公认的容许沉降值或容许沉降差的标准。

根据墙面容许的变形量不同而规定容许下沉量 ΔW，可取下列经验数值：

混凝土墙面板 $\Delta W \leqslant 1\%$；

金属墙面板 $\Delta W \leqslant 2\%$。

在预计有较大不均匀沉降的地段，可把加筋土挡土墙在构造上分为若干段，段间设置沉降缝，尤其是与桩基桥台及涵洞等的连接部分应加设沉降缝。加筋体地基的沉降计算方法和其他建筑物计算一样，把加筋土挡土墙视为一个整体，按土力学中浅基础沉降和填土沉降计算方法（一般采用分层总和法）来进行估算。

第六节 设计示例

某二级公路拟修建加筋土路堤挡土墙，如图 5-31 所示，采用应力分析法进行设计。

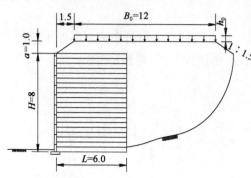

图 5-31 加筋土挡土墙示意图（尺寸单位：m）

1. 设计资料

（1）加筋土路堤墙墙高 $H = 8$m，填土高 $a = 1$m，填土边坡坡度 1:1.5。

（2）路基宽度 $B_0 = 12$m。

（3）加筋土填料，墙顶以上和墙后填土均为黏土，重度 $\gamma = 18$kN/m³，内摩擦角 $\varphi = 35°$。

（4）墙面板采用 $1.2\text{m} \times 1.0\text{m}$ 的十字形混凝土板，厚度 18cm，混凝土强度等级 C20，筋带的水平间距 $S_x = 0.42$m、垂直间距 $S_y = 0.40$m。

（5）筋带采用聚丙烯土工带，其宽度 19mm、厚度 1.0mm，断裂极限强度标准值 $f_k = 220$MPa。

（6）土与筋带之间似摩擦因数 $f^* = 0.4$，墙体与地基之间摩擦因数 $\mu = 0.4$。

（7）地基承载力特征值 $f_a = 500$kPa，地基土的内摩擦角 $\varphi_0 = 35°$。

2. 拉筋拉力计算

（1）加筋体自重产生的拉力

竖向应力按均匀分布考虑，加筋体自重产生的拉力［式(5-15)和式(5-14)］则为：

$$T_{hi} = \sigma_{vi} K_i S_x S_y$$

$$\sigma_{vi} = \gamma h_i$$

（2）加筋体上路堤填土产生的拉力

加筋体上路堤填土产生的拉力按式(5-21)计算，即：

$$T_{Fi} = \sigma_F K_i S_x S_y$$

$$\sigma_F = \gamma h_F$$

$$h_F = a = 1.0\text{m}$$

（3）车辆荷载产生的拉力

车辆荷载产生的附加拉力按式(5-22)和式(5-23)计算，即：

$$T_{ai} = \sigma_{ai} K_i S_x S_y$$

$$\left.\begin{array}{ll}\sigma_{ai} = \gamma h_0 \dfrac{B_0}{B_i} & (l_{oi} > l_{ci}) \\ \sigma_{ai} = 0 & (l_{oi} \leq l_{ci})\end{array}\right\}$$

式中:h_0——车辆荷载的等代换算土层厚度。

因墙高 $H = 8\mathrm{m} < 10\mathrm{m}$,根据式(2-65)取 $q = 12.5\mathrm{kN/m}^2$,则 $h_0 = q/\gamma = 12.5/18 = 0.69\mathrm{m}$。$B_i$ 为均布土层扩散至第 i 层筋带处的分布宽度(m),按式(5-24)计算,即:

$$\left.\begin{array}{ll}B_i = B_0 + a + h_i & (h_i + a \leq 2b) \\ B_i = B_0 + b + \dfrac{(a + h_i)}{2} & (h_i + a > 2b)\end{array}\right\}$$

$$a = 1\mathrm{m} \quad b = 1.5\mathrm{m}$$

(4)拉筋总拉力

第 i 层拉筋总的拉力 T_i 按式(5-26)计算,即:

$$T_i = T_{hi} + T_{Fi} + T_{ai} = (\gamma h_i + \gamma h_F + \sigma_{ai})K_i S_x S_y = (\sigma_{vi} + \sigma_{Fi} + \sigma_{ai})K_i S_x S_y$$

其中,土压力系数 K_i 按式(5-13)计算,即:

$$\left.\begin{array}{ll}K_i = K_0\left(1 - \dfrac{h_i}{6}\right) + K_a \dfrac{h_i}{6} & (h_i < 6\mathrm{m}) \\ K_i = K_a & (h_i \geq 6\mathrm{m})\end{array}\right\}$$

$$K_0 = 1 - \sin\varphi = 1 - \sin 35° = 0.426$$

$$K_a = \tan^2\left(45° - \dfrac{\varphi}{2}\right) = \tan(45° - 35°/2) = 0.271$$

各层拉筋拉力计算结果列于表5-7。

筋带拉力计算表　　　　表5-7

加筋层号	h_i (m)	K_i	B_i (m)	$\dfrac{B_0}{B_i}$	σ_{vi} (kPa)	σ_F (kPa)	σ_{ai} (kPa)	T_i (kN)
1	0.4	0.416	13.4	0.90	7.20	18.00	11.12	2.54
2	0.8	0.405	13.8	0.87	14.40	18.00	10.80	2.94
3	1.2	0.395	14.2	0.85	21.60	18.00	10.50	3.32
4	1.6	0.385	14.6	0.82	28.80	18.00	10.21	3.68
5	2.0	0.374	15.0	0.80	36.00	18.00	9.94	4.02
6	2.4	0.364	15.2	0.79	43.20	18.00	9.81	4.34
7	2.8	0.354	15.4	0.78	50.40	18.00	9.68	4.64
8	3.2	0.343	15.6	0.77	57.60	18.00	9.55	4.91
9	3.6	0.333	15.8	0.76	64.80	18.00	9.43	5.16
10	4.0	0.323	16.0	0.75	72.00	18.00	9.32	5.38
11	4.4	0.312	16.2	0.74	79.20	18.00	9.20	5.58
12	4.8	0.302	16.4	0.73	86.40	18.00	9.09	5.76
13	5.2	0.292	16.6	0.72	93.60	18.00	8.98	5.91
14	5.6	0.281	16.8	0.71	100.80	18.00	8.87	6.03
15	6.0	0.271	17.0	0.71	108.00	18.00	8.77	6.14

续上表

加筋层号	h_i (m)	K_i	B_i (m)	$\dfrac{B_0}{B_i}$	σ_{vi} (kPa)	σ_F (kPa)	σ_{ai} (kPa)	T_i (kN)
16	6.4	0.271	17.2	0.70	115.20	18.00	8.67	6.46
17	6.8	0.271	17.4	0.69	122.40	18.00	8.57	6.78
18	7.2	0.271	17.6	0.68	129.60	18.00	8.47	7.11
19	7.6	0.271	17.8	0.67	136.80	18.00	8.37	7.43

3. 内部稳定性分析

(1) 筋带截面计算

根据式(5-32)可得,筋带截面面积为:

$$A_i \geq \frac{\gamma_0 \gamma_{Q1} T_i \times 10^3 \times \gamma_f \gamma_{R2}}{f_k}$$

聚丙烯土工带根数 n_i 为:

$$n_i \geq \frac{A_i}{b \cdot t}$$

其中,$\gamma_f = 1.25$、$\gamma_{R2} = 2.8$、$\gamma_{Q1} = 1.4$;t 为筋带厚度,$t = 1.0\text{mm}$;b 为筋带宽度,$b = 19\text{mm}$;对于二级公路,高度为8m的挡土墙,$\gamma_0 = 1.05$。

筋带截面面积和根数计算结果列于表5-8。

筋带根数设计表　　　　　　　　　　　　　　　表5-8

加筋层号	拉力 T_i(kN)	截面面积 A_i(mm²)	根数(根) 计算值	根数(根) 采用值
1	2.54	59.4	3.1	4
2	2.94	68.8	3.6	4
3	3.32	77.6	4.1	6
4	3.68	86.1	4.5	6
5	4.02	94.0	4.9	6
6	4.34	101.5	5.3	6
7	4.64	108.5	5.7	6
8	4.91	114.8	6.04	8
9	5.16	120.7	6.4	8
10	5.38	125.8	6.6	8
11	5.58	130.5	6.9	8
12	5.76	134.7	7.1	8
13	5.91	138.2	7.3	8
14	6.03	141.0	7.4	8
15	6.14	143.6	7.6	8
16	6.46	151.1	8.0	8
17	6.78	158.6	8.3	10
18	7.11	166.3	8.8	10
19	7.43	173.8	9.1	10

（2）抗拔稳定性验算

拉筋的抗拔稳定性应满足式(5-41)要求，即：

$$\frac{S_i}{\gamma_{R1}} \geqslant \gamma_0 \gamma_{Q1} T_i$$

拉筋抗拔力 S_i 按式(5-34)计算，即：

$$S_i = 2b_i \sigma_{si} f^* l_{ei}$$

$$\sigma_{si} = \sigma_{vi} + \sigma_F$$

初拟各层筋带长度为6.0m。其中，$\gamma_0 = 1.05$、$\gamma_{R1} = 1.4$、$\gamma_{Q1} = 1.4$。则抗拔稳定性验算结果列于表5-9。

抗拔稳定系数　　　　表5-9

加筋层号	h_i（m）	活动区长度 l_{oi}（m）	稳定区长度 l_{ci}（m）	采用宽度 b_i（m）	σ_{vi}（kPa）	σ_F（kPa）	σ_{si}（kPa）	$\gamma_0\gamma_{Q1}T_i$（kN）	S_i/γ_{R1}（kN）
1	0.40	2.40	3.60	0.076	7.2	18.0	25.2	3.73	3.94
2	0.80	2.40	3.60	0.076	14.4	18.0	32.4	4.32	5.07
3	1.20	2.40	3.60	0.114	21.6	18.0	39.6	4.88	9.29
4	1.60	2.40	3.60	0.114	28.8	18.0	46.8	5.41	10.98
5	2.00	2.40	3.60	0.114	36.0	18.0	54.0	5.91	12.66
6	2.40	2.40	3.60	0.114	43.2	18.0	61.2	6.38	14.35
7	2.80	2.40	3.60	0.114	50.4	18.0	68.4	6.82	16.04
8	3.20	2.40	3.60	0.152	57.6	18.0	75.6	7.22	23.64
9	3.60	2.29	3.71	0.152	64.8	18.0	82.8	7.59	26.68
10	4.00	2.08	3.92	0.152	72.0	18.0	90.0	7.91	30.64
11	4.40	1.88	4.12	0.152	79.2	18.0	97.2	8.20	34.78
12	4.80	1.67	4.33	0.152	86.4	18.0	104.4	8.47	39.26
13	5.20	1.46	4.54	0.152	93.6	18.0	111.6	8.69	44.01
14	5.60	1.25	4.75	0.152	100.8	18.0	118.8	8.86	49.01
15	6.00	1.04	4.96	0.152	108.0	18.0	126.0	9.03	54.28
16	6.40	0.83	5.17	0.152	115.2	18.0	133.2	9.50	59.81
17	6.80	0.63	5.37	0.190	122.4	18.0	140.4	9.97	81.86
18	7.20	0.42	5.58	0.190	129.6	18.0	147.6	10.45	89.42
19	7.60	0.21	5.79	0.190	136.8	18.0	154.8	10.92	97.31

由表5-9可知，各层筋带的荷载效应组合值均小于抗力值，筋带抗拔稳定性满足要求。

4. 外部稳定性分析

（1）作用于假想墙背 AB 上的土压力 E_a

如图5-32所示，AB 墙背的计算高度 $H' = 8 + 1 = 9$m，车辆荷载附加强度 $q' = 11.25$kPa，车

辆荷载换算等代土层厚度为：

$$h'_0 = \frac{11.25}{18} = 0.63(\text{m})$$

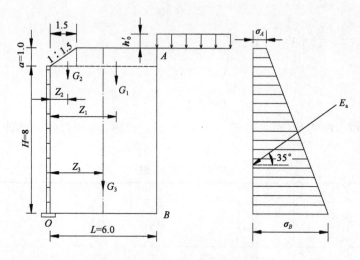

图 5-32　外部稳定性分析图式(尺寸单位：m)

土压力按库仑理论计算。破裂面倾角为：

$$\tan\theta = -\tan\psi + \sqrt{(\cot\varphi + \tan\psi)(\tan\psi + B_0/A_0)}$$

$$= -\tan70° + \sqrt{(\cot35° + \tan70°) \times (\tan70° + 0/A_0)} = 0.6396$$

$$\theta = 32.60°$$

$$\psi = \varphi + \alpha + \delta = 35° + 0 + 35° = 70°$$

主动土压力系数为：

$$K = \frac{\cos(\theta + \varphi)}{\sin(\theta + \psi)}(\tan\theta + \tan\alpha) = \frac{\tan32.60° + 0}{\sin(32.60° + 70°)} \times \cos(32.60° + 35°)$$

$$= 0.250$$

墙顶 A 点处的土压应力：

$$\sigma_A = \gamma h'_0 K = 18.0 \times 0.63 \times 0.250 = 2.835(\text{kPa})$$

墙底 B 点处的土压应力：

$$\sigma_B = \gamma(H' + h'_0)K = 18.0 \times (9.0 + 0.63) \times 0.250 = 43.335(\text{kPa})$$

作用于假想墙背 AB 上的土压力：

$$E_a = \frac{1}{2}\gamma H'(H' + 2h'_0)K = \frac{1}{2} \times 18.0 \times 9.0 \times (9.0 + 2 \times 0.63) \times 0.250$$

$$= 207.77(\text{kN})$$

水平土压力 E_x：

$$E_x = E_a \cos\varphi = 207.77 \times \cos35° = 170.20(\text{kN})$$

竖向土压力 E_y：
$$E_y = E_a \sin\varphi = 207.77 \times \sin35° = 119.17(\text{kN})$$

水平土压力作用点：
$$Z_x = \frac{H'}{3} = 3.0(\text{m})$$

竖向土压力作用点：
$$Z_y = L = 6.0(\text{m})$$

(2)墙身重力及力臂
$$G_1 = 4.5 \times 1.0 \times 18.0 = 81.00(\text{kN})$$
$$Z_1 = 1.5 + 4.5/2 = 3.75(\text{m})$$
$$G_2 = \frac{1}{2} \times 1.5 \times 1.0 \times 18.0 = 13.50(\text{kN})$$
$$Z_2 = 1.50 \times \frac{2}{3} = 1.00(\text{m})$$
$$G_3 = 6.0 \times 8.0 \times 18.0 = 864.00(\text{kN})$$
$$Z_3 = L/2 = 3.00(\text{kN})$$
$$G = G_1 + G_2 + G_3 = 958.50(\text{kN})$$
$$Z_G = \frac{G_1 Z_1 + G_2 Z_2 + G_3 Z_3}{G} = \frac{81 \times 3.75 + 13.5 \times 1 + 864 \times 3}{958.5} = 3.04(\text{m})$$

G_1、G_2、G_3 分别为墙体上部填土矩形部分重力、三角形部分重力、墙体矩形部分的重力，如图 5-32 所示。

作用于基础底面上总的垂直力 $\sum N$ 为：
$$\sum N = G + E_y = 958.50 + 119.17 = 1\,077.67(\text{kN})$$

(3)各力对墙趾 O 点的力矩
$$M_1 = G_1 Z_1 = 81.00 \times 3.75 = 303.75(\text{kN}\cdot\text{m})$$
$$M_2 = G_2 Z_2 = 13.50 \times 1.00 = 13.50(\text{kN}\cdot\text{m})$$
$$M_3 = G_3 Z_3 = 864.00 \times 3.00 = 2\,592.00(\text{kN}\cdot\text{m})$$
$$M_{Ex} = E_x Z_x = 170.20 \times 3.0 = 510.60(\text{kN}\cdot\text{m})$$
$$M_{Ey} = E_y Z_y = 119.17 \times 6.0 = 715.02(\text{kN}\cdot\text{m})$$
$$\sum M_y = M_1 + M_2 + M_3 + M_{Ey} = 3\,624.27(\text{kN}\cdot\text{m})$$
$$\sum M_0 = M_{Ex} = 510.60(\text{kN}\cdot\text{m})$$

(4)抗滑稳定性验算
抗滑稳定方程：
$$(1.1G + \gamma_{Q1} E_y)\mu_n - \gamma_{Q1} E_x$$
$$= (1.1 \times 958.50 + 1.4 \times 119.17) \times \tan35° - 1.4 \times 170.20 = 616.55(\text{kN}) > 0$$

抗滑稳定系数：
$$K_C = \frac{1\,077.67 \times \tan35°}{170.20} = 4.43 > 1.3$$

由此可知,加筋体的抗滑稳定性满足要求。

(5)抗倾覆稳定性验算

抗倾覆稳定方程为:

$$0.8GZ_G + \gamma_{Q1}M_{Ey} - \gamma_{Q1}M_{Ex}$$
$$= 0.8 \times 958.50 \times 3.04 + 1.4 \times 715.02 - 1.4 \times 510.60 = 2044.88 > 0$$

抗倾覆稳定系数为:

$$K_0 = \frac{\sum M_y}{\sum M_0} = \frac{3624.27}{510.60} = 7.10 > 1.5$$

由此可见,加筋体的抗倾覆稳定性满足要求。

(6)偏心距及地基承载力验算

基底合力偏心距为:

$$e = \frac{L}{2} - \left|\frac{\sum M_y - \sum M_0}{\sum N}\right| = 3 - \left|\frac{3624.27 - 510.60}{1077.67}\right| = 0.111 < \frac{L}{6} = 1.00(\mathrm{m})$$

地基应力为:

$$\sigma_{max} = \frac{\sum N}{L} \times \left(1 + \frac{6e}{L}\right) = 199.55(\mathrm{kPa})$$

$$\sigma_{min} = \frac{\sum N}{L} \times \left(1 + \frac{6e}{L}\right) = 159.67(\mathrm{kPa})$$

地基承载力特征值的提高系数为1.0,即地基承载力特征值不作修正,$f'_a = f_a = 500\mathrm{kPa}$。则 $\sigma_{max} < f'_a$ 且 $\sigma_{min} > 0$。

由此可见,偏心距和地基承载力满足要求。

第七节 施 工 技 术

加筋土挡土墙施工一般包括下列工序:基槽(坑)开挖、地基处理、基础浇(砌)筑、构件预制与安装、筋带铺设、填料填筑与压实、墙顶封闭等,其中,现场墙面板拼装、筋带铺设、填料填筑与压实等工序是交叉进行的。加筋土挡土墙施工工艺流程如图5-33所示。

一、构件预制

加筋土挡土墙的构件包括混凝土墙面板、垫梁、搭板、缘石(或帽石)、栏杆及条形基础等混凝土预制件。所有预制构件应表面平整,外光内实,外形轮廓清晰,企口分明,线条顺直,不得有露筋翘曲、掉角、啃边。各部分尺寸应符合设计要求。

预制构件的尺寸和预埋件、预留孔的位置必须正确。尺寸正确的构件不仅便于安装,提高工效,而且能使整个墙面的竖、横接缝整齐、顺直,墙体光洁美观。

对于墙面板预制,支模前先在预制坪上沿带状凹槽两侧用墨斗打出墙面板上、下边缘两条轮廓线,然后将凹槽用砂填平。为便于预制后构件的起吊安装和构件底面的光滑平整,可根据实际情况在构件底面铺设塑料布、脱模剂等作隔离层或设置底模,再安放钢筋骨架,使预埋拉环钢筋嵌入凹槽内。安放已涂刷隔离剂的墙面板模板,按墨线校正模板及钢筋骨架位置,穿上销孔钢筋,即可浇筑混凝土,用振捣器振捣密实,最后即可拔出销孔钢筋,按规定时间养生后即可拆模。

构件混凝土强度等级,应按设计规定,混凝土的配合比、拌和、浇筑、养生等均应满足规范要求。为保证混凝土质量,加快预制进度和减少预制场地,应采用干硬性或半干硬性混凝土,机械振捣,如表面粗糙无浆,可用相同灰砂比的水泥砂浆对表面作收光处理,使之平整、美观。

条形基础、帽石如采用干硬性混凝土预制,其模板亦宜采用钢模。

二、基础工程

基础施工前按规范规定,在路基中轴线加密桩点,地形变化的横断面设置加桩,以保证挡土墙线形顺适,并补测绘制加桩横断面图,以便指导施工。

加筋土挡土墙由于自身特性,要求墙面板基础在沿墙长方向必须是水平的。当地形起伏较大时,为减少工程量,常使基础沿纵向呈阶梯形的设计。但应注意随着台阶底面高程的增高,基础位置亦相应向路基中线一侧移动,基础放线施测时一定要精确计算,准确定位。

基础必须置于坚实地基上,并应保证足够的埋置深度。位于沟壑、崖岸处的挡土墙墙端应嵌入坚实土体,嵌入深度一般不宜小于50cm。

加筋土挡土墙基础分为加筋体基础和墙面板基础。

1. 加筋体基础

加筋体基础实际上就是墙后填料的基础。加筋体基础一般不需要做专门处理。

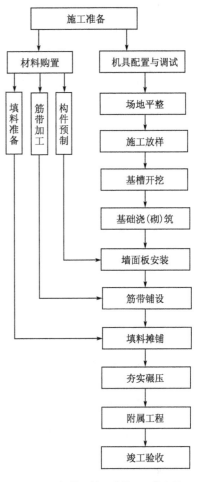

图 5-33 加筋土挡土墙施工工艺流程

施工时,均应按设计要求进行。对不同土质进行开挖时,应采用明挖、跳槽开挖等不同方式。遇有特殊水文地质情况,如地基软弱或土质不良地段,应进行基底处理。

墙址地面纵坡较大,当为岩层时,可在纵向做成台阶,台阶尺寸随地形变动而定,宽度一般不小于50cm,高宽比不宜大于1:2;当为土质时,基底可分段落做成不大于5%的纵坡。

基坑开挖完成后,按基底纵轴线结合横断面放线复验,确认位置无误,方可进行基础施工。当基础完成后,应立即回填,以小型压实机具进行分层压实,并在表面留3%的向外斜坡,以免积水渗入浸泡基底。

2. 墙面板基础

加筋土挡土墙的基础主要是指墙面板下的基础,其作用是便于安砌墙面板,起支托和定位作用。因此,基础可以做得很小,一般设置宽度不应小于40cm,厚度不应小于20cm的条形基础,如图5-34所示。其断面视地基、地形条件而定,通常为矩形断面,顶面做成一凹槽,以便于底层墙面板的安装与固定,按设计要求预留伸缩沉降缝,从基础底面一直到顶面应严格控制高程。

基底不宜设置纵坡,应结合地形地质情况,在纵向可做成水平状或做成台阶形,每一个台阶长度应与墙面板的长度模数相协调。条形基础因尺寸较小,在横断面方向应成水平状或略向后倾斜。

条形基础沿纵向可根据地形、地质、墙高等条件设置沉降缝,其间距一般不宜大于25m。在新旧建筑物衔接处、在地形或地质条件突变处都应设沉降缝。确定沉降缝间距时还应考虑墙面板的长度模数。基础的沉降缝、加筋体墙面的变形缝、帽石或压顶(包括檐石)的伸缩缝应统一考虑,一般应做成垂直通缝。

基础施工时,基底土要求反复碾压并达到规定的压实度。如因基底土质不良,无法满足密实度要求,则必须进行处理。一般是在基底开挖60cm宽的基槽(深度为1.0~1.5m),换填粗粒土(如砂砾土等)和透水性材料,并分层夯实达到密实度标准,同时在换土部分与基底之间铺以土工布,然后浇(砌)筑混凝土条形基础,如图5-35所示。对个别墙身高而地基较软弱者,则需在基底以下增设0.5~1.0m厚的加筋土层来处理,以保证基底承载力。

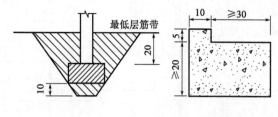
图5-34 条形基础(尺寸单位:cm)

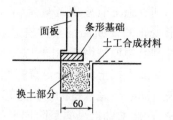
图5-35 基底处理(尺寸单位:cm)

条形基础一般采用C20现浇混凝土或预制块件及片(块)石砌筑。在荷载作用下,一旦地基稍有变形,现浇基础极易折断,导致连锁反应,引起墙面板破坏。因此,对于一般岩石地基宜用前者,土质地基则宜用后者。

对于土质地基,应先铺设一层10~15cm的砂砾石作垫层,以改善基底整体性,然后再支模现浇或砌筑。如果地基土质较差,承载力不能满足要求,应进行地基处理,如采用换填、土质改良以及补强等措施。当地基为出露岩石时,一般可在基岩上打一层贫混凝土找平层,然后在其上砌筑加筋土挡土墙墙面。若地面横向坡度较大,则可设置混凝土或浆砌片石台阶基础。

加筋土挡土墙的墙面板应有一定的埋置深度,以防止因土粒流失而引起墙面附近加筋体的局部破坏。土质地基的埋置深度取决于土层的性质,一般根据地基土的承载力和压缩性质等具体情况而定。在无冲刷与无冻胀影响时,至少应在天然地面以下60cm;设置在岩石上时,应清除表面风化层,当风化层较厚难以全部清除时,可采用土质地基的埋置深度;设置在斜坡上的加筋土挡土墙,应设宽度不小于1.0m的护脚,护脚宜用片石浆砌,表面应做成向外倾斜3%~5%的排水横坡,埋置深度应从护脚顶面算起,如图5-36所示。

季节性冰冻地区,为防止地基冻胀的危害,在冻深范围内采用非冻胀性的中砂、粗砂、砾石等换填,填土中的粉、黏粒含量不应大于15%。此时,埋深可小于冻结线。

浸水加筋土挡土墙应埋置在冲刷线以下1.0m,并要防止墙面板后填料的渗漏。当墙面基底沿路线方向有坡度时,一般采用纵向台阶,在错台处要保证最小埋置深度。

非浸水加筋土挡土墙,当墙面板埋深小于1.25m时,宜在墙面地表处设置宽度为1.0m,厚度大于25cm的混凝土预制块或浆砌片石护坡,其表面做成向外倾斜3%~5%的排水横坡。

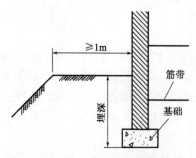
图5-36 斜坡上挡土墙的襟边

三、墙面板安装

1. 墙面板的安装放样

墙面板放样一般可与基础放样同时进行,测定挡土墙基础轴线时,即在墙趾两端基础轴线桩位置上沿横断面方向埋设混凝土放样板,板宽 30cm,长度根据墙高确定,一般应较最大墙高的水平投影长度长 60cm,使两端各长出 30cm,放样板应埋入地面以下不小于 10cm,露出地面 5cm 左右。

放样时,先测定基础轴线点于放样板外端部约 30cm 处,然后用经纬仪过基础轴线点作基础轴线的垂线,并将垂线用墨斗打印在放样板上,这时,从基础轴线点起,按每层墙面板水平投影宽度依次在墨线上画出各层墙面板顶面外缘基线点,钉上元钉或打上墨线,用红漆标明层次编号,即告完成。此法适用于直线段挡土墙面板施工。

墙面板的放样程序如图 5-37 所示。

另一种放样是在清洁的条形基础顶面,准确画出墙面板外缘线,在确定的外缘线上定点并进行水平测量,这些工作可以借助龙门桩来完成。沿每条伸缩缝设龙门桩,用经纬仪确定墙面板安装轴线,在龙门桩钉子上进行第一层墙面板安装的水平测量,按要求在每个桩号位置的基础外侧埋设挂线杆,根据设计墙面坡率拉上立线,相邻断面间挂水平线安砌墙面板,从伸缩缝处开始安装,由一边到另一边。由于挂线杆易受扰动,应经常检查校正,一般每班在开砌前均须先检查校正挂线杆和立杆一次。

2. 墙面板的安装

当挡土墙的基础混凝土强度达 70% 以上时,即可安装第一层墙面板。安装墙面板可以从墙端和沉降缝两侧开始,配以适当的吊装设备,即可吊线安装就位。十字形、六角形和矩形墙面板安装顺序如图 5-38 所示。墙面板在起吊升降定位时要求平稳,慢速轻放,切忌碰撞。所有墙面板在安装前必须仔细检查,有裂纹、缺陷者,一律弃之不用。

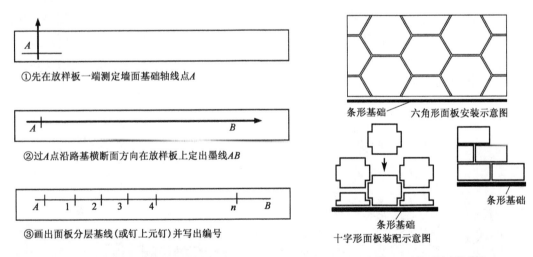

图 5-37 墙面板放样程序　　图 5-38 墙面板安装顺序

如有必要,底座处可用低强度砂浆嵌填调整高程,一般情况下,同层相邻墙面板水平误差不应大于 10mm,轴线偏差每 20 延米不应大于 10mm。同时可用垂线法控制单块墙面板的倾斜度,内倾度一般可允许在 1%~2% 范围之内,作为填料压实时,墙面板在侧向压力作用下的外倾位移值,水平位移的具体数值应综合墙面板高度、填料性质和压实机械而定。

为防止相邻墙面板错位和确保墙面板的相对稳定,第一层墙面板的安装宜用斜撑固定,以上各层宜采用夹木螺栓固定,如图 5-39 所示。

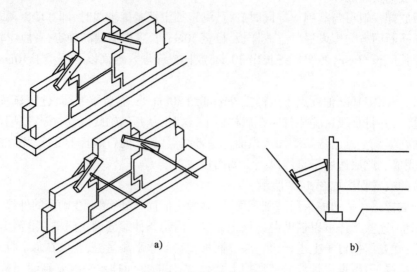

图 5-39　墙面板安装固定法
a)螺栓固定法;b)斜撑固定法

当两端墙面板初步安装好后,即可挂线安装中间块件,以后各层墙面板的安装均在墙面板中心画上中心线,挂线控制中心线对齐安装缝中心,以保证安装整齐。第一层次块件全部初步安装完成后,即可按下列工序施工:填料→压实→铺设筋带→覆盖填料→校正墙面板→填料→压实→校正墙面板→安装另一层墙面板。

每层墙面板的填料碾压稳定后,应对墙面板的水平和垂直方向位置用垂球或挂线检查,如图 5-40 所示,以便用低强度砂浆等及时调整校正,不能将误差累积几层后进行总调整。不允许在未完成填土作业的墙面板上安装上一层墙面板,以防止墙面板插销孔和板块翼缘损坏。

加筋土挡土墙顶部一般应按路线要求设置纵坡;路堤式挡土墙也可调整墙两端与路线的水平距离,变更墙高,将墙顶设计成平坡。当顶面有纵坡或不平整时,可按墙顶纵坡用异形墙面板、浆砌块石或现浇混凝土等作顶面调平层,如图 5-41 所示。

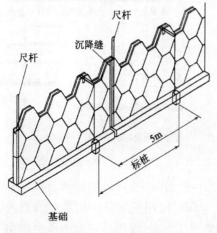

图 5-40　墙面板的高程、轴线校对

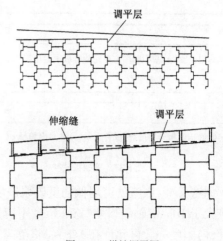

图 5-41　纵坡调平图

3.墙面板外倾及内倾的处理

当墙面板外倾时,需先挖去板后局部填土至露出锚固带,用长约15cm的细木棒或钢筋头绞紧锚固带,使墙面板恢复至正确位置,然后将土回填,并连同绞棒一起埋入夯实,再在筋带尾部将其收紧拉直;当墙面板内倾时,可用一根长60~80cm的短木棒,使其一端顶住夯实土体,一端顶住墙面板背面中部位置,用手锤轻轻捶打木棒,使墙面板徐徐外倾,直到准确位置,校正后的墙面应平整、顺适。

4.安装缝的处理

安装缝(水平、竖直缝)应均匀、平顺、美观。其宽度不宜大于10mm。一般情况下,安装缝可不作处理,当缝宽较大时,对于竖直缝可用软木、沥青甘蔗板、沥青麻絮等填塞,亦可嵌入聚氨酯泡沫塑料,这对板缝设有凹槽的十字形、六角形的墙面板最为适宜(受海水影响的地方不得使用);对于水平缝可按下列方法处理:

(1)当墙面板水平接缝处的混凝土局部承压强度满足要求,且填料不流失时,墙面板可干砌,墙面板间不用填缝料。

(2)当水平缝处的混凝土局部承压强度不能满足要求时,可在缝处用低强度砂浆砌筑或用沥青软木板衬垫。

四、筋带连接与铺设

1.筋带的运输、堆放及裁料

(1)钢筋混凝土带运输时应轻装轻卸。堆放时应平放,上下层之间应相互垂直,堆放高度一般不宜超过10层。钢筋混凝土带应进行表面检查、清理、补修,按各层筋带的设计长度准备相应节数,并调直连接钢筋。

(2)钢带应堆放在垫木上,垫木高度离地面不宜小于20cm。钢带首先进行调直,然后按各层筋带的设计长度裁料,如需接长,则应考虑搭接部分所需长度,若采用插销或螺栓连接,还应按设计要求在钢带上冲孔。

(3)聚丙烯土工带和钢塑复合带在光照下易老化,应堆放在通风遮光的室内,与汽油、柴油、酸、碱等腐蚀性材料隔绝。施工时应随裁随用,及时铺设,及时掩埋,以保证工程质量。聚丙烯土工带的下料长度应为分层设计长度加上穿孔和绑扎长度,因在施工中多采用穿过墙面板预埋的拉环扎成一束,故下料长度一般为2倍设计长度加上穿孔所需长度。

2.筋带的连接、铺设

(1)钢筋混凝土带

钢筋混凝土带与墙面板拉环的连接以及每节钢筋混凝土带之间的钢筋连接,可采用焊接、扣环连接或螺栓连接。

筋带的布设如图5-42所示。筋带底面的填料应平整密实。但为了保证填料压实度的均质性,避免压路机直接或在填料覆盖过薄的筋带上碾压,造成筋带损伤破碎,钢筋混凝土带可在压实的填料达到设计高程后,按设计位置挖槽铺设,并用原土回填夯实,必要时可用石灰土或贫混凝土加强回填。当开挖达不到底面平整度要求时,也可直接铺设于平整压实的填料上,然后再填筑压实,但必须保证其位置的正确性。

(2)钢带

钢带与墙面板拉环(片)的连接和钢带的接长,可用插销连接、焊接或螺栓连接。

钢带应平顺铺设于已压实整平的填料上,不得有弯曲或扭曲,然后将其连接在墙面板拉环处。铺设时,筋带与墙面板背面垂直,再将少量填料从拉环处向筋带尾部铺压,注意不能使筋带扭转,并从尾部张拉一次。铺设时应小心操作,不可推移或带起筋带,填料整平后,即可按压实程序进行碾压。

(3)聚丙烯土工带

聚丙烯土工带与墙面板的连接,一般可将土工带的一端从墙面板预埋拉环或预留孔中穿过,折回与另一端对齐。土工带可采用单孔(环)穿过、上下孔(环)合并穿过或左右孔(环)合并穿过,并在拉环处用短筋带绑扎牢固,如图5-43所示。

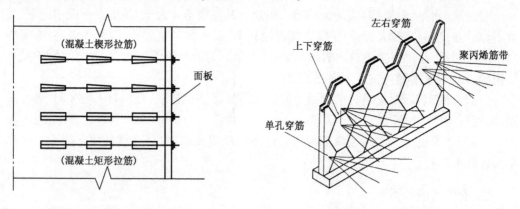

图5-42 钢筋混凝土筋带布设　　　　图5-43 聚丙烯土工带布设

无论哪种方法均应避免土工带在环(孔)上绕成死结,否则会影响筋带的使用寿命,绑扎时应绑紧,防止松动。筋带松动,填土碾压时,往往会因压路机推移造成筋带的扭曲和墙面板挤出外倾变位。

铺设时,使筋带与板背面垂直,并略呈扇形辐射状铺设在压实平整的填料上,再将少量填料从拉环处向筋带尾部铺压,不得使筋带重叠、卷曲或折曲,铺压结束后从尾部将筋带张拉一次,并用小杵子固定尾部,即可铺筑填料。

聚丙烯土工带不得与硬质、棱角填料直接接触,拉环与筋带之间应予隔离处理。

(4)钢塑复合带

在摊铺压实的填料上,人工找平、铲坡,并在筋带设计长度尾部处挖一浅槽,埋入10cm×10cm×300cm方木,用定位栓固定,拉环处的筋带用扣销固定成辐射状。

先粗穿筋带,然后逐根理顺调正,用夹具逐根张紧后,钉在方木上,并使筋带紧贴填料,仔细查看,以确保松紧程度一致,达到受力均匀,不得有折曲、卷曲和重叠,验收合格后摊铺填料。

3. 增强筋带的布设

筋带一般应水平铺设,并垂直于墙面板,如图5-44所示。加筋土挡土墙的拐角处和曲线部位,布筋方向也应与墙面垂直。当墙中设有斜交的横向构造物(如涵洞)时,在垂直于墙面的方向上,筋带无法配置到所需的长度,则应配置足够的增强筋带,如图5-45所示。

设置在弯道上的加筋土挡土墙在平面上成折线,则角隅处应采用角隅伞形构件并布设增强筋带,如图5-46所示。在加筋体的凸部,有应力集中而造成外胀的趋势。因此,要在墙面拐角处安装增强筋带,当夹角小于90°时,还要在邻接的墙面上安装互拉的增强筋带。在凹部,为使墙背后不留有无配置筋带的空地,应增设筋带,以使筋带的密度与一般部位相同。

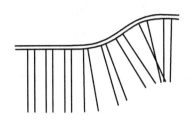
图 5-44 平面筋带布设

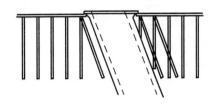
图 5-45 墙中有斜交构造物时的布筋

a)

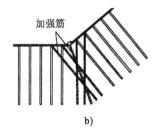
b)

c)

图 5-46 拐角和曲线部位拉筋的铺设
a)凸部；b)凹部；c)垂直拐角

双面加筋土挡土墙的筋带,同一平面上的筋带尽可能错开,避免重叠,以免影响摩擦阻力的充分发挥,如图 5-47 所示。

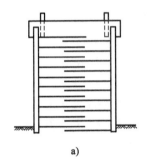
a)

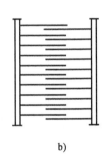
b)

图 5-47 双面墙的筋带布设
a)横断面图；b)平面图

4. 筋带的防锈和隔离

(1) 钢件的防锈

由于钢带、钢筋混凝土带的外露钢筋以及混凝土墙面板的钢拉环和螺栓等部件长期埋于土中而易产生锈蚀,从而影响有效断面和使用寿命。除设计时考虑锈蚀量外,在施工中必须进行防锈处理,其处理方法及要求如下：

①钢带镀锌。钢带经严格除锈后,一般用浸渍法镀上一层金属,其纯度不小于98.5%,最小厚度为45μm,使其成为镀锌带。

②涂刷防锈漆。一般先除去外露钢件表面的铁锈,然后均匀涂刷一层环氧焦油,待其干燥后再涂刷第二遍环氧焦油,通常涂刷2~3遍,充分干燥后进行下道工序。

③裹缠三油二布。用稠度较大的石油沥青(如 A-70~A-130)加热至140℃,充分脱水后,立即用小排刷均匀涂刷在外露钢件表面上,趁热用布条、麻丝、麻袋片或玻璃纤维等将钢件

紧密缠绕一层,然后再在布条上涂刷第二遍热沥青。施工时应注意使沥青浸透并涂满布条,按此方法共刷沥青三次,缠布两次,将钢件严密保护起来。此方法效果优于防锈漆。

④覆盖沥青砂。用稠度较小的石油沥青(A-90~A-160),加热至120~140℃,充分脱水后,按8%~10%的沥青用量与中细砂拌匀成沥青砂,趁热覆盖在外露钢件四周并拍实。此方法不宜单独使用,一般适用于空间狭窄不便于裹缠三油二布的地方(如钢拉环处),当与其他防锈方法配合使用时,可加强防锈效果。

⑤涂塑。涂敷聚氨基甲酸树脂和防蚀胶布,应在连接处先用聚氨基甲酸树脂在外涂敷三次,用防蚀胶布缠绕二层即可防锈。聚氨基甲酸树脂由基剂和硬化剂按9:1配比配制而成,涂敷后约15min就可硬化。

(2)拉环与聚丙烯土工带的隔离

当聚丙烯土工带绕在墙面板钢拉环之前,拉环宜采用三油二布、橡胶包裹或涂料等,保护拉环并使土工带与拉环隔离,避免聚丙烯土工带与钢拉环的铁离子直接接触,以减小土工带的老化和溶解。

五、填料摊铺与压实

加筋土挡土墙工作的主要机理是利用填料与拉带之间的摩擦阻力来平衡填料对墙面板产生的侧向土压力。因此,填料的选择、摊铺与压实的控制极为重要,施工中必须严格控制。

填料采集前应按要求做好标准击实试验,确定填料的最佳含水率和最大干密度以及相应的物理化学性能,以便控制压实质量,施工中若有变更,经试验符合要求后方可使用。

填料的填筑和墙面板安装、筋带铺设等工序应交替进行。当挡土墙较长、工作面开阔时,可采用流水作业法,以提高工作效率和机械设备利用率,加快工程进度。

卸料机具和摊铺机械与墙面板距离不应小于1.5m,以防止施工机械在卸料时撞动已安装好的墙面板。填筑时,距墙面板1.0m范围内先不予回填,只填筑1.0m范围以外的填料并压实。在铺设上层筋带之前,再回填此预留部分,并用人工或小型压实机具压实后,铺设上层筋带,以避免扰动下层筋带。如此逐层预留,逐层摊铺压实,循环作业。距墙面板1.5m以外机械摊铺时,应设明显标志,易于驾驶员观察。所有机械的行驶方向应与筋带垂直,如图5-48所示,并不得在未覆盖填料的筋带上行驶。压实厚度除按规定外,应考虑筋带的竖向间距,适当调节,但每层厚度不得大于20cm。如填土层厚与筋带层间隔相符时,有利于筋带层舒展水平。而钢筋混凝土筋带顶面以上填料一次摊铺厚度不应小于20cm,以防机械作业时直接撞动(或碾压)已铺设好的钢筋混凝土带,导致钢筋混凝土带变形、断裂。因此,摊铺时机械严禁在钢筋混凝土带上行驶、停车,而应采取由机械将填料向前逐步推进摊铺的方法作业。这样既不会压坏筋带,又保证了一次摊铺厚度要求。

填料每层摊铺后应及时碾压,如用黏质土作填料在雨季施工时,应做好排水和遮盖,防止填料摊铺后由于不及时碾压而改变填料的含水率。遮盖常采用塑料薄膜,在搭接处用填料压住,以防风吹翻倒。

碾压前应进行压实试验,根据碾压机具、填料性质、最大干密度、最佳含水率和要求密实度,采用不同填料厚度、机械组合和碾压程序,确定最经济的碾压遍数,以指导施工。碾压时,应严格分层,先从筋带长度的中部开始,逐渐向筋带尾部碾压(沿路基中心线纵向行进),然后再从筋带中部向墙面碾压,第一遍速度宜慢,以免拥土将筋带推起,第二遍以后速度可稍快。碾压时应先轻后重,不得用羊足碾碾压,以防凸轮对筋带损伤。禁止在未经压实的填料上急剧改变运行方向和紧急制动,以免筋带被拉动变位和产生超量变形,影响已铺筋带的正确位置和正常使用。墙面板附近1.0m范围内,尤其是靠近墙面板背部不允许用大、中型压路机进行碾压,而应使用小型机械并配以人工方式,可先由墙面板后开始轻压,逐步沿路线中心方向压实。碾压过程中还应随时检查土质和含水率的变化情况。排水设施(如隔水层、透水层、反滤层等)施工应与填料填筑同步进行。

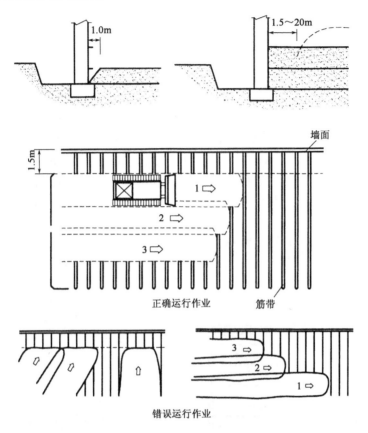

图 5-48　卸料及机械运行作业图

加筋体以上部分的填土的填筑同普通路基。

浸水加筋土挡土墙的施工,与一般加筋土挡土墙施工没有多大的差别。不同的是浸水加筋土挡土墙必须采用水稳性好的透水性材料。为防止较细颗粒的填料从墙面板缝隙中流失,墙面板应做成企口,在墙背后还需设反滤层,反滤层可用渗滤土工织物或其他可滤水的材料。当采用砂砾时,其厚度一般为 20~30cm。

六、防、排水设施

加筋土挡土墙的防、排水设施,如反滤层、透水层、隔水层等应与墙体同步施工,同时完成。当挡土墙区域内出现层间水、裂隙水、涌泉等时,应先修筑排水构造物,再修筑加筋土挡土墙。

加筋土挡土墙墙面一般不设置泄水孔,如需设置,可按墙面板排列位置,在预制过程中预留孔位,若墙身为砌石或现浇混凝土时,则必须按设计要求预留或预埋泄水孔。泄水孔尺寸和设置与重力式挡土墙相同。

对于基础,可结合地基处理或基槽回填做片石盲沟,在条形基础上可设排水孔,孔径不应小于10cm,间距3~5m。当加筋体的填料要求不容许浸水时,排水设施必须保证不被淤塞。

根据墙后填料的不同,可做不同的防、排水处理。当填料采用细粒土有路面水渗入时,宜在墙背后由散水高度至墙顶50cm之间设置垂直排水层,以加强排泄墙背积水和减少墙面的水压力和冻胀力。但当雨量少、路面封闭性好、能确保地面水不渗入加筋体内时,也可不设。若加筋体背后有地下水渗入时,应在加筋体后部和底部增设通向加筋体外的排水层,如图5-49所示。但当加筋体修建在渗透性很强的地基上时,则可不设底部排水层。

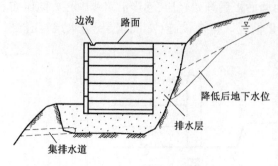

图5-49 有地下水渗入时的排水层布设

排水层材料采用砂砾,其厚度不小于50cm,必要时,在进水面上铺设土工织物过滤层,以防淤塞。当墙后泄水量较大时,可在排水层底部加设纵向渗沟,配合排水层把水排到墙外。如遇有泉水渗入地段,应设纵、横向暗沟,将水引出。

浸水加筋土挡土墙,宜用渗透性良好的粗粒土作为填料,如天然级配砂砾,以便水位涨落变化时水能较自由地出入加筋体,尽可能减少加筋体内的水压力。但当缺乏粗粒土时,在加筋体中铺设几层渗透性材料夹层,并在墙面板后设置用相同材料填筑的渗水层,而其余用细粒土填料,如图5-50所示。对于非浸水加筋土挡土墙,当基础埋深小于1m时,应在墙面地表处设1.0m宽的混凝土或浆砌片石散水,表面做成向外倾斜3%~5%的横坡,以利排水。

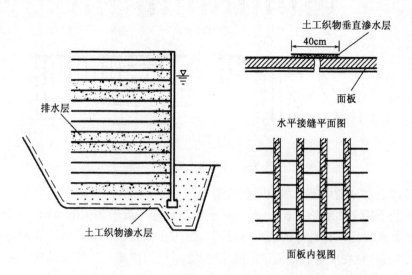

图5-50 透水材料夹层的设置

七、附属工程

加筋土挡土墙应根据地形、地质、墙高等条件设置沉降缝。其间距是:土质地基为10~20m,岩石地基可适当增大,但也不宜大于25m。对于穿越加筋体的构造物,为避免因地基支承条件的差异而引起不均匀下沉,挡土墙两端的墙面应酌情设置间距与沉降缝一致的伸缩缝,两者应整齐一致,上下贯通。沉降缝与伸缩缝的宽度一般为1~2cm,缝隙内可采用沥青板、软木板或沥青麻絮等填塞。

加筋土挡土墙顶部一般均设有浆砌块料找平层、挡护设施及排水系统,以保证行车安全并及时将雨水纵向引出墙外。

檐石或帽石是设置在顶部墙面板上的构件,分段应与墙体的分段一致。横断面多做成 U 形或 L 形,其尺寸由设计而定,如图 5-51 所示,一般多为素混凝土预制块或料石,安砌时应做到坐浆饱满,砌筑稳固,顶面平整,线形流畅,顺适美观。帽石勾缝采用凹缝(插浆后用细钢筋压缝,参见图 3-43),其装饰效果较好。

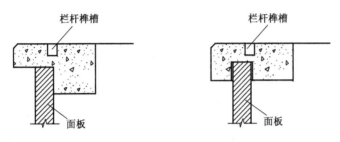

图 5-51　帽石形式

其他构件还包括护栏、护柱、护板、护墙等,应根据采用的形式确定预制或现场浇筑及片(块)石砂浆砌筑,其安装应精确挂线、支模,保证构件位置正确,无破损,线形顺适,砌筑牢固,外表美观。

思考题

1. 试述加筋土的基本机理。
2. 试述加筋土挡土墙各组成部分的基本要求。
3. 试述加筋土挡土墙(内部和外部)失稳形式以及改善加筋土挡土墙稳定性的措施。
4. 试述加筋土挡土墙内部稳定性分析的应力分析法和楔体平衡法的区别。
5. 试述似摩擦因数的基本概念,似摩擦因数值受哪些因素的影响?
6. 为确保加筋土挡土墙稳定,施工过程中应注意哪些环节?

第六章 锚固式挡土墙

第一节 概 述

锚杆挡土墙和锚定板挡土墙在本书统称为锚固式挡土墙。

锚杆挡土墙是利用锚杆技术形成的一种挡土构造物。锚杆是一种受拉杆件,它的一端与挡土墙联结,另一端通过钻孔、插入锚杆、灌浆、养护等工序锚固在稳定的地层中,以承受土压力对挡土墙所施加的推力,从而利用锚杆与地层间的锚固力来维持挡土墙的稳定。锚杆挡土墙是由挡土板、肋柱和锚杆组成,如图6-1所示。肋柱是挡土板的支座,锚杆是肋柱的支座,墙后的侧向土压力作用于挡土板上,并通过挡土板传给肋柱,再由肋柱传给锚杆,由锚杆与周围地层之间的锚固力,即锚杆抗拔力使之平衡。

锚定板挡土墙由挡土板、肋柱、拉杆、锚定板以及充填墙面(挡土板)与锚定板之间的填土共同组成,如图6-2所示。在这个整体结构的内部,存在着作用于墙面上的土压力,拉杆的拉力和锚定板的抗拔力等相互作用的内力,这些内力必须互相平衡,才能保证结构内部的稳定。同时,在锚定板挡土墙的周围边界上,还存在着从边界外部传来的土压力,活载以及结构自重所产生的作用力和摩擦阻力,这些外力也必须互相平衡,以保证锚定板挡土墙的整体稳定性,防止发生滑动或蠕动。

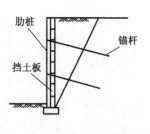

图6-1 锚杆挡土墙

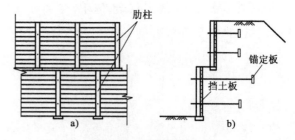

图6-2 锚定板挡土墙

锚定板挡土墙和锚杆挡土墙不同之处在于抗拔力的来源。锚杆挡土墙来源于锚杆与砂浆、孔壁地层之间的摩擦阻力,而锚定板挡土墙来源于锚定板前填土的被动抗力。因此,对于锚定板挡土墙墙后侧向土压力是通过墙面传给拉杆,依靠锚定板在填土中的抗拔力抵抗侧向土压力,以维持挡土墙的平衡与稳定。

锚固式挡土墙可根据地形设计为单级或多级(表1-1、图6-2),每级墙的高度不宜大于8m(锚杆挡土墙)或3~5m(锚定板挡土墙),具体高度应视地质和施工条件而定。在多级墙的上、下两级墙之间应设置平台,平台宽度一般不小于1.5~2.0m。平台宜用厚度不小于15cm的C15混凝土封闭,并设向墙外倾斜的横坡,坡度为2%。对于锚定板挡土墙,为了减少因上级墙肋柱下沉对下级墙拉杆的影响,上级墙肋柱与下级墙肋柱沿路线方向的位置应该相互错开,如图6-2所示。肋柱上可设置单层、双层和多层锚杆(拉杆),分别称为单层、双层和多层锚杆(锚定板)挡土墙。

锚固式挡土墙可以相互组合使之成为形式多样,使之适合各种具体使用条件,也可根据周围环境及地质地形条件设计成锚定板和锚杆联合使用的挡土墙,如图6-3所示。上层拉杆利用锚定板锚固在新填土中,下层拉杆采用灌浆锚杆固定在原有边坡内。这样可充分利用原有边坡及新填路基,发挥锚定板和锚杆的优越性。

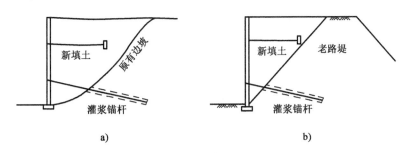

图6-3 锚定板与锚杆联合使用

锚固式挡土墙的特点是:①构件断面小、结构质量轻,使挡土墙的结构轻型化,与重力式挡土墙相比,可以节约大量的圬工和节省工程投资;②利于挡土墙的机械化、装配化施工,可以减轻笨重的体力劳动,提高劳动生产率;③不需要开挖大量基坑,能克服不良地基挖基的困难,并利于施工安全。但是对于锚杆挡土墙也有一些不足之处,如施工工艺要求较高,要有钻孔、灌浆等配套的专用机械设备,且要耗用一定的钢材。

锚固式挡土墙适用于承载力较低的软弱地基和缺乏石料的地区,其中锚杆挡土墙一般作岩质地段的路堑墙,但其他具有锚固条件的路堑墙也可使用,还可应用于陡坡路堤。锚定板挡土墙可作路肩墙或路堤墙使用,但在滑坡、坍塌地段以及膨胀土地区不能使用。

第二节 土压力计算

一、锚杆挡土墙

由于墙后岩(土)层中有锚杆的存在,造成比较复杂的受力状态,因此土压力的计算至今没有得到很好的解决。目前设计中大多仍按库仑主动土压力理论进行近似计算。

对于多级挡土墙,应利用延长墙背法分别计算每一级的墙背土压力,如图6-4所示。计算上级墙时,视下级墙为稳定结构,可不考虑下级墙对上级墙的影响,计算下级墙时,则应考虑上级墙的影响。为简化计算,特别是在挡土板和肋柱设计时,可近似按图6-4b)实线所示的土压力分布图考虑,即土压力分布简化为三角形或梯形分布。

二、锚定板挡土墙

由于墙面系、拉杆、锚定板及填土的相互作用,土压力问题比较复杂,它与填土的性质、压实程度、

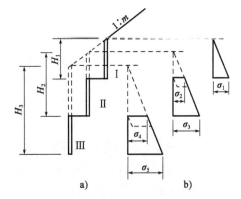

图6-4 分级锚杆挡土墙土压力
a)三级锚杆挡土墙;b)土压力分布图

拉杆位置及其长度、锚定板大小等因素有关。现场实测和室内模型试验表明,土压力值大于库仑主动土压力计算值,但小于静止土压力值。为简化计算,锚定板挡土墙设计时,作用于墙背上的恒载土压力可以库仑主动土压力理论或静止土压力理论为基础进行近似计算。

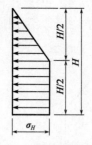

图 6-5　锚定板挡土墙土压应力分布

由于柱板并非刚性墙背,而且柱板的变形受拉杆和锚定板的约束,其变形不可能使土压力进入主动状态,并受拉杆的影响。因此,作用于墙面上的土压力按库仑主动土压力理论计算时,需乘以大于 1 的系数 m,以便使计算结果与实际土压力接近。根据锚定板挡土墙土压力实测结果与理论计算值的比较,增大系数 m 值在 1.20 ~ 1.40。

土压力沿墙背的分布图形如图 6-5 所示,采用墙高上部 $0.5H$ 范围内为三角形分布、下部 $0.5H$ 为矩形分布,其土压应力为:

$$\left. \begin{array}{l} \sigma_H = \dfrac{1.33E_x}{H}m \\[4pt] \sigma_{hi} = \dfrac{2\sigma_H h_i}{H} \quad (0 \leqslant h_i < H/2) \\[4pt] \sigma_{hi} = \sigma_H \quad (H/2 \leqslant h_i \leqslant H) \end{array} \right\} \tag{6-1}$$

式中:σ_H——墙底的水平土压应力(kPa);
　　　h_i——墙顶至计算截面的高度(m);
　　　σ_{hi}——深度为 h_i 处的水平土压应力(kPa);
　　　E_x——库仑主动土压力的水平分力(kN);
　　　H——墙高(m),当为两级及两级以上时,H 为各级墙的总高度;
　　　m——土压力增大系数,$m = 1.20 \sim 1.40$。

采用上述分布图形是根据国内外大多数实测土压力的分布图形为抛物线形,合力作用点约在墙底以上 $0.4H$ 处(详见第二章),并结合锚定板挡土墙的实测土压力分布图形简化而成的。

活载对墙面的土压力也按库仑主动土压力计算,但不乘增大系数 m。作用于墙背上总的土压力应为恒载产生的土压力和活载产生的土压力之和。

当作用于墙面上的土压力按静止土压力近似计算时,需对计算值给予适当折减,实际按 75% 进行折减,即:

$$E = 0.375\gamma H^2 K_0 \tag{6-2}$$

土压应力沿墙背的分布与图 6-5 相同,则土压应力为:

$$\left. \begin{array}{l} \sigma_{hi} = \gamma h_i K_0 \quad (0 \leqslant h_i < H/2) \\[4pt] \sigma_{hi} = \sigma_H = 0.5\gamma H K_0 \quad (H/2 \leqslant h_i \leqslant H) \end{array} \right\} \tag{6-3}$$

式中:σ_{hi}——深度为 h_i 处的土压应力(kPa);
　　　h_i——墙顶至计算截面的高度(m);
　　　K_0——静止土压力系数;
　　　γ——填土重度(kN/m³)。

活载土压应力按活载引起的竖向土压应力与静止土压力系数相乘而得,由于活载的影响

随深度的增加而减小,因此竖向土压应力按30°的扩散角向下扩散。活载的土压应力则为:

$$\sigma_{pi} = qK_0B/L_{hi} \tag{6-4}$$

式中:σ_{pi}——深度为 h_i 处的活载土压应力(kPa);
q——活载等代附加荷载强度(kPa);
B——墙顶活载的横向分布宽度(m);
L_{hi}——深度 h_i 处的活载扩散宽度(m)。

第三节 抗拔力计算

一、锚杆抗拔力计算

锚杆抗拔力与锚杆锚固的形式、地层的性质、锚孔的直径、有效锚固段的长度以及施工方法、填注材料等因素有关。因此,从理论上确定锚杆抗拔力复杂而困难,目前普遍采用的方法是:根据以往施工经验、理论计算值与拉拔试验结果综合加以确定。

1. 摩擦型灌浆锚杆的抗拔力

对于利用砂浆与孔壁摩擦阻力起锚固作用的摩擦型灌浆锚杆,它是用水泥砂浆将一组粗钢筋锚固在地层内部的钻孔中,中心受拉部分是钢筋,而钢筋所承受的拉力首先通过锚杆周边的砂浆握固力传递到砂浆中,然后通过锚固段周边地层的摩擦阻力传递到锚固区的稳定地层中,如图6-6所示。

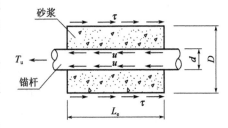

图6-6 灌浆锚杆锚固段的受力状态

因此,锚杆如受到拉力的作用,除了钢筋本身须有足够的抗拉能力外,锚杆的抗拔作用还必须同时满足以下三个条件:

①锚固段的砂浆对于锚杆的握裹力需能承受极限拉力。

②锚固段地层对于砂浆的摩擦阻力需能承受极限拉力。

③锚固的土体在最不利的条件下仍能保持整体稳定性。

(1)岩层锚杆的抗拔力

当锚杆锚固于较完整的岩层中时(用 M30 的水泥砂浆灌注),由于岩层的强度一般大于砂浆的强度,即岩层与孔壁的摩擦阻力一般大于砂浆对锚杆的握裹应力。因此,在完整硬质岩层中的锚杆抗拔力一般取决于砂浆的握裹能力,则锚杆的极限抗拔力为:

$$T_u = \pi d L_e u \tag{6-5}$$

式中:T_u——锚杆的极限抗拔力(kN);
d——锚杆的直径(m);
L_e——锚杆的有效锚固长度(m);
u——砂浆对于钢筋的平均握裹应力(kPa)。

砂浆对于钢筋的握裹力,取决于砂浆与钢筋之间的抗剪强度。如果采用螺纹钢筋,这种握裹力取决于螺纹凹槽内部的砂浆与周边以外砂浆之间的抗剪力,也就是砂浆本身的抗剪强度,一般可取砂浆标准抗压强度的1/10。

(2) 土层锚杆的抗拔力

当锚杆锚固在风化岩层和土层中时,锚杆孔壁对砂浆的摩擦阻力一般低于砂浆对锚杆的握裹力。因此,锚杆的极限抗拔能力取决于锚固段地层对于锚固段砂浆所能产生的最大摩擦阻力,则锚杆的极限抗拔力为:

$$T_u = \pi D L_e \tau \tag{6-6}$$

式中:D——锚杆钻孔的直径(m);

τ——锚固段周边砂浆与孔壁的平均抗剪强度(kPa)。

抗剪强度 τ 除取决于地层特性外,还与施工方法、灌浆质量等因素有关,最好进行现场拉拔试验以确定锚杆的极限抗拔力,在没有试验条件的情况下,可根据以往拉拔试验得出的统计数据参考使用。

由式(6-6)可见,锚孔直径 D、有效锚固长度 L_e 和砂浆与孔壁周边的抗剪强度 τ 是直接影响锚杆抗拔能力的因素。其中锚杆周边抗剪强度 τ 值又受地层性质、锚杆的埋藏深度、锚杆类型和施工灌浆等许多复杂因素的影响。不仅在不同种类的地层中和不同深处的锚杆周边抗剪强度 τ 值有很大差异,即使在相同地层和相同埋深处,τ 值也可能由于锚杆类型和施工灌浆方法的差别而有大幅度的变化。锚杆孔壁与砂浆接触面的抗剪强度与以下三种破坏形式有关,分别为:第一,砂浆接触面外围的地层剪切破坏,这只有当地层强度低于砂浆与接触面强度时才会发生;第二,沿着砂浆与孔壁的接触面剪切破坏,这只有当灌浆工艺不符合要求以致砂浆与孔壁黏结不良时才会发生;第三,接触面内砂浆的剪切破坏。

土层的强度一般低于砂浆强度。因此,土层锚杆孔壁对于砂浆的摩擦阻力取决于沿接触面外围的土层剪切强度。其土层抗剪强度 τ 为:

$$\tau = c + \sigma \tan\varphi \tag{6-7}$$

式中:c——锚固区土层的黏聚力(kPa);

φ——锚固区土层的内摩擦角(°);

σ——孔壁周边法向压应力(kPa)。

c、φ 值完全取决于锚固区土层的性质,而 σ 则受到地层压力和灌浆工艺两方面因素的影响。一般灌浆锚杆在灌浆过程中未加特殊压力,其孔壁周边的法向压力 σ 主要取决于地层压力,因而式(6-7)可表示为:

$$\tau = c + K_0 \gamma h \tan\varphi \tag{6-8}$$

式中:h——锚固段以上的地层覆盖厚度(m);

γ——锚固段土层的重度(kN/m³);

K_0——锚固段孔壁的土压系数。

一般情况下,孔壁土压系数 K_0 接近于1或略小于1。如采用特殊的高压灌浆工艺,则孔壁土压系数 K_0 将大于1。其具体数值须根据地层和施工工艺的情况试验决定。但如果是在松软地层中进行高压灌浆,高压灌浆所产生的局部应力将逐渐扩散减小,因而 K_0 值的增大也是有限的。因此,在松软地层中往往采用扩孔的方法以增大锚杆的抗拔能力。

2. 扩孔型灌浆锚杆的抗拔力

所谓扩孔锚杆(图6-7)就是利用扩孔钻头或爆破等方法扩

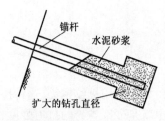

图6-7 扩孔灌浆锚杆

大锚固段的钻孔直径(一般可扩大3~5倍),从而提高锚杆的抗拔能力,这种扩孔方法主要用于软弱地层中。扩孔型灌浆锚杆的抗拔力可采用压缩桩法和柱状剪切法确定。

(1)压缩桩法

对于锚杆端部采用扩孔形式的锚杆,其极限抗拔力视地层性质而不同。当锚固体处在岩层中时,锚杆的极限抗拔力往往取决于砂浆的抗压强度;当锚固体处在土层中时,锚杆的极限抗拔力推算公式的基本形式为:

$$T_u = F + Q \tag{6-9}$$

式中:F——锚固体的周面摩擦阻力;

Q——锚固体受压面上的抗压力。

由此可见,锚固体的抗拔力为锚固体侧面的摩擦阻力以及断面突出部分的抗压力之和。对于图6-8所示的典型的单根锚杆,其锚固体的极限抗拔力为:

$$T_u = \pi D_1 \int_{Z_1}^{Z_1+L_1} \tau_1 dZ + \pi D_2 \int_{Z_2}^{Z_2+L_2} \tau_2 dZ + q_d S \tag{6-10}$$

式中:D_1——锚固体直径(m);

D_2——锚固体扩孔部分的直径(m);

τ_1——锚固体与地基间的抗剪强度(kPa);

τ_2——锚固体扩孔部分与地基间的抗剪强度(kPa);

S——锚固体扩孔受压面积(m^2);

q_d——锚固体扩大受压部分的极限承载力(kPa)。

L_1——锚固体未扩孔部分的长度(m);

L_2——锚固体扩孔部分的长度(m);

Z_1——锚杆自由段的长度(m);

Z_2——如图所示,$Z_2 = Z_1 + L_1$。

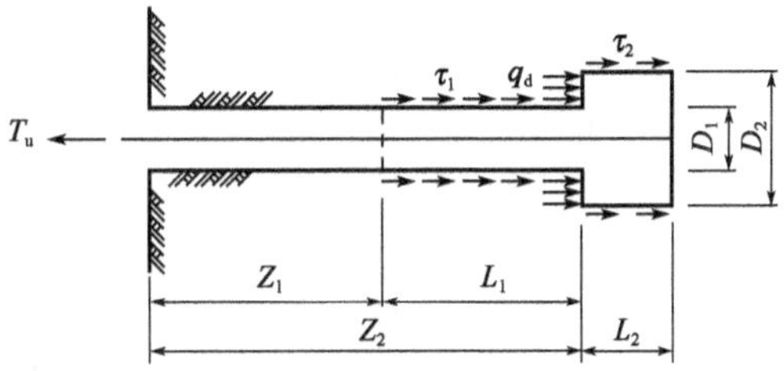

图6-8 压缩桩法计算图式

对于设置在黏质土中的锚杆,当承压断面部分有足够的埋置深度,可按深基础端支承力处理。捷博塔辽夫提出了极限承载力q_d的计算方法,即:

$$q_d = 9c \tag{6-11}$$

而门纳尔特(Menard)建议取:

$$q_d = 6kc \tag{6-12}$$

式中:k——系数,当为软黏土时取1.5,硬黏土时取2。

式(6-10)中考虑了摩擦阻力与抗压力两个方面,通常$T_u < F_{max} + Q_{max}$;也就是说,实际上锚固体的极限抗拔力不可能达到摩擦阻力与抗压力全部充分发挥的程度。因此,这样推算的结果就会偏大,而这种偏大是不安全的。因此,在考虑锚固体构造和形状的同时,应预测锚杆各部分在设计荷载作用下的变位状态,由此来判断式(6-10)中的τ和q_d的取值。

(2)柱状剪切法

对于土层扩孔锚杆,假定锚杆在拉拔力的作用下锚固体扩大部分以上的土体沿锚杆轴线方向作柱状剪切破坏,如图6-9所示,锚固体的极限抗拔

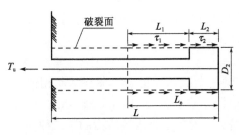

图6-9 柱状剪切法计算图式

力为：

$$T_u = \pi D_2 L_1 \tau_1 + \pi D_2 L_2 \tau_2 \tag{6-13}$$

式中：τ_1——锚固体扩大部分以上滑动土体与外界土体表面间的抗剪强度(kPa)。

τ_1 值也是根据统计资料凭经验选定，有时也可采用式(6-8)推算，然后根据现场拉拔试验数值综合加以确定。

二、锚定板抗拔力计算

锚定板抗拔力是一个十分复杂的问题，影响因素较多，到目前为止，尚未找到精确的理论解答。需从现场拉拔试验确定其抗拔力，我国铁路部门曾做过大量的现场拉拔试验，试验方法如图 6-10 所示。通过对现场原型试验结果，提出了深埋锚定板单位面积容许抗拔力的方法。对于浅埋锚定板，由于锚定板的稳定不是由抗拔力控制，而是由锚定板前被动抗力阻止板前土体破坏来控制，因此其抗拔力取决于锚定板前的被动土压力。

1. 极限抗拔力的基本概念

为了从原型拉拔试验曲线上确定合理的抗拔力，首先应确定极限抗拔力的判别标准和方法。根据判别标准的不同，极限抗拔力有三种：极限稳定抗拔力、局部破坏抗拔力和极限变形抗拔力。

(1) 极限稳定抗拔力

当锚定板所受拉力超过一定程度后，锚定板前土体中某一点的应力状态开始达到极限平衡，出现局部剪切作用和塑性区，随着拉力不断增大，锚定板周围土体的塑性区继续发展，直至塑性区连通之后(图6-11)，锚定板在土体中的位置将不能保持局部稳定状态。以锚定板在土体中能够保持局部稳定状态的最大抗拔力作为极限稳定抗拔力。

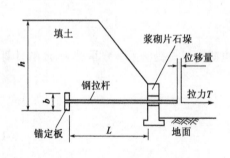

图6-10 现场拉拔试验示意图

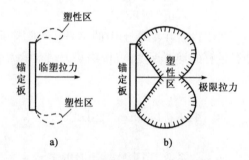

图6-11 锚定板前方土体塑性区的发展
a) 塑性区发生初期；b) 塑性区发展至破坏阶段

在现场试验时是以位移速率作为判断"稳定"或"丧失稳定"的界限。一般规定当变位速率降至 30min 不超过 0.1mm 时即为稳定。当某一级拉力施加 3h 后仍不能达到上述稳定标准，即认为丧失稳定。其前一级拉力则为极限稳定抗拔力。

(2) 局部破坏抗拔力

从锚定板拉拔试验所得到的拉力—变位曲线与地基荷载试验的 P-S 曲线形状相似，其最后阶段往往是直线，而且这段曲线的斜率为最小。根据地基承载力中局部破坏承载力的概念和确定方法，在拉拔试验曲线上以最后直线段的起始点作为确定极限抗拔力的第二种标准，由此得到的极限抗拔力即为局部破坏抗拔力。

(3) 极限变形抗拔力

如果锚定板受力后的位移量超过了结构所能承受的极限变形值,该结构将会失去作用或破坏。因此,以锚定板的位移量不超过锚定板挡土墙的变形极限时的最大抗拔力,作为极限变形抗拔力,即确定极限抗拔力的第三种标准。建议锚定板的位移量 100mm 作为变形的极限值,当位移量超过 100mm 时,锚定板挡土墙将不能使用。

根据原型试验的结果确定极限抗拔力时,往往需要综合使用上述三种标准。三种标准中应优先采用第一种标准,但由于试验设备和时间所限,有很多试验不能达到极限稳定状态,这时可采用第二种标准。若采用前两种标准所得到的变形量超过了第三种标准的极限变形值时,则在锚定板尚未丧失稳定之前,结构物已不能承受,这时应以第三种标准确定极限抗拔力。

2. 深埋锚定板容许抗拔力

容许抗拔力是锚定板设计拉力的最大容许值,等于锚定板的极限抗拔力除以安全系数。安全系数的取值应考虑影响抗拔力的各种因素的复杂程度及工程结构的性质和重要程度。

实测极限抗拔力是锚定板能承受的极限拉力,考虑到在实际工程中填土的不均匀性、墙面变形的影响、群锚的相互影响以及荷载的长期作用等因素,安全系数不应小于 2.5~3.0。

根据现场拉拔试验,按照极限抗拔力的判别标准,如果采用局部破坏抗拔力标准的安全系数为 2.5 或者采用极限变形抗拔力标准的安全系数为 3.0,二者所得到的容许抗拔力比较接近,大多数介于 100~150kPa。因此对于埋于土质砂或黏质土中,而且埋深在 3~10m 的锚定板,其单位容许抗拔力建议值为 $T_R = 100 \sim 150$kPa,并按表 6-1 取值。

锚定板容许抗拔力 表 6-1

锚定板埋置深度(m)	容许抗拔力(kPa)	锚定板埋置深度(m)	容许抗拔力(kPa)
10	150	3	100
5	120		

注:当锚定板埋置深度介于 3~5m、5~10m 时,容许抗拔力可分别按线性内插法确定。

3. 浅埋锚定板容许抗拔力

现场原型拉拔试验大多是在锚定板埋置深度为 3~10m 范围内进行的。如果埋置深度小于 3m,则锚定板容许抗拔力不能按表 6-1 确定。

由于锚定板埋置深度小于 3m 时,锚定板的稳定由锚定板前的被动土压力控制,如图 6-12 所示。因此对于宽度方向连续的锚定板,埋置深度 $D < 4.5h$(h 为锚定板高度)时,每延米锚定板的极限抗拔力 T_u(kN)为:

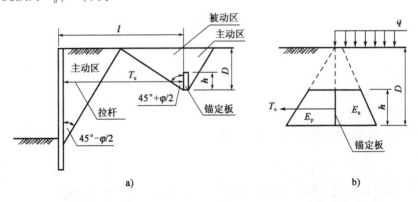

图 6-12 浅埋锚定板抗拔力计算图式

$$T_u = \frac{1}{2}\gamma D^2(K_p - K_a) \tag{6-14}$$

式中:K_p、K_a——分别为被动土压力系数和主动土压力系数;

γ——填土重度(kN/m^3)。

如果采用不连续的方形锚定板,其极限抗拔力则为:

$$T_u = \frac{1}{2}\gamma D^2(K_p - K_a)\lambda h \tag{6-15}$$

式中:T_u——单块锚定板的极限抗拔力(kN);

λ——修正系数。

$$\lambda = 1 + \frac{D}{2h}\tan\varphi \tag{6-16}$$

对于锚定板挡土墙,修正系数 λ 一般取为1,即采用不连续的方形锚定板,其极限抗拔力为:

$$T_u = \frac{1}{2}\gamma D^2(K_p - K_a)h \tag{6-17}$$

如果锚定板布置得很密,其中心间距 l 小于 $h+2a$ 时,则被动破裂棱体会发生重叠,重叠宽度为 $a_1 = h + 1.5D\tan\varphi - l$。在这种情况下,方形锚定板的极限抗拔力应为:

$$T_u = \frac{1}{2}\gamma D^2(K_p - K_a)\lambda h - \frac{a_1^3}{3a^2}\gamma D^2(K_p - K_a) \tag{6-18}$$

式中:$a = 0.75D\tan\varphi$。

容许抗拔力则为:

$$T_R = T_u/K \tag{6-19}$$

其中安全系数 K 不应小于2。

4. 锚定板抗拔力其他计算方法

梅耶霍夫(1973年)认为方形锚定板的埋深比 $D/h \leq 4$ 时(在松沙中)或 $D/h \leq 8$ 时(在密实砂中)属于浅埋锚定板;连续条形锚定板埋深比 $D/h \leq 6$ 时(在松砂中)或 $D/h \leq 12$ 时(在密实沙中)属于浅埋锚定板,超过上述的界限,属于深埋锚定板。

浅埋锚定板的极限抗拔力按式(6-20)计算:

$$T_u = \frac{1}{2}\gamma D_0^2 K_b b \tag{6-20}$$

式中:$D_0 = D - h/2$(m);

K_b——土压力系数,是填土的内摩擦角 φ 的函数,见公路设计手册《路基》;

b——锚定板宽度(m);

γ——填土的重度(kN/m^3)。

深埋锚定板的极限抗拔力按式(6-21)计算:

$$T_u = N_q\gamma Dbh \tag{6-21}$$

式中:N_q——与摩擦角 φ 有关的参数(断裂因素),见公路设计手册《路基》。

港工设计规范规定,当 $D \geq 4.5h$ 时,深埋锚定板的极限抗拔力 T_u 为:

$$T_u = \frac{1}{2}\gamma(K_p - K_a)[D^2 - (D-h)^2]\lambda h \tag{6-22}$$

式中 λ 意义如式(6-16)所示。

第四节 构件设计

一、挡土板

挡土板一般采用钢筋混凝土槽形板、矩形板和空心板,有时也采用拱形板,大多为预制构件。混凝土强度不应低于C20,矩形挡土板厚度应不小于15cm,宽度视吊装设备的能力而定,但不得小于30cm,一般采用50cm,预制挡土板的长度考虑到锚杆(拉杆)与肋柱的连接,一般较肋柱间距短 10~12cm,或将锚杆(拉杆)处的挡土板留有缺口。挡土板与肋柱的搭接长度不应小于10cm,另外挡土板后应设置反滤层。

挡土板以肋柱为支点,当采用槽形板、矩形板和空心板等预制构件时,挡土板可按简支板计算内力;当采用拱形板预制构件时,挡土板可按双铰拱板计算内力;在现浇结构中,挡土板常做成与肋柱连在一起的连续板,按连续梁计算内力。

挡土板直接承受土压力,对每一块挡土板来说,承受的荷载为梯形分布荷载,而且每一块板所承受的荷载是不同的。在设计中一般将挡土板自上而下的分为若干个区段,每一区段内的挡土板厚度相同,并按区段内最大荷载进行计算,如图 6-13 所示,但挡土板的规格不宜过多。

1. 视挡土板为简支板时的内力计算

计算图式如图 6-14 所示,跨中最大弯矩 M_{max}(kN·m)和最大剪力 Q_{max}(kN)分别为:

$$M_{max} = \frac{1}{8}ql^2 \tag{6-23}$$

$$Q_{max} = \frac{1}{2}ql \tag{6-24}$$

式中:l——计算跨径(m),即肋柱间净距加一个搭接长度;

q——土压应力(kN/m),即挡土板宽度范围内的土压力。

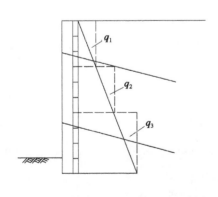

图6-13 挡土板土压力分布及计算区段

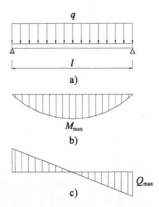

图6-14 视挡土板为简支梁时的内力计算图式
a)计算图式;b)弯矩图;c)剪力图

2. 视挡土板为双铰拱板时的内力计算

双铰拱为一次超静定结构,计算图式如图6-15所示。在均布荷载作用下,水平推力为:

$$H_P = -\frac{\Delta_{2P}}{\delta_{22}} = \frac{m_1 q \dfrac{R^4}{EI} + m_1' \dfrac{qR^2}{EA}}{\left(n_1 R^2 + K_1 \dfrac{I}{A}\right)\dfrac{R}{EI}} \qquad (6\text{-}25)$$

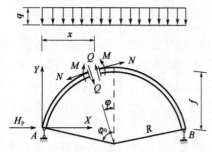

式中:H_P——均布荷载作用下的拱脚水平推力(kN);
δ_{22}——当 $H_P = 1$ 时,拱脚产生的水平位移(即常变位);
Δ_{2P}——荷载作用下拱脚产生的水平位移(即荷变位);
R——圆弧曲线半径(m);
I、A——截面惯性矩(m^4)及截面积(m^2);
E——材料的弹性模量(kPa);

图6-15 视挡土板为双铰拱板时的内力计算图式

$$m_1 = \left(-\cos^3\varphi_0 + \frac{1}{2}\cos\varphi_0\right)\varphi_0 + \frac{1}{2}\sin\varphi_0 - \frac{7}{6}\sin^3\varphi_0$$

$$m_1' = \frac{2}{3}\sin^3\varphi_0$$

$$n_1 = \varphi_0(1 + 2\cos^2\varphi_0) - 3\sin\varphi_0\cos\varphi_0$$

$$K_1 = \varphi_0 + \sin\varphi_0\cos\varphi_0$$

φ_0——拱圆弧半圆心角(rad)。

由温度变化产生的附加水平推力为:

$$H_t = \frac{l\alpha t}{\delta_{22}} = \frac{l\alpha t}{\left(n_1 R^2 + K_1 \dfrac{I}{A}\right)\dfrac{R}{EI}} \qquad (6\text{-}26)$$

式中:H_t——由温度变化引起的拱脚水平推力(kN);
l——两铰拱挡土板的计算跨径(m);
α——材料的温度膨胀系数,对于混凝土 $\alpha \approx 1 \times 10^{-5}$;
t——温度变化值(℃),上升为正,下降为负。

当求得拱脚水平推力后,则圆弧两铰拱挡土板在任意截面处弯矩 M_x(kN·m)、轴向力 N_x(kN)和剪力 Q_x(kN)分别为:

$$M_x = M_p - Hy = M_p - HR(\cos\varphi - \cos\varphi_0) \qquad (6\text{-}27)$$

$$N_x = H\cos\varphi + P_p\sin\varphi \qquad (6\text{-}28)$$

$$Q_x = \pm H\sin\varphi \mp P_p x\cos\varphi \qquad (6\text{-}29)$$

式中:H——水平推力(kN),按荷载组合的需要计算确定;
M_p、P_p——计算荷载作用下任意截面处的弯矩(kN·m)和垂直力(kN),

$$M_p = \frac{1}{2}qR^2(\sin^2\varphi_0 - \sin^2\varphi) \qquad (6\text{-}30)$$

$$P_p = qR\sin\varphi \tag{6-31}$$

求得各内力后便可根据内力值的大小确定挡土墙的截面尺寸。

视挡土板为连续板时,其内力计算参见肋柱的内力计算。

二、肋柱

1. 肋柱的截面设计与布设

肋柱一般采用矩形或 T 形截面,沿墙长方向肋柱宽度不宜小于 30cm,肋柱的间距由工点的地形、地质、墙高以及施工条件等因素确定,考虑工地的起吊能力和锚杆(锚定板)的抗拔力等因素,一般可采用 2.0~3.0m(锚杆挡土墙)或 1.5~2.5m(锚定板挡土墙)。锚杆挡土墙的肋柱可采用整体预制,亦可分段拼装或就地灌注,锚定板挡土墙上下两级肋柱接头常用榫接,也可以做成平台并相互错开(图 6-2)。肋柱采用的混凝土强度等级不低于 C20。

肋柱上设置锚杆(拉杆)处需要预留安装锚杆(拉杆)的椭圆形或圆形孔道。椭圆形孔道的宽和圆形孔道的直径应大于锚杆(拉杆)的螺丝端杆直径(螺母锚固)或锚杆(拉杆)直径(弯钩、焊短钢筋锚固),以便于在填土以前填塞沥青(水泥)砂浆用来防锈,如果采用压浆方法封孔,则需要预留压浆孔。

肋柱严禁前倾,应适当后仰,其仰斜度不宜大于 1:0.05。

肋柱与地基的嵌固程度与基础的埋置深度有关,它取决于地基的条件及结构的受力特点。一般设计时考虑采用自由端或铰支端。当为自由端时,肋柱所受侧压力全部由锚杆(拉杆)承受,此时肋柱下端的基础仅做简单处理。通常当地基条件较差、挡土墙高度不大以及整治滑坡时按自由端考虑。铰支端时要求肋柱基础有一定的埋深,使少部分推力由地基承受,可减少锚杆(拉杆)所受的拉力。若肋柱基础埋置较深,且地基为坚硬的岩石时,可以按固定端考虑,这对减少锚杆(拉杆)受力较为有利。但应注意地基对肋柱基础的固着作用而产生的负弯矩。固定端的使用应慎重,因为施工中往往较难保证设计条件,同时由于固定端处的弯矩、剪力较大,也影响肋柱截面尺寸。

肋柱截面尺寸应按计算截面弯矩来确定,并满足构造要求。截面配筋,考虑到肋柱的受力及变形情况较复杂,一般采用双向配筋,并在肋柱的内外侧配置通长的主要受力钢筋,钢筋直径不应小于 12mm。配筋设计包括:

(1)按最大正负弯矩确定纵向受拉钢筋截面积;

(2)计算斜截面的剪应力,确定箍筋数量、间距以及抗剪斜钢筋的截面积与位置;

(3)抗裂性计算。

配筋设计应遵守《公路钢筋混凝土及预应力混凝土桥涵设计规范》(JTG D62—2004)的有关规定。

2. 肋柱的内力计算

肋柱承受的是由挡土板传递来的土压力,由于肋柱上的锚杆(拉杆)层数和肋柱基础的嵌固程度的不同,其内力计算图式也不同。当锚杆(拉杆)层数为三层或三层以上时,内力计算图式可近似地看成连续梁。当锚杆(拉杆)为两层,且基础为固定端或铰支端时,则按连续梁计算内力;基础为自由端时,应按双支点悬出梁计算内力。

1)视肋柱为双支点悬臂梁时的内力计算

肋柱上下两端自由,承受梯形分布土压力,计算图式如图 6-16 所示。

(1) 肋柱支承反力

$$R_A = \frac{E(Z - l_3)}{l_2} \atop R_B = E - R_A \} \quad (6-32)$$

式中：E——垂直于肋柱上的土压力分力(kN)，

$$E = \frac{1}{2}(p_0 + p_H)H$$

p_0、p_H——墙顶及墙底的土压应力(kN/m)，对于锚杆挡土墙，

$$p_0 = \gamma h_0 K_a L\cos\delta$$
$$P_H = \gamma(h_0 + H) K_a L\cos\delta$$

δ——墙背摩擦角(°)；
γ——填土重度(kN/m³)；
Z——土压力作用点至肋柱底端的高度(m)；
L——肋柱间距(m)。

应该指出，当 $Z < l_3$ 时，支承反力 $R_A < 0$，即 R_A 为推力，说明锚杆(拉杆)B 的布置不当，应调整锚杆(拉杆)B 在肋柱的位置。

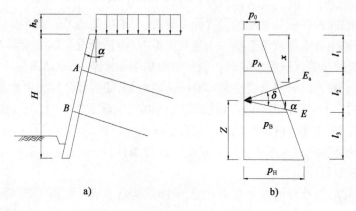

图 6-16 双支点悬臂梁内力计算图式

(2) 肋柱弯矩

A、B 支座处的弯矩分别为：

$$M_A = -\frac{1}{2}p_0 l_1^2 - \frac{1}{6}(p_A - p_0)l_1^2 \atop M_B = -\frac{1}{2}p_B l_3^2 - \frac{1}{3}(p_H - p_B)l_3^2 \} \quad (6-33)$$

A、B 两支座间任意截面上的弯矩为：

$$M_{AB} = R_A(x - l_1) - \frac{p_0}{2}x^2 - \frac{p_H - p_0}{6H}x^3 \quad (6-34)$$

式中：x——A、B 两支座间某一截面至肋柱顶的距离(m)。

根据极值原理，最大弯矩的截面位置由下式确定：

$$R_A - p_0 x - \frac{p_H - p_0}{2H}x^2 = 0$$

由上式解得 x 值，代入式(6-34)中，即可得 AB 间的最大弯矩值 $M_{\max}$。

(3)肋柱支座剪力

支座上、下两截面处的剪力分别为：

$$\left. \begin{aligned} Q_{A\pm} &= -\frac{1}{2}l_1(p_0 + p_A) \\ Q_{A\bar{\mathsf{r}}} &= R_A + Q_{A\pm} \\ Q_{B\pm} &= R_A - \frac{1}{2}(l_1 + l_2)(p_0 + p_B) \\ Q_{B\bar{\mathsf{r}}} &= R_B + Q_{B\pm} \end{aligned} \right\} \tag{6-35}$$

2)视肋柱为连续梁时的内力计算

肋柱视为连续梁时，为超静定结构，超静定结构的内力计算，应先求支座弯矩，再根据静力平衡条件计算各截面弯矩、剪力以及各支座反力。

如果肋柱各支座在受力后的水平变形量相同，则可按刚性支承连续梁进行计算。对于锚定板挡土墙由于各支承点的变形是由填土和拉杆的变形组成的，一般情况下，各支座变形量是不相同的，因而应按弹性支承连续梁计算肋柱内力。但是由于填土不均匀及土体变形十分复杂，因而各支点的柔度系数变化较大，很难准确计算。为了预防可能出现的各种不利因素，因此在锚定板挡土墙设计中，宜同时按刚性支承连续梁和弹性支承连续梁计算肋柱内力。并按两种情况计算所得的最不利弯矩、剪力进行肋柱截面设计和配筋，以保证肋柱有足够的安全储备并防止出现裂缝。

(1)按刚性支承连续梁计算内力

按刚性支承连续梁[图6-17a)]计算肋柱内力时，一般采用三弯矩方程，其基本方程为：

$$M_{i-1}\frac{l_i}{I_i} + 2M_i\left(\frac{l_i}{I_i} + \frac{l_{i+1}}{I_{i+1}}\right) + M_{i+1}\frac{l_{i+1}}{I_{i+1}} = -6\left(\frac{B_i^\varphi}{I_i} + \frac{A_{i+1}^\varphi}{I_{i+1}}\right) \tag{6-36}$$

当肋柱截面相同时，惯性矩 I 为常数，即 $I_i = I_{i+1}$，则上式可简化为：

$$M_{i-1}l_i + 2M_i(l_i + l_{i+1}) + M_{i+1}l_{i+1} = -6(B_i^\varphi + A_{i+1}^\varphi) \tag{6-37}$$

式中 A^φ、B^φ 是把连续梁分割成若干简支梁，将简支梁的弯矩图作为虚梁荷载时的反力[图6-17b)]：

$$B_i^\varphi = \frac{\Omega_i a_i}{l_i}$$

$$A_{i+1}^\varphi = \frac{\Omega_{i+1} a_{i+1}}{l_{i+1}}$$

式中：Ω——简支梁弯矩图的面积。

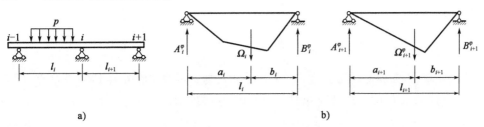

图6-17 刚性支承连续梁内力计算图式

a)内力计算图式；b)虚梁反力 A^φ、B^φ

虚梁反力 A^φ、B^φ 可查阅相关文献获得，常用的几个虚梁反力 A^φ、B^φ 列于表 6-2 中。

虚梁反力 表6-2

荷载情况	A^φ	B^φ	当 $s=l$ 时	
			A^φ	B^φ
(均布荷载图)	$\dfrac{ps^4}{24l} - \dfrac{ps^3}{6} + \dfrac{ps^2 l}{6}$	$\dfrac{ps^2 l}{12} - \dfrac{ps^4}{24l}$	$\dfrac{pl^3}{24}$	$\dfrac{pl^3}{24}$
(三角形荷载，大端在右)	$\dfrac{ps^4}{30l} - \dfrac{ps^3}{8} + \dfrac{ps^2 l}{9}$	$\dfrac{ps^2 l}{18} - \dfrac{ps^4}{30l}$	$\dfrac{7pl^3}{360}$	$\dfrac{pl^3}{45}$
(三角形荷载，大端在左)	$\dfrac{ps^4}{120l} - \dfrac{ps^3}{24} + \dfrac{ps^2 l}{18}$	$\dfrac{ps^2 l}{36} - \dfrac{ps^4}{120l}$	$\dfrac{pl^3}{45}$	$\dfrac{7pl^3}{360}$
(集中弯矩 M)	$\dfrac{Ml}{3} - Ms + \dfrac{Ms^2}{2l}$	$\dfrac{Ml}{6} - \dfrac{Ms^2}{2l}$	$-\dfrac{Ml}{6}$	$-\dfrac{Ml}{3}$

注：l 为跨径；s 为荷载长度；p 为荷载强度；M 为弯矩。

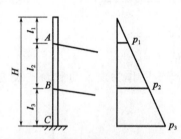

图 6-18 基础为固定端、土压力呈三角形分布的肋柱内力计算图式

对于连续梁的每一个中间支座，都可以列出一个如式(6-37)所示的补充方程，因而可求出全部中间支座的弯矩值。当支座弯矩已知，则跨中弯矩和剪力便可按单跨简支梁来计算。

下面以基础为固定端、土压力呈三角形分布（图 6-18）为例，说明三弯矩方程的应用及肋柱内力计算方法。

① 支座弯矩

对于悬臂端，A 支座的弯矩为：

$$M_A = -\frac{1}{6} p_1 l_1^2 \tag{6-38}$$

以 AB、BC 跨建立三弯矩方程：

$$M_A l_2 + 2 M_B (l_2 + l_3) + M_C l_3 = -6(B_B^\varphi + A_C^\varphi) \tag{6-39}$$

对于固定端，因在固定端处多了一个未知数 M_C，为此可假想将 C 点延伸至 D 点（图 6-19），其中 $l_0 = 0$，$I_0 = \infty$，以 BC、CD 跨建立三弯矩方程，这样就增加了一个方程，即：

$$M_B l_3 + 2 M_C l_3 = -6 B_C^\varphi \tag{6-40}$$

联立式(6-38)~式(6-40)，则可求得支座弯矩：

$$\left.\begin{aligned} M_A &= -\frac{1}{6}p_1 l_1^2 \\ M_B &= \frac{2M_A l_2 + 12(B_B^\varphi + A_C^\varphi) - 6B_C^\varphi}{4l_2 + 3l_3} \\ M_C &= -\frac{1}{2l_3}(6B_C^\varphi + M_B l_3) \end{aligned}\right\} \quad (6\text{-}41)$$

式中:

$$B_B^\varphi = \frac{L_2^3}{360}(7p_1 + 8p_2)$$

$$A_C^\varphi = \frac{L_3^3}{360}(8p_2 + 7p_3)$$

$$B_C^\varphi = \frac{L_3^3}{360}(7p_2 + 8p_3)$$

②截面弯矩

AB 跨截面弯矩(图 6-20)为:

$$M_x = M_x^0 + \frac{M_B - M_A}{l_2}x + M_A \quad (6\text{-}42)$$

$$M_x^0 = \frac{1}{6}(2p_1 + p_2)l_2 x - \frac{1}{2}p_1 x^2 - \frac{1}{6l_2}(p_2 - p_1)x^3$$

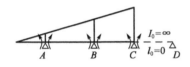

图 6-19 固定端支座弯矩计算图式　　　　图 6-20 AB 跨截面弯矩计算图式

截面最大弯矩的位置可由极值原理 $\frac{dM_x}{dx}=0$ 确定的下式得出:

$$3(p_2 - p_1)x^2 + 6l_2 p_1 x - l_2^2(p_2 + 2p_1) - 6(M_B - M_A) = 0 \quad (6\text{-}43)$$

将解出的 x 值代入式(6-42)中,可得 AB 跨最大弯矩 $M_{(AB)\max}$。

BC 跨截面弯矩为:

$$M_x = M_x^0 + \frac{M_C - M_B}{l_3}x + M_B \quad (6\text{-}44)$$

$$M_x^0 = \frac{1}{6}(2p_2 + p_3)l_3 x - \frac{1}{2}p_2 x^2 - \frac{1}{6l_3}(p_3 - p_2)x^3$$

同样令 $\frac{dM_x}{dx}=0$,可得:

$$3(p_3 - p_2)x^2 + 6l_3 p_2 x - l_3^2(p_3 + 2p_2) - 6(M_C - M_B) = 0 \quad (6\text{-}45)$$

解出 x 值,并代入式(6-44)中,可得 BC 跨最大弯矩 $M_{(BC)\max}$。

③肋柱支座剪力

$$\left.\begin{aligned} Q_{A\text{上}} &= -\frac{1}{2}p_1 l_1 \\ Q_{A\text{下}} &= \frac{1}{6}(2p_1+p_2)l_2 + \frac{1}{l_2}(M_B - M_A) \\ Q_{B\text{上}} &= -\frac{1}{6}(p_1+2p_2)l_2 + \frac{1}{l_2}(M_B - M_A) \\ Q_{B\text{下}} &= \frac{1}{6}(2p_2+p_3)l_3 + \frac{1}{l_3}(M_C - M_B) \\ Q_{C\text{上}} &= -\frac{1}{6}(p_2+2p_3)l_3 + \frac{1}{l_3}(M_C - M_B) \end{aligned}\right\} \tag{6-46}$$

④支座反力

$$\left.\begin{aligned} R_A &= Q_{A\text{下}} - Q_{A\text{下}} \\ R_B &= Q_{B\text{下}} - Q_{B\text{上}} \\ R_C &= -Q_{C\text{上}} \end{aligned}\right\} \tag{6-47}$$

(2) 按弹性支承连续梁计算内力

按弹性支承连续梁(图6-21)计算肋柱内力时,可采用五弯矩方程,其基本方程为:

$$\begin{aligned} M_{i-2}\frac{C_{i-1}}{l_{i-1}l_i} &+ M_{i-1}\left[\frac{l_i}{6EI} - \frac{C_{i-1}}{l_i}\left(\frac{1}{l_{i-1}}+\frac{1}{l_i}\right) - \frac{C_i}{l_i}\left(\frac{1}{l_i}+\frac{1}{l_{i-1}}\right)\right] + \\ &M_i\left[\frac{l_i+l_{i+1}}{3EI} + \frac{C_{i-1}}{l_i^2} + C_i\left(\frac{1}{l_i}+\frac{1}{l_{i+1}}\right)^2 + \frac{C_{i+1}}{l_{i+1}^2}\right] + \\ &M_{i+1}\left[\frac{l_{i+1}}{6EI} - \frac{C_i}{l_{i+1}}\left(\frac{1}{l_i}+\frac{1}{l_{i+1}}\right) - \frac{C_{i+1}}{l_{i+1}}\left(\frac{1}{l_{i+1}}+\frac{1}{l_{i+21}}\right)\right] + M_{i+2}\frac{C_{i+1}}{l_{i+1}l_{i+2}} \\ = &-\left(\frac{B_i^\varphi}{EI}+\frac{A_{i+1}^\varphi}{EI}\right) - R_{i-1}^0\frac{C_{i-1}}{l_i} + R_i^0 C_i\left(\frac{1}{l_i}+\frac{1}{l_{i+1}}\right) - R_{i+1}^0\frac{C_{i+1}}{l_{i+1}} \end{aligned} \tag{6-48}$$

式中:R^0——荷载作用下基本结构(简支梁)的支座反力(kN);

A^φ、B^φ——虚梁反力(kN),见式(6-37)和表6-2;

E——肋柱的弹性模量(kPa);

I——截面惯性矩(m^4);

l——计算跨径(m);

C——弹性支座的柔度系数(m/kN)。

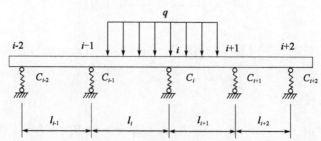

图6-21 弹性支承连续梁

由上式可知,按弹性支承连续梁计算肋柱内力,关键在于如何确定各支点的柔度系数 C_i。柔度系数的含义为:在单位力作用下 i 支座的变形量。肋柱支座的变形量包括拉杆的弹性伸长 ΔL 和锚定板前方土体的压缩变形 Δm 两部分。因此支座的柔度系数 C_i 也应由两部分组成:

$$C_i = C_{gi} + C_{ri} \tag{6-49}$$

式中:C_{ri}——单位力作用下 i 支座锚定板前方土体的压缩变形量(m/kN);

C_{gi}——单位力作用下 i 支座的拉杆弹性伸长量(m/kN),

$$C_{gi} = \frac{\Delta L}{R} = \frac{L}{A_g E_g} \tag{6-50}$$

L——拉杆长度(m);

A_g——拉杆截面积(m^2);

E_g——拉杆的弹性模量(kPa)。

由于锚定板前方土体的压缩变形十分复杂,因此确定土体压缩变形部分的柔度系数比较困难。可采用下面两种方法近似计算:一是按钻(挖)孔桩计算方法,采用弹性桩弹性抗力系数 m 值来确定土体压缩在支座处引起的柔度系数 C_{ri};二是根据计算基础沉降量的分层总和法计算单位荷载作用下锚定板在土体中的位移量 Δm_i 来确定柔度系数 C_{ri}。

①弹性桩弹性抗力系数法(即 m 法)

为简化起见,假定锚定板前方土体的压缩变形为弹性变形,如果以 b、h 分别表示锚定板的宽度和高度,则有:

$$C_{ri} = \frac{1}{Kbh}$$

式中:K——地基系数(弹性抗力系数),应通过试验测定,也可按下式近似计算:

$$K = mh_i$$

h_i——拉杆支点距填土表面的深度(m);

m——地基系数的比例系数(kN/m^4)。

于是,柔度系数为:

$$C_{ri} = \frac{1}{mh_i bh} \tag{6-51}$$

肋柱基础处的柔度系数为:

$$C_e = \frac{1}{2mHb_0 h_0} \tag{6-52}$$

式中:H——肋柱的总高度(m);

b_0——柱座的宽度(m);

h_0——柱座的高度(m)。

关于地基系数 K 和比例系数 m 可参考第八章相关内容。

②分层总和法

根据柔度系数的定义有:

$$C_{ri} = \Delta m_i \tag{6-53}$$

$$\Delta m_i = \sum_{j=1}^{n} \delta_j \tag{6-54}$$

式中:δ_j——将锚定板前方的土体划分为 n 层,在锚定板单位荷载作用下第 j 层土的压缩量:

$$\delta_j = \frac{\Delta t_j}{2EA_F}(K_j + K_{j-1}) \tag{6-55}$$

式中:Δt_j——第 j 土层的划分厚度(m);

E——填土的压缩模量(kPa)。可用现场锚定板抗拔试验应力—应变曲线的起始斜率确定,也可近似取 $5\,000 \sim 10\,000$ kPa;

A_F——锚定板面积(m^2);

K_j——土中应力分布系数,对于矩形锚定板,可按表 6-3 取值。

应力分布系数 K 值　　　　　　表 6-3

$\beta = l_j/b$	矩形锚定板边长比 $a = h/b$						
	1	1.5	2	3	6	10	20
0.25	0.898	0.904	0.908	0.912	0.934	0.940	0.960
0.50	0.696	0.716	0.734	0.762	0.789	0.792	0.820
1.0	0.336	0.428	0.470	0.500	0.518	0.522	0.549
1.5	0.194	0.257	0.286	0.348	0.560	0.373	0.379
2.0	0.114	0.157	0.188	0.240	0.268	0.279	0.308
3.0	0.058	0.076	0.108	0.147	0.180	0.188	0.209
5.0	0.008	0.025	0.040	0.076	0.096	0.106	0.129

注:$\beta = l_j/b$ 为锚定板前方土层的相对厚度;l_j 为计算土层到锚定板的距离;b、h 为锚定板宽度、高度。

锚定板前土体的压缩量 Δm_i 则为各分层土压缩量 δ_j 的总和。一般取锚定板前方 $5h$ 范围内的土体并将其划分为 n 层,Δm_i 即为 $5h$ 范围内各层土的压缩量之和。

肋柱基础处的柔度系数 C_e 可取上述计算的 Δm_i 中最小值的 $1/10$,即:

$$C_e = 0.1\Delta m_{i(\min)} \tag{6-56}$$

3. 肋柱底端支承应力验算

1)容许应力法

(1)基底应力验算

肋柱底端作用于地基的压应力 σ 必须小于或等于地基的容许承载力 $[\sigma]$,即:

$$\sigma = \frac{\sum N'}{ab} \leq [\sigma] \tag{6-57}$$

式中:$\sum N'$——作用于肋柱底端的轴向力(kN);

ab——肋柱底端截面积(m^2),其中 a 为沿墙长方向肋柱的宽度,即受力面的宽度。

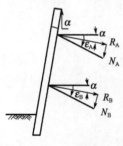

图 6-22　肋柱基底应力验算图式

肋柱所受的轴向力由三部分组成(图 6-22),即锚杆(拉杆)拉力在肋柱轴向的分力、肋柱自重和土压力在肋柱轴向的分力:

$$\sum N' = \sum R_i \tan(\varepsilon_i - \alpha) + \gamma_h abH + E_a \sin\delta \tag{6-58}$$

式中:γ_h——肋柱材料的重度(kN/m^3);

R_i——支座 i 的反力(kN);

ε_i——锚杆(拉杆)i 的倾角,拉杆一般水平设置,即 $\varepsilon_i = 0$;

α——肋柱倾角,以图 6-22 所示仰斜为正值。

为简化计算,土压力沿肋柱轴向分力一般可忽略不计。

(2)基脚侧向应力验算

当肋柱基脚为固定端或铰支端时,还需验算肋柱基脚处侧向应力,而自由端不必验算。作用于肋柱基脚的力有支座弯矩 $M_0(\mathrm{kN \cdot m})$(铰支端时 $M_0=0$)和反力 $R_0(\mathrm{kN})$。为简化计算,假定支座反力 R_0 作用点在基脚埋深 h_D 的中点,如图 6-23 所示。肋柱基脚侧向的最大应力为:

$$\sigma_{\max} = \frac{R_0\cos\alpha}{ah_\mathrm{D}} + \frac{6M_0}{ah_\mathrm{D}^2} \leqslant [\sigma_\mathrm{h}] \tag{6-59}$$

式中:$[\sigma_\mathrm{h}]$——地基的侧向容许应力(kPa),

$$[\sigma_\mathrm{h}] = K[\sigma]$$

K——地基坚硬程度的系数,$K=0.5\sim1.0$;

$[\sigma]$——基底的容许应力(kPa)。

或者由下式确定肋柱的埋置深度:

$$h_\mathrm{D} \geqslant \frac{R_0\cos\alpha + \sqrt{R_0^2\cos^2\alpha + 24a[\sigma_\mathrm{h}]M_0}}{2a[\sigma_\mathrm{h}]} \tag{6-60}$$

(3)肋柱基脚前边缘安全距离验算

肋柱除埋置深度 h_D 范围内需要满足侧向土的支承反力要求外,还应保证有足够的前缘水平距离 $l'(\mathrm{m})$,如图 6-24 所示,即:

$$l' \geqslant \frac{R_0\cos\alpha}{a[\tau]} \tag{6-61}$$

式中:$[\tau]$——地基容许抗剪强度(kPa)。

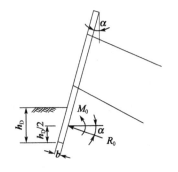

图 6-23 肋柱基脚侧向应力验算图式

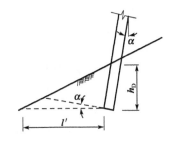

图 6-24 襟边的估算

2)极限状态法

(1)基底应力验算

按轴心荷载计算基底应力,并应满足下式要求:

$$p = \frac{\sum N'}{ab} \leqslant f \tag{6-62}$$

$$\sum N' = \gamma_\mathrm{R}\sum R_i\tan(\varepsilon_i-\alpha) + \gamma_\mathrm{G}\gamma_\mathrm{h}abH + \gamma_{\mathrm{Q1}}E_\mathrm{a}\sin\delta \tag{6-63}$$

式中:γ_R——分项系数,取 $\gamma_\mathrm{R}=\gamma_{\mathrm{Q1}}$;

f——地基承载应力抗力值(kPa),$f=1.1f_\mathrm{k}$;

f_k——地基承载应力标准值(kPa)。

(2)基脚侧向应力验算

肋柱基脚侧向应力应满足下式要求:

$$p_{\max} = \frac{\gamma_R R_0 \cos\alpha}{ah_D} + \frac{6\gamma_R M_0}{ah_D^2} \leq 1.2Kf \tag{6-64}$$

式中:$K = 0.5 \sim 1.0$。

(3)肋柱基脚前缘安全距离验算

肋柱基脚前缘的水平安全距离应满足下式要求:

$$\gamma_R R_0 \cos\alpha \leq \frac{l'aR_j}{\gamma_f} \tag{6-65}$$

式中:R_j——地基土的抗剪强度(kPa);

γ_f——地基土性能的分项系数。

三、锚杆

1. 锚杆的布置

锚杆的布置直接涉及锚杆挡土墙墙面构件和锚杆本身设计的可行性和经济性。布设时要求考虑墙面构件的预制、运输、吊装和构件受力的合理性,同时要考虑锚杆施工条件和受力特点等。每级肋柱上视其高度可设计为两层或多层锚杆,一般布置(2~3)层,每层锚杆间距不应小于2m。若锚杆布置太疏,则肋柱截面尺寸大,锚杆粗而长,但若布置过密,锚杆之间受力的相互影响,使锚杆抗拔力受到影响,此时锚杆拉力就变得比单根锚杆设计拉力低。根据已建工程的经验,锚杆的位置应尽可能使肋柱所受弯矩均匀分布。

2. 锚杆截面设计

锚杆截面设计主要是确定锚杆所用材料的规格和截面积,并根据锚杆的布置和灌浆管的尺寸确定钻孔的直径。

锚杆可采用HPB235、HPB300和HRB335、HRB400或钢丝索,还可采用高强钢绞线或高强粗钢筋。钢筋锚杆宜采用螺纹钢,直径一般应为18~32mm。锚孔直径应与锚杆直径相配合,一般为锚杆直径的3倍,即35~100mm。锚杆应尽量采用单根钢筋,如果单根不能满足拉力需要,也可采用两根钢筋共同组成1根锚杆,但每孔钢筋数不宜多于3根。

作用于肋柱上的侧压力由锚杆承受。锚杆为轴心受拉构件,其每层锚杆所受拉力N_p(kN)(图6-25)为:

$$N_p = \frac{R}{\cos(\varepsilon - \alpha)} \tag{6-66}$$

式中:R——由肋柱计算求得的支座反力(kN)。

按容许应力法设计时,当求得锚杆拉力N_p后,锚杆的有效截面积$A_g(\text{mm}^2)$为:

$$A_g = \frac{KN_p \times 10^3}{R_g} \tag{6-67}$$

式中:R_g——钢筋的设计强度(MPa);

K——考虑超载和工作条件的安全系数,一般可取$K = 1.7 \sim 2.5$。

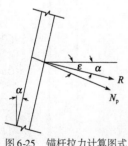

图6-25 锚杆拉力计算图式

按极限状态法设计时,锚杆截面可按下式计算:

$$A_g = \frac{10^3 \times \gamma_0 \gamma_{Q1} \gamma_f N_p}{R_g} \tag{6-68}$$

式中:γ_0——结构重要性系数;

γ_{Q1}——荷载分项系数;

A_g——锚杆有效截面积(mm^2);

R_g——钢筋的设计强度;

γ_f——材料性能的分项系数,取$\gamma_f = 1.4$。

锚杆钢筋直径除满足强度需要外,尚需增加2mm的防锈安全储备。为防止钢筋锈蚀,还需验算水泥砂浆(或混凝土)的裂缝,其值不应超过容许宽度(0.2mm)。

3. 锚杆长度设计

锚杆由非锚固段(即自由段)和有效锚固段组成。非锚固段不提供抗拔力,其长度L_0应根据肋柱与主动破裂面或滑动面(有限填土)的实际距离确定(图6-26)。如果地质条件较好,不太可能形成主动破裂面,则非锚固段长度可以短于到理论破裂面的距离。有效锚固段提供锚固力,其长度L_e应按锚杆承载力的要求,根据锚固段地层性质和锚杆类型确定。

在较完整的硬质岩层中,普通摩擦型灌浆锚杆的有效锚固长度为:

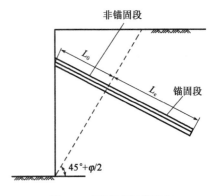

图6-26 锚杆长度计算图式

$$L_e \geq \frac{kN_p}{\pi d u} \tag{6-69}$$

式中:L_e——有效锚固长度(m);

d——锚杆的直径(cm);

u——砂浆对于钢筋的平均握裹应力(kPa)。

在软质岩层、风化破碎岩层及土层中,普通摩擦型灌浆锚杆的有效锚固长度为:

$$L_e \geq \frac{kN_p}{\pi D \tau} \tag{6-70}$$

式中:D——锚杆钻孔的直径(m);

τ——锚固段周边砂浆与孔壁的平均抗剪强度(kPa)。

锚杆有效锚固长度除满足抗拔稳定性要求外,还应控制锚杆最小长度,即岩层$L_e \geq 4m$;土层$L_e \geq 5m$。

按极限状态法设计时,有效锚固长度也按式(6-69)或式(6-70)计算,但用分项系数γ_p代替式中的安全系数K,并取$\gamma_p = 2.5$。

4. 锚杆与肋柱的连接

当肋柱为就地灌注时,必须将锚杆钢筋伸入肋柱内,其锚固长度应满足钢筋混凝土结构规范的要求。当采用预制的肋柱时,锚杆与肋柱的连接形式有三种(图6-27):螺母锚固、弯钩锚固、焊短钢筋锚固。外露金属部分用砂浆包裹加以保护。

如图6-27a)所示的螺栓连接是由螺丝端杆、螺母、钢垫板以及砂浆包头组成。在锚杆钢筋端部焊接螺丝端杆,穿过肋柱的预留孔道,然后加钢垫板及螺帽固定。与锚杆钢筋一样,螺丝端杆也应采用延伸性能和可焊性能良好的钢材。

螺丝端杆(包括螺纹、螺母、钢垫板及焊接)按照与锚杆钢筋截面等强度的条件进行设计。其长度应大于$(L_g+0.1\text{m})$，L_g为肋柱厚度、螺母与钢垫板厚度以及焊接长度之和。如果采用45SiMnV精轧螺纹钢筋做锚杆，钢筋本身的螺旋即可作为丝扣并可安装螺帽，所以不需要再另外焊接螺丝端杆。

5. 锚杆的倾斜度

锚杆在地层中一般都沿水平向下倾斜一定的角度，通常应控制在15°~20°。具体倾斜度应根据施工机具、岩层稳定的情况、肋柱受力条件以及挡土墙要求而定。锚杆的倾斜是为保证灌浆的密实，有时也为了避开邻近的地下管道或浅层不良土质等。从受力的角度来看，水平方向为好，但这种水平锚杆由于上述原因而往往不能实现。当倾斜度为45°时，抗拔力仅为水平方向的1/2，而且锚杆倾斜度的增加会使结构位移加大，因此锚杆倾斜度不宜太大。对于多层锚杆挡土墙，为了减少墙的位移量，应使中层和低层锚杆缓于上层锚杆的倾斜度，如图6-28所示。

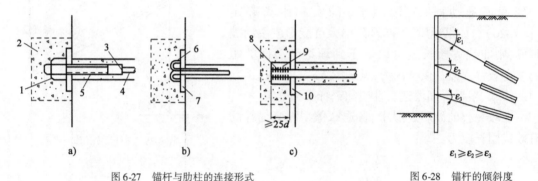

图6-27 锚杆与肋柱的连接形式
a)螺母锚固；b)弯钩锚固；c)焊短钢筋锚固

图6-28 锚杆的倾斜度

1-螺母；2-砂浆包头；3-对焊或贴焊；4-锚杆；5-螺丝端杆；6-弯钩；7-∩形钢垫板；8-短钢筋；9-条贴角焊缝；10-钢垫板

四、拉杆

锚定板挡土墙的拉杆为连接肋柱和锚定板的受拉杆件，通常是在拉杆两端分别焊接螺丝端杆与肋柱和锚定板相连接。拉杆与肋柱的连接处即为肋柱的水平支点，拉杆拉力即为肋柱支座反力。各层拉杆的拉力及肋柱基础的水平反力的总和等于墙面所受土压力的水平分力。

1. 拉杆材质和截面设计

锚定板挡土墙是一种柔性结构，其特点是能适应较大的变形。为了能保证在较大变形的情况下仍有足够的安全度。应选择延伸性较好的钢材作锚定板挡土墙的拉杆。此外由于拉杆钢筋因长度关系需要焊接，在拉杆两端往往需要焊接螺丝端杆，因此还必须选用可焊性能较好的钢材，才能保证拉杆焊接部位的质量。拉杆一般采用热轧螺纹钢筋。

拉杆直径不小于22mm，但亦不宜大于32mm，其截面积按式(6-67)或式(6-68)计算确定，同样拉杆计算直径尚需增加2mm，作为预防钢材锈蚀的安全储备。拉杆应尽量采用单根钢筋，如果单根钢筋不能满足设计拉力的需要，也可以采用两根钢筋共同组成一根拉杆。

2. 拉杆长度设计

拉杆长度通过锚定板的稳定性验算及结构的整体稳定性验算来确定。最下层拉杆的长度除满足稳定性要求外,应使锚定板埋置于主动破裂面以外不小于 $3.5h$ 处(h 为矩形锚定板的高度);最上层拉杆的长度不应小于5m。考虑到上层锚定板的埋置深度对其抗拔力的影响,要求最上层拉杆至填土顶面的距离不得小于1m。当锚定板埋置深度不足时,可使拉杆向下倾斜,但其水平倾角宜控制在 $10°\sim15°$。

五、锚定板

1. 锚定板面积设计

锚定板一般采用方形钢筋混凝土板,混凝土强度等级不应低于C20,竖直埋置在填土中,一般忽略不计拉杆与填土之间的摩擦阻力,则锚定板承受的拉力即为拉杆拉力。

锚定板面积根据拉杆拉力及锚定板容许抗拔力来确定,即:

$$A_F = \frac{N_p}{T_R} \tag{6-71}$$

式中:A_F——锚定板的设计面积(m^2);
N_p——拉杆拉力(kN);
T_R——锚定板单位面积容许抗拔力(kPa)。

除了满足上述计算要求外,锚定板面积不应小于 $0.5m^2$,一般采用 $1m \times 1m$ 的锚定板。

2. 锚定板配筋设计

锚定板的厚度和钢筋配置可分别在竖直方向和水平方向按中心支承的单向受弯构件计算,并假定锚定板竖直面上所受的水平土压力为均匀分布。除验算锚定板竖直和水平方向的抗弯及抗剪强度外,尚应验算锚定板与拉杆钢垫板连接处混凝土的局部承压与冲切强度。考虑到安装误差及施工、搬运及其他因素,在锚定板前后面双向布置钢筋。

锚定板与拉杆连接处的钢垫板,也可按中心有支点的单向受弯构件进行设计。

锚定板预制时中心应预留安装拉杆的孔道,其要求同肋柱的预留孔道。

第五节 结构稳定性分析

锚杆挡土墙的稳定性分析,一般采用克朗兹(Kranz)法,锚定板挡土墙的稳定性分析可采用克朗兹法、折线滑面法、整体土墙法等。稳定系统一般不应小于1.5。

一、克朗兹法

克朗兹法也称折线裂面法。下面主要以锚杆挡土墙为例,分单层锚杆和多层锚杆两种情况介绍克朗兹法。

1. 单层锚杆的稳定性分析

克朗兹根据大量模型试验和理论分析,认为锚固体埋设在中性土压区,在经过锚固体中心可能产生的所有破裂面中,折线 BCD 为最不利破裂面,如图6-29所示。其中 B 是挡土墙假想支点,即墙面的最下端;C 是锚固体(有效锚固段)中点;CD 是通过 C 点的垂直假想墙背 VC 的主动破裂面。

取隔离土体 $ABCV$,作用于 $ABCV$ 隔离体上的力[图6-29b)]处于极限平衡状态,其力多边形是闭合的[图6-29c)]。根据力多边形的几何关系,可求得锚固体所能提供的最大拉力,即锚杆的抗拔力 T,其水平分力为:

$$T_h = f(E_{ah} - E_{1h} + E_{rh}) \tag{6-72}$$

$$f = \frac{1}{1 + \tan\varepsilon\tan(\varphi - \omega)} \tag{6-73}$$

$$E_{rh} = (W + E_{1h}\tan\delta_1 - E_{ah}\tan\delta)\tan(\varphi - \omega) \tag{6-74}$$

式中：W——滑面 BC 上的土块 $ABCV$ 的重力（kN）；

E_{ah}、E_{1h}——E_a、E_1 的水平分力（kN）；

E_a——作用于从挡土墙上端 A 点到底部假想支点 B 的整个挡土墙高度上（即 AB 墙背）的库仑主动土压力（kN）；

E_1——作用于通过锚固体中心的垂直假想墙背 VC 上的库仑主动土压力（kN）；

φ——土的内摩擦角；

δ——挡土墙与填土之间的墙背摩擦角；

δ_1——VC 假想墙背摩擦角，$\delta_1 = \varphi$；

ω——滑面 BC 的倾角。

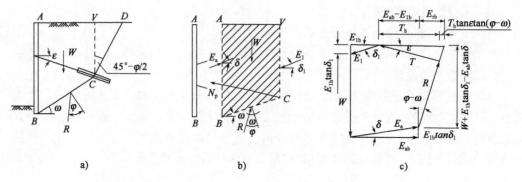

图 6-29 单层锚杆克朗兹理论稳定性分析图式
a) 单层锚杆的滑动面；b) 隔离体及作用力；c) 力多边形

锚杆挡土墙的稳定性取决于锚杆的抗拔力 T 与锚杆的拉力 N_p（即锚杆所受的轴向力），并用稳定系数 K_s 表示，即：

$$K_s = \frac{T_h}{N_h} \tag{6-75}$$

式中：N_h——锚杆拉力 N_p 的水平分力（kN）；

T_h——锚杆抗拔力 T 的水平分力。

当稳定性不能满足要求时，可加长锚杆。

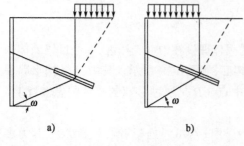

图 6-30 活载的布置
a) $\omega < \varphi$；b) $\omega > \varphi$

稳定性验算时活载布置的位置视验算滑面的倾角 ω 而定。当倾角 ω 小于土的内摩擦角（即 $\omega < \varphi$）时，活载通常布置在验算破裂面之外 [图 6-30a]，也就是不计活载的作用；当 $\omega > \varphi$ 时，活载布置在破裂面范围之内 [图 6-30b]。总之，应按稳定性最不利时的组合考虑。

2. 多层锚杆的稳定性分析

当采用两层或两层以上锚杆时，应对各种组合的稳定性进行验算，即不但应分别验算各单层锚杆的稳定性,而且还应分别验算两层、三层直至多层锚杆组合情况下的稳定性。下面以两层锚杆为例加以说明。

蓝克(Ranke)和达斯脱梅耶(Dstermayer)在克朗兹理论的基础上,根据结构特点,提出了两层锚杆四种配置情况的稳定性验算方法。

(1)上层锚杆短,下层锚杆长,且上层锚固体中心在下层锚固体中心的假想墙背切割体 $ABFV_1$ 内,如图6-31所示。

上层锚杆的稳定性与滑面 BC 的锚杆拉力有关,由稳定系数 K_{BC} 来反映。K_{BC} 可根据破裂体 $ABCV$ 上力的平衡[图6-31a)]得到土体沿 BC 面滑动时的水平抗拔力 $T_{(BC)h}$ 与上层锚杆的水平设计拉力 N_{1h} 之比值来求得,即:

$$K_{(BC)} = \frac{T_{(BC)h}}{N_{1h}} \tag{6-76}$$

$$T_{(BC)} = (E_{ah} - E_{1h} - E_{rh})\frac{1}{1-\tan\varepsilon\tan(\omega_1-\varphi)} = (E_{ah} - E_{1h} - E_{rh})f \tag{6-77}$$

$$f = \frac{1}{1+\tan\varepsilon\tan(\varphi-\omega_1)}$$

$$\begin{aligned}E_{rh} &= (W_1 + E_{1h}\tan\delta_1 - E_{ah}\tan\delta)\tan(\omega_1-\varphi) \\ &= -(W_1 + E_{1h}\tan\delta_1 - E_{ah}\tan\delta)\tan(\varphi-\omega_1)\end{aligned} \tag{6-78}$$

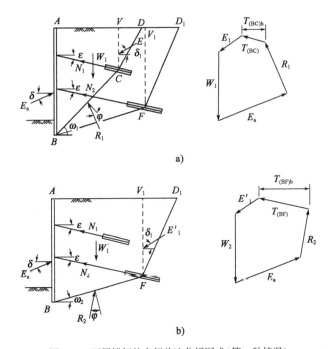

图6-31 两层锚杆的克朗兹法分析图式(第一种情况)

对于下层锚杆的滑面 BF 来说,根据图6-31b)中割离体 $ABFV_1$ 上力的平衡可得 $T_{(BF)h}$,此时挡土墙作用荷载为锚杆所分担的水平拉力($N_{1h}+N_{2h}$),稳定系数 $K_{(BF)}$ 为 $T_{(BF)h}$ 与($N_{1h}+N_{2h}$)的比值,即:

$$K_{(BF)} = \frac{T_{(BF)h}}{N_{1h}+N_{2h}} \tag{6-79}$$

式中:N_{2h}——下层锚杆设计拉力的水平分力(kN)。

(2)上层锚杆比下层锚杆稍长,而上层锚固体中心 C 在下层锚固体中心 F 的假想墙背 FV_1 形成的主动破裂体 V_1FD_1 范围之内,如图 6-32 所示。

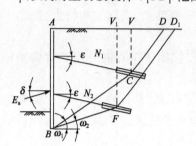

图 6-32 两层锚杆的克朗兹法分析图式
(第二种情况)

上层锚杆滑面 BC 的稳定系数为:

$$K_{(BC)} = \frac{T_{(BC)h}}{N_{1h}} \quad (6-80)$$

下层锚杆滑面 BF 的稳定系数为:

$$K_{(BF)} = \frac{T_{(BF)h}}{(N_{1h} + N_{2h})} \quad (6-81)$$

由于上层锚固体在下层锚固体的破裂体 V_1FD_1 之内,因此实质上与第一种情况相似。

(3)上层锚杆比下层锚杆长,而上层锚固体中心 C 在下层锚固体中心的假想墙背 FV_1 形成的主动破裂面 FD_1 之外,且滑面 BC 的倾角 ω_1 大于滑面 BF 倾角 ω_2,如图 6-33 所示。

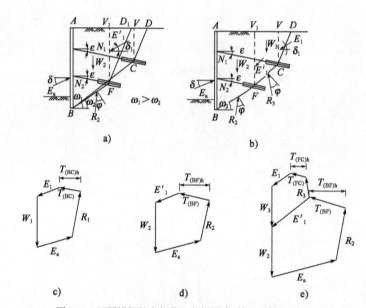

图 6-33 两层锚杆的克朗兹法分析图式(第三种情况)

此时,须分别计算滑面 BC、BF 和 BFC 的稳定系数 $K_{(BC)}$、$K_{(BF)}$ 和 $K_{(BFC)}$,即:

$$K_{(BC)} = \frac{T_{(BC)h}}{N_{1h}} \quad (6-82)$$

$$K_{(BF)} = \frac{T_{(BF)h}}{N_{2h}} \quad (6-83)$$

$$K_{(BFC)} = \frac{T_{(BFC)h}}{N_{1h} + N_{2h}} = \frac{T_{(BF)h} + T_{(FC)h}}{N_{1h} + N_{2h}} \quad (6-84)$$

式中:$T_{(BFC)h}$——$ABFCV$ 范围内土体沿 BF 和 FC 面滑动的抗拔力的水平分力(kN),其值等于 $T_{(BF)h} + T_{(FC)h}$;

$T_{(BF)h}$——$ABFV_1$ 范围内土体沿 BF 面滑动的抗滑力的水平分力(kN);

$T_{(FC)h}$——V_1FCV 范围内土体沿 FC 面滑动的抗滑力的水平分力(kN)。

(4)上层锚杆很长,下层锚杆短,且 $\omega_1 < \omega_2$,如图 6-34 所示。

此时,上层锚杆滑面 BC 和下层锚杆滑面 BF 的稳定系数为:

$$K_{(BC)} = \frac{T_{(BC)h}}{N_{1h} + N_{2h}} \quad (6\text{-}85)$$

$$K_{(BF)} = \frac{T_{(BF)h}}{N_{2h}} \quad (6\text{-}86)$$

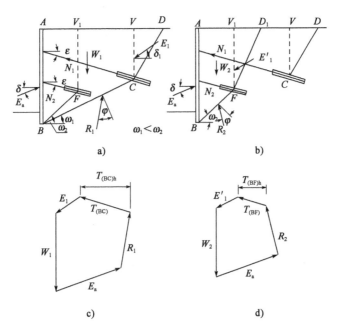

图 6-34 两层锚杆的克朗兹法分析图式(第四种情况)

对于锚定板挡土墙,克朗兹稳定性分析方法与锚杆挡土墙的克朗兹法一样,仅在于 C 点为锚定板底部(锚杆挡土墙则为锚固体的中心),即认为 BCD 为最危险滑动面,如图 6-35 所示,这与图 6-29 的分析图式是相同的。根据作用于隔离体 $ABCV$ 上的外力及平衡关系,即可求得拉杆的最大拉力 T,进而可求得锚定板及其前方土体 $ABCV$ 的抗滑稳定系数 K_s。

二、折线滑面法

折线滑面法是由我国铁道科学研究院提出的,主要用于锚定板挡土墙稳定性分析。

克朗兹方法假定上层锚定板前方土体的临界滑动面通过墙面最下端,而且将墙面与土体分离计算,将拉杆拉力作为影响整体稳定性的因素之一。按照这种假定,上层拉杆必须比下层拉杆长很多,才能保证上层锚定板的稳定性。

折线滑面法认为上层锚定板前方土体的最不利滑动面通过下层拉杆与墙面连接,而且认为应将墙面与土体合并考虑,拉杆拉力是墙面与土体之间的内力,并不影响这二者共同体的整体稳定。为此,作了如下三个基本假定:

(1)下层锚定板前方土体的最不利滑动面通过墙面底端(图 6-36 中的 B 点)。

(2)上层锚定板前方土体的最不利滑动面通过被分析锚定板以下的拉杆与墙面的交点(图 6-36 中 B_1 点)。

(3)每一层锚定板边界后方土体的应力状态为朗金主动状态。

由上述假定可知,单层锚定板折线滑面法与克朗兹法相似。所以,下面以双层锚定板为例说明折线滑面法,对于三层或三层以上锚定板的计算方法可仿照双层锚定板的分析计算。采用折线滑面法时,稳定系数不应小于1.8。

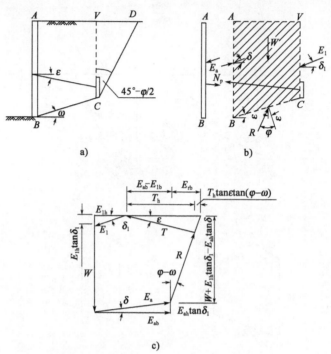

图6-35 锚定板挡土墙克朗兹稳定性分析图式
a)单层拉杆的滑动面;b)隔离体及作用力;c)力多边形

根据上述基本假定,双层锚定板折线滑面法分析图式如图6-36所示。其中,BCD为下层锚定板的最不利滑动面;$B_1C_1D_1$为上层锚定板的最不利滑动面;CD、C_1D_1为朗金主动破裂面。E、E_1分别为VC和V_1C_1竖直面上的朗金主动土压力(kN);R、R_1分别为BC和B_1C_1滑面上的反作用力;W、W_1分别为土体$ABCV$及$AB_1C_1V_1$的重力(kN);θ、θ_1分别为VC和V_1C_1假想墙背的朗金主动破裂面CD和C_1D_1的倾角;ω、ω_1分别为BC、B_1C_1滑面的倾角;β为填土坡面的倾角;H、H_1、h、h_1、L、L_1分别为挡土墙各部分的尺寸(m);φ为填土的内摩擦角。

根据静力平衡原理,作用于土体$ABCV$上的力W、E、R应形成闭合的力三角形,用滑面(如图6-36中的BC和B_1C_1)上的抗滑力与下滑力的比值,即抗滑稳定系数K_s来反映抗滑稳定性。具体计算公式可分三种情况进行建立。

(1)上层拉杆长度短于或等于下层拉杆长度,分析图式如图6-36所示。

从图6-36中可以看出,下层锚定板C和上层锚定板C_1的稳定性分析图式基本相似。以下层锚定板C为例,推导其稳定性计算式,上层锚定板的稳定性分析计算可依此类推。

图6-36b)表示墙面及土体$ABCV$所受外力的情况。土压力E在BC面上的滑动力的分力为:
$$T_E = E[\cos(\beta-\omega) - \tan\varphi\sin(\beta-\omega)]$$

应该说明,上式中$E\tan\varphi\sin(\beta-\omega)$实际上是土压力$E$在$BC$面上的摩擦阻力,当$\beta<\omega$时,$E\tan\varphi\sin(\beta-\omega)<0$,表现为负的摩擦阻力。土压力$E$在$BC$面上的法向力$E\sin(\beta-\omega)$削弱土体$W$的作用,因此负摩擦阻力使滑动力$T_E$增大,相当于使抗滑力$R_W$减小,即$E\tan\varphi$

$\sin(\beta-\omega)$ 使土体 W 在 BC 面上的摩擦阻力减小。

土体自重 W 在 BC 面上的抗滑力的分力为:

$$R_W = W(\tan\varphi\cos\omega - \sin\omega) = \frac{1}{2}\gamma L(H+h)(\tan\varphi\cos\omega - \sin\omega)$$

因此,锚定板抗滑稳定系数 K_s 为:

$$K_s = \frac{R_W}{T_E} = \frac{W(\tan\varphi\cos\omega - \sin\omega)}{E[\cos(\beta-\omega) - \tan\varphi\sin(\beta-\omega)]}$$

$$= \frac{L(H+h)}{h^2 K_a} \frac{(\tan\varphi\cos\omega - \sin\omega)}{[\cos(\beta-\omega) - \tan\varphi\sin(\beta-\omega)]} \quad (6\text{-}87)$$

式中:K_a——朗金主动土压力系数。

当填土表面水平时,即 $\beta=0$,上式化为:

$$K_s = \frac{\tan(\varphi-\omega)}{\tan^2(45°-\varphi/2)} \frac{L(H+h)}{h^2} \quad (6\text{-}88)$$

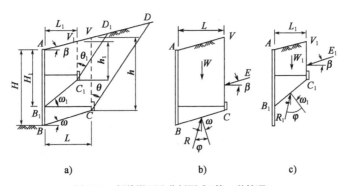

图 6-36 折线滑面法分析图式(第一种情况)
a)滑动面;b)下层锚定板分析图式;c)上层锚定板分析图式

(2)上层拉杆比下层拉杆长,但上层锚定板的位置处于下层破裂面 CD 之内,如图 6-37 所示。上层锚定板 C_1 的稳定性分析与第一种情况相同,最不利滑动面为 $B_1C_1D_1$,其抗滑稳定系数 K_s 为:

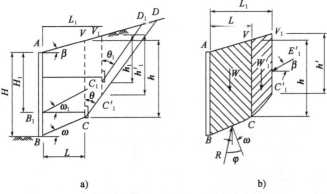

图 6-37 折线滑面法分析图式(第二种情况)
a)滑动面;b)下层锚定板分析图式

$$K_s = \frac{L_1(H_1+h_1)}{h_1^2 K_a} \frac{(\tan\varphi\cos\omega_1 - \sin\omega_1)}{[\cos(\beta-\omega_1) - \tan\varphi\sin(\beta-\omega_1)]} \tag{6-89}$$

下层锚定板稳定性分析图式如图 7-37b)所示。滑动面为 BCD,稳定性分析时应考虑土体 $ABCC_1'V_1$ 各边界上所受的外力及其平衡条件。其中 C_1' 点为通过 C_1 的竖直线与滑动面 CD 的交点;E_1' 为作用在 V_1C_1' 面上的朗金主动土压力(kN),W 为土体 $ABCV$ 的自重(kN),W_1' 为土体 $VCC_1'V_1$ 的自重(kN)。显然,对于滑动面 BC 来说,力 E_1' 及 W_1' 在 BC 面上的分力为滑动力,W 在 BC 面上的分力为抗滑力。因此,下层锚定板抗滑稳定系数为:

$$K_s = \frac{W(\tan\varphi\cos\omega - \sin\omega)}{T_E + T_W} \tag{6-90}$$

式中:$T_E = E_1'[\cos(\beta-\omega) - \tan\varphi\sin(\beta-\omega)]$;

$T_W = W_1'(\cos\theta - \tan\varphi\sin\theta)[\sin(\theta+\omega) - \tan\varphi\cos(\theta+\omega)]$;

$W = \frac{\gamma L}{2}(H+h)$;

$W_1' = \frac{\gamma(L_1-L)}{2}(h+h_1')$;

$E_1' = \frac{1}{2}\gamma(h_1')^2 K_a$。

(3)上层拉杆比下层拉杆长,而且上层锚定板的位置在下层滑面 CD 线之外,如图 6-38 所示。

上层锚定板 C_1 的稳定性分析仍与第一种情况相同,最不利滑动面为 $B_1C_1D_1$,抗滑稳定系数 K_s 按式(6-89)计算。

下层锚定板稳定性分析图式如图 6-38b)所示。E_1 为作用在 V_1C_1 面上的朗金主动土压力(kN)。W 为土体 $ABCV$ 的自重(kN),W_1 为土体 VCC_1V_1 的自重(kN),θ' 为滑面 CC_1 与竖向的夹角。对于滑面 BC 来说,E_1 和 W_1 作用到 BC 面上的分力为滑动力,W 作用在 BC 面上的分力为抗滑力。因此,下层锚定板抗滑稳定系数为:

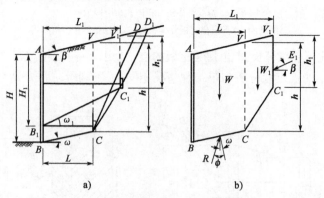

图 6-38 折线滑面法分析图式(第三种情况)
a)滑动面;b)下层锚定板分析图式

$$K_s = \frac{W(\tan\varphi\cos\omega - \sin\omega)}{T_E + T_W} \tag{6-91}$$

式中:$T_E = E_1[\cos(\beta-\omega) - \tan\varphi\sin(\beta-\omega)]$;

$T_W = W_1(\cos\theta' - \tan\varphi\sin\theta')[\sin(\theta'+\omega) - \tan\varphi\cos(\theta'+\omega)]$;

$W = \frac{\gamma L}{2}(H+h)$;

$$W_1 = \frac{\gamma(L_1 - L)}{2}(h + h_1);$$

$$E_1 = \frac{1}{2}\gamma h_1^2 K_a。$$

当填土表面水平时,即 $\beta = 0$,式(6-91)化为:

$$K_s = \frac{W(\tan\varphi\cos\omega - \sin\omega)}{E_1[\cos\omega + \tan\varphi\sin\omega] + T_W} \tag{6-92}$$

(4) 水平填土表面有活载作用的稳定性分析。

活载的最不利位置是在锚定板的后方,对于下层锚定板,活载应布置在下层锚定板的后方,如图 6-39 和图 6-40 所示。

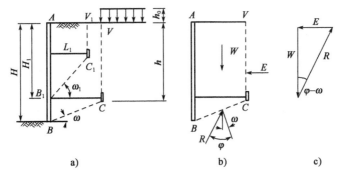

图 6-39 第一种情况的水平填土并有活载的分析图式
a) 活载最不利位置;b) 下层锚定板的稳定性分析;c) 力三角形

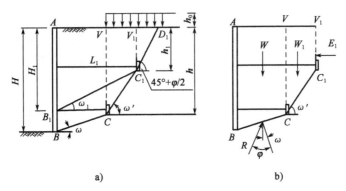

图 6-40 第三种情况的水平填土并有活载的分析图式
a) 活载最不利位置;b) 下层锚定板的稳定性分析

在第一种情况下水平填土并有活载 h_0 作用的锚定板挡土墙,其下层锚定板的稳定性分析如图 6-39 所示,土体 $ABCV$ 受力情况如图 6-39b)所示,图 6-39c)为力三角形。E 为滑动推力,$W\tan(\varphi - \omega)$ 为抗滑力。因此其抗滑稳定系数 K_s 可表达为:

$$K_s = \frac{W\tan(\varphi - \omega)}{E}$$

式中:

$$W = \frac{1}{2}\gamma L(H + h)$$

$$E = \frac{1}{2}\gamma h(h + 2h_0)\tan^2(45° - \varphi/2)$$

因此,下层锚定板的稳定系数 K_s 为:

$$K_s = \frac{\tan(\varphi - \omega)}{\tan^2(45° - \varphi/2)} \cdot \frac{L(H+h)}{h(h+2h_0)} \quad (6-93)$$

式(6-93)也可按式(6-87)的推导思路和方法推求得到。

对于第三种情况,水平填土并有活载的锚定板挡土墙,其下层锚定板的稳定性分析图式如图6-40所示。力 E_1 和 W_1 在 BC 滑面上产生滑动力,力 W 在 BC 滑面上产生抗滑力。抗滑稳定系数可按式(6-92)计算,但在有活载的情况下,式中的 W_1 和 E_1 应按下式计算:

$$W_1 = \frac{\gamma(L_1 - L)}{2}(h + h_1 + 2h_0)$$

$$E_1 = \frac{1}{2}\gamma h_1(h_1 + 2h_0)K_a$$

三、整体土墙法

整体土墙法是由西南大学提出的,主要用于锚定板挡土墙的稳定性分析。

1. 适用条件

当锚定板尺寸及其布置符合下述形成"群锚"的条件时,即可认为墙面与锚定板及其中间的填土形成一个共同作用的整体土墙,将锚定板板背中心的连线视为整体土墙的假想墙背,按"整体土墙法"进行锚定板挡土墙整体稳定性分析。

形成"群锚"的条件为:

(1)各层锚定板面积之和不应小于墙面板面积的20%。

(2)锚定板应分散布置,两层拉杆的间距不应大于锚定板高度的2倍,肋柱的间距不应大于锚定板宽度的3倍。

用整体土墙法验算整体稳定性时,肋柱后各锚定板中心连线(即土墙的假想墙背)可以布置成俯斜、仰斜、垂直或中间宽的折线形(凸形),如图6-41所示。如果布置成俯斜或仰斜时,其连线的坡度不宜大于1:0.25。

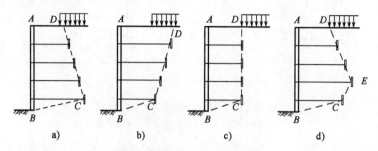

图6-41 "整体土墙"锚定板布置形式
a)俯斜;b)仰斜;c)垂直;d)凸形

2. 计算方法

整体土墙法的计算图式如图6-42所示。图中 $ABCD$ 为假想的整体土墙,CD 为其假想墙背。

假想土墙 $ABCD$ 的抗滑稳定性可按重力式挡土墙的设计原则进行验算。其抗滑稳定系数为:

$$K_s = \frac{(W + E_y - E_x \tan\alpha_0)\tan\varphi}{E_x + (W + E_y)\tan\alpha_0} \quad (6-94)$$

式中：W——假想土墙 $ABCD$ 的自重(kN)；
E_y、E_x——假想墙背 CD 上主动土压力的竖向分力和水平分力(kN)；
α_0——假想土墙基底倾角，$\tan\alpha_0 = h_n/L_n$；
L_n——最下层拉杆计算长度(肋柱内侧至锚定板背的长度)(m)；
h_n——肋柱底至最下层锚定板中心处的高度(m)。

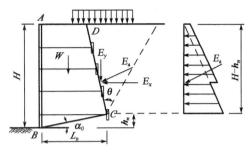

图 6-42 整体土墙法稳定性分析图式

按极限状态法设计时，其抗滑稳定性应满足下式要求：

$$(1.1W + \gamma_{Q1}E_y)\tan\varphi - \gamma_{Q1}E_x - \gamma_{Q1}E_x\tan\alpha_0\tan\varphi - (1.1W + \gamma_{Q1}E_y)\tan\alpha_0 > 0 \quad (6-95)$$

式中：γ_{Q1}——主动土压力分项系数，按表 3-3 取值。

计算假想墙背土压力时，填土与假想墙背的摩擦角 δ 采用 $(1/2 \sim 1/3)\varphi$。

按整体土墙法验算稳定性时，一般可不进行抗倾覆稳定性验算。车辆荷载应布置在假想墙背之后。

对于由各锚定板中心连线形成的假想墙背，如果为较规则的折线形，可按折线形挡土墙计算假想墙背的土压力，并验算整体稳定性。

对于图 6-41 所示的各锚定板中心连线上下短、中间长的锚定板挡土墙，如果各锚定板中心连线为较规则的折线形，可按折线形挡土墙计算假想墙背的土压力，并验算整体稳定性。

第六节 设 计 示 例

一、锚杆挡土墙设计示例

1. 设计资料

锚杆挡土墙结构设计图如图 6-43 所示。

(1)肋柱

肋柱高 $H = 6.0$m，初拟肋柱截面尺寸为 $a \times b = (35 \times 40)\text{cm}^2$，采用 C20 混凝土预制，重度 $\gamma_{li} = 24\text{kN/m}^3$，肋柱间距(中至中) $L = 3.0$m。

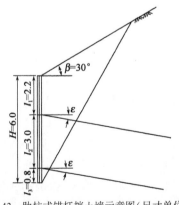

图 6-43 肋柱式锚杆挡土墙示意图(尺寸单位：m)

(2)挡土板

采用 C20 混凝土浇筑的矩形板，长为 2.90m，高为 0.5m，厚度设置分为三级，分级高度为 2.0m。C20 混凝土的弯曲抗拉强度 $\sigma_{WL} = 1.3$MPa。

(3)锚杆

锚杆采用 HRB335 钢筋，与水平方向呈倾角 $\varepsilon = 10°$ 的布置，钢筋抗拉设计强度 $R_g = 340$MPa，弹性模量 $E_g = 2.0 \times 10^5$MPa，锚孔直径 $D = 11$cm，由 M30 水泥砂浆灌注，极限抗剪强度 $R_f = 2.1$MPa，锚杆长度由砂浆与岩层孔壁的抗剪强度控制，砂浆与岩层孔壁的

平均抗剪强度 $\tau = 200\text{kPa}$,砂浆容许裂缝宽度 $[\delta_f] = 0.02\text{cm}$。锚杆截面设计安全系数为 1.7,长度设计安全系数为 2.0。

(4)墙背填料

墙背填料为土质砂,重度 $\gamma = 17\text{kN/m}^3$,内摩擦角 $\varphi = 35°$,墙背摩擦角 $\delta = \varphi/2 = 17.5°$。

(5)地基

地基为风化破碎的砂岩,容许承载力 $[\sigma] = 1160\text{kPa}$。

2. 土压力计算

已知 $\beta = 30°$,墙背倾角 $\alpha = 0$,则主动土压力系数 K_a 可由式(2-31)求得:

$$K_a = \frac{\cos^2\varphi}{\cos\delta\left[1 + \sqrt{\frac{\sin(\delta+\varphi)\sin(\varphi-\beta)}{\cos\delta\cos(-\beta)}}\right]^2}$$

$$= \frac{\cos^2 35°}{\cos 17.5° \times \left[1 + \sqrt{\frac{\sin(17.5°+35°) \times \sin(35°-30°)}{\cos 17.5° \times \cos(-30°)}}\right]^2} = 0.423$$

破裂面倾角 θ 为:

$$\tan\theta = -\tan(\varphi+\delta) + \sqrt{\tan(\varphi+\delta)[\cot\varphi + \tan(\varphi+\delta)]}$$

$$= -\tan 52.5° + \sqrt{\tan 52.5° \times (\cot 35° + \tan 52.5°)}$$

$$= 0.5835$$

即 $\theta = 30.26°$。

土压力为:

$$E_a = \frac{1}{2}\gamma H^2 K_a = \frac{1}{2} \times 17 \times 6.0^2 \times 0.423 = 129.44(\text{kN})$$

$$E_x = E_a\cos\delta = 129.44 \times \cos 17.5° = 123.45(\text{kN})$$

$$E_y = E_a\sin\delta = 129.44 \times \sin 17.5° = 38.92(\text{kN})$$

作用点为:

$$Z_x = H/3 = 2.0(\text{m})$$

3. 挡土板设计

视挡土板为简支板,各级挡土板的设计荷载为均布荷载,如图 6-44 所示。

(1)作用于挡土板的土压力

计算跨径为 $l_计$ 为:

$$l_计 = 2.775(\text{m})$$

由图 6-44 可知,作用于各级挡土板上的土压力分别为:

$$\sigma_1 = \gamma h_1 K_a = 17 \times 2.0 \times 0.423 = 14.38(\text{kPa})$$

$$q_1 = \sigma_1 h_板 \cos\delta = 14.38 \times 0.50 \times \cos 17.5° = 6.86(\text{kN/m})$$

$$\sigma_2 = \gamma h_2 K_a = 17 \times 4.0 \times 0.423 = 28.76(\text{kPa})$$

$$q_2 = \sigma_2 h_板 \cos\delta = 28.76 \times 0.50 \times \cos 17.5° = 13.72(\text{kN/m})$$

$$\sigma_3 = \gamma h_3 K_a = 17 \times 6.0 \times 0.423 = 43.15(\text{kPa})$$

$$q_3 = \sigma_3 h_板 \cos\delta = 43.15 \times 0.50 \times \cos 17.5° = 20.58(\text{kN/m})$$

(2)弯矩计算

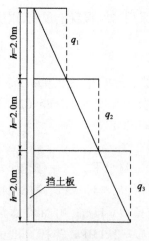

图 6-44 挡土板设计荷载

根据作用于各级挡土板上的土压力,即可计算各级挡土板的跨中弯矩(即最大弯矩):

$$M_1 = \frac{1}{8}q_1 l_{计}^2 = \frac{1}{8} \times 6.86 \times 2.775^2 = 6.60(\text{kN} \cdot \text{m})$$

$$M_2 = \frac{1}{8}q_2 l_{计}^2 = \frac{1}{8} \times 13.72 \times 2.775^2 = 13.21(\text{kN} \cdot \text{m})$$

$$M_3 = \frac{1}{8}q_3 l_{计}^2 = \frac{1}{8} \times 20.58 \times 2.775^2 = 19.81(\text{kN} \cdot \text{m})$$

(3)板厚确定

对于矩形截面,受弯时其抗拉强度可提高15%,取安全系数 $K=1.5$,由:

$$\frac{6M_i}{h_i t_i^2} \leqslant \frac{1.15\sigma_{WL}}{K}$$

得:

$$t_i \geqslant \sqrt{\frac{6KM_i}{1.15h_i\sigma_{WL}}}$$

因此各级挡土板的厚度分别为:

$$t_1 = \sqrt{\frac{1.5 \times 6 \times 6.6}{1.15 \times 0.5 \times 1\,300}} = 0.28(\text{m})$$

$$t_2 = \sqrt{\frac{1.5 \times 6 \times 13.21}{1.15 \times 0.5 \times 1\,300}} = 0.40(\text{m})$$

$$t_3 = \sqrt{\frac{1.5 \times 6 \times 19.81}{1.15 \times 0.5 \times 1\,300}} = 0.49(\text{m})$$

考虑到挡土板较厚,故采用钢筋混凝土结构,则取挡土板的厚度为 $t_1=22\text{cm}$, $t_2=25\text{cm}$, $t_3=28\text{cm}$。

(4)配筋设计

从略。

4. 肋柱设计

由于地层为风化破碎的砂岩,且不考虑嵌入深度,从偏安全的角度出发,同时也为便于计算,肋柱底端按自由端考虑。

(1)作用于肋柱的土压力

A、B、C 三支承点的土压应力分别为:

$$\sigma_A = \gamma h_A K_a = 17 \times 2.2 \times 0.423 = 15.82(\text{kPa})$$

$$\sigma_B = \gamma h_B K_a = 17 \times 5.2 \times 0.423 = 37.39(\text{kPa})$$

$$\sigma_C = \gamma H K_a = 17 \times 6.0 \times 0.423 = 43.15(\text{kPa})$$

作用于肋柱上的土压应力为肋柱间距(中至中)$L=3.0\text{m}$ 范围内的土压应力,其水平应力为:

$$p_A = \sigma_A L\cos\delta = 15.82 \times 3.0 \times \cos17.5° = 45.26(\text{kN/m})$$

$$p_B = \sigma_B L\cos\delta = 37.39 \times 3.0 \times \cos17.5° = 106.98(\text{kN/m})$$

$$p_C = \sigma_C L\cos\delta = 43.15 \times 3.0 \times \cos17.5° = 123.45(\text{kN/m})$$

(2)肋柱内力计算

①支点反力及弯矩和剪力

支点反力 $R_A = \dfrac{E_x L}{l_2}(Z_x - l_3) = \dfrac{123.45 \times 3.0}{3.0} \times (2.0 - 0.8) = 148.14(\text{kN})$

$R_B = E_x L - R_A = 123.45 \times 3.0 - 148.14 = 222.21(\text{kN})$

$R_C = 0$

支点弯矩 $M_A = -\dfrac{1}{6} p_A l_1^2 = -\dfrac{1}{6} \times 45.26 \times 2.2^2 = -36.51(\text{kN}\cdot\text{m})$

$M_B = R_A l_2 - \dfrac{1}{6} p_B (l_1 + l_2)^2$

$= 148.14 \times 3.0 - \dfrac{1}{6} \times 106.98 \times (2.2 + 3.0)^2$

$= -37.70(\text{kN}\cdot\text{m})$

支点剪力 $Q_{A上} = -\dfrac{1}{2} p_A l_1 = -\dfrac{45.26 \times 2.2}{2} = -49.79(\text{kN})$

$Q_{A下} = Q_{A上} + R_A = -49.79 + 148.14 = 98.35(\text{kN})$

$Q_{B上} = R_A - \dfrac{1}{2} p_B (l_1 + l_2) = 148.14 - \dfrac{1}{2} \times 106.98 \times 5.2$

$= -130.01(\text{kN})$

$Q_{B下} = R_B + Q_{B上} = 222.21 - 130.01 = 92.20(\text{kN})$

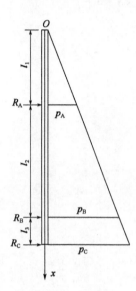

图 6-45 内力计算图

② OA、AB、AC 段内力计算（图 6-45）

a. OA 段的内力：

弯矩 $M_{OA} = -\dfrac{1}{6 l_1} p_A x^3 = -\dfrac{1}{6 \times 2.2} \times 45.26 x^3 = -3.429 x^3(\text{kN})$ $\qquad (0 \leq x \leq 2.2\text{m})$

剪力 $Q_{OA} = -\dfrac{1}{2 l_1} p_A x^2 = -\dfrac{1}{2 \times 2.2} \times 45.26 x^2 = -10.29 x^2(\text{kN})$ $\qquad (0 \leq x \leq 2.2\text{m})$

b. AB 段的内力：

弯矩 $M_{AB} = R_A(x - l_1) - \dfrac{p_C}{6H} x^3$

$= 148.14(x - 2.2) - \dfrac{123.45}{6 \times 6} x^3$

$= -3.429 x^3 + 148.14 x - 325.91 \quad (2.2\text{m} < x \leq 5.2\text{m})$

令 $\dfrac{\text{d}M_{AB}}{\text{d}x} = 0$，得 $x = 3.795(\text{m})$

故 AB 段最大弯矩为：

$$M_{(AB)\max} = 48.87(\text{kN}\cdot\text{m})$$

剪力 $Q_{AB} = R_A - \dfrac{p_C}{2H} x^2 = 148.14 - 10.29 x^2(\text{kN}) \qquad (2.2\text{m} < x \leq 5.2\text{m})$

c. BC 段内力：

弯矩 $M_{BC} = R_A(x - l_1) + R_B(x - l_1 - l_2) - \frac{p_C}{6H}x^3$

$= 148.14(x - 2.2) + 222.21(x - 2.2 - 3.0) - \frac{123.45}{6 \times 6}x^3$

$= -3.429x^3 + 370.35x - 1481.40$ （5.2m $< x \leq$ 6.0m）

剪力 $Q_{AB} = R_A + R_B - \frac{p_C}{2H}x^2 = 370.35 - 10.29x^2 (\text{kN})$ （5.2m $< x \leq$ 6.0m）

③肋柱内力图

肋柱的弯矩、剪力图如图6-46所示。

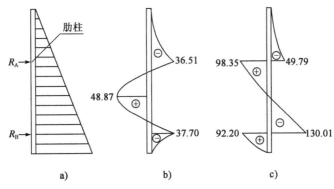

图6-46 肋柱内力图
a)肋柱内力图；b)M图(kN·m)；c)Q图(kN)

(3) 肋柱底端支承应力验算

①基底应力验算

作用于肋柱底端的轴向力为：

$\sum N = E_y + G + (R_A + R_B)\tan\varepsilon = 38.92 + 20.16 + (148.14 + 222.21)\tan 10°$

$= 124.38(\text{kN})$

其中：

$G = \gamma abH = 24 \times 0.35 \times 0.4 \times 6.0 = 20.16(\text{kN})$

基底应力为：

$\sigma = \frac{\sum N}{ab} = \frac{124.38}{0.35 \times 0.4} = 888.43(\text{kPa}) < [\sigma] = 1160(\text{kPa})$

因此，地基承载力满足要求。

②基脚侧向应力验算

由于肋柱底端视为自由端，故基脚侧向应力不必验算。

(4) 配筋设计

从略。

5. 锚杆设计

(1) 锚杆拉力计算

A、B两锚杆所受拉力分别为：

$N_A = \frac{R_A}{\cos\varepsilon} = \frac{148.14}{\cos 10°} = 150.43(\text{kN})$

$$N_B = \frac{R_B}{\cos\varepsilon} = \frac{222.21}{\cos 10°} = 225.64(\text{kN})$$

（2）锚杆截面计算

锚杆 A 的截面积为：

$$A_A = \frac{KN_A}{R_g} = \frac{1.7 \times 150.43}{340\,000} = 7.52(\text{cm}^2)$$

选用 Φ32，截面积为 $A_A = \pi \times 1.6^2 = 8.04(\text{cm}^2)$

锚杆 B 的截面积为：

$$A_B = \frac{KN_B}{R_g} = \frac{1.7 \times 225.64}{340\,000} = 11.28(\text{cm}^2)$$

选用 2Φ28，截面积为 $A_B = 2 \times \pi \times 1.4^2 = 12.32(\text{cm}^2)$

（3）砂浆裂缝宽度验算

①锚杆 A

$$\sigma_g = \frac{N_A}{A_g} = \frac{150.43}{8.04 \times 10^{-4}} = 18.71 \times 10^4 (\text{kPa})$$

$$A_h = \frac{\pi}{4}D^2 - A_g = \frac{\pi}{4} \times 0.11^2 - 8.04 \times 10^{-4} = 86.99 \times 10^{-4}(\text{m}^2)$$

$$\psi = 1 - 0.56\frac{A_h}{N_A}R_f = 1 - 0.56 \times \frac{86.99 \times 10^{-4}}{150.43} \times 2\,100 = 0.93$$

$$L_f = \left(7 + 0.16\frac{D^2}{\mu}\right) \times 0.7 = \left(7 + 0.16 \times \frac{11^2}{3.2}\right) \times 0.7 = 9.14(\text{cm})$$

则锚杆 A 砂浆裂缝宽度为：

$$\delta_{fman} = 2.2\psi\frac{\sigma_g}{E_g}L_f = 2.2 \times 0.93 \times \frac{187.1}{2.0 \times 10^5} \times 9.14$$

$$= 0.017(\text{cm}) < [\delta_f] = 0.02(\text{cm})$$

锚杆 A 砂浆裂缝宽度满足要求。

②锚杆 B

$$\sigma_g = \frac{N_B}{A_g} = \frac{225.64}{12.32 \times 10^{-4}} = 18.31 \times 10^4(\text{kPa})$$

$$A_h = \frac{\pi}{4}D^2 - A_g = \frac{\pi}{4} \times 0.11^2 - 12.32 \times 10^{-4} = 82.71 \times 10^{-4}(\text{m}^2)$$

$$\psi = 1 - 0.56\frac{A_h}{N_B}R_f = 1 - 0.56 \times \frac{82.71 \times 10^{-4}}{225.64} \times 2\,100 = 0.96$$

$$L_f = \left(7 + 0.16\frac{D^2}{\mu}\right) \times 0.7 = \left(7 + 0.16 \times \frac{11^2}{2 \times 2.8}\right) \times 0.7 = 7.32(\text{cm})$$

则锚杆 B 砂浆裂缝宽度为：

$$\delta_{fman} = 2.2\psi\frac{\sigma_g}{E_g}L_f = 2.2 \times 0.96 \times \frac{183.1}{2.0 \times 10^5} \times 7.32$$

$$= 0.014(\text{cm}) < [\delta_f] = 0.02(\text{cm})$$

锚杆 B 砂浆裂缝宽度满足要求。

(4) 锚杆长度确定

锚杆长度 L 由锚固段长度 L_e 和自由段长度 L_0 两部分确定，即：

$$L = L_e + L_0$$

① 锚杆 A

$$L_{Ae} \geqslant \frac{KN_A}{\pi D \tau} = \frac{2 \times 150.43}{\pi \times 0.11 \times 200} = 4.35 (\text{m})$$

$$L_{A0} = 3.8 \times \frac{\sin 30.26°}{\sin 69.74°} = 2.04 (\text{m})$$

$$L_A = 4.35 + 2.04 = 6.39 (\text{m})$$

② 锚杆 B

$$L_{Be} \geqslant \frac{KN_B}{\pi D \tau} = \frac{2 \times 225.64}{\pi \times 0.11 \times 200} = 6.53 (\text{m})$$

$$L_{B0} = 0.8 \times \frac{\sin 30.26°}{\sin 69.74°} = 0.43 (\text{m})$$

$$L_B = 6.53 + 0.43 = 6.96 (\text{m})$$

注：以上总长度未包括伸入肋柱长度。

二、锚定板挡土墙设计示例

1. 设计资料

某公路锚定板挡土墙，采用单级肋柱，双层拉杆的结构，如图 6-47 所示。

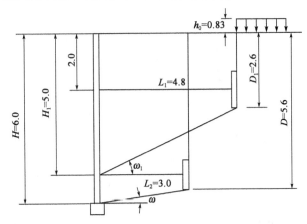

图 6-47 锚定板结构示意图(尺寸单位：m)

(1) 墙高 $H = 6.0\text{m}$。

(2) 上层拉杆与肋柱连接点距离顶端 2.0m，下层拉杆距离底端 1.0m。

(3) 肋柱水平间距为 2.0m，采用 C20 混凝土预制，截面为 $0.30 \times 0.35 \text{m}^2$，钢筋混凝土弹性模量 $E = 2.6 \times 10^4 \text{MPa}$。

(4) 挡土板采用 C20 混凝土预制，长 1.96m，宽 0.5m。

(5) 锚定板采用 C20 混凝土预制，其尺寸为：$1.2\text{m} \times 1.2\text{m} \times 0.2\text{m}$。

(6) 拉杆采用 25 锰硅热轧钢筋，上层长 $L_A = 4.8\text{m}$，下层长 $L_B = 3.0\text{m}$，直径 $d = 25\text{mm}$，弹性模量 $E_g = 2.1 \times 10^5 \text{MPa}$。

(7)墙后填土的重度 $\gamma = 18\text{kN/m}^3$,等效内摩擦角 $\varphi = 35°$。
(8)墙背摩擦角 $\delta = \varphi/2 = 17.5°$。

2. 土压力计算

由墙后土体引起的土压力按式 6-1 计算,即:

$$\sigma_H = \frac{1.33 E_x}{H} m$$

其中土压力增大系数 m 取 1.3。

库仑主动土压力系数为:

$$K_a = \frac{\cos^2\varphi}{\cos\delta\left(1 + \sqrt{\frac{\sin(\varphi+\delta)\sin\varphi}{\cos\delta}}\right)^2} = \frac{\cos^2 35°}{\cos 17.5°\left(1 + \sqrt{\frac{\sin(35°+17.5°)\sin 35°}{\cos 17.5°}}\right)^2} = 0.246$$

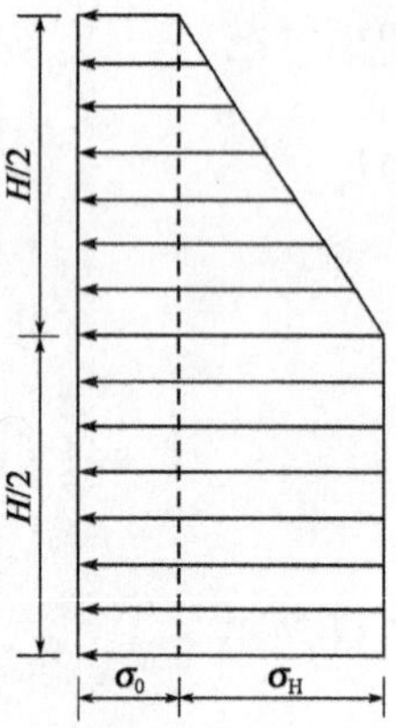

主动土压力的水平分力为:

$$E_x = \frac{1}{2}\gamma H^2 K_a \cos\delta = \frac{1}{2} \times 18 \times 6^2 \times 0.246 \times \cos 17.5°$$
$$= 76.02(\text{kN})$$

则 $\sigma_H = \frac{1.33 E_x}{H} m = \frac{1.33 \times 76.02}{6} \times 1.3$
$$= 21.91(\text{kPa})$$

根据墙高,查表 2-5 可得,车辆荷载附加强度 $q = 15\text{kPa}$,则车辆荷载换算等待土层厚度为:

$$h_0 = \frac{15.0}{18} = 0.83(\text{m})$$

图 6-48 锚定板挡土墙的土压应力分布图

车辆荷载引起的土压应力 σ_0 为:

$$\sigma_0 = \gamma h_0 K_a = 18 \times 0.83 \times 0.246 = 3.68(\text{kPa})$$

作用于锚定板挡土墙的土压应力分布如图 6-48 所示。

3. 肋柱内力计算

(1)按刚性支承计算肋柱内力

当拉杆变形很小时,可视肋柱支承于刚性支座上。而且置于连续基础上的肋柱与基础的连接可视为铰支。因此视肋柱为支承于三个刚性铰支座上的连续梁,三个铰支座记为 A、B、C,分别位于两根拉杆与肋柱的连接处和肋柱与基础的连接处。图 6-49 为肋柱内力计算示意图。

① 作用于肋柱的土压应力

作用于梁(肋柱)的土压应力 p_0 和 p_H 为:

$$p_0 = \sigma_0 \cdot L = 3.68 \times 2.0 = 7.36(\text{kN/m})$$
$$p_H = (\sigma_0 + \sigma_H) \cdot L = (3.68 + 21.91) \times 2.0 = 51.18(\text{kN/m})$$

作用于 A、B、C 点的土压应力 p_A、p_B、p_C 分别为:

$$p_A = \frac{p_0 + 2p_H}{3} = \frac{7.36 + 2 \times 51.18}{3} = 36.57(\text{kN/m})$$

$$p_B = p_H = 51.18(\text{kN/m})$$
$$p_C = p_H = 51.18(\text{kN/m})$$

②三弯矩方程

由式 6-37,可得三弯矩方程:

$$2M_B(l_{AB} + l_{BC}) = -6B_{AB}^\varphi - 6A_{BC}^\varphi$$

其中:

$$M_A = -\frac{1}{2}p_0 l_{OA}^2 - \frac{1}{6}(p_A - p_0) l_{OA}^2$$

$$= -\frac{1}{2} \times 7.36 \times 2^2 - \frac{1}{6} \times (36.57 - 7.36) \times 2^2 = -34.19(\text{kN} \cdot \text{m})$$

$$B_{AB}^\varphi = \frac{p_B l_{AB}^3}{24} - \frac{(p_B - p_A)s^2 l_{AB}}{36} + \frac{(p_B - p_A)s^4}{120 l_{AB}} + \frac{M_A l_{AB}}{6}$$

$$= \frac{51.18 \times 3^3}{24} - \frac{(51.18 - 36.57) \times 1^2 \times 3}{36} + \frac{(51.18 - 36.57) \times 1^4}{120 \times 3} - \frac{34.19 \times 3}{6}$$

$$= 39.31(\text{kN} \cdot \text{m}^2)$$

$$A_{BC}^\varphi = \frac{p_C l_{BC}^3}{24} = \frac{51.18 \times 1^3}{24} = 2.13(\text{kN} \cdot \text{m}^2)$$

整理后得:

$$M_B = \frac{-6B_{AB}^\varphi - 6A_{BC}^\varphi}{8} = \frac{-6 \times 39.31 - 6 \times 2.13}{8}$$

$$= -31.08(\text{kN} \cdot \text{m})$$

③支座反力

肋柱支座反力可根据图 6-50 计算。

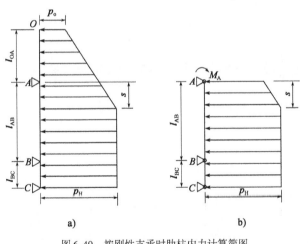

图 6-49 按刚性支承时肋柱内力计算简图
a)内力计算图式;b)三弯矩方程的基本结构

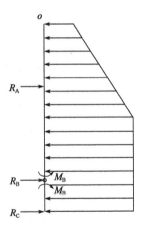

图 6-50 支座反力计算图式

$$R_A = \frac{1}{l_{AB}}\left[p_B \frac{(l_{OA} + l_{AB})^2}{2} - \frac{(p_B - p_0)H}{4}\left(l_{OA} + l_{AB} - \frac{H}{6}\right) + M_B\right]$$

$$= \frac{1}{3}\left[51.18 \times \frac{5^2}{2} - \frac{(51.18 - 7.36) \times 6}{4} \times \left(2 + 3 - \frac{6}{6}\right) - 31.08\right]$$

$$= 115.25(\text{kN})$$

$$R_B^{AB} = \frac{1}{l_{AB}}[p_B(l_{OA} + l_{AB})(\frac{l_{OA} + l_{AB}}{2} - l_{OA}) + \frac{(p_B - p_0)H}{4}(l_{OA} - \frac{H}{6}) - M_B]$$

$$= \frac{1}{3}[51.18 \times 5 \times (\frac{5}{2} - 2) + \frac{(51.18 - 7.36) \times 6}{4} \times (2 - \frac{6}{6}) + 31.08] = 74.92(kN)$$

$$R_B^{BC} = \frac{1}{l_{BC}}(p_B \frac{l_{BC}^2}{2} - M_B) = \frac{1}{1}(51.18 \times \frac{1^2}{2} + 31.08) = 56.67(kN)$$

$$R_B = R_B^{AB} + R_B^{BC} = 74.92 + 56.67 = 131.59(kN)$$

$$R_C = \frac{1}{l_{BC}}(p_B \frac{l_{BC}^2}{2} + M_B) = \frac{1}{1} \times (51.18 \times \frac{1^2}{2} - 31.08) = -5.49(kN)$$

④肋柱内力

根据静定结构,计算肋柱剪力和弯矩。

剪力 $\qquad Q_0 = 0$

$$Q_{A\text{上}} = -\frac{p_0 + p_A}{2}l_{OA} = -\frac{7.36 + 36.57}{2} \times 2 = -43.93(kN)$$

$$Q_{A\text{下}} = Q_{A\text{上}} + R_A = -43.93 + 115.25 = 71.32(kN)$$

$$Q_{B\text{上}} = R_A - p_B(l_{OA} + l_{AB}) + \frac{(p_B - p_0)H}{4}$$

$$= 115.25 - 51.18 \times 5 + \frac{(51.18 - 7.36) \times 6}{4} = -74.92(kN)$$

$$Q_{B\text{下}} = Q_{B\text{上}} + R_B = -74.92 + 131.59 = 56.67(kN)$$

$$Q_C = R_C = -5.49(kN)$$

弯矩 $\qquad M_A = -\frac{1}{2}p_0 l_{OA}^2 - \frac{1}{6}(p_A - p_0)l_{OA}^2$

$$= -\frac{1}{2} \times 7.36 \times 2^2 - \frac{1}{6} \times (36.57 - 7.36) \times 2^2 = -34.19(kN \cdot m)$$

$$M_A = -34.19(kN \cdot m)$$

$$M_B = -31.08(kN \cdot m)$$

$$M_C = 0$$

AB 跨中弯矩 $M_{AB} = R_A(x - l_{OA}) - \frac{p_0 x^2}{2} - \frac{(p_B - p_0)x^3}{3H} \qquad (2m < x \leq \frac{H}{2})$

$$M_{AB} = R_A(x - l_{OA}) - \frac{p_0 x^2}{2} - \frac{(p_B - p_0)H}{4}(x - \frac{H}{3}) - \frac{p_B - p_0}{2}(x - \frac{H}{2})^2 \qquad (\frac{H}{2} < x \leq 5m)$$

最大弯矩出现在 $\frac{H}{2} < x \leq 5m$ 段。根据极值原理,可确定最大弯矩位置,进而确定最大弯矩值 $M_{(AB)max}$。

由 $\frac{dM_{AB}}{dx} = 0$ 条件,可得:

$$R_A - p_0 x - \frac{(p_B - p_0)H}{4} - (p_B - p_0)(x - \frac{H}{2}) = R_A - p_B x + \frac{(p_B - p_0)H}{4} = 0$$

$$x = 3.536(\text{m})$$

因此,最大弯矩为:
$$M_{(AB)\max} = 23.76(\text{kN} \cdot \text{m})$$

剪力和弯矩图如图 6-51 所示。

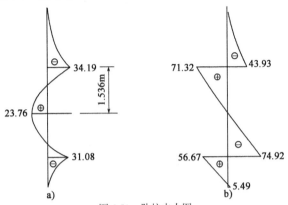

图 6-51 肋柱内力图
a) 弯矩图 (kN·m); b) 剪力图 (kN)

(2) 按弹性支承计算肋柱内力

① 五弯矩方程

$$M_{\text{B}}\left[\frac{l_{AB}+l_{BC}}{3EI}+\frac{C_A}{l_{AB}^2}+C_B\left(\frac{1}{l_{AB}}+\frac{1}{l_{BC}}\right)^2+\frac{C_C}{l_{BC}^2}\right]$$

$$=-\frac{1}{EI}(B_{AB}^{\varphi}+A_{BC}^{\varphi})-R_A^0\frac{C_A}{l_{AB}}-R_B^0 C_B\left(\frac{1}{l_{AB}}+\frac{1}{l_{BC}}\right)-R_C^0\frac{C_C}{l_{BC}}$$

其中:

$$EI = 2.60 \times 10^7 \times \frac{0.30 \times 0.35^3}{12} = 2.787 \times 10^4 (\text{kN} \cdot \text{m}^2)$$

$$B_{AB}^{\varphi} = 39.31(\text{kN} \cdot \text{m}^2), A_{BC}^{\varphi} = 2.13(\text{kN} \cdot \text{m}^2)$$

$$M_A = -34.19(\text{kN} \cdot \text{m})$$

② 柔度系数

支座 A 的柔度系数 C_A:

$$C_{gA} = \frac{l_A}{A_g E_g} = \frac{4.8}{\pi \times 0.0125^2 \times 2.1 \times 10^8} = 4.656 \times 10^{-5}(\text{m/kN})$$

其中,上层拉杆长度 $l_A = 4.8\text{m}$,直径 $d = 25\text{mm}$。

$$C_{rA} = \sum \frac{\Delta t_j}{2E_0 A_{FA}}(K_j + K_{j-1}) = \sum \frac{\Delta t_j}{2 \times 8000 \times 1.2^2} \times (K_j + K_{j-1})$$

其中,E_0 为土的压缩模量,$E_0 = 8000\text{kPa}$;A_{FA} 为上层锚定板面积,$A_{FA} = 1.44\text{m}^2$;上层拉杆长度 $l_A = 4.8\text{m}$。

C_{rA} 具体计算过程列于表 6-4,$C_{rA} = 1.2965 \times 10^{-4}(\text{m/kN})$。

柔度系数 C_{rA} 的计算　　　　　　　　　　　　　　　　　　　　表6-4

序号	计算层位(m)	l_j(m)	β_j	K_{j-1}	K_j	Δt_j(m)	$C_{rj}(\times 10^{-5} \text{m/kN})$
1	0~0.3	0.15	0.125	1	0.949	0.3	2.537 7
2	0.3~0.9	0.6	0.5	0.949	0.696	0.6	4.283 8
3	0.9~1.5	1.2	1.0	0.696	0.336	0.6	2.687 5
4	1.5~2.1	1.8	1.5	0.336	0.194	0.6	1.380 2
5	2.1~2.7	2.4	2.0	0.194	0.114	0.6	0.802 0
6	2.7~3.3	3.0	2.5	0.114	0.086	0.6	0.520 8
7	3.3~3.9	3.6	3.0	0.086	0.058	0.6	0.375 0
8	3.9~4.5	4.2	3.5	0.058	0.046	0.6	0.270 8
9	4.5~4.8	4.65	3.875	0.046	0.036	0.3	0.106 7
合计						4.8	12.965

注：1. $a = h/b = 1.0$。
　　2. 部分 K_j 由表6-3线性内插法得到。

因此，柔度系数 C_A：

$$C_A = C_{gA} + C_{rA} = 4.656 \times 10^{-5} + 1.296 5 \times 10^{-4} = 1.762 \times 10^{-4} (\text{m/kN})$$

支座 B 的柔度系数 C_B：

$$C_{gB} = \frac{l_B}{A_g E_g} = \frac{3.0}{\pi \times 0.012 5^2 \times 2.1 \times 10^8} = 2.910 \times 10^{-5} (\text{m/kN})$$

$$C_{rB} = \sum \frac{\Delta t_j}{2 E_0 A_{FB}} (K_j + K_{j-1}) = 1.196 1 \times 10^{-4} (\text{m/kN})$$

C_{rB} 的具体计算过程如表6-5所示。其中土的压缩模量 $E_0 = 8 000 \text{kPa}$，下层锚定板面积 $A_{FA} = 1.44 \text{m}^2$，下层拉杆长度 $l_B = 3.0\text{m}$，直径 $d = 25\text{mm}$。

柔度系数 C_{rB} 的计算　　　　　　　　　　　　　　　　　　　　表6-5

序号	计算层位(m)	l_j(m)	β_j	K_{j-1}	K_j	Δt_j(m)	$C_{rj}(\times 10^{-5} \text{m/kN})$
1	0~0.3	0.15	0.125	1	0.949	0.3	2.537 7
2	0.3~0.9	0.6	0.5	0.949	0.696	0.6	4.283 8
3	0.9~1.5	1.2	1.0	0.696	0.336	0.6	2.687 5
4	1.5~2.1	1.8	1.5	0.336	0.194	0.6	1.380 2
5	2.1~2.7	2.4	2.0	0.194	0.114	0.6	0.802 0
6	2.7~3.0	2.85	2.375	0.114	0.093	0.3	0.269 5
合计						3.0	11.961

因此，柔度系数 C_B：

$$C_B = C_{gB} + C_{rB} = 2.910 \times 10^{-5} + 1.196 1 \times 10^{-4} = 1.487 \times 10^{-4} (\text{m/kN})$$

支座 C 的柔度系数 C_C：

$$C_C = 0.1 C_{rB} = 1.196 \times 10^{-5} (\text{m/kN})$$

③基本结构支座反力

$$R_A^0 = \frac{1}{l_{AB}} [p_B \frac{(l_{OA} + l_{AB})^2}{2} - \frac{(p_B - p_0)}{2} \frac{H}{2} (l_{OA} + l_{AB} - \frac{1}{3} \cdot \frac{H}{2})]$$

$$= \frac{1}{3}\left[51.18 \times \frac{5^2}{2} - \frac{51.18 - 7.36}{2} \times \frac{6}{2} \times \left(5 - \frac{1}{3} \times \frac{6}{2}\right)\right] = 125.61(\mathrm{kN})$$

$$(R_B^0)^{AB} = \frac{1}{l_{AB}}\left[p_B(l_{OA} + l_{AB})\left(\frac{l_{OA} + l_{AB}}{2} - l_{OA}\right) + \frac{p_B - p_0}{2} \frac{H}{2}\left(l_{OA} - \frac{1}{3} \cdot \frac{H}{2}\right)\right]$$

$$= \frac{1}{3}\left[51.18 \times 5 \times \left(\frac{5}{2} - 2\right) + \frac{51.18 - 7.36}{2} \times \frac{6}{2} \times \left(2 - \frac{1}{3} \times \frac{6}{2}\right)\right] = 64.56(\mathrm{kN})$$

$$(R_B^0)^{BC} = \frac{p_H l_{BC}}{2} = \frac{51.18 \times 1.0}{2} = 25.59(\mathrm{kN})$$

$$R_B^0 = (R_B^0)^{AB} + (R_B^0)^{BC} = 64.56 + 25.59 = 90.15(\mathrm{kN})$$

$$R_C^0 = \frac{p_H l_{BC}}{2} = \frac{51.18 \times 1.0}{2} = 25.59(\mathrm{kN})$$

④支座弯矩

将上述数值代入五弯矩方程,可得:

$$M_B\left[\frac{3+1}{3 \times 2.787 \times 10^4} + \frac{1.762 \times 10^{-4}}{3^2} + 1.487 \times 10^{-4} \times \left(\frac{1}{3} + \frac{1}{1}\right)^2 + \frac{1.196 \times 10^{-5}}{1^2}\right]$$

$$= -\frac{1}{2.787 \times 10^4} \times (39.31 + 2.13) - 125.61 \times \frac{1.762 \times 10^{-4}}{3} +$$

$$90.15 \times 1.487 \times 10^{-4} \times \left(\frac{1}{3} + \frac{1}{1}\right) - 25.59 \times \frac{1.196 \times 10^{-5}}{1}$$

由此可求得支座 B 的弯矩 M_B:

$$M_B = 25.32(\mathrm{kN} \cdot \mathrm{m})$$

⑤支座反力

$$R_A = \frac{1}{l_{AB}}\left[p_H \frac{(l_{OA} + l_{AB})^2}{2} - \frac{(p_H - p_0)}{2} \frac{H}{2}\left(l_{OA} + l_{AB} - \frac{1}{3} \cdot \frac{H}{2}\right) + M_B\right]$$

$$= \frac{1}{3}\left[51.18 \times \frac{5^2}{2} - \frac{51.18 - 7.36}{2} \times \frac{6}{2} \times \left(2 + 3 - \frac{1}{3} \times \frac{6}{2}\right) + 25.32\right] = 134.05(\mathrm{kN})$$

$$R_B^{AB} = \frac{1}{l_{AB}}\left[p_H(l_{OA} + l_{AB})\left(\frac{l_{OA} + l_{AB}}{2} - l_{OA}\right) + \frac{p_H - p_0}{2} \frac{H}{2}\left(l_{OA} - \frac{1}{3} \cdot \frac{H}{2}\right) - M_B\right]$$

$$= \frac{1}{3}\left[51.18 \times (2 + 3) \times \left(\frac{2+3}{2} - 2\right) + \frac{51.18 - 7.36}{2} \times \frac{6}{2} \times \left(2 - \frac{1}{3} \times \frac{6}{2}\right) - 25.32\right]$$

$$= 56.12(\mathrm{kN})$$

$$R_B^{BC} = \frac{1}{l_{BC}}\left(p_H \frac{l_{BC}^2}{2} - M_B\right) = \frac{1}{1}\left(51.18 \times \frac{1^2}{2} - 25.32\right) = 0.27(\mathrm{kN})$$

$$R_B = R_B^{AB} + R_B^{BC} = 56.12 + 0.27 = 56.39(\mathrm{kN})$$

$$R_C = \frac{1}{l_{BC}}\left(p_H \frac{l_{BC}^2}{2} + M_B\right) = \frac{1}{1} \times \left(51.18 \times \frac{1^2}{2} + 25.32\right) = 50.91(\mathrm{kN})$$

应该说明,支承条件对肋柱的内力有很大的影响,特别是在支座 B 处,受支承条件的影响,其弯矩的方向发生了变化。因此对于锚定板挡土墙而言,肋柱应按不利受力状态进行内外双侧配筋。

4. 拉杆拉力计算

刚性支承时,拉杆拉力为:

$$N_A = R_A = 115.25(\mathrm{kN})$$

$$N_B = R_B = 131.59(\text{kN})$$

弹性支承时,拉杆拉力为:

$$N_A = R_A = 134.05(\text{kN})$$
$$N_B = R_B = 56.39(\text{kN})$$

5. 锚定板抗拔稳定性计算

(1) 上层锚定板抗拔力

由于上层锚定板埋深小于3m,属浅层锚定板,其极限抗拔力 T_u 按式(6-17)计算,即:

$$T_u = \frac{1}{2}\gamma D_1^2 (K_p - K_a) h$$

式中:主动土压力系数 $K_a = 0.271$,被动土压力系数 $K_p = 3.690$。埋深 $D_1 = 2.60\text{m}$,重度 $\gamma = 18\text{kN/m}^3$,锚定板高度 $h = 1.2\text{m}$。

则上层锚定板的极限抗拔力为:

$$T_u = \frac{1}{2} \times 18 \times 2.6^2 \times (3.690 - 0.271) \times 1.2 = 249.61(\text{kN})$$

容许抗拔力则为:

$$T_R = T_u/K = 249.61/2 = 124.81(\text{kN})$$

上层拉杆拉力 $R_A = 115.25\text{kN}$(刚性支承)或134.05kN(弹性支承)。由此可见,刚性支承条件下,锚定板容许抗拔力大于上层拉杆拉力,而弹性支承条件下,锚定板容许抗拔力小于上层拉杆拉力。此时可增大上层锚定板尺寸(如采用1.3m×1.3m×0.2m 的锚定板)来提高其抗拔力,以满足抗拔稳定性要求。

(2) 下层锚定板抗拔力

下层锚定板埋深大于3m,容许抗拔力根据表6-1确定。

当锚定板埋深(以锚定板中心计)5.0m 时,锚定板单位容许抗拔力为120kPa。则下层锚定板的容许抗拔力为:

$$T_R = 120 \times 1.20 \times 1.20 = 172.80(\text{kN})$$

下层拉杆拉力 $R_B = 131.59\text{kN}$(刚性支承)或56.39kN(弹性支承),故下层锚定板满足抗拔稳定性要求。

6. 挡土墙稳定性验算

采用折线滑面法对锚定板挡土墙稳定性进行验算,稳定系数 $K_s \geq 1.8$。其中:

$$\omega_1 = \arctan\left[\frac{(H_1 - D_1)}{L_1}\right] = \arctan\left(\frac{2.4}{4.8}\right) = 26.57°$$

$$\omega = \arctan\left[\frac{(H - D)}{L}\right] = \arctan\left(\frac{0.40}{3.0}\right) = 7.59°$$

(1) 上层锚定板稳定性验算

计算图式如图6-47所示。

$$K_s = \frac{\text{摩阻力 } R_w}{\text{滑动力 } T_E}$$

摩阻力 R_w
$$R_w = W(\tan\varphi\cos\omega_1 - \sin\omega_1)$$

$$W = \frac{2.60 + 5.00}{2} \times 4.8 \times 18 = 328.32(\text{kN/m})$$

$$R_w = 328.32 \times (\tan35°\cos26.57° - \sin26.57°) = 58.76(\text{kN/m})$$

滑动力 T_E　　　　$T_E = E[\cos(-\omega_1) - \tan\varphi\sin(-\omega_1)]$

$$E = \frac{1}{2}\gamma D_1(2h_0 + D_1)K_a = \frac{1}{2} \times 18 \times 2.60 \times (2 \times 0.83 + 2.60) \times 0.271 = 27.01(\text{kN/m})$$

其中，
$$K_a = \tan^2\left(45° - \frac{35°}{2}\right) = 0.271$$

$$T_E = 27.01 \times (\cos26.57° + \tan35°\sin26.57°)$$
$$= 32.62(\text{kN/m})$$

则上层锚定板稳定性系数为：
$$K_s = \frac{58.76}{32.62} = 1.80$$

因此，上层锚定板稳定性满足要求。

（2）下层锚定板稳定性验算

计算图式如图 6-52 所示。

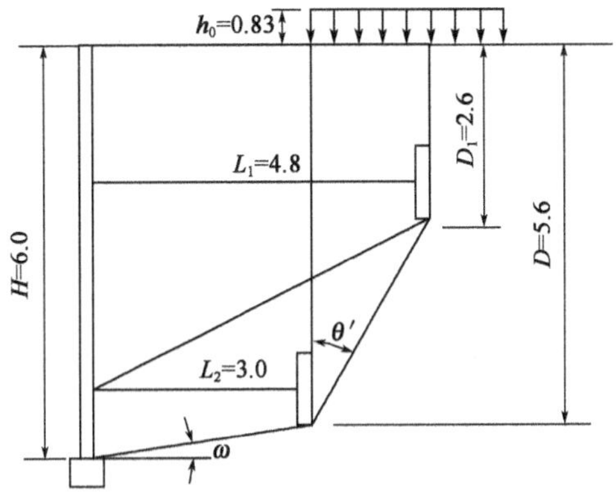

$$W = \frac{6.0 + 5.60}{2} \times 3.0 \times 18 = 313.20(\text{kN/m})$$

$$W_1 = 0.83 \times 1.8 \times 18 + \frac{5.6 + 2.6}{2} \times 1.8 \times 18$$
$$= 159.73(\text{kN/m})$$

$E = 27.01(\text{kN/m})$

图 6-52　下层锚定板稳定性分析图式（尺寸单位：m）

抗滑力　$R_w = 313.20 \times (\tan35°\cos7.59° - \sin7.59°) = 176.02(\text{kN/m})$

滑动力　$T_E = 27.01 \times (\cos7.59° + \tan35°\sin7.59°) = 29.27(\text{kN/m})$

$$T_W = W_1(\cos\theta' - \tan\varphi\sin\theta')[\sin(\theta' + \omega) - \tan\varphi\cos(\theta' + \omega)]$$
$$= 159.73(\cos30.96° - \tan35°\sin30.96°)[\sin(30.96° + 7.59°) -$$
$$\tan35°\cos(30.96° + 7.59°)]$$
$$= 6.00(\text{kN/m})$$

其中，$\theta' = \arctan[(l_A - l_B)/(D - D_1)] = \arctan\left(\frac{1.8}{3.0}\right) = 30.96°$

则下层锚定板稳定性系数为：
$$K_s = \frac{\text{抗滑力} R_w}{\text{滑动力} T_E + T_W} = \frac{176.02}{29.27 + 6.00} = 4.99 > 1.8$$

因此，下层锚定板稳定性满足要求。

第七节　施　工　技　术

锚杆挡土墙施工工序主要有基坑开挖、基础浇（砌）筑、锚杆制作、钻孔、锚杆安放与注浆锚固、肋柱和挡土板预制、肋柱安装、挡土板安装、墙背填料填筑与压实等，其施工工艺流程如图 6-53 所示。

锚定板挡土墙构件一般均应预制组装,逐层拼装挡土板、拉杆、锚定板;逐层填土,循环配合,所以施工较为简便迅速,施工工艺流程如图6-54所示。

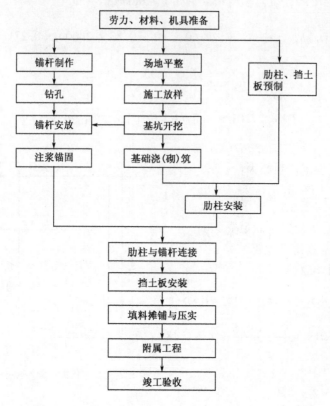

图6-53 锚杆挡土墙施工工艺流程

一、构件预制与制作

1. 混凝土构件预制

混凝土构件包括肋柱和挡土板(锚杆挡土墙)或肋柱、挡土板和锚定板(锚定板挡土墙),其可以在预制厂制作,也可在工地预制。

浇筑前应检查支模是否正确,包括长度、高度、厚度、节点联系、横向稳定性等。同时检查钢筋位置安放的准确性。要求构件表面平整,外形轮廓清晰,线条顺直。

混凝土应采用机械拌和,做到搅拌均匀,浇筑平整,振捣密实、无蜂窝和麻面、不得有掉角啃边和露筋翘曲。并应及时保湿养生,强度符合要求。

肋柱多采用钢筋混凝土矩形、工字形或T形截面,整体预制的肋柱高取决于分级墙高。因模板比较长,容易变形,所以制作模板时,在每块模板上下边缘处,用45×45mm角钢固定,既可防止模板变形,又可增加模板利用次数。肋柱模板内侧,钉一层3mm厚的白铁皮,可方便脱模,保证构件表面美观,如图6-55所示。肋柱模板两端的挡头板与侧模相接,宜在侧模上做槽,挡头板卡在槽内。并在安装模板时,每隔1m左右处,装上用$\phi 22$钢筋制作的卡具,把模板卡住,以防浇筑混凝土时模板变形,如图6-56所示。肋柱上的锚杆(拉杆)预留孔,可用木料做成圆锥体短木棒,预埋在规定部位,待混凝土浇筑约2h后即进行转动一次,以后每隔1h转动一次,待混凝土终凝后即可取出。

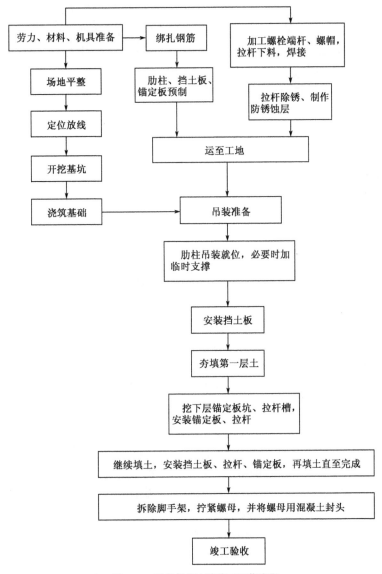

图 6-54 锚定板挡土墙施工工艺流程

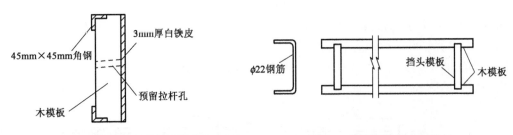

图 6-55 肋柱模板内钉铁皮、外加角钢　　　　图 6-56 肋柱模板挡头和钢筋卡

挡土板等小型构件为加快周转速度，应结合工地实际情况和预制数量，可采用下述方法进行预制。

(1) 固定胎模。用混凝土做底模，表面原浆须压光，并刷以隔离剂，也可以用塑料薄膜作隔离层，用定型模板(木板或型钢)做侧模。

(2)翻转模板。将定型模板安装在翻转架上临时固定,采用低流动性混凝土,捣实后立即将模板翻身倒在坚实平整的铺砂地面上快速脱模和养生,翻转模板法适用于混凝土体积在 0.3m³ 以内以及宽 60cm、长度 4.0m 以内的构件。但面板外观质量要求较高时,不宜采用翻转预制。

(3)钢模板。适用于大批量定型的各种构件的预制,也可以采用钢、木模混合制作模板。

挡土板宜平面堆放,其堆积高度不宜超过 5 块,板块间宜用木材支垫,并应置于设计支点位置,防止出现负弯矩而导致断裂。为便于搬运吊装,较大的构件,应设置钢筋吊环。在运输过程中,应轻搬轻放,防止碰坏翼缘角隅。

锚定板预制常用木模,不设底模,使用半干硬性混凝土,振捣密实后,随即脱模倒用。与肋柱上的预留孔制作方法一样,在锚定板上的预留拉杆孔道。

螺栓端杆与肋柱及锚定板连接的部位不能包裹,是防锈蚀的薄弱环节,预留的孔道直径须大于螺栓端杆的直径,以便于安装后填塞沥青(水泥)砂浆防锈。

2. 锚杆制作

锚杆多由螺纹钢筋制作,当锚杆用多根钢丝或钢绞线时,锚固段内的束线应作变形加工处理,以保证其锚固能力。

(1)普通螺纹钢筋锚杆的制作

采用 HPB235、HPB300 和 HRB335、HRB400 做锚杆时,杆体的组装应遵守以下规定:

①组装前钢筋应调直、除油和除锈;

②钢筋接头应采用焊接的搭接接头,焊接长度为钢筋直径的 30 倍,并应不小于 50cm,并排钢筋的连接也应采用焊接;

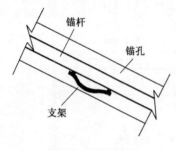

图 6-57 锚杆支架

③沿杆体轴线方向每隔 1.5～2.0m 应设置一个对中支架(图 6-57),对中支架为船形,用于锚杆安放时的对中,以便锚杆在孔内正确就位。排气管应与杆体绑扎牢固;

④杆体自由段应用塑料布或塑料管包裹,与锚固体连接处用铅丝绑牢;

⑤杆体应按防锈要求进行防锈处理;

⑥组装扩孔锚杆时,处于扩孔部分的杆体应局部加强;

⑦锚杆丝扣在存放运输过程中,均应包扎保护,防止碰坏;

⑧锚杆应在清洁、干燥的条件下的储存,堆放高度应在地面以上 30cm,并加遮盖,避免锈蚀和污染,一般刷防锈漆两遍,禁止日晒雨淋。

(2)高强精轧螺纹钢筋锚杆的制作

高强精轧螺纹钢具有较高的抗拉强度,可应用于锚固力在 600kN 以下的锚杆中。其制作方法如图 6-58 所示。

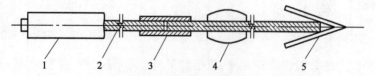

图 6-58 高强螺纹钢筋锚杆

1-塑料套管;2-杆件;3-连接器(可以是螺纹连接或焊接);4-对中导向器;5-锚尖

采用楔缝式锚杆时,应按设计规定检查杆体长度、楔缝、楔块、螺母、螺栓的尺寸和配合情况。

3. 拉杆制作

拉杆是锚定板挡土墙中重要的构件,拉杆的制作十分重要。

一般拉杆的设计强度不超过钢材屈服应力的50%为宜。另外,应采用延伸性较好的钢材作拉杆,因为延伸性好的钢材在应力超过屈服点后所能安全承受的延伸率较大,这是一个很有用处的安全储备。拉杆一般由HPB235、HPB300和HRB335、HRB400钢筋制作,也可采用45硅锰钒(45SiMnV)钢制作。45硅锰钒钢筋的外形为螺旋纹,配有专门的连接器,作为钢筋纵向接长用,可避免焊接。

拉杆选用的钢材,长度均有限,普通圆钢,一种是直径小于25mm,最长为10m,另一种是直径大于26mm,最长为9m。优质钢材,各种直径的母材,最长为6m。因此,凡拉杆的设计长度,长于母材的最大长度时,就存在拉杆接头问题。

钢拉杆的接头,应优先采用对头接触电焊的焊接接头,如图6-59所示。但当拉杆直径较大,如大于32mm时,需大型闪光对焊机,如无大型闪光对焊机亦可采用两侧帮条(夹板)电弧焊接头,如图6-60所示。帮条钢筋面积,不应小于拉杆面积的1.2倍(光圆钢筋)或1.5倍(带肋钢筋),帮条钢筋长度不小于$5d$(d为钢筋直径),四条贴角焊缝长度不应小于帮条长度,焊缝高度h不小于$0.25d$,且不小于4mm,焊缝宽度b不小于$0.7d$,且不小于10mm,如图6-61所示。焊接强度是否符合设计要求,应通过试验检验,证明合格后,方可成批加工钢拉杆焊接接头。焊接质量应逐根检查。

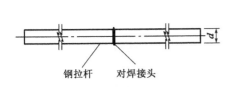

图6-59 钢拉杆的对焊接头

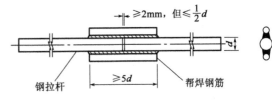

图6-60 钢拉杆的帮条焊接头

除45硅锰钒钢筋配有专用连接器可供拉杆接头用外,其他钢筋亦可按等强度原则设计成六角形螺纹扣连接器,如图6-62所示,以便于拉杆的搬运、安装等。用六角形螺纹扣连接器接头时,拉杆在接头部位应套丝。一般在拉杆直径较小时,可采用简单的螺纹拉杆比较经济。拉杆直径为扣除螺纹高度后的直径,也就是实际选用拉杆直径时,应比设计直径加两倍螺纹高度。当拉杆设计直径较大时(如大于25mm时),则应采取锻粗的端部进行套栓较为合理,如图6-63所示。但有时因6~10m长的母材进行套栓有困难,又不得不在拉杆母材上另焊螺栓端杆,特别是拉杆与肋柱连接处,一般均焊螺栓端杆用螺母与肋柱连接,如图6-64所示。

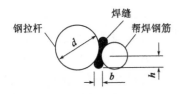

图6-61 钢拉杆的焊缝要求

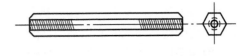

图6-62 六角形螺栓扣连接器

二、锚杆挡土墙施工

锚杆挡土墙主体施工时,主要工作内容有:钻孔、锚杆安放、注浆以及墙面系安装、墙背填料填筑等。

1. 钻孔

钻孔是锚杆挡土墙施工中至关重要的一环,如果钻孔速度慢,会直接影响到工程成本和经济效益;如果钻孔质量差,则会影响到锚杆的安装、水泥砂浆的灌注质量,进而影响到锚杆与砂浆以及砂浆与孔壁的黏结力,致使锚杆达不到设计要求。因此,在锚孔的钻凿过程中,必须严格按设计要求施工,以确保锚孔成孔质量。

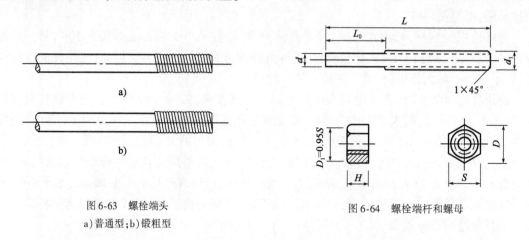

图 6-63 螺栓端头
a) 普通型; b) 锻粗型

图 6-64 螺栓端杆和螺母

（1）钻进方法

钻进方法主要根据地层岩土性质兼顾钻机性能择定。目前在岩土锚孔施工中的钻进方法有长螺旋干钻、冲击回转挤密钻进、常规的冲洗液全面钻进和风动潜孔锤冲击回转钻进等几种。

在松软可塑黏质性土中以挤密法成孔最佳。在风化岩层和硬质岩层中钻进一般采用风动冲击回转钻进方法较经济,也可采用冲洗液牙轮钻进。各种钻进方法的适用地层条件如表 6-6 所示。

常用锚孔钻进方法和适用地层条件　　　　　表 6-6

钻进方法	地层条件
长螺旋干孔钻进	黏质土层、土质砂层、粉质土层、粒径小于 5mm 的砂层、淤泥质土层
冲击回转挤密钻进	可塑、软塑、硬塑的黏质土层、淤泥质土层、粉质土层、土质砂层、粒径小于 5mm 的砂层
冲洗液全面回转钻进	黏质土层、土质砂层、粉质土层、砂层、风化岩层及各类基岩地层
风动潜孔锤冲击回转钻进	风化岩层、基岩地层、粒径大于 50mm 的砂砾石层

锚孔钻进参数基本上与地质常规岩芯钻探相同,只在冲洗液、冲洗液流量方面略有区别。在锚孔钻进中使用冲洗液的原则是,能不用冲洗液,应尽量不用;能用清水冲洗钻进,应尽量用清水。因为采用泥浆或润滑剂作冲洗液,留在孔壁上的泥皮和润滑剂残留液会减弱锚杆的抗拔力。如使用了泥浆或润滑剂,完孔后必须进行清洗工作,可用清水(或高压空气)洗孔,直到孔口流出的水是清水为止。

（2）扩孔锚孔施工

一般大型锚杆和土层锚杆,为增大锚固力,其锚固段应采用扩孔型锚孔。扩孔直径一般比非锚固段钻孔直径大 30~50mm,也有更大的。扩孔段长度一般为 2~6m。扩孔施工方法比较多,如使用钢粒钻进时,可以多投钢粒磨扩锚固孔;在土层中可采用爆破法、水射法、伞形钻头扩孔法和离心扩孔法。

爆破法施工较为简便,即在钻孔过程中,将锚固部分或接近锚孔端部处,用小药量爆破扩孔成葫芦状,如图6-65所示。

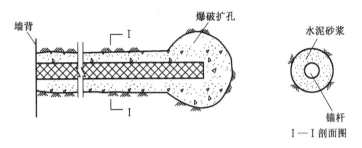

图6-65　孔底爆破扩孔

(3)钻孔质量控制

锚孔质量标准为:

①锚杆水平方向孔距误差不应大于5cm,垂直方向孔距误差不应大于10cm;

②钻孔孔口误差不得大于3cm,底部的偏斜不应大于钻孔长度的4%;

③锚孔深度不应小于设计长度,也不宜大于设计长度的1%。

2. 锚杆安放

锚杆杆体的安放是锚杆施工中的第二道工序。安放应注意以下几点:

(1)杆体放入钻孔之前,应检查杆体的质量,确保杆体组装满足设计要求。

(2)安放杆体时,应防止杆体扭压、弯曲,注浆管宜随锚杆一同放入钻孔,注浆管头部距孔底宜为5~10cm,杆体放入角度应与钻孔角度保持一致。对大型锚杆一般采用偏心夹管器、推送器与人工结合的方式,平顺缓慢推送。推送时,严禁上下左右抖动、来回扭转和串动,防止中途散束和卡阻,造成安装失败。

(3)杆体插入孔内深度不应小于锚杆设计要求,杆体安放后不得随意敲击,不得悬挂重物。

3. 注浆锚固

注浆锚固是锚杆施工的重要工序之一。注浆的目的是形成锚固段,并防止钢筋锚杆锈蚀。此外,压力注浆还能改善周围土体的力学性能,使锚杆具有更大的抗拔能力。

用于锚杆的注浆材料通常分为有机类和无机类浆材,有机类浆材主要是指高分子聚合物,如环氧树脂类和聚氨酯类浆材;无机类浆材有水泥类、水玻璃类和水泥—水玻璃类浆材等。在锚杆挡土墙中,最常用的是水泥砂浆。

水泥砂浆应采用机械拌和,以保证注浆料具有较高的可泵性和较低的泌浆性。水泥砂浆的强度等级不应低于M30,一般宜选用1:1~1:2的灰砂比,有时也可采用1:3的灰砂比;水灰比为0.5左右。水泥净浆的水灰比一般为0.4左右。二次高压注浆的浆材宜选用水灰比为0.45~0.50的水泥净浆。

锚孔注浆操作程序大致如下:

①对锚孔用风、水冲洗、排尽残渣和污水;

②将组装好的杆体(包括注浆管)平顺、缓慢推送至孔底;

③从注浆管注入水泥砂浆或水泥净浆。

注浆方法有一次注浆法和二次注浆法之分。

(1)一次注浆法

用砂浆泵通过一根注浆管自孔底开始注浆,待浆液流出孔口时,将孔口封堵,继续以 0.4~0.6MPa 压力注浆,并稳压数分钟注浆结束。需加固有裂隙的孔壁围岩时,应采用压力灌浆。初始压力不宜过大,防止坍孔,应根据吃浆量大小逐渐加大压力。在没有设置阻浆塞的情况下,采用一次常压灌浆法的灌浆压力应控制在 0.5~0.6MPa,持续到灌浆饱满为止。

锚杆挡土墙一般采用一次注浆法,注浆前,首先应冲水清洗孔壁,孔中的碎渣岩粉应清除干净,并应在锚孔口深 50cm 范围内先用 M3(灰砂比1:3)水泥砂浆封闭捣实,并设置孔口盖封闭,孔盖应留有排气孔及灌浆孔,如图 6-66 所示。钻孔中遇有地下水及孔壁渗水不易排干时,应将压浆管送入孔底,随着灌浆浆液挤出孔中水,并逐渐抽拔压浆管。在灌注过程,应随时注意排气孔不被堵塞,待浆灌满,封闭排水孔及压浆孔。

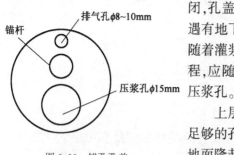

图 6-66 锚孔孔盖

上层锚杆在常压灌浆时,应视岩层结构紧密程度设有足够的孔顶覆盖层厚度,一般不应小于 3.0m,防止砂浆使地面隆起或喷出地面。

(2)二次注浆法

锚孔内同时装入两根管,两根注浆管分别用于一次注浆与二次注浆。一次注浆的管底出口用胶布封住,以防沉放时管口进土。开始注浆时管底距孔底 50cm 左右,随一次浆液的注入,一次注浆管可逐步拔出,待一次注浆结束即可回收。二次注浆用注浆管,管底出口封堵严密,从管端起向上沿锚固段全长每隔 1~2m 做一段花管,花管孔眼 $\phi 6 \sim \phi 8$,花管段用胶布封口,花管段长度及锚孔间距需专门设计。待一次浆液初凝后,即可进行二次注浆。二次注浆压力 2MPa 左右,要稳压 2min。二次注浆为劈裂注浆,浆液冲破一次注浆体,沿锚固体与土的界面,向土(岩)体挤压劈裂扩散,使锚固体直径加大,径向压力也增大,周围一定范围内土体密度及抗剪强度均有不同程度增加。因此,二次注浆可显著提高土锚的抗拔力。

4.墙面系施工

(1)基础工程

当肋柱下面的地基承载能力不能满足要求时,应设置条形基础、分离式垫层和杯座式基础。肋柱基础混凝土强度等级不应低于 C20,厚度不宜小于 50cm,襟边宽度不宜小于 10cm,埋深应大于 50cm,寒冷及严寒地区置于冻胀性土中的肋柱基础,其基底应位于冻结线以下 25cm,或采取换填、保温等处理措施。

为使肋柱吊装中,减少支撑工作量,锚固式挡土墙肋柱基础常采用杯形基础,如图 6-67 所示,杯形基础应符合下述要求:当 $b \leq 1.0m$ 时,$H_1 \geq b$ 或 $H_1 \geq 0.05L$(L 为肋柱长);当 $h > 1.0m$ 时,$H_1 \geq 0.8b$,且 $H_1 \geq 1.0m$。$a_1 = (15 \sim 35)cm$,$a_2 = (15 \sim 35)cm$,$b_1 = (20 \sim 40)cm$,当 $b_1/b \geq 0.65$ 时,杯口一般不配钢筋。

如果肋柱设计为平放在基础顶面上的自由端,那么基础仅起阻止肋柱下沉和扩散应力的垫层作用。挡土板基础可采用条形基础,如图 5-34 所示。

肋柱采用杯形基础时,杯形基础模板的顶部设杯芯模

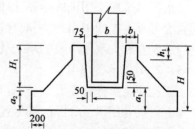

图 6-67 杯座基础(尺寸单位:mm)

板,杯芯侧模板需刨光,采用直板拼钉,以便于拆模时拔除。

浇筑基础混凝土时,要采取措施,固定杯芯模板,防止其向上浮升或向四面偏移。杯芯模板的拆除应按混凝土的凝结情况分步实施,初凝前后即可用锤轻打、撬棒松动。安装基础模板前,应复查地基高程及中心线位置,弹出基础边线和基础底面、顶面高程。

杯形基础施工时,应做好杯口的处理：

①应在混凝土初凝后,终凝前将杯口内模板拆除；

②根据肋柱的设计,考虑肋柱底端为自由端、铰支端、固定端的图式,确定杯口内填料及其施工方法；

③肋柱安装前,杯口必须打扫干净。

基础施工过程中,必须按设计要求做好防、排水设施,并应与墙体施工同步进行。

（2）肋柱吊装

肋柱下端一般都按铰支或悬臂端设计,为使分段的肋柱之间及肋柱与基础的接触处受力均匀又不致过分嵌固,应尽量使其符合设计采用的受力条件。

当肋柱采用预制构件时,应结合肋柱高度及吊装的能力,考虑整根预制或分段预制拼装,拼接处可用直径大于 20mm,长度大于 20cm 的多根预埋销连接或用预留榫接,必要时,可在节段连接端分别焊上钢板,装配时将两钢板焊接,再用螺栓拧紧连接。

肋柱吊装可根据现场的道路和吊装设备等情况,采用独立扒杆或汽车吊,按设计要求将肋柱安装就位。肋柱是否需要支撑,要看基础设计情况而定。如果采用杯形基础,可不设支撑,将肋柱插入杯口后,对准肋柱与肋柱间的中心线,然后对所有肋柱进行调整达到设计要求后,杯口四周用木楔塞紧,肋柱即可自立。待全部填土完成后才可打掉木楔并按设计要求填封杯座。如果支座设计为铰支点,则应用沥青砂浆填封;若设计为固定端,则用水泥砂浆填封。

如果采用条形基础或垫块基础,肋柱平置于基础上,则肋柱必需加支撑才能直立,可采用斜撑固定法和螺栓固定法,也可采用图 6-68 所示的排架支撑法,当肋柱立在基顶上,调好肋柱中线位置及后仰坡度后,用两根固定夹木夹住,以 8 号铁线交叉绑扎在脚手架上,同时,肋柱上下端,按其间距,各加两根支撑木,以防止移动。此类支撑,仅能维持肋柱在不受土压力的状态下自立不动。因此,墙背填土必须按规定顺序施工,确保填土初期肋柱不受压力。

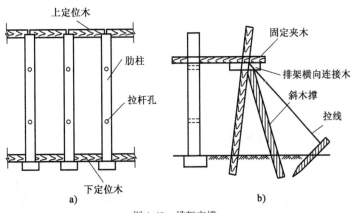

图 6-68 排架支撑
a)正面图；b)侧面图

为防止肋柱向外倾斜,在吊装过程中,严禁肋柱前倾（俯倾）,一般多做成肋柱向填土一侧仰斜,仰斜度不宜超过 1:0.05。

(3) 肋柱与锚杆连接

当肋柱为现场浇筑时,必须将锚杆钢筋伸入肋柱内,其锚固长度应满足钢筋混凝土结构的要求。当采用预制的肋柱时,锚杆与肋柱的连接可采用螺母锚固、弯钩锚固和焊短钢筋锚固等三种形式,如图 6-27 所示。外露金属部分用砂浆包裹加以保护。

为了锚杆的穿越和固定,肋柱部分的锚杆预留孔位置应正确。穿越过程中,应防止碰伤锚杆丝扣。螺母、垫板与肋柱、锚杆连接时,开始螺母不宜拧得太紧,以便最后统一拧紧调整。

(4) 挡土板安装

挡土板的安装,随着填土高度增加逐层进行,挡土板应竖向起吊,两头挂以绳索,以手牵引,对准桩柱两边划好的放样线,将挡土板正确就位,必要时在两侧和中间设以斜撑支承,以确保挡土板的稳定。挡土板安装主要应使挡土板与肋柱尽可能密贴,必要时可在肋柱与挡土板搭接处抹一层水泥砂浆,以保证其受力均匀,不致产生局部挤压破坏。

根据设计要求应做好防水、排水设施及墙背填料反滤层,并与挡土板安装同步进行。挡土板之间的上、下安装缝宜小于 10mm,当较大时可用水泥砂浆堵塞或沥青软木板衬垫。两相邻同层挡土板的接缝,应基本顺直一致,高差不应大于 5mm。同一肋柱上两相邻跨的挡土板的搭接处的净间距(间隙)不小于 3cm,并按施工缝处理。

挡土板安装时应防止与肋柱相撞以免损坏角隅或开裂。安装缝应均匀,平顺美观。挡土板顶面不整齐时,可用水泥砂浆或现浇小石子混凝土作顶面调整层。

对于外形无明显差异的单向配筋构件,预制后应在构件表面设置方向标志,以保证构件安装时,正确就位,避免构件装反。

锚杆施工应逐层由下向上进行,当同层锚杆完成后,即可填土碾压。卸料摊铺时,卸料机具与挡土板距离不应小于 1.5m,在 1.5m 的范围内应用人工摊铺、小型机械压实。回填时,必须防止压弯锚杆钢筋。应设有明显的禁行标志,防止在未覆盖填料的锚杆钢筋上行驶或停车。

5. 锚杆防锈

所谓锈蚀即是锚杆杆体与其周围介质起化学或电化学反应从而导致锚杆的破坏。地层中锚杆的使用寿命取决于锚具及杆体的耐久性,而影响其耐久性的最直接和最主要的因素是锈蚀,因此除预留锚杆钢筋锈蚀量(一般为 2mm;地下水有侵蚀性时,应为 3mm),还必须对锚杆进行防锈处理。

防锈的方法分积极防锈法和消极防锈法两种。积极防锈方法如对锚杆产生一种电路进行电力阴极保护,从而使锚杆表面极化成阴极,并保持阻止发生锈蚀过程的电位。这种方法因其设计施工复杂、造价较高,一般工程上不予采用。消极防锈方法即使用防水防锈材料涂层、抑制锈蚀条件的形成。因其造价较低,且能基本满足工程要求,大多数工程上均采用此类防锈措施。

选择防锈方法必须适应锚杆的使用目的,对锚杆锚头、自由段和锚固段部分应分别保证防锈长期有效。

(1) 锚固体防锈

一般锈蚀环境中的锚杆,其锚固段内杆体可以采用水泥净浆或水泥砂浆封闭防锈,但杆体一定要使用对中定位器使其居中,保证杆体周围水泥砂浆保护层最小厚度不小于 2cm,严重锈蚀环境中的锚杆,其锚固段内杆体宜用波纹管外套,管内空隙用环氧树脂、水泥净浆或水泥砂浆充填,套管周围保护层厚度不得小于 1cm。

对于采用机械式内锚头的岩石锚杆,在干燥的岩层中可采取在锚固段上涂防锈漆、沥青或润滑油等防锈材料来进行防锈。

（2）自由段防锈

防锈构造必须不影响锚杆的自由伸长。锚杆的自由段杆体可采用涂润滑油或防锈漆，再包裹塑料布等简易防锈措施，也可在杆体表面涂润滑油或防锈漆，然后包裹塑料布，在塑料布上再涂润滑油或防锈漆，最后装入塑料套管中，形成双层防锈。还可用沥青玻璃布或沥青麻布代替塑料布包裹两层进行防锈。为防地表水进入锚杆，可以经过以上防锈处理后，用水泥净浆或水泥砂浆充填锚杆自由段的空隙。

设计需要时，也可在锚杆上加套铁管，套管内径大于锚杆外径 4～5mm，并灌以环氧树脂及其他黏聚物，以保证锚杆的抗锈能力和使用寿命。

（3）锚头防锈

锚头部位是地表水进入锚杆内部的最危险通道。因此，除对锚头零部件进行防锈外，还应注意封堵和隔离地表水浸入锚杆。锚杆的承压板一般要涂敷沥青，一次注浆硬化后承压板下部残留空隙，要再次充填水泥净浆或润滑油，并在锚头涂以润滑油、沥青后用混凝土封死。

三、锚定板挡土墙施工

锚定板挡土墙主体施工时，主要工作内容有：基础工程、肋柱安装、挡土板安装、拉杆安装、锚定板安装、墙背填料填筑等。其中基础工程、肋柱安装、挡土板安装同锚杆挡土墙。

1. 拉杆、锚定板安装

拉杆与锚定板，能否处于正常的工作状态，符合设计受力的要求，这与安装质量有着密切的关系。施工过程中，应按照逐层拼装挡土板、拉杆、锚定板，逐层填土的顺序循环进行。

（1）拉杆的安装

拉杆安装的关键在于确保拉杆顺直，拉杆与肋柱、锚定板的连接紧密牢固。

当填土压实至拉杆以上20cm时，开挖拉杆槽和锚定板坑，按设计规定的拉杆倾斜度及位置，将拉杆及锚定板安装就位。挖槽时一般使锚定板位置比设计位置抬高 2～4cm，以免因填土沉降引起拉杆下垂。

拉杆与肋柱的连接，一般用垫板上套双螺母拧紧（即螺母锚固），也可采用弯钩锚固和焊短钢筋锚固，如图 6-27 所示。连接锚固处，应在填土前用沥青砂浆充填肋柱预留拉杆孔的空隙，并用沥青麻筋塞缝。外露的金属部分应在填土下沉基本稳定后，及时用水泥砂浆或小石子混凝土封闭，并做永久性防锈处理。

拉杆与锚定板的连接，可采用螺栓、锻粗的端头及焊接的锚具等多种形式。其中锻粗的端头，往往给安装工作带来不便，因而使用不多。用螺栓连接时，可参照拉杆与肋柱连接的螺栓端杆的要求来选用与安装。若采用焊接锚具，则可参照图 6-69 的要求施工。焊接锚具，应在安装过程中进行施焊，所以，电焊工作必须与安装工作紧密配合，以免耽误填土及其他工序的进度。

拉杆安装完毕后，拉杆槽用石灰土回填，回填土可轻轻夯平，当上部填土下沉时，拉杆上的回填土，尚有压缩的余地，可减小拉杆上的次应力，且可使拉杆不致弯

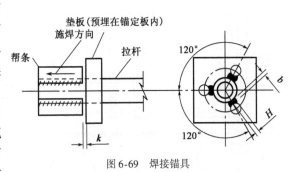

图 6-69　焊接锚具

曲,较为顺直,为拉杆提供良好的受力状态。

(2)锚定板的安装

在填土层上已经挖好的锚定板坑内,吊入锚定板,使锚定板与拉杆符合设计指定的状态（一般采用锚定板与地面成垂直的状态）。锚定板与拉杆,应有牢固、可靠的连接并应使锚定板与拉杆能固定住,不致使锚定板在拉杆上发生前后串动或滚动。不论拉杆与锚定板的连接是螺栓还是锻粗的端头或焊接锚具,为防止连接系统锈蚀而失去其效用,应在锚定板安装完毕后,用干硬性水泥砂浆,封闭其锚固部分以及充填锚定板上预留拉杆孔的空隙,如图6-70所示,锚定板周围的土方回填工作,应注意夯填质量,若回填土上开挖的锚定板坑较小,锚定板就位后不易保证回填压实质量时,可用贫混凝土回填锚定板周围的空隙,如图6-71所示。

图6-70　拉杆端部处理　　　　　　　图6-71　锚定板坑回填

2. 填料填筑与压实

锚定板所能提供的抗拔力、锚定板挡土墙的整体稳定性、钢拉杆由于土体下沉所产生的次应力等,都直接与填土压实质量有密切关系。当采用细粒土作填料时,路基顶面应设置封闭层。

(1)填底处理

为保证锚定板挡土墙的整体稳定,必须在填土前先进行基底处理,一般情况下,修建锚定板挡土墙的地面横坡不宜陡于1:10;若横坡在1:10~1:5时,应清除草皮,横坡在1:5~1:2.5时,应将原坡面挖成台阶,台阶的宽度不小于1.0m;当横坡陡于1:2.5时,应验算其基底稳定性。基底若有淤泥必须清除,如果有地下水影响基底稳定时,应拦截或排除地下水到锚定板挡土墙外。如排水有困难时,则应以透水性材料或不易风化的岩石填筑在底部。若基底为耕地或松土时,应先压实后再行填筑。在深耕地段,必要时应将松土翻挖,然后回填压实。

(2)填筑程序

基底按规定处理后,墙后的填土应按规定的顺序进行填筑。为发挥锚定板在填土过程中的抗拔能力,减少肋柱的支撑工程,双层锚定板挡土墙一般可按图6-72所示的顺序进行填筑。

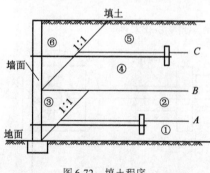

图6-72　填土程序

第一,从基底开始,由肋柱根部向上,以1:1坡度摊铺填土并压实,此时墙面系完全不受土压力,待填至下层拉杆以上20cm处,完成了顺序①,即停止填土。压实后,开挖下层拉杆槽及锚定板坑,安装下层拉杆及下层锚定板,然后用石灰土回填槽坑。若锚定板前的超挖部分不易保证质量时,可用贫混凝土回填。

第二，填筑顺序②的填土层，层厚 1.0m 左右，拧紧肋柱下层拉杆的螺母，以便使下层锚定板能承受一定的抗拔力。

第三，顺序②完成后，安装挡土板，并填筑墙后的砂砾反滤层及填土，即顺序③，此时墙面系开始承受水平土压力。

第四，填筑顺序④的填土层，此时墙面系土压力逐步增大，但锚定板能提供的抗拔能力也同时加大，填至上层拉杆以上 20cm 处，再停止填土，挖上层拉杆槽及锚定板坑，安装上层拉杆及锚定板，此时，上层锚定板尚不能起作用。

应该说明，对于双层锚定板挡土墙来说，此时整个墙面系的下层拉杆所受的水平土压力最大，为此应验算下层拉杆在施工荷载作用下所承受的拉力，检查下层拉杆直径是否满足要求，锚定板大小是否适应，肋柱弯矩图式与肋柱内力布筋是否一致等。但这是很短暂的，其安全系数会降低。

第五，上层拉杆及锚定板安装后，即可填筑顺序⑤的填土层，直至墙顶(或路基顶面)，并拧紧肋柱上层拉杆螺母。随着填土的增加，上层拉杆及锚定板也参加工作，这时肋柱内力又开始变化。

第六，填筑顺序⑥三角部分的填土并压实，至此，双层锚定板挡土墙填土工作已经完成。一般肋柱的荷载图式均为此时的受力状态。

如为三层或三层以上的锚定板挡土墙，可按上述方法，循环往复进行，直至全部完成。

(3) 填土压实及质量控制

当填料运达工点卸料时，机具离挡土板的距离不应小于 1.5m，机具不得在未覆盖填料的拉杆和锚定板上行驶。摊铺厚度应均匀一致，表面平整，并应设有不小于 3% 的横坡。当用机械碾压时，每层厚以 20~30cm 为宜，碾压次数，应根据压实度要求，通过试验确定。靠近墙面系 1.5m 以内的填土以及拉杆、锚定板以上 50cm 厚的土体摊铺和压实，应用人工摊铺和小型机具压实，以防大型机械撞坏墙面系、压弯拉杆或碰斜锚定板。同时，锚定板前的土体，必需加强夯填质量，以确保锚定板抗拔力的发挥。一般锚定板周围填土采用人工压实的方法，先压实锚定板前的填土，并逐步向墙面方向推进，然后夯实锚定板后的填土，这样，既能保证锚定板前土体的密实度，还能把拉杆在压实过程中拉直。

土方压实质量是锚定板挡土墙成败的重要环节和关键工序，必须切实加强质量检查，以确保锚定板挡土墙施工质量。工程质量检查的内容包括：基底检查、填料检验及填土压实度检测等。压实度的检查，每一填土序号，不得少于 3 处，若挡土墙较长时，抽样检查点的间距不宜大于 10~20m。填土层的压实度应满足要求，否则应进行补充压实，直至满足规定要求，才能进行下一道工序。

3. 钢拉杆防锈

钢拉杆的防锈蚀问题关系到锚定板挡土墙的可靠性和使用寿命，应认真考虑钢拉杆的锈蚀问题，钢拉杆的防锈蚀措施主要有以下三个方面：

(1) 选择钢拉杆直径时，在按受力大小及钢材强度计算确定的钢拉杆直径的基础上，再增加 2mm 的防锈蚀安全储备。

(2) 为防止土体的电化学腐蚀现象，钢拉杆周围的回填料，在有条件的情况下，应尽量选择电阻率比较大的均质土，而电阻率比较小或具有酸性介质的腐蚀性土(如煤矸石、炉渣、城市垃圾土等)不得作为钢拉杆周围的填料。

(3) 采用防锈蚀处治。锚定板挡土墙为柔性结构，钢拉杆的防锈蚀处治措施，也应选用柔性材料为宜,不宜采用包混凝土的刚性防护措施。

在目前情况下,钢拉杆采用沥青浸制麻布包裹的防锈蚀方法,不仅具有施工简便,造价低廉的优点,而且经受了工程实践的考验,是比较好的防锈蚀处治措施。螺栓端杆与肋柱及锚定板连接的部位不能包裹,应按本节前文所述的方法处理。

思考题

1. 试述锚固式挡土墙的结构特点及应用场合。
2. 试述锚固式挡土墙土压力计算方法。
3. 试述锚固式挡土墙抗拔力来源以及确定方法。
4. 试述锚杆(拉杆)拉力和锚杆(拉杆)截面设计方法。
5. 试述锚固式挡土墙整体稳定性分析方法以及各方法的特点。
6. 做锚固式挡土墙整体稳定性分析时,车辆荷载是如何考虑的?
7. 试述锚固式挡土墙施工的关键工序。

第七章 土钉挡土墙

第一节 概 述

土钉墙是近年来发展起来用于原位土体加固和稳定边坡的一种新型防护与支挡结构。它由被加固土、放置于原位土体中的金属杆件(土钉)及附着于坡面的混凝土护面板(也有称护面或面层)组成,形成一个类似重力式的挡土墙,以此来抵抗墙后传来的土压力和其他作用力,从而达到加固土体和稳定坡面的目的。

土钉技术是一种在原位土体中安置土钉而使土体的力学性能得以改善,从而提高边坡稳定性的新型支护和支挡技术。土钉沿通长与周围土体接触,依靠接触界面上的黏结和摩擦作用,与其周围土体形成复合土体,土钉在土体发生变形的条件下被动受力,并主要通过其受拉作用对土体进行加固。而土钉间土体变形则通过护面板予以约束,其典型结构如图7-1所示。

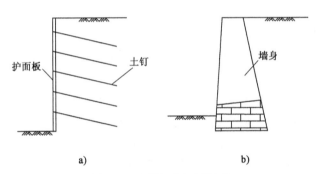

图7-1 土钉墙与重力式挡土墙

与其他支挡、防护结构相比,土钉墙具有以下一些特点:

(1)能合理利用土体的自承能力,将土体作为墙体不可分割的部分。
(2)结构轻巧,柔性大,有良好的抗震性和延性。
(3)施工方便,机械设备简单,土钉的制作与成孔不需复杂的技术和大型机具,而且施工对周围环境干扰小。
(4)施工不需单独占用场地,对于施工场地狭小、放坡困难、其他支挡结构的施工设备不能进场的情况下,土钉墙就显示出独特的优越性。
(5)工程造价低,经济性能好。与其他结构形式比较,工程造价可降低 1/3 ~ 1/2。
(6)施工速度快。
(7)土钉墙自身的变形微小,对地基的破坏也不大。

尽管土钉墙具有以上优点,但也有一定的缺点和局限性:

(1)变形稍大于预应力锚杆的变形。
(2)在软土、松散砂土中施工难度较大。

(3)土钉在软土中的抗拔力低,变形量较大,造价较高,需设置很长很密的土钉。

土钉墙对水的作用特别敏感,土体含水率增加不但增大土的自重,更主要的是会降低土的抗滑强度和土钉与土体之间的界面黏结强度。大量工程实践表明,土钉工程发生事故多与水的作用有关,因此在设计中应特别注意水的作用和影响,必须在地表和土钉墙内部设置完善的排水系统以疏导地表径流和地下水。对于永久性工程,应考虑长期使用过程中土体含水率的变化对土体抗剪强度的不利影响。

土钉墙可用于路堑边坡的加固,适合于硬塑或坚硬的黏质土、胶结或弱胶结的粉土、砂土、砾石、软岩和风化岩层等路堑边坡,作为边坡开挖的临时支护和永久性支挡结构,高度一般不应大于18m;也可用于支挡结构的维修、改建与加固。

对于松散砂土、软黏土以及地下水丰富地区使用土钉墙存在以下两方面的问题:第一,由于土体松散,其抗剪强度低,不能给土钉以足够的抗拔力;第二,由于土体松软和含水率高,边坡的喷射护面板难以形成。因此,在以下土体中不宜设置永久性土钉墙:

(1)标贯击数 $N<9$、相对密度 $D_r<0.3$ 的松散砂土。

(2)液性指数大于0.5的软塑、流塑黏质土。

(3)含有大量有机物或工业废料的低强度回填土、新填土以及强腐蚀性土。

第二节 土钉作用机理

一、土钉墙基本原理

土体的抗剪强度较低,抗拉强度几乎可以忽略,虽然土体具有一定的结构整体性,但是自然土坡只能在较小的高度(即临界高度)内直立,当边坡高度超过临界值或者在超载及其他因素(如含水率的变化)作用下将发生突发性整体破坏。为此常采用支挡结构承受其后的侧向土压力,限制其变形发展,防止土体整体稳定性破坏,这种措施属于常规的被动制约机制。土钉墙则是在土体内设置一定长度和密度的土钉体构成的,土钉与土共同作用,弥补土体自身强度的不足,形成了能大大提高原状土强度和刚度的复合土体,土钉的作用是基于这种主动加固的机制。因此以增强土体自身稳定性的主动制约机制为基础的复合土体,不仅有效地提高了土体整体刚度,又弥补了土体抗拉、抗剪强度低的弱点。通过相互作用,土体自身结构强度的潜力得到了充分发挥,改变了边坡变形和破坏形态,显著提高了整体稳定性。

直立土钉墙比素土边坡的承载力可提高一倍以上,更为重要的是,土钉墙在荷载作用下不会发生素土边坡那样突发的整体性滑裂和塌落,如图7-2所示。它不仅延迟了塑性变形发展阶段,而且具有明显的渐进性变形和开裂破坏,在丧失承受更大荷载的能力时,仍可维持较长时间不会发生整体性塌滑。

土钉墙的这些性状是通过土钉与土体相互作用实现的,这种作用一方面体现在钉—土界面间摩擦阻力的发挥程度;另一方面,是由于土钉与土体的刚度比相差悬殊。所以,在土钉墙进入塑性变形阶段后,土钉自身作用逐渐增强,从而改善了复合土体塑性变形和破坏性状。

图7-2 土钉墙和素土边坡的破坏形态
a)素土;b)土钉墙

二、土钉的作用

土钉在复合土体内的作用可概括为以下四个方面。

(1) 箍束骨架作用

该作用是由土钉本身的刚度和强度以及它在土体内的分布空间所决定的。它具有制约土体变形的作用,并使复合土体构成一个整体。

(2) 分担作用

在复合土体内,土钉与土体共同承担荷载和土体自重应力。由于土钉有较高的抗拉、抗剪强度以及土体无法比拟的抗弯刚度,所以当土体进入塑性状态后,应力逐渐向土钉转移。当土体开裂时,土钉分担作用更为突出,这是因为土钉内出现弯剪、拉剪等复合应力,从而导致土钉体中浆体碎裂,钢筋屈服。复合土体塑性变形延迟及渐进性开裂变形的出现均与土钉作用密切相关。

(3) 应力传递与扩散作用

在同等荷载作用下,由土钉加固的土体的应变水平比素土边坡土体的应变水平大大降低,从而推迟了开裂域的形成与发展。

(4) 坡面变形约束作用

在坡面上设置的与土钉连成一体的钢筋混凝土护面板是发挥土钉有效作用的重要组成部分。坡面鼓胀变形是开挖卸荷、土体侧向变位以及塑性变形和开裂发展的必然结果,限制坡面鼓胀能起到削弱内部塑性变形,加强边界约束的作用,这对土体开裂变形阶段尤为重要。

土钉墙各结构要素对土钉墙的作用为:

(1) 土钉极大地增加了土体的抗剪强度,大大推迟和延缓了土体的塑性流动和滑塌。

(2) 注浆液可以渗到土体的孔隙中对颗粒起胶结作用,这种作用在砂土中尤为明显,改善了土体的松散性,提高了原状土的整体性,保证并加强了土、砂浆与土钉之间力的传递。

(3) 护面板使分散的土钉共同发挥作用,限制坡面膨胀和局部塌落。

三、土钉墙与锚杆挡土墙、加筋土挡土墙的异同

土钉是一种原位加筋技术,即在土中敷设拉筋而使土体的力学性能得以改善的土工加固方法,它与锚杆、加筋土在形式上有一定的类似,但也有着本质的差异。

1. 土钉墙与锚杆挡土墙的异同

土钉可视为小尺寸的被动式锚杆,两者的差异主要表现在以下几个方面:

(1) 土钉墙是由上而下边开挖边分段施工的,而锚杆挡土墙是自下而上整体施工的。

(2) 锚杆挡土墙应设法防止产生变位,而土钉一般要求土体产生少量位移,从而使土钉与土体之间的摩擦阻力得以充分发挥。两者的受力状态不同,锚杆属主动受力杆件,而土钉则为被动受力杆件。

(3) 锚杆只是在锚固段内受力,而自由段只起传力作用,土钉则是全长范围内受力,两者在杆件长度方向上的应力分布是不同的。

(4) 锚杆的密度小,每个杆件都是重要的受力部件,而土钉密度大,靠土钉的相互作用形成复合整体,因而即使个别土钉失效,对整个构造物影响不大。

(5) 锚杆挡土墙将库仑破裂面前的主动区作为荷载,通过锚杆传至破裂面后的稳定区内,

土钉墙是在土钉的作用下把潜在破裂面前的主动区的复合土体视为具有自撑能力的稳定土体。

(6)锚杆可承受的荷载较大,为防止墙面冲切破坏,其端部的构造较复杂;土钉一般不需要很大的承载力,单根土钉受荷较小,护面板结构较简单,利用喷射混凝土及小尺寸垫板即可满足要求。

(7)锚杆长度一般较长,需用大型机械进行施工;土钉长度一般较短,直径较小,相对而言施工规模较小,所需机具也比较灵便。

由此可见,如果仅加固路堑边坡,则土钉墙是合适的;如果墙后土体和深部土体稳定性有问题时,则用锚杆挡土墙比较合适。

2. 土钉墙与加筋土挡土墙的异同

土钉墙与加筋土挡土墙均是通过土体的微小变形使拉筋受力而工作;通过土体与拉筋之间的黏结、摩擦作用提供抗拔力,从而使加筋区的土体稳定,并承受其后的侧向土压力,起重力式挡土墙的作用。两者的主要差异有:

(1)施工顺序不同,加筋土挡土墙自下而上依次安装墙面板、铺设拉筋、回填压实逐层施工,而土钉墙则是随着边坡的开挖自上而下分级施工。

(2)土钉用于原状土中的挖方工程,所以对土体的性质无法选择,也不能控制;而加筋土用于填方工程中,一般情况下,对填土的类型是可以选择的,对填土的工程性质也是可以控制的。

(3)加筋多用土工合成材料,直接与土接触而起作用;而土钉多用金属杆件,通过砂浆与土接触而起作用(有时采用直接打入钢筋或角钢到土中而起作用)。

(4)设置形式不同。土钉垂直于潜在破裂面时将会较充分地发挥其抗剪强度,因而应尽可能地垂直于潜在破裂面设置;而加筋条一般水平设置。

总之,土钉墙是由设置于天然边坡或开挖形成的边坡中的加筋杆件及护面板形成的支挡结构体系,用以改良原位土体的性能,并与原位土体共同工作形成一重力挡土墙式的轻型支挡结构,从而提高整个边坡的稳定性。

第三节 构造设计

一、总体构造

土钉墙一般用于高度在 18m 以下的边坡开挖工程,常用高度为 6~12m,斜面坡度一般为 70°~90°。土钉墙采取自上而下分层修建的方式,分层开挖的最大高度取决于土体可以直立而不破坏的能力,土质砂为 0.5~2.0m,黏质土可以适当增大一些。分层开挖高度一般与土钉竖向间距相同,常用 1.5m。分层开挖的纵向长度取决于土体维持不变形的最长时间和施工流程的相互衔接,多为 10m 左右。

根据地形地质条件,边坡较高时宜分级设置,上、下两级之间应设置平台,平台宽度不宜小于 2m,每级坡高不宜大于 10m。

二、土钉

1. 土钉类型

土钉按施工方法不同,主要可分为钻孔注浆式土钉、击入式土钉和射入式土钉三类。

(1) 钻孔注浆式土钉

即先在土体中钻孔,然后置入钢筋或钢绞索等小直径杆件,再沿全长压力注浆充实孔穴。为使土钉钢筋处于孔的中心位置,周围有足够的浆体保护层,需沿钉长每隔2~3m设对中支架。土钉外露端宜做成螺纹并通过螺母、钢垫板与配筋喷射混凝土护面板相连,在注浆体硬结后用扳手拧紧螺母,使土钉中产生约为设计拉力10%左右的预应力。因此,钻孔注浆式土钉是通过注浆使杆件与周围土体紧密黏合而形成的,并在边坡坡面设置与土钉端部联结的构件,最后由喷射混凝土形成护面板,从而构造一个具有自承能力且能支撑其后加固体的加筋域。这是土钉中应用最多的类型。

(2) 击入式土钉

击入式土钉是用专门机械(如气动土钉机)在土体中直接打入角钢、圆钢或钢筋等,不再注浆,长度一般不超过6m。由于击入式土钉与土体间的黏结摩阻强度低,钉长又受限制,所以要求的钉杆表面积和布置密度均大于钻孔注浆式土钉。击入土钉的优点是不需预先钻孔,施工速度快,但由于防腐问题难以解决,因此,多用于临时性工程。不适用于砾石土和密实胶结土,也不适用于服务年限大于两年的永久性工程。

(3) 射入式土钉

射入式土钉即由射钉机将直径25~38mm,长3~6m的光直钢筋(或空心钢管)射入土中。土钉可采用镀锌或环氧防腐套,土钉头通常配有螺纹,以附设于护面板。这种形式的土钉施工快速、经济,适用于多种土层,具有很大的发展潜力。

此外,还可在击入式土钉中注浆,形成注浆击入式土钉和高压喷射注浆击入式土钉。注浆击入式土钉,即用端部密封、周面带孔的钢管作为土钉,击入后从管内注浆并透过壁孔将浆体渗透到周围土体。高压喷射注浆击入式土钉,即利用高频(约70Hz)冲击锤将具有中孔的土钉击入土体中,同时以一定的压力(20MPa)将水泥浆从土钉端部的喷嘴射出,起润滑作用并渗入周围土体,提高土钉与土体的黏结力。

2. 土钉长度

已建工程的土钉实际长度L均不超过土坡的垂直高度H。拉拔试验表明,对高度H小于12m的土坡采用相同的施工工艺,在同类土质条件下,当土钉长度达到土坡垂直高度时,再增加其长度对承载力无显著提高。初选土钉长度可按下式计算:

$$L = mH + S_0 \tag{7-1}$$

式中:m——经验系数,取$m = 0.7 \sim 1.0$;

H——土坡的垂直高度(m);

S_0——止浆器长度,一般$S_0 = 0.8 \sim 1.5$m。

一般情况下,注浆式土钉长度为$0.5 \sim 1.2H$;击入式土钉长度为$0.5 \sim 0.7H$。

3. 土钉材质和直径

为增强土钉与砂浆(或小石子混凝土)的握裹力,土钉宜选用HRB335和HRB400钢筋。

由于土钉端头需进行锚固,用高强度变形钢筋做土钉须焊接高强螺栓端杆,但高强变形钢筋的可焊性较差。近年来,土钉墙中采用SiMnV精轧螺纹钢筋,可在钢筋螺纹上直接配置与钢筋配套的螺母,连接方便、可靠。

另外,也可采用多根钢绞线组成的钢绞索作为土钉。由于多根钢绞索的组装、施工设置与定位以及端头锚固装置较复杂,目前国内应用尚不广泛。

土钉直径 d 一般为 $18\sim32\mathrm{mm}$，常用 $25\mathrm{mm}$，也可按下式估算：

$$d = (20\sim25)\times10^{-3}(S_xS_y)^{1/2} \tag{7-2}$$

式中：S_x、S_y——分别为土钉的水平间距和垂直间距（m）。

4. 土钉孔直径及间距

根据土钉直径和成孔方法选定土钉孔径 D，一般取 $D=7\sim10\mathrm{cm}$。按防腐要求，土钉孔直径应较土钉直径大 $5\sim6\mathrm{cm}$。

土钉的水平间距（列距）S_x 和垂直间距（行距）S_y 的确定一般以每个土钉注浆对其周围土的影响区与相邻孔的影响区相重叠为准。应力分析表明，一次压力注浆可使孔外 $4D$ 的邻近范围内有应力变化。因此可按 $(6D\sim12D)$ 选土钉行距和列距，且宜满足式(7-3)的要求。

$$S_xS_y \leqslant K_1DL \tag{7-3}$$

式中：K_1——注浆工艺系数，对一次压力注浆工艺，取 $K_1=1.5\sim2.5$；

S_x、S_y——土钉的水平间距（列距）和垂直间距（行距）（m）。

一般情况下，土钉间距为 $0.75\sim2.0\mathrm{m}$；土钉倾角（与水平方向的夹角）宜为 $5°\sim25°$。

三、护面板

土钉墙的护面板虽不是结构的主要受力构件，但它是传力体系的一个重要部分，也起保证各土钉间土体的局部稳定性、防止土体被侵蚀风化的作用。护面板应在每一阶段开挖后立即设置以限制原位土体的减压并阻止原位土体力学性质的降低，特别是抗剪强度的降低。

护面板通常用 $6\sim18\mathrm{cm}$ 厚的钢筋网喷射混凝土做成，临时性工程不宜小于 $6\mathrm{cm}$，永久性工程不宜小于 $8\mathrm{cm}$。喷射混凝土强度等级不应低于 C20，一般采用 $C20\sim C35$，水灰比控制在 $0.4\sim0.5$。钢筋网的钢筋直径不应小于 $6\mathrm{mm}$，网格尺寸为 $15\sim25\mathrm{cm}$。护面板较厚时，可分两次喷成。为了改善建筑外观，也可在第一次喷射混凝土的基础上现浇一层混凝土或铺上一层预制混凝土板。

护面板与土钉连接处的混凝土层内应加设局部钢筋网以增加混凝土的局部承压能力。此外，为了分散土钉与喷射混凝土护面板处的应力，在螺母下垫以承压钢板，尺寸一般为 $20\mathrm{cm}\times20\mathrm{cm}$，厚度为 $8\sim15\mathrm{mm}$。也可用预制混凝土板作为护面板。

混凝土护面板沿长度方向应设置伸缩缝。一般情况下，护面板还应设泄水孔，泄水孔后应设无砂混凝土反滤层。对于严重渗水的边坡，应设置水平排水孔，排水孔宜仰斜 $5°\sim10°$，长度应略长于土钉。

土钉墙的护面板底端应插入地表以下 $20\sim40\mathrm{cm}$。如护面板由预制混凝土件构成，则需设置专门的基础。

土钉必须与喷射混凝土护面板有效连接，可采用外端设钢板或加强钢筋，通过螺钉端杆锚具或焊接进行连接。护面板的构造及土钉与护面板的连接形式如图7-3所示。

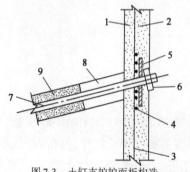

图 7-3 土钉支护护面板构造

1-第一道喷射混凝土；2-第二道喷射混凝土；3-钢筋网；4-局部加强钢筋；5-钢垫板；6-螺母；7-土钉；8-填塞段；9-注浆段

土工织物也可做护面，即先把土工织物覆盖在边坡上，然后设置土钉。当拧紧土钉端部的螺母时，将土工织物拉向坡面形成拉膜，同时使坡面受到压力作用。

第四节 内部稳定性分析

一、土钉墙内部失稳形式

土钉墙内部失稳是指土钉墙体的破坏,即发生失稳的破裂面通过土钉破坏墙体的内部。由于土体的下移,将同时导致土钉弯曲、剪切与拉伸,最终可能土钉被拔出或土钉墙体断裂,产生这种情况的主要原因是土钉的总体抗拉或抗拔能力不够,其次是抗弯、抗剪能力不足。这两种内部失稳称为土钉断裂破坏和土钉复合断裂破坏,属整体破坏,如图7-4所示。

除会产生整体破坏外,土钉墙体还会在某些地方发生有限破坏,即局部破坏,例如护面板与土钉结合点的断裂;个别土钉的损坏;护面板局部开裂、隆起或背面刷空等。这些破坏的出现多因施工和材料质量不佳,防排水、防腐蚀不力,设计不当。

根据土力学中边坡稳定分析的基本概念,边坡土体分为主动区和被动区,土钉的作用就是将主动区产生的拉力传递到被动区,增加滑动面上的压应力,提高土的抗剪强度,达到抵抗主动区滑动、稳定边坡的目的。因此,对土钉墙内部稳定分析时应计入土钉的作用。

许多国家对土钉墙内部稳定性分析进行了大量的试验研究,提出了相应的分析计算方法,这些分析方法有不同的稳定性安全系数定义,不同的破裂面形状假定,不同的钉—土相互作用类型和土钉力分布假定。根据稳定性分析的基本原理可分为极限平衡法和有限元法,但大多数采用极限平衡原理。国外土钉墙内部稳定性分析的方法有:法国方法、德国方法、戴维斯方法、修正戴维斯方法、运动学法以及美国陆军工兵部队方法等。

下面仅介绍两种国内方法,即$0.3H$折线破裂面法和圆弧破裂面条分法。

二、$0.3H$折线破裂面法

以土钉墙原位破裂面实测结果为基础,如图7-5a)所示,将破裂面简化为如图7-5b)所示的$0.3H$折线破裂面。

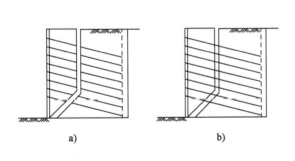

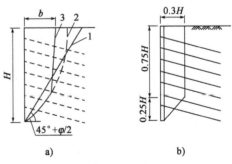

图7-4 土钉墙内部失稳形式
a)土钉断裂破坏;b)土钉复合断裂破坏

图7-5 土钉墙破裂面
a)理论与实测破裂面;b)简化破裂面
1-库仑破裂面;2-有限元分析破裂面;3-实测破裂面

1. 土压力计算

在土钉墙中,护面板起着阻止土体侧向位移、承受潜在破裂面主动区产生的土压力并将其传递至土钉的作用,是保证土钉墙内部稳定的重要组成部分。由于它采用的是与普通挡土墙不同的施工程序,因而作用于护面板上的土压力分布也与普通重力式挡土墙不同。实测结果

如图7-6曲线1所示,综合分析后,将作用于护面板上的土压力简化为图7-6曲线3所示的分布形式,即:

$$\left.\begin{array}{l} \sigma_i = m_e K\gamma h_i \quad (h_i < H/2) \\ \sigma_i = m_e K\gamma \cdot H/2 \quad (h_i \geq H/2) \end{array}\right\} \quad (7-4)$$

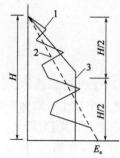

图7-6 作用于护面板上的土压力分布
1-实测土压力;2-理论土压力;3-简化计算土压力

式中:σ_i——作用于护面板上的土压应力(kPa);
H——土坡垂直高度,即土钉墙的墙高(m);
h_i——土压力作用点至坡顶(墙顶)的高度(m);
γ——土体的重度(kN/m³);
m_e——工作条件系数,使用期两年以内的临时性工程,$m_e = 1.10$,使用期两年以上的永久性工程,$m_e = 1.20$;
K——土压力系数,$K = (K_0 + K_a)/2$;
K_0、K_a——静止土压力系数、主动土压力系数。

并认为土压力近似水平方向作用于护面板上。

2. 抗拉稳定性验算

抗拉稳定性是指在护面板土压力作用下,土钉不至于产生过量的伸长或屈服,以致断裂,如图7-4a)所示。因此,抗拉稳定系数定义为:

$$K_{ri} = \frac{A_i f_y}{T_i} \quad (7-5)$$

式中:K_{ri}——第 i 层土钉的抗拉稳定系数;
T_i——第 i 层单根土钉拉力(kN),按下式计算:

$$T_i = E_i/\cos\varepsilon_i = \sigma_i S_x S_y /\cos\varepsilon_i \quad (7-6)$$

E_i——第 i 层单根土钉支承范围内护面板上的土压力(kN);
ε_i——第 i 层土钉与水平方向的夹角;
σ_i——第 i 层土钉处的护面板土压应力(kPa);
f_y——土钉抗拉强度标准值(kPa);
A_i——第 i 层单根土钉的截面积(m²),$A_i = \dfrac{\pi d_i^2}{4}$,$d_i$ 为第 i 层单根土钉的直径。

抗拉稳定系数 K_r 应为 1.5~1.8。

3. 抗拔稳定性验算

抗拔稳定性是指在护面板土压力作用下,墙体内部潜在破裂面后的有效锚固段应有足够的界面摩擦阻力使土钉不被拔出,如图7-4b)所示。抗拔稳定性用抗拔稳定系数表示,即:

$$K_{fi} = S_i/E_i \quad (7-7)$$

式中:K_{fi}——第 i 层土钉的抗拔稳定系数;
S_i——第 i 层单根土钉的有效锚固力(抗拔力)(kN)。

土钉的有效锚固力(抗拔力)与土钉的破坏形式有关,取决于砂浆对土钉的握裹力和砂浆与土体界面的摩擦阻力。因此,土钉的有效锚固力为:

$$S_i = \tau \pi D L_{ei} \quad (7-8)$$

$$S_i = u\pi dL_{ei} \tag{7-9}$$

式中：τ——砂浆与土体界面的抗剪强度(kPa)；

u——砂浆对土钉的握裹应力(kPa)；

D——土钉孔直径(m)；

d——土钉直径(m)；

L_{ei}——第 i 层土钉的有效锚固长度(m)。

τ、u 应由试验确定，如果无试验资料，τ 可取土体的抗剪强度；u 可用注浆体的抗剪强度代替。

在抗拔稳定性验算时，取式(7-8)和式(7-9)计算值的小者作为设计锚固力。许多试验结果表明，土钉的破坏大多是砂浆与土体界面的破坏，即土钉连同砂浆从土钉孔中拔出。一般情况下，土钉的有效锚固力由式(7-8)确定。

除此以外，还应验算土钉墙的总体抗拔稳定性。总体抗拔稳定系数 K_f 定义为土钉墙内部破裂面后土钉有效抗拔力对土钉墙底部的力矩与主动土压力所产生的力矩之比，即：

$$K_f = \frac{\sum S_i(H - h_i)\cos\varepsilon_i}{EZ_E} \tag{7-10}$$

式中：S_i——第 i 层土钉的有效锚固力(抗拔力)；

ε_i——第 i 层土钉与水平方向的夹角；

E——作用于 S_x 宽度范围内护面板上的土压力；

Z_E——土压力作用点至土钉墙底面的距离；

H——土钉墙高度；

h_i——第 i 排土钉距土钉墙顶面的距离。

单一土钉的抗拔稳定系数不应小于 1.5～2.0，土钉墙的总体抗拔稳定系数不应小于 2.0～3.0，对临时性工程取小值，永久性工程取大值。

三、圆弧破裂面条分法

假定破裂面为圆弧形，采用一般边坡稳定性分析常用的瑞典条分法，当计入土钉的拉力作用时(图7-7)，稳定系数为：

$$K = \frac{\sum_{i=1}^{n}[c_i l_i + (W_i + Q_i)\cos\alpha_i \tan\varphi_i] \cdot S + \sum_{j=1}^{m} S_j[\sin(\omega_j + \varepsilon_j)\tan\varphi_j + \cos(\omega_j + \varepsilon_j)]}{\sum_{i=1}^{n}(W_i + Q_i)\sin\alpha_i \cdot S}$$

(7-11)

式中：W_i——第 i 条块土体的自重(kN)；

Q_i——第 i 条块土体上的活载(或换算土层重力)(kN)；

c_i——第 i 条块滑动面处土体的黏聚力(kPa)；

φ_i——第 i 条块滑动面处土体的内摩擦角(°)；

l_i——第 i 条块滑动面弧长(m)；

α_i——第 i 条块滑动面弧中点处切线与水

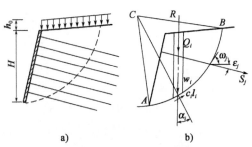

图 7-7 圆弧破裂面分析图式
a) 土钉墙；b) 滑动面及土条受力分析

平方向的夹角;

S——计算单元的长度(m),一般取 $S = S_x$;

S_j——第 j 层土钉的有效锚固力(抗拔力);

φ_j——第 j 层土钉与滑动面弧交点处土体的内摩擦角;

ε_j——第 j 层土钉与水平方向的夹角;

ω_j——第 j 层土钉与滑动面弧交点处的切线与水平方向的夹角。

第 j 层单根土钉的有效锚固力 S_j 按式(7-8)或式(7-9)计算,由于采用了圆弧破裂面假定,其有效锚固长度 L_{ej} 为圆弧破裂面后稳定区内的土钉长度。通过与国外方法比较和工程实例验算,稳定系数的取值为 1.2~1.5。

应该说明,《公路路基设计规范》(JTG D30—2004)对式(7-11)的 $\sum_{j=1}^{n} S_j \sin(\omega_j + \varepsilon_j) \tan\varphi_j$ 项进行了折减,折减系数为 0.5。

最不利破裂面通过坡脚,并由计算确定。由于事先没有给定滑动面圆心的搜索范围,计算工作量很大,所以该方法宜采用计算机程序计算。为提高计算速度,可用优化方法搜索最不利破裂面。

第五节 外部稳定性分析

一、土钉墙外部失稳形式

土钉墙外部破坏指发生于墙体之外的破坏,即发生失稳的破坏面在土钉墙体的外部。如果土钉墙内部稳定性得到保证的条件下,它的作用类似于重力式挡土墙。其主要破坏形式有:土钉墙沿基底滑移和绕墙趾倾覆,如图7-8 所示。此外还有土钉墙基底土体失稳以及沿深层土层的整体滑移。由于土钉复合体没有改变地基土性质,对受力状态影响也不大,故一般不会发生地基承载力不足和不均匀沉降引起的破坏。

二、外部稳定性分析

外部稳定性分析图式如图7-9 所示,其中 $ABCD$ 为土钉墙体,即以各层土钉的尾部端点连线 DC 为假想墙背,并以通过坡脚的水平面 BC 为基底(即水平基底)。墙顶宽度 b 为:

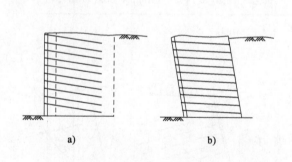

图7-8 土钉墙外部失稳形式
a)滑移;b)倾覆

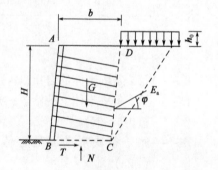

图7-9 土钉墙外部稳定性分析图式

$$b = \frac{L\cos(\varepsilon - \alpha)}{\cos\alpha} \tag{7-12}$$

土钉墙墙后主动土压力根据破裂面平面假设,按库仑理论计算。外部稳定性验算内容包括土钉墙整体的抗滑稳定性和抗倾覆稳定性,如有必要,尚应对基底土体失稳和深层土层的整体滑动进行验算。其中抗滑和抗倾覆稳定性验算方法与重力式挡土墙相同,基底土体失稳和深层的整体滑动验算可采用瑞典条分法。

第六节 设计示例

土钉墙结构示意图如图7-10所示,采用0.3H折线破裂面法进行设计。

1. 设计资料

(1)墙高 $H = 9.0\text{m}$,墙面(背)与竖直方向的夹角 $\alpha = 10°$,墙顶部土体与水平方向的夹角 $\beta = 5°$。

(2)墙后土体为泥岩夹砂岩,重度 $\gamma = 20\text{kN/m}^3$,内摩擦角 $\varphi = 35°$,墙背与土体摩擦角 $\delta = 17.5°$。

(3)地基容许承载力 $[\sigma] = 400\text{kPa}$。

(4)土钉长度 $L = 6.0\text{m}$,与水平方向的夹角 $\varepsilon = 10°$,土钉水平间距 $S_x = 1.0\text{m}$,垂直间距 $S_y = 1.0\text{m}$。

(5)土钉孔直径 $D = 0.1\text{m}$,采用灌注砂浆法与土钉联结,孔壁摩擦阻力 $\tau = 210\text{kPa}$,砂浆对土钉的握裹应力 $u = 1\,000\text{kPa}$。

(6)钉材选用 $\phi 20$ 螺纹钢,抗拉强度设计值 $f_y = 310\text{N/mm}^2$。

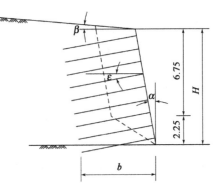

图7-10 土钉墙示意图(尺寸单位:m)

2. 土压力计算

库仑主动土压力系数为:

$$K_a = \frac{\cos^2(\varphi - \alpha)}{\cos^2\alpha\cos(\delta + \alpha)[1 + \sqrt{\frac{\sin(\delta + \varphi) \cdot \sin(\varphi - \beta)}{\cos(\delta + \alpha) \cdot \cos(\alpha - \beta)}}]^2}$$

$$= \frac{\cos^2(35° + 10°)}{\cos^2(-10°)\cos(17.5° - 10°)[1 + \sqrt{\frac{\sin(17.5° + 35°) \times \sin(35° - 5°)}{\cos(17.5° - 10°) \times \cos(-10° - 5°)}}]^2} = 0.192$$

$$K_0 = 1 - \sin\varphi = 1 - \sin 35° = 0.426$$

$$K = (K_a + K_0)/2 = (0.192 + 0.426)/2 = 0.309$$

作用于土钉墙墙背上的土压力呈梯形分布,如图7-11所示,按式(7-4)计算。

$$\left.\begin{array}{ll}\sigma_i = m_e K \gamma h_i & (h_i < \frac{H}{2}) \\ \sigma_i = m_e K \gamma \cdot \frac{H}{2} & (h_i \geq \frac{H}{2})\end{array}\right\}$$

即:

$$\left.\begin{array}{ll}\sigma_i = 1.2 \times 0.309 \times 20 \times h_i = 7.416 h_i & (h_i < \frac{H}{2}) \\ \sigma_i = 1.2 \times 0.309 \times 20 \times 9/2 = 33.372(\text{kN}) & (h_i \geq \frac{H}{2})\end{array}\right\}$$

3. 内部稳定性分析

(1)土钉拉力计算

土钉所受拉力为：
$$T_i = S_x S_y \sigma_i / \cos\varepsilon = 1.0 \times 1.0 \times \sigma_i / \cos 10° = 1.015\sigma_i (\text{kN})$$
土钉所受最大拉力：
$$T_{\max} = 1.015 \times 33.372 = 33.87 (\text{kN})$$

（2）土钉抗拉稳定性验算

土钉抗拉稳定性系数为：
$$K_{\min} = \frac{A_i f_y}{T_{\max}} = \frac{\pi \times 20^2 \times 310/4}{33.87 \times 10^3} = 2.88 > 1.8$$

因此，土钉抗拉稳定性满足要求。

（3）土钉抗拔稳定验算

采用 $0.3H$ 折线破裂面法对应的潜在破裂面如图 7-12 所示。其中：

$$\left. \begin{array}{ll} l_0 = 0.3H & (0 \leqslant h_i \leqslant \dfrac{3H}{4}) \\ l_0 = 1.2(H - h_i) & (\dfrac{3H}{4} \leqslant h_i \leqslant H) \end{array} \right\}$$

式中：h_i——距离墙顶的高度；

l_0——潜在破裂面至墙背的距离。

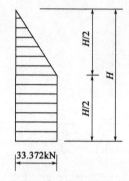

图 7-11　土压力分布图

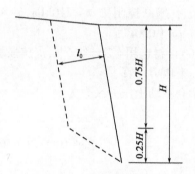

图 7-12　潜在破裂面示意图

由土压力分布图可知，当 $h_i \geqslant H/2 = 4.5\text{m}$ 时，所受土压力最大，即土钉所受拉力最大，而当 $h_i \leqslant 0.75H = 6.75\text{m}$ 时，土钉有效锚固段长度 l_e 最短，也就是处于 $4.5\text{m} \leqslant h_i \leqslant 6.75\text{m}$ 的土钉，其抗拔稳定性最不利，以此为土钉抗拔稳定性的验算状态。

已知孔壁摩擦阻力 $\tau = 210\text{kPa}$，锚孔直径 $D = 0.1\text{m}$，土钉的有效锚固段长度为 $l_e = l - 0.3H = 3.3\text{m}$。

根据土钉与孔壁界面岩土抗剪强度 τ 确定土钉的抗拔力：
$$S_1 = \pi D l_e \tau = \pi \times 0.10 \times 3.3 \times 210 = 217.71 (\text{kN})$$
根据砂浆对土钉的握裹应力 u 确定土钉的抗拔力：
$$S_2 = \pi d l_e u = \pi \times 0.02 \times 3.30 \times 1\,000 = 207.35 (\text{kN})$$

土钉抗拔力取两者的较小值，可得 $S = 207.35\text{kN}$，则土钉抗拔稳定系数为：
$$K_{f(\min)} = \frac{S}{T_{\max}} = \frac{207.35}{33.87} = 6.12 > 2.0$$

除验算单根土钉的抗拔稳定性外，尚应验算土钉墙的总体抗拔稳定性，总体抗拔稳定系数

K_f 按式(7-10)计算。即：

$$K_f = \frac{\sum S_i(H-h_i)\cos\varepsilon_i}{EZ_E}$$

其中：

$$E = (\frac{1}{2} \times 33.372 \times \frac{9}{2} + 33.372 \times \frac{9}{2})S_x = 225.26(\text{kN})$$

$$Z_E = [\frac{1}{2} \times 33.372 \times \frac{9}{2} \times (\frac{9}{2} + \frac{9}{6}) + 33.372 \times \frac{9}{2} \times \frac{9}{4}]S_x/225.26 = 3.50(\text{m})$$

$\sum S_i(H-h_i)\cos\varepsilon_i$ 列表计算，结果如表 7-1 所示。

总体抗拔稳定性验算 表 7-1

序号	h_i(m)	l_{0i}(m)	l_{ei}(m)	S_i^u(kN)	S_i^τ(kN)	$S_i(H-h_i)\cos\varepsilon$(kN·m)
1	0.5	2.7	3.3	207.35	217.71	1 735.7
2	1.5	2.7	3.3	207.35	217.71	1 531.5
3	2.5	2.7	3.3	207.35	217.71	1 327.3
4	3.5	2.7	3.3	207.35	217.71	1 123.1
5	4.5	2.7	3.3	207.35	217.71	918.9
6	5.5	2.7	3.3	207.35	217.71	714.7
7	6.5	2.7	3.3	207.35	217.71	510.5
8	7.5	1.8	4.2	263.89	277.09	389.8
9	8.5	0.6	5.4	339.29	356.26	167.1
合计						8 418.6

注：因 $S_i^u < S_i^\tau$，故以 S_i^u 控制设计。

则总体抗拔稳定系数为：

$$K_f = \frac{8418.6}{225.26 \times 3.50} = 10.68 > 3.0$$

因此，土钉抗拔稳定性满足要求。

4. 外部稳定性分析

墙体基底一般按水平基底考虑，墙体计算宽度为：

$$b = \frac{L}{\cos\alpha} = \frac{6.0}{\cos 10°} = 6.09(\text{m})$$

墙体计算高度为：

$$H' = H + \frac{b\tan\beta}{1+\tan\alpha \cdot \tan\beta} = 9 + \frac{6.09 \times \tan 5°}{1+\tan(-10°) \times \tan 5°} = 9.54(\text{m})$$

如图 7-13 所示，作用于土钉墙体上的力包括墙体自重和土压力两部分。

① 土压力

土压力系数为：

$$K_a = \frac{\cos^2(\varphi-\alpha)}{\cos^2\alpha\cos(\delta+\alpha)[1+\sqrt{\frac{\sin(\delta+\varphi) \cdot \sin(\varphi-\beta)}{\cos(\delta+\alpha) \cdot \cos(\alpha-\beta)}}]^2}$$

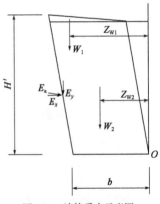

图 7-13 墙体受力示意图

$$= \frac{\cos^2(35° + 10°)}{\cos^2(-10°)\cos(35° - 10°)\left[1 + \sqrt{\frac{\sin(35° + 35°) \times \sin(35° - 5°)}{\cos(35° - 10°) \times \cos(-10° - 5°)}}\right]^2} = 0.189$$

土压力为:

$$E_a = \frac{1}{2}\gamma(H')^2 K_a = \frac{1}{2} \times 20 \times 9.54^2 \times 0.189 = 172.01(\text{kN})$$

$$E_x = E_a \cos(\delta + \alpha) = 172.01 \times \cos(35° - 10°) = 155.89(\text{kN})$$

$$E_y = E_a \sin(\delta + \alpha) = 172.01 \times \sin(35° - 10°) = 72.69(\text{kN})$$

水平土压力对 O 点的力臂:

$$Z_x = H'/3 = 9.54/3 = 3.18(\text{m})$$

竖向土压力对 O 点的力臂:

$$Z_y = b - Z_x \tan\alpha = 6.09 - 3.18\tan(-10°) = 6.65(\text{m})$$

②墙体自重

将墙体分为上部三角形和下部平行四边形两部分,如图7-13所示,其自重分别为 W_1 和 W_2,距离墙趾 O 点的水平距离分别为 Z_{W1} 和 Z_{W2}。

上部三角形块:

$$W_1 = \frac{1}{2} \times 6.0 \times 0.54 \times 20.0 = 32.4(\text{kN})$$

$$Z_{W1} = 2b/3 - H\tan\alpha = 2 \times 6.09/3 - 9.0\tan(-10°) = 5.65(\text{m})$$

下部平行四边形块:

$$W_2 = 6.09 \times 9.0 \times 20 = 1096.2(\text{kN})$$

$$Z_{W2} = b/2 - (H/2)\tan\alpha = 6.09/2 - 9.0/2 \times \tan(-10°) = 3.84(\text{m})$$

作用于墙体基底上的总轴向力为:

$$\sum N = E_y + W_1 + W_2 = 72.69 + 32.4 + 1096.2 = 1201.29(\text{kN})$$

③墙体抗滑稳定性验算

抗滑稳定系数:

$$K_c = \frac{\sum N \cdot \tan\varphi}{E_x} = \frac{1201.29 \times \tan35°}{155.89} = 5.40 > 1.3$$

抗滑稳定性满足要求。

④抗倾覆稳定性验算

稳定力系对墙趾 O 点的总力矩为:

$$\sum M_y = E_y Z_y + W_1 Z_{W1} + W_2 Z_{W2} = 72.69 \times 6.65 + 32.4 \times 5.65 + 1096.2 \times 3.84$$

$$= 4875.86(\text{kN} \cdot \text{m})$$

倾覆力系对墙趾 O 点的总力矩为:

$$\sum M_0 = E_x Z_x = 155.89 \times 3.18 = 495.73(\text{kN} \cdot \text{m})$$

抗倾覆稳定系数:

$$K_0 = \frac{\sum M_y}{\sum M_0} = \frac{4875.86}{495.73} = 9.84 > 1.5$$

抗倾覆稳定性满足要求。

⑤合力偏心距和承载力验算

基底合力偏心距为：

$$e = \left| \frac{b}{2} - \frac{\sum M_y - \sum M_0}{\sum N} \right| = \left| \frac{6.09}{2} - \frac{4\,875.86 - 495.73}{1\,201.29} \right| = 0.60(\text{m}) < \frac{b}{6} = 1.02(\text{m})$$

基底应力为：

$$\sigma_{\max} = \frac{\sum N}{b}\left(1 + \frac{6e}{b}\right) = \frac{1\,201.29}{6.09} \times \left(1 + \frac{6 \times 0.60}{6.09}\right) = 313.86(\text{kPa}) < [\sigma] = 400(\text{kPa})$$

合力偏心距和基底应力满足要求。

第七节 施 工 技 术

土钉是一种原位加筋技术，即在土中敷设拉筋而使土体的力学性能得以改善的土工加固方法，与锚杆、加筋土等加筋技术不同，其施工顺序是随着边坡的开挖，自上而下分段施工的。土钉墙施工工序主要有坡面清理、钢筋网的制作和铺设、土钉制作、钻孔、注浆、喷射混凝土的设计和拌制、护面板混凝土喷射等，其施工工艺流程如图 7-14 所示。

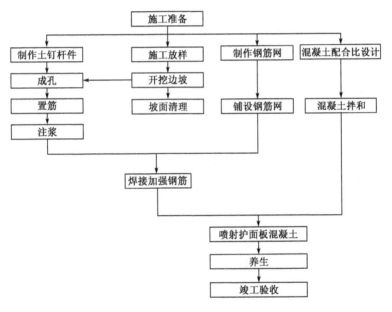

图 7-14 土钉墙施工工艺流程

一、作业面开挖

土钉墙施工是随着工作面开挖分层施工的，在未完成上层作业面的土钉与喷射混凝土护面以前，不得进行下一层的开挖。每层开挖的最大高度取决于该土体可以站立而不破坏的能力，在土质砂中每层开挖高度为 0.5～2.0m，在黏质土中每次开挖高度可按下式估算：

$$h = \frac{2c}{\gamma \tan(45° - \varphi/2)} \tag{7-13}$$

式中：h——每层开挖深度（m）；

c——土的黏聚力(直剪快剪)(kPa);
φ——土的内摩擦角(直剪快剪)(°);
γ——土的重度(kN/m³)。

开挖高度一般与土钉竖向间距相匹配,以便于土钉施工。每层开挖的纵向长度,取决于交叉施工期间保持坡面稳定的坡面面积和施工流程的相互衔接,长度一般为10m。使用的开挖施工设备必须能挖出光滑规则的斜坡面,最大限度地减少对坡面土层的扰动。松动部分在坡面喷射护面板混凝土前必须予以清除。对松散的或干燥的无黏性土,尤其是当坡面受到外力振动时,要先进行灌浆处理,对附近爆破可能产生的影响也必须予以考虑。当采用挖土机开挖时,应辅以人工修整。

二、土钉施工

土钉施工包括定位、成孔、清孔、置筋、注浆等工序,一般情况下,可借鉴土层锚杆的施工经验和规定。

1. 成孔

成孔工艺和方法与土层条件、机具装备及施工单位的手段和经验有关。国内大多采用螺旋钻、洛阳铲等干法成孔设备,也可使用如 YIN-87 型土锚专用钻机成孔。对边坡加固土钉,由于往往要在脚手架上施工且钻孔长度较短,要求使用重量轻、易操作和搬运的钻机。

钻孔前,应根据设计要求定出孔位并作出标记和编号。孔位的容许误差不应大于20cm,成孔的倾角误差不应大于±3°。当成孔过程中遇到有障碍须调整孔位时,不得损害土钉墙原定的安全程度。

依据土层锚杆的经验,孔壁抹光会降低浆土的黏结作用,当采用回转或冲击回转方法成孔时,不应采用膨润土或其他悬浮泥浆做钻进护壁。

显然,在用击入法设置土钉时,不需要进行预先钻孔。在条件适宜时,安装速度是很快的。直接击入土钉的办法对含块石的土是不适宜的,在松散的弱胶结粒状土中应用时要谨慎,以免引起土钉周围土体局部结构破坏而降低土钉与土体间的黏结力。

2. 清孔

钻孔后要进行清孔检查,对于孔中出现的局部渗水塌孔或掉落松土应立即处理。可采用 0.5~0.6MPa 压缩空气将孔内残留及松动的废土清除干净。当孔内土层的湿度较低时,须采用润孔花管由孔底向孔口方向逐步湿润孔壁,润孔在管内喷出的水压不超过 0.15MPa。

3. 置筋

钢筋使用前应调直、除锈、涂油。为保证钢筋在孔中的位置,可沿钉长每隔 2~3m 焊置一个对中支架(图 6-56),支架的构造应不妨碍浆液自由流动。

4. 注浆

土钉注浆材料一般采用水泥净浆或水泥砂浆,其强度不宜低于20MPa。

水泥净浆可用42.5级普通水泥,水灰比为 0.45~0.50,用搅拌装置进行搅拌;水泥砂浆也可用42.5级普通水泥,采用1:2~1:3的灰砂比,用砂浆搅拌机搅拌。

土钉注浆可采用注浆泵或砂浆泵灌注,为保证土钉与周围土体紧密结合,在孔口处设置止浆塞并旋紧,使其与孔壁紧密贴合。在止浆塞上将注浆管插入注浆口,深入距孔底 0.2~0.5m 处,注浆管连接注浆泵,边注浆边向孔口方向拔管,直至注满为止,放松止浆塞,将注浆管与止浆塞拔出,用黏质土或水泥砂浆充填孔口。为防止水泥砂浆或水泥净浆在硬化过程中产生干缩裂缝,提高其防腐性能,保证浆体与周围土壁的紧密黏合,可掺入一定量的膨胀剂,具体掺量由试验确定,以满足补偿收缩为准。为提高水泥砂浆或水泥净浆的早期强度,加速硬化,可掺入速凝剂或早强剂。

当注浆液终凝后应及时进行孔口补浆,直至浆体充满钻孔与垫板连成一体。

土钉成孔和注浆工艺的一般要求与注浆锚杆相同。

三、喷射护面板混凝土

包括混凝土的搅拌、喷射面清理、喷射、施工缝处理和表面整修、养生等工序。

1. 喷射混凝土的配料与搅拌

喷射混凝土的集料应按质量配料,只有在定期校核质量,保证各种成分的正规比例的情况下,才可按体积配料。

对于干法喷射混凝土,集料的平均含水率应为5%,如含水率低于3%,集料不能被水泥充分包裹,从而喷射时回弹较多,硬化后的混凝土密实性较低。集料含水率低于3%时,应在拌和前加水。当集料的含水率高于7%时,材料有成团结球的趋势,喷嘴处的料流不均,并容易引起堵管。若集料含水率过高,可以加热使之干燥或向过湿集料中掺入干料。但不应用增加水泥用量来降低拌和料的含水率,这样会引起混凝土的过量收缩,一旦中断喷射工作时,也会使水泥预水化现象加剧。

对于湿法喷射混凝土,必须进行细集料的含水率试验,用以校正加入的水量,以取得期望的坍落度。

无论干喷或湿喷,配料时集料与水泥的温度不应低于5℃。

为使拌和物均匀拌和,拌和料搅拌的最短时间(即自全部材料装入搅拌筒中起,到卸料止)应符合表7-2的规定。

喷射混凝土拌和料搅拌的最短时间(s) 表7-2

喷射方式	搅拌机类型	搅拌机容积(L)		
		<400	400~1000	>1000
湿喷	自落式	90	120	150
	强制式	60	90	120
干喷	自落式	150	180	210
	强制式	120	150	180

注:掺有外加剂时,搅拌时间应适当延长。

拌和料可以用车辆、管路、运输带、螺旋输送机、升降机、溜槽运送。在运送过程中,为防止拌和料离析,湿拌和料应在运输终止时进行适度搅拌。拌和料在运输、存放过程中,应严防雨淋、滴水及大块石等杂物混入,装入喷射机前应过筛。

为了防止水泥预水化的不利影响,拌和料宜随搅随用。不掺速凝剂时,拌和料存放时间不应超过2h。掺速凝剂时,拌和料存放时间不应超过20min。

2. 待喷面的准备

对接受喷射混凝土的坡面的准备工作会影响喷射混凝土与土体的黏结强度和靠近喷层土体的坚固性。坡面的准备工作主要包括撬落危石和喷水冲洗。采用的方法和准备作业量取决于地层状态和边坡表面特征。在某些情况下,不应撬落危石而只要清除表面物质。

在松动地层中,必须清除松动的岩块。可能暂时稳定的松动岩块在喷敷时会进一步松落给施工人员带来极大危害。如果岩块仅有一层喷射混凝土,会在无任何预警的情况下随着喷射混凝土衬砌一起掉落。

在喷敷初始层或相继喷层以前冲洗受喷面或喷射混凝土表面的最普通方法是用风—水射流。为此可通过料管吹入压缩空气并非喷嘴处加水,采用风—水射流冲洗断层泥最为有效。而断层泥下面会露出坚硬、光滑的岩面。这些岩面不受风—水射流的影响,但清除断层泥是有利的,因为喷射混凝土黏结在光滑表面比黏结在断层泥上好得多。射出的水还有利于喷射混凝土底层水泥的水化。

若喷射混凝土紧贴土层表面施作,这时土层表面要严格压实和整平,不能向冻结、松散和积水的地层表面喷射混凝土。

在修理损坏了的结构物时,首先要清除掉所有松散物质。对于混凝土和砖石为基底的受喷面,要用压力水彻底冲洗,再将积水吹走。对于多孔表面,喷射前应保持 2~4h 的湿润。

3. 钢筋的安设

当设计和配置的钢筋对喷射混凝土工作干扰最小时,才能获得最致密的喷射混凝土。尽可能使用直径较小的钢筋。

图 7-15 表示了正确和不正确的配筋方法。当喷射两层或多层配筋结构时,则外层钢筋不应正对内层钢筋[图 7-15a)],而应交错排列[图 7-15f)],或采用分次配筋,即里层钢筋埋入第一层喷射混凝土内,再敷设第二层钢筋和施作第二层喷射混凝土。钢筋不应拼接,而应在一定搭接长度范围内,使钢筋的间距不应小于 5cm,平行钢筋的间距不应小于 8cm。

喷射砂浆时,钢筋网与受喷面的间距不应小于 12mm[图 7-15d)];喷射粗集料混凝土时,钢筋网与受喷面的距离不应小于两倍最大集料粒径 d[图 7-15e)]。

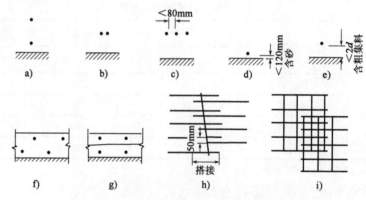

图 7-15 喷射混凝土内的钢筋配置
a)、b)、c)、d)、e)为不正确的钢筋配置;f)、g)、h)、i)为正确的钢筋配置

4. 混凝土喷射

如前所述,喷射方式分为干式喷射和湿式喷射两种,而常采用的是干式喷射。图 7-16 和图 7-17 是干式喷射与湿式喷射工艺流程图。

干式喷射是用喷射机压送干拌和料,在喷嘴处加水。湿式喷射是用喷射压送湿拌和料(加入拌和水),在喷嘴处加入速凝剂。

湿式喷射时,水与其他材料拌和较均匀,产生的粉尘和回弹少。为了将湿式的长处引入干式中,采用在喷嘴前几米的管路处预先加水的方法,有时把这种方式叫半湿式喷射。但从本质上说,还是属于干式。

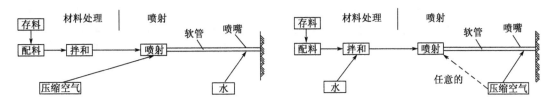

图7-16　干式喷射工艺流程　　　　　　　　图7-17　湿式喷射工艺流程

一般情况下,为了防止松弛和崩解,必须尽快做第一层喷射混凝土。根据地层的性质,可以在安设土钉之前做,也可以在放置土钉之后做。对于一般性工程或临时性工程,护面板较薄,可采用一次喷射;由于永久性工程的护面板较厚,多采用两次或三次喷射。

一般护面板厚度超过12cm时,应分两次喷射。当继续进行下步喷射混凝土作业时,应仔细清除施工缝接合面上的浮浆层和松散碎屑,并喷水使之潮湿。两次喷射作业应留一定的时间间隔。为使施工搭接方便,每层下部30cm暂不喷射,并做45°的斜面形状。

喷射混凝土完成后应至少养生7d,可根据当地环境条件,采取连续喷水、织物覆盖浇水、或喷涂养护剂等养生方法。

5. 施工缝的设置

施工缝的形式如图7-18所示。图7-18a)为标准施工缝。对于厚度为7.5cm的喷层,宜在20~30cm的宽度范围内喷筑成斜面。当喷层厚度增大时,斜面宽度应相应增加。在倾斜的喷射面上,清除浮沫和回弹物后,不要另行切割和压抹,只要用压力水冲洗湿润,即可接受后续的喷射混凝土。还可以对其进行改进,即在喷筑之前,在斜面上涂刷一层环氧树脂、聚氯乙烯或乳胶等结合剂。

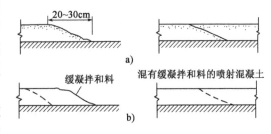

图7-18　喷射混凝土结构的施工缝
a)标准施工缝；b)整体施工缝

图7-18b)的接缝是一种富有专门操作技术的做法,在第一天施工的最后一批拌和料中掺有缓凝剂并喷筑在接缝线上,使第二天最先施作的喷射混凝土与这一层仍处于塑性状态的混凝土凝结成整体,形成均一的接缝。

6. 喷射混凝土表面的整修

对土钉墙而言,不仅要求喷射混凝土与坡面有很好的黏结,而且边坡表面还应考虑美观的要求,有时使用预制板或喷涂。

喷射面应自然整平,过度的整修往往有害,它会损害喷射混凝土与钢筋之间或喷射混凝土与坡面之间的黏结,且在混凝土内部产生裂缝。然而,喷射面自然整平过于粗糙,要求表面光滑和外形美观的地方,必须使用特殊的整平方法,即在混凝土初凝后(即喷射后15~20min)用刮刀将基线以外多余的材料刮掉,然后再用喷浆或抹灰浆找平。

在喷射最后一层混凝土时,喷射手常常借助导线和导板取得一致的断面。导线是临时设置的最后表面标志。另一控制厚度均匀的方法是先喷筑一些混凝土条,然后在它们之间喷至适当厚度。这些条带先要硬结,随后在条带中间区域用新拌混凝土填充。硬结的条带作为抹平时的导轨。

7. 喷射混凝土的养生

良好的养生，对于水泥含量高、表面粗糙的薄喷射混凝土层显得更为重要。喷射后的7d内对于养生是最关键的时期。此后喷射混凝土已形成足够的抗拉强度来抵制收缩应变。

喷射混凝土终凝2h后，应喷水养生；养生时间，一般不少于14d。当相对湿度大于85%时，也可采用自然养生。

冬季施工时，喷射混凝土作业区的气温不应低于5℃，拌和料进入喷射机时的温度也不能低于5℃。集料可在配料时加热，而温水则用于拌和时或在喷嘴处加入。喷嘴处和拌和时的水温应在10~20℃。水温高于20℃会造成水泥的预水化。

四、排降水措施

当地下水位较高时，应采取人工降低地下水措施，一般沿坡顶每隔10m左右设置一个降水井，常采用管井井点降水法，效果较好。

在降水的同时，为了防止地表水渗入对护面板产生压力和侵蚀以及土体强度和黏结力降低，必须设置良好的排水系统，做好坡顶、坡面和坡脚的排水，应提前沿坡顶挖设排水沟并在坡顶一定范围内用混凝土或砂浆护面以排除地表水，防止地表水下渗。随着向下开挖，从上到下在喷射混凝土护面板中设置浅表排水管，一般使用30~50cm长的带泄水孔的塑料管，向上倾斜5°~10°，以排除护面板后的积水。根据不同情况，还可以设置深部排水系统，在坡脚设置排水沟和积水坑，并应将排入积水坑的水及时抽走。

在永久性工程中，可在护面板后用土工织物做成竖向排水通道，或设置带孔的竖向排水管，在底部横向连通，将水引到集水井中排除。

排水系统的作用还可以防止可能发生的冻害。

五、土钉防锈措施

在正常环境条件下，对于一般性工程，一般仅用砂浆做锈蚀防护层，有时可在钢筋表面涂一层防锈涂料。

对于重要的永久性工程，可采取以下防锈措施：

(1) 加大土钉钢筋的截面。即根据现场情况，预测钢筋的锈蚀率，按照规定的使用年限，确定可能的最大锈蚀深度，并将其加到土钉钢筋的直径上。

(2) 在钢筋表面上涂锌或涂环氧以增加抗锈蚀能力。但这种方法一样需要考虑锈蚀率并加大截面，而且这种涂层容易受碰损伤，在连接处也较难处理。

(3) 采用水泥砂浆保护层。即采用一般注浆钉，保护层厚度不应小于3~4cm。由于土钉受拉会引起砂浆保护层开裂，所以仍需考虑锈蚀，适当加大钢筋截面。

(4) 采用封套防锈钉。在钢筋外加塑料波纹管，套管壁厚不应小于1mm，套管与钢筋之间留有不应小于5mm的间隙并注入水泥净浆，而在套管与钻孔之间仍注浆封填，这种措施最为可靠。

当土钉用于腐蚀性土质、多雨地区、地下水位以下时，可根据工程实际选用聚乙烯、聚丙烯塑料波纹套管进行防锈、防腐处置。法国对土钉墙的防锈规定如表7-3所示，英国和德国也有类似的规定。

土钉墙的防锈规定 表7-3

土层分类	使用期		
	临时(≤18个月)	1.5~30年	30~100年
轻微腐蚀性	0	2	4
中度腐蚀性	0	4	8
腐蚀性	2	8	加塑料套管
高度腐蚀性	必须加塑料套管		

注：表中数字为土钉需要加大的尺寸(mm)。

思考题

1. 试述土钉作用机理。
2. 试述土钉墙构造设计要点。
3. 试述土钉墙的破坏形式、稳定性分析内容和方法。
4. 试述土钉墙的施工工艺特点以及主要施工工序。

第八章 抗 滑 桩

第一节 概 述

抗滑桩是一种承受侧向荷载的桩,又称锚固桩,依靠埋于稳定滑床中桩与桩周土体的相互嵌制作用把滑坡推力传递到稳定地层,利用稳定地层的锚固作用和被动抗力,使滑坡得到稳定,滑动面以上桩前滑坡体的被动抗力对稳定滑坡也有一定的帮助。抗滑桩埋入滑动面以下的部分称为锚固段,处于滑动面以上的部分称为受荷段,如图 8-1 所示。

工程实践表明,抗滑桩能迅速、安全、经济地解决一些特殊困难的工程,具有如下特点:

(1)抗滑能力大,圬工数量小,在滑坡推力大,滑动面深的情况下,较其他抗滑措施经济、有效。

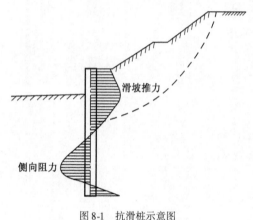

图 8-1 抗滑桩示意图

(2)桩位灵活,可以设在滑坡体中最有利于抗滑的部位,可单独使用,也能与其他抗滑构造物配合使用。若分排设置,可将巨大的滑坡体切割成若干分散的单元体,对滑坡起到分而治之的功效。

(3)施工方便,设备简单,具有工程进度快,施工质量好,比较安全等优点。施工时可间隔开挖,不致引起滑坡条件的恶化。因此,对整治已通车路段的滑坡和处在缓慢滑动阶段的滑坡特别有利。

(4)开挖桩孔,能校核地质情况,这样可以检验和修改原有的设计,使其更符合实际。

鉴于抗滑桩的作用原理和上述特点,使用抗滑桩最基本的条件应该是:滑坡具有明显的滑动面,滑坡体为非塑流性的地层,能被桩所稳定,滑床为较完整的基岩或密实的土层,能够提供足够的锚固力。在有条件时,尽量充分利用桩前地层的被动抗力,使其效果更显著,工程更经济。

抗滑桩的分类形式较多,分类方法也很多。

按桩的埋置情况和受力状态,抗滑桩可分为全埋式桩[图 8-2a)]和悬臂式桩[图 8-2b)]两种,全埋式桩就是桩前桩后均受外力作用,如果桩前滑坡体对桩不产生被动抗力时则称为悬臂式桩。

按结构形式,抗滑桩可分为单桩、排桩、群桩和有锚桩,排桩形式常见的有桩板式桩、椅式桩、门式桩和排架桩。为增强支挡斜坡的稳定性,防止受荷段桩间土体下滑,在桩间增设挡土板,构成桩和板组成的桩板式抗滑桩,如图 8-3a)所示。椅式桩由内桩、外桩、承台、上墙和拱板五部分组成,如图 8-3b)所示,其工作原理为用拱板支承滑坡体,将推力通过内外两桩传至稳定地层,因用刚性承台将内、外桩联立成框架,转动惯量大,能承受较大的弯矩,而桩壁应力小,在软弱地层更显其优越性。门式桩内桩受拉、外桩受压,每排由两根竖向桩和一根横向梁组成,如图 8-3c)所示,能承受较大的推力。排架桩受力同门式桩,每排由两根竖向桩和两至三根横向梁组成,如图 8-3d)所示。有锚桩常见的是锚杆桩和锚索桩,如图 8-4 所示,锚杆桩有单锚和多锚之分,锚索桩多用单锚。

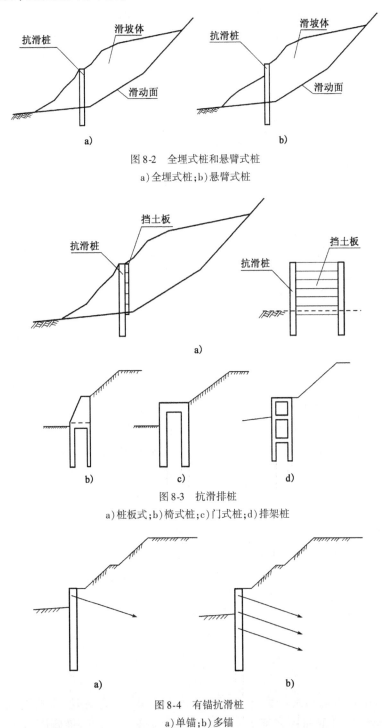

图 8-2 全埋式桩和悬臂式桩
a)全埋式桩;b)悬臂式桩

图 8-3 抗滑排桩
a)桩板式;b)椅式桩;c)门式桩;d)排架桩

图 8-4 有锚抗滑桩
a)单锚;b)多锚

单桩是抗滑桩的基本形式,也是常用的结构形式,其特点是结构简单,受力和作用明确。当滑坡推力较大,用单桩不足以承担其推力或使用单桩不经济时,可采用排桩。排架桩的特点是转动惯量大,抗弯能力强,桩壁阻力较小,桩身应力较小,在软弱地层有较明显的优越性。有锚桩的锚可用钢筋锚杆或预应力锚索,锚杆(索)和桩共同工作,改变桩的悬臂受力状况和桩完全靠侧向地基反力抵抗滑坡推力的机理,使桩身的应力状态和桩顶变位大大改善,是一种较为合理、经济的抗滑结构。但锚杆或锚索的锚固端需要有较好的地层或岩层,对锚索而言,更需要有较好的岩层以提供可靠的锚固力。抗滑桩群一般指在横向两排以上,在纵向两列以上的组合抗滑结构,类似于墩台或承台结构,它能承担更大的滑坡推力,可用于特殊的滑坡治理工程。

按材料分,有木桩、钢桩和钢筋混凝土桩等。木桩便于就地取材,易于施工,但桩长有限,桩身强度不高,一般用于浅层滑坡的治理、临时工程或抢险工程。钢桩的强度较高,施工快速方便,但横向刚度较小,造价偏高。钢筋混凝土桩应用十分广泛,桩截面刚度大,抗弯能力强,施工方式多样,但抗拉能力有限。

按施工方法分,有钻孔桩、挖孔桩、打入桩和沉井桩等。进行打入桩施工时,应充分考虑施工振动对滑坡稳定性影响,同时还应确定下卧层的可打性。机械成孔速度快,桩径可大可小,适用于各种地质条件,但机械的进场受各种地形条件的限制,且在成孔时水会对边坡的稳定性产生极大的影响。人工成孔方便快捷,但劳动强度较高,且遇不良地层与桩径过小时,施工比较困难。沉井桩的施工工艺较复杂。

按桩的刚度和变形条件,抗滑桩可分为刚性桩和弹性桩两种。当桩的刚度大于围岩刚度时属刚性桩,刚性桩的桩身在侧向推力作用下挠曲变形很小,可忽略不计,桩在土中产生整体转动位移。当桩的刚度小于围岩的刚度时属弹性桩,弹性桩的桩身在侧向推力作用下以挠曲变形为主,而桩整体转动所引起的变形可忽略不计。具体刚性桩和弹性桩判别详见第四节。

按截面形状分,又可分为圆形桩、矩形桩、管形桩和工字形桩等。

为使滑坡体得到有效治理,抗滑桩设计一般应满足以下要求:

(1)抗滑桩提供的阻滑力应使整个滑坡体具有足够的稳定性,同时保证滑坡体不从桩顶滑出,不从桩间挤出。

(2)桩身要有足够的强度和稳定性。桩的截面和配筋合理,能满足桩内应力和桩身变形的要求。

(3)桩周的地基抗力和滑坡体的变形在容许范围内。

(4)桩的间距、尺寸、埋深等都应适当,保证安全,利于施工,并使工程量最省,造价经济。

因此,抗滑桩的设计包括以下几个方面:①桩的平面布置,确定桩位;②桩截面尺寸及间距确定;③桩长及锚固深度确定;④作用于桩身的外荷载计算;⑤桩的内力和变位计算;⑥桩的配筋设计;⑦地基强度验算。

第二节 抗滑桩的抗力计算

作用于桩身的荷载有滑坡推力、受荷段地层(滑坡体)抗力、锚固段地层抗力、桩侧摩阻力和黏着力以及桩身自重和桩底反力等,这些力均为分布力。而桩侧摩阻力和黏着力、桩身自重和桩底反力一般不予考虑。其中受荷段地层抗力和锚固段地层抗力起稳定滑坡作用。

一、锚固段地基抗力

抗滑桩所承受的滑坡推力经过桩的传递,为地基抗力所平衡。但是,地基抗力是一个未知量,它的大小、分布与地基土的性质、桩的变形量等有关。锚固段桩前、后的岩土受力后随应力的大小而变形:弹性阶段,应力和应变成正比;当侧应力增加不多而变形骤增,此时为塑性阶段;当应力不再增大而变形不停止时则达到破坏阶段。当桩周地基的变形处于弹性阶段时,抗力按弹性抗力计算;当变形处于塑形阶段时,按地基侧向允许承载力计算;处于变形范围较大的塑性阶段时,则采取极限平衡法计算岩(土)层的抗力值。一般条件下,若不产生塑性变形时,均可按弹性抗力考虑。为了简化计算,如果不考虑桩身自重,桩与其周围的摩擦阻力一般可忽略不计。

所谓弹性抗力是指从弹性理论出发,根据地基系数计算的桩周抗力,即假定地层为弹性介质,地基抗力与桩的位移量成正比,即:

$$P = K \cdot B_p \cdot x_y \tag{8-1}$$

式中:P——地基抗力;

K——地基系数,又称弹性抗力系数;

B_p——桩的计算宽度;

x_y——地层 y 处桩的位移量。

1. 抗滑桩的计算宽度

抗滑桩受滑坡推力的作用产生位移,则桩侧土对桩作用着抗力。当土变形处于弹性变形阶段时,桩受到土的弹性抗力作用。土对桩的弹性抗力及其分布与桩的作用范围有关。桩在水平荷载作用下,不仅桩身宽度内桩侧土受挤压,而且在桩身宽度以外的一定范围内也受影响(空间受力),同时对不同截面形状的桩,土体的影响范围也不相同。为了将空间受力简化为平面受力,并考虑桩截面形状的影响,将桩的设计宽度(或直径)换算成相当于实际工作条件下的矩形桩宽 B_p,B_p 即为桩的计算宽度。

试验研究表明,对不同尺寸的圆形桩和矩形桩施加水平荷载时,直径为 d 的圆形桩与正面边长为 $0.9d$ 的矩形桩,在其两侧土体开始被挤出的极限状态下,其临界水平荷载值是相等的。所以,矩形桩的形状换算系数为 $K_f = 1$,而圆形桩的形状换算系数为 $K_f = 0.9$。

同时,由于将空间受力状态简化成为平面受力状态,在决定桩的计算宽度时,应将实际宽度乘以换算系数 K_B。由试验资料可知,对于正面边长 b 大于或等于 1m 的矩形桩受力换算系数为 $1 + \frac{1}{b}$,对于直径 d 大于或等于 1m 的圆形桩受力换算系数为 $1 + \frac{1}{d}$。

故桩的计算宽度为:

矩形桩
$$B_p = K_f K_B b = 1.0 \times \left(1 + \frac{1}{b}\right)b = b + 1 \tag{8-2}$$

圆形桩
$$B_p = K_f K_B d = 0.9 \times \left(1 + \frac{1}{d}\right)d = 0.9(d + 1) \tag{8-3}$$

2. 地基系数

地基系数,即弹性抗力系数,是地基土的一个物理量,表示单位面积地层一个单位变形所需施加的力。其意义可理解为单位岩(土)体在弹性限度内产生单位压缩变形值所须施加于其单位面积上的力。由于土的可变性和复杂性,地基系数沿深度的变化规律也比较复杂,应根据地层的性质和深度来确定。

自滑动面沿桩身至桩底,在同一高程处的桩前、后围岩的地基系数一般是相等的;当桩前、后有高差时,对一般土层和严重风化破碎及其他第四纪松散堆积地层而言,则是不相等的。在同一地层中沿桩轴的地基系数的分布形状有矩形、梯形、抛物线形、三角形和反抛物线形等,如图 8-5 所示。

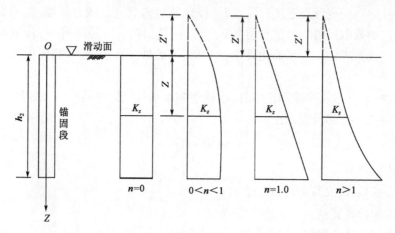

图 8-5 地基系数分布形式

图中 n 为线性指数,参见式(8-4)和式(8-5)。当 $n=0$ 时,地基系数为矩形分布;当 $0<n<1$ 时,地基系数为抛物线形分布;当 $n=1$ 时,地基系数为梯形或三角形分布;当 $n>1$ 时,地基系数为反抛物线形分布。

(1)当地基土为较完整岩层或为硬黏土时,地基系数应为矩形分布,即认为地基系数是常数(不随深度而变化),即地基系数为矩形分布,相应的计算方法称之为"K"法。水平方向的地基系数以符号"K_H"表示,竖直方向的地基系数以"K_V"表示。

不随深度变化的地基系数宜采用试验资料值,若无实测资料,可参考以往的经验数据来确定。表 8-1 根据饱和极限抗压强度,给出了较完整岩层的地基系数 K_V 值,可供参考。

较完整岩层的地基系数　　　　表 8-1

序号	饱和极限抗压强度 R(kPa)	K_V(kN/m³)	序号	饱和极限抗压强度 R(kPa)	K_V(kN/m³)
1	10 000	$(1.0\sim2.0)\times10^5$	6	50 000	8.0×10^5
2	15 000	2.5×10^5	7	60 000	12.0×10^5
3	20 000	3.0×10^5	8	80 000	$(15.0\sim25.0)\times10^5$
4	30 000	4.0×10^5	9	>80 000	$(25.0\sim28.0)\times10^5$
5	40 000	6.0×10^5			

注:一般水平方向 K_H 为竖向 K_V 的 0.6~0.8 倍,当岩层为厚层或块状整体时 $K_H=K_V$。

表 8-2 是《铁路路基支挡结构设计规范》(TB 10025—2001)给出的地基系数。

《铁路桥涵地基和基础设计规范》(TB 10002.5—2005)和《建筑桩基技术规范》(JGJ 94—2008)根据岩石的单轴抗压强度也给出了地基系数,见表 8-3。

抗滑桩地基系数及地层物理力学指标　　　　　　　　　　　　　　　　　表 8-2

地层类别	内摩擦角(°)	弹性模量 E_0 (kPa)	泊松比 μ	地基系数 K (kPa/m)	剪切应力 (kPa)
细粒花岗岩、正长岩	80 以上	5 430 ~ 6 900	0.25 ~ 0.30	$2.0 \times 10^6 \sim 2.5 \times 10^6$	1 500 以上
辉绿岩、玢岩		6 700 ~ 7 870	0.28	2.5×10^6	
中粒花岗岩	80 以上	5 430 ~ 6 500	0.25	$1.8 \times 10^6 \sim 2.0 \times 10^6$	1 500 以上
粗粒正长岩、坚硬白云岩		6 560 ~ 7 000	0.25		
坚硬石灰岩	0	4 400 ~ 10 000	0.25 ~ 0.30	$1.2 \times 10^6 \sim 2.0 \times 10^6$	1 500
坚硬砂岩、大理岩		4 660 ~ 5 430			
粗粒花岗岩、花岗片麻岩		5 430 ~ 6 000			
较坚硬石灰岩	75 ~ 80	4 400 ~ 9 000	0.25 ~ 0.30	$0.8 \times 10^6 \sim 1.2 \times 10^6$	1 200 ~ 1 400
较坚硬砂岩		4 460 ~ 5 000			
不坚硬花岗岩		5 430 ~ 6 000			
坚硬页岩	70 ~ 75	2 000 ~ 5 500	0.15 ~ 0.30	$0.4 \times 10^6 \sim 0.8 \times 10^6$	700 ~ 1 200
普通石灰岩		4 400 ~ 8 000	0.25 ~ 0.30		
普通砂岩		4 600 ~ 5 000	0.25 ~ 0.30		
坚硬泥灰岩	70	800 ~ 1 200	0.29 ~ 0.38	$0.3 \times 10^6 \sim 0.4 \times 10^6$	500 ~ 700
较坚硬页岩		1 980 ~ 3 600	0.25 ~ 0.30		
不坚硬石灰岩		4 400 ~ 6 000	0.25 ~ 0.30		
不坚硬砂岩		1 000 ~ 2 780	0.25 ~ 0.30		
较坚硬泥灰岩	65	700 ~ 900	0.29 ~ 0.38	$0.2 \times 10^6 \sim 0.3 \times 10^6$	300 ~ 500
普通页岩		1 900 ~ 3 000	0.15 ~ 0.20		
软石灰岩		4 400 ~ 5 000	0.25		
不坚硬泥灰岩	45	30 ~ 500	0.29 ~ 0.38	$0.06 \times 10^6 \sim 0.12 \times 10^6$	150 ~ 300
硬化黏土		10 ~ 300	0.30 ~ 0.37		
软片岩		500 ~ 700	0.15 ~ 0.18		
硬煤		50 ~ 300	0.30 ~ 0.40		
密实黏土	30 ~ 45	10 ~ 300	0.30 ~ 0.37	$0.03 \times 10^6 \sim 0.06 \times 10^6$	100 ~ 150
普通煤		50 ~ 300	0.30 ~ 0.40		
胶结卵石		50 ~ 100	—		
掺石土		50 ~ 100	—		

岩石的竖向地基系数　　　　　　　　　　　　　　　　　　　　　　　　　表 8-3

序号	R (kPa)	K_V (kPa/m)	序号	R (kPa)	K_V (kPa/m)
1	1 000	300 000	2	≥25 000	15 000 000

注：中间值可采用内插法确定。表中 R 为岩石的单轴抗压强度极限值。

　　一般水平方向的地基系数可根据竖直方向的地基系数来确定。《铁路隧道手册》、《建筑地基基础设计规范》(GB 50007—2011)和《建筑桩基技术规范》(JGJ 94—2008)，分别给出了两个系数的比值，见表 8-4。

水平向与竖向地基系数比值　　　　　　　　　　　　　表 8-4

依　据	《铁路隧道手册》	《建筑地基基础规范》	《建筑桩基技术规范》
$\dfrac{K_H}{K_V}$	0.8	0.5	0.7

(2)硬塑、半干硬的砂黏土、密实土、碎石土或风化破碎的岩层时,认为地基系数是随深度而变化的,即:

水平方向的地基系数　　　　　　　$K_H = A_H + m_H z^n$ 　　　　　　　　(8-4)

竖直方向的地基系数　　　　　　　$K_V = A_V + m_V z^n$ 　　　　　　　　(8-5)

式中:A_H、A_V——滑动面处地层水平和竖直方向的地基系数(kN/m^3);

　　　m_H、m_V——水平和竖直方向地基系数随深度变化的比例系数(kN/m^4)

　　　　z——自滑动面沿桩轴向下的距离(m);

　　　　n——线性指数,一般取 $n = 1$。

桩前滑动面以上无滑坡体和超载时,地基系数为三角形分布,此时 $A_H = 0$、$A_V = 0$;桩前滑动面以上有滑坡体和超载时,地基系数为梯形分布。

由于地基系数随深度变化的比例系数(常数)以"m"表示,相应的计算方法称为"m"法。地基系数随深度变化的比例系数宜采用试验资料值,若无实测资料,可参考以往的经验数据来确定,如表 8-5 所示。

非岩石地基的地基系数　　　　　　　　　　　表 8-5

序　号	土 的 名 称	m_H 和 m_V 值(kN/m^4)
1	流塑黏质土($I_L \geq 1$)、淤泥	3 000 ~ 5 000
2	软塑黏质土($1 > I_L \geq 0.5$)、粉砂	5 000 ~ 10 000
3	硬塑黏质土($0.5 > I_L \geq 0$)、细砂、中砂	10 000 ~ 20 000
4	半干硬的黏质土、粗砂	20 000 ~ 30 000
5	砾砂、角砾砂、砾石土、碎石土、卵石土	30 000 ~ 80 000
6	块石土、漂石土	80 000 ~ 120 000

注:1. 因表中 m_H 和 m_V 采用同一值,而 m_H 值当平均深度约为 10m 时,接近垂直荷载作用下的竖直方向地基系数 K_V 值,故 K_V 不得小于 $10 m_V$。

　　2. 适用于结构在地面处水平位移最大不超过 6mm 的情况,当位移量较大时 m 值应适当折减。

　　3. 当基础侧面设有斜坡或台阶,且其坡度或台阶总宽度与地面以下或局部冲刷线以下深度之比大于 1:20 时,m 值应减半采用。

《铁路路基支挡结构设计规范》(TB 10025—2005)也给出了地基比例系数 m,见表 8-6。

地 基 比 例 系 数　　　　　　　　　　　表 8-6

序　号	土 的 名 称	竖直方向 m_H(kPa/m^2)	水平方向 m_V(kPa/m^2)
1	$0.75 < I_L < 1.0$ 的软塑黏土及粉质黏土、淤泥	1 000 ~ 2 000	500 ~ 1 400
2	$0.5 < I_L < 1.75$ 的软塑粉质黏土及黏土	2 000 ~ 4 000	1 000 ~ 2 800
3	硬塑粉质黏土及黏土;细砂和中砂	4 000 ~ 6 000	2 000 ~ 4 200
4	坚硬的粉质黏土及黏土、粗砂	6 000 ~ 10 000	3 000 ~ 7 000
5	砾砂、碎石土、卵石土	10 000 ~ 20 000	5 000 ~ 14 000
6	密实的大漂石	80 000 ~ 120 000	40 000 ~ 84 000

注:表中数值为相应于桩顶位移 6 ~ 10mm 时的地基比例系数 m_H 和 m_V 值。

表 8-7 为《建筑桩基技术规范》(JGJ 94—2008)给出的地基比例系数 m 的建议值。

水平地基比例系数　　　　　　表 8-7

序号	地基土类别	预制桩、钢桩		灌注桩	
		m_H(kN/m^4)	相应单桩在地面处水平位移(mm)	m_H(kN/m^4)	相应单桩在地面处水平位移(mm)
1	淤泥、淤泥质土、饱和湿陷性黄土	2 000 ~ 4 500	10	2 500 ~ 6 000	6 ~ 12
2	流塑($I_L>1$)、软塑($0.75<I_L\leq1$)状黏质土、$e>0.9$粉土、松散细砂、松散稍密填土	4 500 ~ 6 000	10	6 000 ~ 14 000	4 ~ 8
3	可塑($0.25<I_L\leq0.75$)状黏质土、$e=0.75$~0.9粉土、湿陷性黄土、中密填土、稍密细砂	6 000 ~ 10 000	10	14 000 ~ 35 000	3 ~ 6
4	可塑($0<I_L\leq0.25$)或坚硬($I_L\leq0$)状黏质土、湿陷性黄土、$e<0.75$粉土、中密的中细砂、密实老填土	10 000 ~ 22 000	10	35 000 ~ 100 000	2 ~ 5
5	中密、密实的砾砂、碎石类土			100 000 ~ 300 000	1.5 ~ 3

注:1. 当桩顶水平位移大于表列数值或灌注桩配筋率较高(≥0.65%)时,m_H值应适当减小;当预制桩水平位移小于10mm时,m_H值可适当提高。
2. 当水平荷载为长期或经常出现的荷载时,应将表列数值乘以0.4。
3. 当地基为可液化土层时,应将表列数值乘以土层液化折减系数。

二、受荷段地层抗力

设置抗滑桩后,当抗滑桩受到滑坡推力的作用而产生变形时,一部分滑坡推力通过桩体传给锚固段地层,另一部分传给桩前滑坡体。而桩前滑坡体的抗力(即受荷段地层抗力)与滑坡的性质或桩前滑坡体的大小等因素有关。试验研究表明,桩前滑坡体的体积越大,抗剪强度越高,滑动面越平缓、粗糙,桩前滑坡体抗力越大;反之,越小。

桩前滑坡体的抗力一般采用与滑坡推力相同的应力分布形式,也可采用抛物线的分布形式。当采用抛物线的分布形式(图 8-6)时,可将抗力分布图形简化为一个三角形和一个倒梯形。

受荷段地层抗力按桩前滑坡体处于极限平衡时的滑坡推力和桩前被动土压力确定,取两者小值。

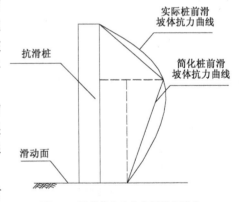

图 8-6　滑坡体抗力分布图形的简化

若桩前滑动面以上滑坡体可能滑走,则桩上部受荷段的前面无抗力作用,按悬臂桩计算;若桩前滑动面以上的滑坡体基本稳定,则应考虑受荷段的抗力作用,但此抗力不应大于桩前滑坡体的剩余抗滑力或被动土压力。

第三节　结构设计

一、桩的平面布置

桩的平面布置一般根据边坡的地层性质、推力大小、滑动面坡度和滑坡体厚度、施工条件等因素综合确定。在滑坡体的下部下滑力较小且滑动面较缓,是设抗滑桩较好的部位。一般的滑坡常布置一排桩,排的走向与滑坡体的滑动方向垂直,在平面上呈直线形或弧形,以利于稳定滑坡。对于较潮湿的滑坡体和较小截面的桩,也可布置成 2~3 排,按品字形和梅花形交错布设。关于多排桩每桩所受的滑坡推力如何分配,现在尚无统一定论,可从滑坡体的密实与潮湿程度及施工便利方面来考虑选定。一般排距为桩截面宽度的 2~3 倍。

二、桩截面形状及间距

桩的截面形状要求使其上部受荷段正面能产生较大的阻滑力而侧面能产生较大的摩擦阻力,并使其下部锚固段能产生较大的反力。桩的截面形状应使抗滑桩具有良好的抗剪能力和抗弯刚度,最常用的截面形状有矩形(包括方形)和圆形两种。一般情况下多采用正面边长较短而侧面边长较长的竖设矩形桩。为了便于施工,截面最小边长不应小于 1.25m,一般边长为 2~4m,以 1.5m×2.0m 及 2.0m×3.0m 两种尺寸的截面常见。在主滑方向不确定的情况下,可采用圆形截面。

桩的间距到目前为止尚无成熟的计算方法,可根据不使上方滑坡体从桩间滑走,又不致过密的原则来确定。有滑坡体试验资料时,应根据试验资料确定,无试验资料时,可参照经验数据确定。一般情况下,桩间距以 5~10m 为宜,当滑坡体完整(岩块)、密实、或滑坡推力较小时,桩间距可取大些,反之取小些;在滑坡主轴附近间距可取小些,两边部可适当大些。

三、桩长及锚固深度

桩的长度和锚固深度须经计算确定。当桩的位置确定后,桩的全长等于滑坡体厚度加上桩的锚固深度。抗滑桩锚固段的长度与滑坡推力的大小、锚固段地层的强度、桩的相对刚度有关,如何考虑桩前滑动面以上滑坡体对桩身的反力,也会对抗滑桩锚固段的长度产生影响。原则上由桩的锚固段传递到滑动面以下地层的侧向压应力不得大于该地层的容许侧向抗压强度、桩基底的最大压应力不得大于地基允许承载力来确定。

锚固深度是抗滑桩发挥抵抗滑坡推力作用的前提和条件。如锚固深度不足,抗滑桩不足以抵抗滑坡推力,易引起桩的失效,但锚固过深则将导致工程量的增加和施工的难度。可通过缩小桩间距来减小每根桩所承受的滑坡推力,或通过增大桩的截面以增加桩的相对刚度等措施,来减小锚固深度。

(1)桩侧支承验算

①土层及严重风化破碎岩层

当锚固段地层为土层及严重风化破碎岩层时,桩身对地层的侧向压应力 σ_{max}(kPa)应符合下列条件:

$$\sigma_{max} \leqslant \frac{4}{\cos\varphi}(\gamma h \tan\varphi + c) \tag{8-6}$$

式中:γ——地层岩(土)体的重度(kN/m^3);

φ——地层岩(土)体的内摩擦角(°);

c——地层岩(土)体的黏聚力(kPa);

h——地面至计算点的深度(m)。

②比较完整的岩质、半岩质地层

当锚固段地层为比较完整的岩质、半岩质地层时,桩身对围岩的侧向压应力 σ_{max} 应符合下列条件：

$$\sigma_{\max} \leqslant K'_1 K'_2 R_0 \tag{8-7}$$

式中：K'_1——折减系数，根据岩层产状的倾角大小，取 $0.5 \sim 1.0$；

K'_2——折减系数，根据岩层的破碎和软化程度，取 $0.3 \sim 0.5$；

R_0——岩石单轴抗压极限强度(kPa)。

一般验算桩身侧压应力最大处，若不满足式(8-6)和式(8-7)的条件，则应调整桩的锚固深度或桩的截面尺寸、间距，直到满足为止。

上述验算，只能供确定桩的锚固深度及校核地基强度时参考。常用的锚固深度，从以往的实践经验看，对于土层或软质岩层为桩长的 1/3 ~ 1/2 比较合适；而对于完整、较坚硬的岩层可以采用桩长的 1/4。

(2)桩底的支承条件

抗滑桩的顶端，一般为自由支承，而底端，由于锚固程度不同，可以分为自由支承、铰支承、固定支承三种，通常采用前两种支承条件。

①自由支承

如图 8-7a)所示，当锚固段地层为土体、松软破碎岩层时，现场试验研究表明，在滑坡推力作用下，桩底有明显的位移和转动。这种条件，桩底可按自由支承处理，即令 $Q_B = 0$、$M_B = 0$。

②铰支承

如图 8-7b)所示，当桩底岩层完整，并较 AB 段地层坚硬，但桩嵌入此层不深时，桩底可按铰支承处理，即令 $x_B = 0$，$M_B = 0$。

③固定支承

如图 8-7c)所示，当桩底岩层完整、极坚硬，桩嵌入此层较深时，桩身 B 点处可按固定端处理，即令 $x_B = 0$、$\varphi_B = 0$。但抗滑桩出现此种支承情况是不经济的，故极少采用。

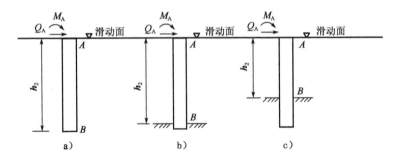

图 8-7　桩底支承条件
a)自由支承；b)铰支承；c)固定支承

四、构造要求

(1)桩身混凝土

①桩身混凝土的强度等级不应低于 C20。当地下水有侵蚀性时，水泥应按有关规定选用。

②抗滑桩井口应设置锁口，桩井位于土和风化破碎的岩层时宜设置护壁，锁口和护壁混凝土强度等级不应低于 C15(一般地区常采用 C15，严寒地区则采用 C20)。

(2)钢筋

①主筋一般采用 HRB400 带肋钢筋，箍筋一般采用 HPB300 或 HPB235 光圆钢筋，构造钢

筋则采用 HPB235 光圆钢筋。

②纵向受力钢筋直径不应小于 16mm,沿桩身均匀布置,净距不宜小于 120mm,困难情况下可适当减小,但不得小于 80mm。可以单根布置也可以成束布置,当用束筋时,每束不宜多于 3 根。当配置单排钢筋有困难时,可设置两排或三排。纵向受力钢筋的截断点应按《混凝土结构设计规范》(GB 50010—2011)确定。

③箍筋宜采用封闭式(如螺旋式或焊接环式),直径不宜小于 14mm,间距不应大于 500mm。在钢筋骨架中,应每隔 2m 左右设一道焊接加强箍筋。在滑动面和地表处的箍筋要适当加密。

④抗滑桩内不宜设置斜筋,可采用调整箍筋的直径、间距和桩身截面尺寸等措施,满足斜截面的抗剪强度要求。

⑤桩的两侧和受压边,应适当配置纵向构造钢筋,其间距宜为 40～50cm,直径不宜小于 12mm。桩的受压边两侧应配置架立钢筋,使钢筋骨架有足够的刚度,其直径不宜小于 16mm。当桩身较长时,纵向构造钢筋和架立钢筋的直径应加大,使钢筋骨架有足够的刚度。

⑥钢筋的连接应采用焊接。焊接接头的种类和质量控制要求按《钢筋焊接规程》(JTJ 18—2012)执行。纵向受力钢筋的接头宜设置在受力较小处且相互错开。在同一钢筋上要少设接头。钢筋焊接接头的连接区段的长度为 $35d$(d 为纵向钢筋的较大直径)且不小于 50cm。位于同一连接区段内纵向受力钢筋的焊接接头(凡接头中心位于连接区段长度内的焊接接头都属于同一连接区段)面积百分率,不应大于 50%。

⑦配筋率一般不低于 0.65%～0.20%(小桩径取大值,大桩径取小值)。

(3)混凝土保护层

受力钢筋的混凝土保护层厚度不应小于 60mm;箍筋和构造钢筋的保护层厚度一般不宜小于 15mm。

第四节　桩身内力与变位计算

抗滑桩受到滑坡推力后,将产生一定的变形。根据桩和桩周岩(土)的性质以及桩的几何性质,其变形有两种情形:一是桩的位置发生偏离,但桩轴线仍保持原有线形,变形是由于桩周岩(土)的变形所致;另一种是桩的位置和桩轴线同时发生改变,即桩轴线和桩周岩(土)同时发生变形。前一种情况桩犹如刚体一样,仅发生了转动,故称其为刚性桩,后者则称为弹性桩。

一、弹性桩与刚性桩的判别

大量的试验研究表明,当抗滑桩埋入稳定地层内的计算深度为某一临界值时,可视桩的刚度为无穷大,桩的侧向极限承载力仅取决于桩周岩(土)的弹性抗力大小,而与桩的刚度无关。计算深度(即锚固段计算长度)为此临界值时,不管按弹性桩还是刚性桩计算,其侧向承载力及传递给地层的压力图形均比较接近。因此,工程中将这个临界值作为判别刚性桩和弹性桩的标准,判别标准与桩的变形系数(α 或 β)和计算方法(K 或 m 法)有关。

(1)按 K 法计算

当 $\beta h \leq 1$,属刚性桩;当 $\beta h > 1$,属弹性桩。

其中 h 为锚固段长度;β 为桩的变形系数,以 m^{-1} 计,可按下式计算:

$$\beta = \left(\frac{K_H B_P}{4EI}\right)^{\frac{1}{4}} \qquad (8\text{-}8)$$

式中：K_H——水平地基系数，不随深度而变（kN/m^3）；
　　　B_P——桩的正面计算宽度（m）；
　　　E——桩的弹性模量（kPa）；
　　　I——桩的截面惯性矩（m^4）。

（2）按 m 法计算

当 $\alpha h \leq 2.5$，属刚性桩；当 $\alpha h > 2.5$，属弹性桩。

其中 α 为桩的变形系数，以 m^{-1} 计，可按下式计算：

$$\alpha = \left(\frac{m_H B_P}{EI}\right)^{\frac{1}{5}} \qquad (8\text{-}9)$$

式中：m_H——水平地基系数随深度变化的比例系数（kN/m^4）；
　　　其余符号意义同前。

二、弹性桩内力与变位计算

对于弹性桩按滑动面以上桩身和滑动面以下桩身两种情况分别计算，计算图式如图 8-8 所示。

1. 滑动面以上桩身内力和变位计算

（1）弯矩和剪力

滑动面以上桩所承受的外力为滑坡推力和桩前反力之差 H，其分布形式一般为三角形、梯形和矩形。内力计算时按一端固定的悬臂梁考虑。现以梯形分布（图 8-9）为例，给出弯矩和剪力的计算公式。

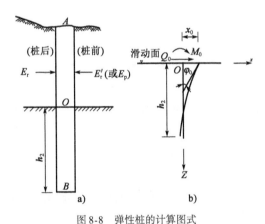 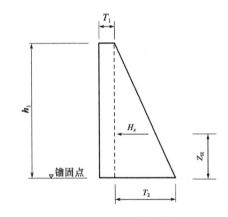

图 8-8　弹性桩的计算图式
a）弹性桩所受外荷载；b）弹性桩的内力和变位

图 8-9　土压力分布形式

图 8-9 所示的土压力分布图形中：

$$\left. \begin{array}{l} T_1 = \dfrac{6M_0 - 2H_x h_1}{h_1^2} \\[2mm] T_2 = \dfrac{6H_x h_1 - 12M_0}{h_1^2} \end{array} \right\} \qquad (8\text{-}10)$$

当 $T_1=0$ 时,土压力呈三角形分布;当 $T_2=0$ 时,土压力呈矩形分布。

锚固段顶点桩身的弯矩 M_0、剪力 Q_0 为:

$$M_0 = H_x Z_H \tag{8-11}$$

$$Q_0 = H_x \tag{8-12}$$

式中:Z_H——桩上外力的作用点至锚固点的距离(m)。

滑动面以上桩身各点的弯矩 M_z 和剪力 Q_z 为:

$$M_z = \frac{T_1 z^2}{2} + \frac{T_2 z^3}{6h_1} \tag{8-13}$$

$$Q_z = T_1 z + \frac{T_2 z^2}{2h_1} \tag{8-14}$$

式中:h_1——滑动面以上桩长(m);

z——锚固点以上桩身某点距桩顶的距离(m)。

(2)水平位移和转角

滑动面以上桩身水平位移 x_z 和转角 φ_z 为:

$$x_z = x_0 - \varphi_0 \cdot (h_1 - z) + \frac{T_1}{EI}\left(\frac{h_1^4}{8} - \frac{h_1^3 z}{6} + \frac{z^4}{24}\right) + \frac{T_2}{EIh_1}\left(\frac{h_1^5}{30} - \frac{h_1^4 z}{24} + \frac{z^5}{120}\right) \tag{8-15}$$

$$\varphi_z = \varphi_0 - \frac{T_1}{6EI}(h_1^3 - z^3) - \frac{T_2}{24EIh_1}(h_1^4 - z^4) \tag{8-16}$$

2. 滑动面以下桩身内力和变位计算

对于滑动面以下桩身,首先根据桩周地层的性质确定地基系数,建立桩的挠曲微分方程式,然后通过数学求解方法,求得滑动面以下桩身任一截面的内力和变位计算的一般表达式,最后根据桩底边界条件计算出滑动面处的位移和转角,进而计算桩身任一深度处的内力和变位。

为建立挠曲微分方程,作以下三个假设:

①弹性假设,桩的材料在弹性范围内工作,应力和应变成正比。

②平面假设,当忽略剪力所引起的变形时,桩在变形前为平面的横截面,在变形后仍保持平面。

③小变形假设,在外力作用下,桩的弹性变形与原始尺寸相比甚小,可忽略不计,即均可按桩的原始尺寸来计算桩的内力和变位。

根据地基系数的不同,滑动面以下的桩身内力和变位分 K 法和 m 法两种方法计算。

(1)K 法

当用 K 法计算滑动面以下的桩身内力和变位时,锚固段计算长度为 βh。则桩顶受水平荷载作用的挠曲微分方程为:

$$EI\frac{d^4 x}{dz^4} + xK_H B_P = 0 \tag{8-17}$$

式中:$xK_H B_P$——地基作用于桩上的水平抗力。

引入变形系数 β(式 8-8),则式(8-17)的挠曲微分方程可改写为:

$$\frac{d^4 x}{dz^4} + 4\beta^4 x = 0 \tag{8-18}$$

通过数学求解,得到滑动面以下任一截面的变位、侧向应力和内力的计算公式:

变位　　$x_z = x_0\varphi_1 + \dfrac{\varphi_0}{\beta}\varphi_2 + \dfrac{M_0}{\beta^2 EI}\varphi_3 + \dfrac{Q_0}{\beta^3 EI}\varphi_4$

转角　　$\varphi_z = \beta\left(-4x_0\varphi_4 + \dfrac{\varphi_0}{\beta}\varphi_1 + \dfrac{M_0}{\beta^2 EI}\varphi_2 + \dfrac{Q_0}{\beta^3 EI}\varphi_3\right)$

变矩　　$M_z = -4x_0\beta^2 EI\varphi_3 - 4\varphi_0\beta EI\varphi_4 + M_0\varphi_1 + \dfrac{Q_0}{\beta}\varphi_2$

剪力　　$Q_z = -4x_0\beta^3 EI\varphi_2 - 4\varphi_0\beta^3 EI\varphi_3 - 4M_0\beta\varphi_4 + Q_0\varphi_1$

侧向应力　$\sigma_z = K_H x_z$

$\quad\quad\quad\quad\quad\quad\quad\quad\quad\quad\quad\quad\quad\quad$ (8-19)

式中：φ_1、φ_2、φ_3、φ_4——K 法的影响函数值。

$$\left.\begin{aligned}\varphi_1 &= \cos(\beta z)\operatorname{ch}(\beta z)\\ \varphi_2 &= \dfrac{1}{2}[\sin(\beta z)\operatorname{ch}(\beta z) + \cos(\beta z)\operatorname{sh}(\beta z)]\\ \varphi_3 &= \dfrac{1}{2}\sin(\beta z)\operatorname{sh}(\beta z)\\ \varphi_4 &= \dfrac{1}{4}[\sin(\beta z)\operatorname{ch}(\beta z) - \cos(\beta z)\operatorname{sh}(\beta z)]\end{aligned}\right\} \quad (8\text{-}20)$$

式(8-19)为 K 法的一般表达式，计算时先求滑动面处的 x_0 和 φ_0，然后根据下述三种边界条件，再求桩身任一截面的变位、内力和侧向应力。

①当桩底为固定端时，$x_B = 0$，$\varphi_B = 0$，将其代入式(8-19)的第 1、2 式，联立求解得：

$$\left.\begin{aligned}x_0 &= \dfrac{M_0}{\beta^2 EI} \cdot \dfrac{\varphi_2^2 - \varphi_1\varphi_3}{4\varphi_4\varphi_2 + \varphi_1^2} + \dfrac{Q_0}{\beta^3 EI} \cdot \dfrac{\varphi_2\varphi_3 - \varphi_1\varphi_4}{4\varphi_4\varphi_2 + \varphi_1^2}\\ \varphi_0 &= -\dfrac{M_0}{\beta EI} \cdot \dfrac{\varphi_1\varphi_2 + 4\varphi_3\varphi_4}{4\varphi_4\varphi_2 + \varphi_1^2} - \dfrac{Q_0}{\beta^2 EI} \cdot \dfrac{\varphi_1\varphi_3 + 4\varphi_4^2}{4\varphi_4\varphi_2 + \varphi_1^2}\end{aligned}\right\} \quad (8\text{-}21)$$

②当桩底为铰支端时，$x_B = 0$，$M_B = 0$，不考虑桩底弯矩的影响，将其代入式(8-19)的第 1、3 式，联立求解得：

$$\left.\begin{aligned}x_0 &= \dfrac{M_0}{\beta^2 EI} \cdot \dfrac{4\varphi_3\varphi_4 + \varphi_1\varphi_2}{4\varphi_2\varphi_3 - 4\varphi_1\varphi_4} + \dfrac{Q_0}{\beta^3 EI} \cdot \dfrac{4\varphi_4^2 + \varphi_2^2}{4\varphi_2\varphi_3 + 4\varphi_1\varphi_4}\\ \varphi_0 &= -\dfrac{M_0}{\beta EI} \cdot \dfrac{\varphi_1^2 + 4\varphi_3^2}{4\varphi_2\varphi_3 - 4\varphi_1\varphi_4} - \dfrac{Q_0}{\beta^2 EI} \cdot \dfrac{4\varphi_3\varphi_4 + \varphi_1\varphi_2}{4\varphi_2\varphi_3 - 4\varphi_1\varphi_4}\end{aligned}\right\} \quad (8\text{-}22)$$

③当桩底为自由端时，$Q_B = 0$，$M_B = 0$，将其代入式(8-19)的第 3、4 式，联立求解得：

$$\left.\begin{aligned}x_0 &= \dfrac{M_0}{\beta^2 EI} \cdot \dfrac{4\varphi_4^2 + \varphi_1\varphi_3}{4\varphi_3^2 - 4\varphi_2\varphi_4} + \dfrac{Q_0}{\beta^3 EI} \cdot \dfrac{\varphi_2\varphi_3 - \varphi_1\varphi_4}{4\varphi_3^2 - 4\varphi_2\varphi_4}\\ \varphi_0 &= -\dfrac{M_0}{\beta EI} \cdot \dfrac{4\varphi_3\varphi_4 + \varphi_1\varphi_2}{4\varphi_3^2 - 4\varphi_2\varphi_4} - \dfrac{Q_0}{\beta^2 EI} \cdot \dfrac{\varphi_2^2 - \varphi_1\varphi_3}{4\varphi_3^2 - 4\varphi_2\varphi_4}\end{aligned}\right\} \quad (8\text{-}23)$$

将上述各种边界条件相应的 x_0 和 φ_0 代入式(8-19)，可求得滑动面以下桩身任一截面的变位和内力。

(2) m 法

当用 m 法计算滑动面以下的桩身内力和变位时，锚固段计算长度为 αh。此法以弹性地基上的弹性梁为基础。梁的挠曲微分方程为：

$$EI\dfrac{\mathrm{d}^4 x}{\mathrm{d}z^4} = -P \quad (8\text{-}24)$$

式中：P——岩(土)体作用于桩上的水平反力(kN/m^3)。

假定桩作用于岩(土)体上的水平应力等于桩上各点的水平位移 x 与该点处岩(土)体的地基系数 K_H 的乘积，即 $P = xK_HB_P$，由于 K_H 随深度 z 成正比例变化，故：

$$P = xK_HB_P = m_HzxB_P \tag{8-25}$$

将上式代入式(8-24)，得：

$$EI\frac{d^4x}{dz^4} = -m_HzxB_P \tag{8-26}$$

式(8-26)为桩承受水平荷载作用下的挠曲微分方程，通过数学求解可得一组幂级数的表达式，经换算整理后，得：

$$\left.\begin{aligned}
x_z &= x_0A_1 + \frac{\varphi_0}{\alpha}B_1 + \frac{M_0}{\alpha^2 EI}C_1 + \frac{Q_0}{\alpha^3 EI}D_1 \\
\varphi_z &= \alpha\left(x_0A_2 + \frac{\varphi_0}{\alpha}B_2 + \frac{M_0}{\alpha^2 EI}C_2 + \frac{Q_0}{\alpha^3 EI}D_2\right) \\
M_z &= \alpha^2 EI\left(x_0A_3 + \frac{\varphi_0}{\alpha}B_3 + \frac{M_0}{\alpha^2 EI}C_3 + \frac{Q_0}{\alpha^3 EI}D_3\right) \\
Q_z &= \alpha^3 EI\left(x_0A_4 + \frac{\varphi_0}{\alpha}B_4 + \frac{M_0}{\alpha^2 EI}C_4 + \frac{Q_0}{\alpha^3 EI}D_4\right) \\
\sigma_z &= m_Hzx_z
\end{aligned}\right\} \tag{8-27}$$

式中：x_z、φ_z、M_z、Q_z——锚固段桩身任一截面的位移(m)、转角(rad)、弯矩($kN\cdot m$)、剪力(kN)；

x_0、φ_0、M_0、Q_0——滑动面处桩的位移(m)、转角(rad)、弯矩($kN\cdot m$)、剪力(kN)；

E——混凝土的弹性模量(kN/m^2)；

I——桩的截面惯性矩(m^4)；

A_i、B_i、C_i、D_i——随桩的计算深度(αh)而变的系数。

其中系数 A_1、B_1、C_1、D_1 按下式计算：

$$\left.\begin{aligned}
A_1 &= 1 + \sum_{k=1}^{\infty}(-1)^k\frac{(5k-4)!!}{(5k)!}(az)^{5k}\quad(k=1,2,3,4,\cdots) \\
&= 1 - \frac{(az)^5}{5!} + \frac{1\times 6}{10!}(az)^{10} - \frac{1\times 6\times 11}{15!}(az)^{15} + \frac{1\times 6\times 11\times 16}{20!}(az)^{20} + \cdots \\
B_1 &= az + \sum_{k=1}^{\infty}(-1)^k\frac{(5k-3)!!}{(5k+1)!}(az)^{5k+1} \\
&= az - \frac{2}{6!}(az)^6 + \frac{2\times 7}{11!}(az)^{11} - \frac{2\times 7\times 12}{16!}(az)^{16} + \cdots - \frac{4}{8!}(az)^3 + \\
&\quad \frac{4\times 9}{13!}(az)^{13} - \frac{4\times 9\times 14}{18!}(az)^{18} + \cdots \\
C_1 &= \frac{(az)^2}{2!} + \sum_{k=1}^{\infty}(-1)^k\frac{(5k-2)!!}{(5k+2)!}(az)^{5k+2} \\
&= \frac{1}{2!}(az)^2 - \frac{3}{7!}(az) + \frac{3\times 8}{12!}(az)^{12} - \frac{3\times 8\times 13}{17!}(az)^{17} + \cdots \\
D_1 &= \frac{(az)^3}{3!} + \sum_{k=1}^{\infty}(-1)^k\frac{(5k-1)!!}{(5k+3)!}(az)^{5k+3} \\
&= \frac{1}{3!}(az)^3 - \frac{4}{8!}(az)^3 + \frac{4\times 9}{13!}(az)^{13} - \frac{4\times 9\times 14}{18!}(az)^{18} + \cdots
\end{aligned}\right\} \tag{8-28}$$

A_2、B_2…A_4、B_4、C_4、D_4 各系数由 A_1、B_1、C_1、D_1 逐次计算,即:

$$\left.\begin{aligned}
A_2 &= -\frac{(az)^4}{4!} + \frac{6(z)^9}{9!} - \frac{6\times11}{14!}(az)^{14} + \frac{6\times11\times16}{19!}(az)^{19} - \cdots \\
A_3 &= -\frac{(az)^3}{3!} + \frac{6(az)^8}{8!} - \frac{6\times11}{13!}(az)^{13} + \frac{6\times11\times16}{18!}(az)^{18} - \cdots \\
A_4 &= -\frac{(az)^2}{2!} + \frac{6(az)^7}{7!} - \frac{6\times11}{12!}(az)^{12} + \frac{6\times11\times16}{17!}(az)^{17} - \cdots \\
B_2 &= 1 - \frac{2}{5!}(az)^5 + \frac{2\times7}{10!}(az)^{10} - \frac{2\times7\times12}{15!}(az)^{15} + \cdots \\
B_3 &= -\frac{2}{4!}(az)^4 + \frac{2\times7}{9!}(az)^9 - \frac{2\times7\times12}{14!}(az)^{14} + \cdots \\
B_4 &= -\frac{2}{3!}(az)^3 + \frac{2\times7}{8!}(az)^8 - \frac{2\times7\times12}{13!}(az)^{13} + \cdots \\
C_2 &= (az) - \frac{3}{6!}(az)^6 + \frac{3\times8}{11!}(az)^{11} - \frac{3\times8\times13}{16!}(az)^{16} + \cdots \\
C_3 &= 1 - \frac{3}{5!}(az)^5 + \frac{3\times8}{10!}(az)^{10} - \frac{3\times8\times13}{15!}(az)^{15} + \cdots \\
C_4 &= -\frac{3}{4!}(az)^4 + \frac{3\times8}{9!}(az)^9 - \frac{3\times8\times13}{14!}(az)^{14} + \cdots \\
D_2 &= \frac{(az)^2}{2!} - \frac{4}{7!}(az)^7 + \frac{4\times9}{12!}(az)^{12} - \frac{4\times9\times14}{17!}(az)^{17} + \cdots \\
D_3 &= (az) - \frac{4}{6!}(az)^6 + \frac{4\times9}{11!}(az)^{11} - \frac{4\times9\times14}{16!}(az)^{16} + \cdots \\
D_4 &= 1 - \frac{4}{5!}(az)^5 + \frac{4\times9}{10!}(az)^{10} - \frac{4\times9\times14}{15!}(az)^{15} + \cdots
\end{aligned}\right\} \quad (8\text{-}29)$$

式(8-27)即为弹性桩内力计算 m 法的一般表达式。为求得桩身任一点的变位、转角、弯矩、剪力以及岩(土)体对该点的侧向应力,必须求出滑动面处的 x_0 和 φ_0,此时需根据桩底的三种不同条件来确定。

① 当桩底为固定端时,将 $x_B=0$ 和 $\varphi_B=0$ 代入式(8-27)的前两式,联立求解得:

$$\left.\begin{aligned}
x_0 &= \frac{M_0}{\alpha^2 EI} \cdot \frac{B_1C_2 - C_1B_2}{A_1B_2 - B_1A_2} + \frac{Q_0}{\alpha^3 EI} \cdot \frac{B_1D_2 - D_1B_2}{A_1B_2 - B_1A_2} \\
\varphi_0 &= \frac{M_0}{\alpha EI} \cdot \frac{C_1A_2 - A_1C_2}{A_1B_2 - B_1A_2} + \frac{Q_0}{\alpha^2 EI} \cdot \frac{D_1A_2 - A_1D_2}{A_1B_2 - B_1A_2}
\end{aligned}\right\} \quad (8\text{-}30)$$

② 当桩底为铰支端时,将 $x_B=0$ 和 $M_B=0$ 代入式(8-27)的第1、3式,联立求解得:

$$\left.\begin{aligned}
x_0 &= \frac{M_0}{\alpha^2 EI} \cdot \frac{C_1B_3 - C_3B_1}{A_3B_1 - B_3A_1} + \frac{Q_0}{\alpha^3 EI} \cdot \frac{B_3D_1 - D_3B_1}{A_1B_3 - B_1A_3} \\
\varphi_0 &= \frac{M_0}{\alpha EI} \cdot \frac{C_3A_1 - A_3C_1}{A_3B_1 - B_3A_1} + \frac{Q_0}{\alpha^2 EI} \cdot \frac{D_3A_1 - A_3D_1}{A_3B_1 - B_3A_1}
\end{aligned}\right\} \quad (8\text{-}31)$$

③当桩底为自由端时,将 $Q_B=0$ 和 $M_B=0$ 分别代入式(8-27)的第3、4式,联立求解得:

$$\left.\begin{array}{l} x_0 = \dfrac{M_0}{\alpha^2 EI} \cdot \dfrac{C_4B_3 - C_3B_4}{A_3B_4 - B_3A_4} + \dfrac{Q_0}{\alpha^3 EI} \cdot \dfrac{B_3D_4 - D_3B_4}{A_3B_4 - B_3A_4} \\ \varphi_0 = \dfrac{M_0}{\alpha EI} \cdot \dfrac{C_3A_4 - A_3C_4}{A_3B_4 - B_3A_4} + \dfrac{Q_0}{\alpha^2 EI} \cdot \dfrac{D_3A_4 - A_3D_4}{A_3B_4 - B_3A_4} \end{array}\right\} \quad (8\text{-}32)$$

将上述各种边界条件下的 x_0 和 φ_0 代入式(8-27),即可求得锚固段桩身任一处的内力和变位。

(3) 当滑动面处抗力不为零时的处理

m 法的计算公式是按滑动面处抗力为零的情况导出的。结合抗滑桩的实际情况,滑动面以上往往有滑坡体存在,在滑动面处土的抗力不为零,而是某一数值 A,则滑动面以下某一深度处土抗力的表达式为 $P_z = A + m_H z$,即滑动面以下的地基系数为梯形变化。此时,为了利用 m 法推导的计算公式和影响系数可通过下述方法处理之,如图8-10所示。

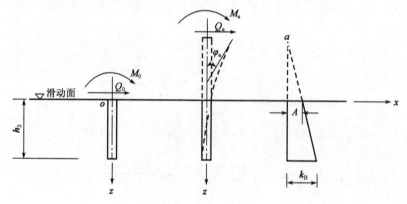

图8-10 滑坡面处的抗力不为零的处理

①将地基系数变化图形向上延伸至虚点 a,延伸的高度 $h_a = \dfrac{h_2}{m}$。

②自虚点 a 向下计算便可以直接应用上述公式,但必须重新确定 a 点处的初参数 M_a、Q_a、x_a、φ_a。

③a 点处的初参数可由滑动面处条件和桩底处的边界条件确定,即在 M_a 和 Q_a 的作用下,必须满足下述条件:

当 $z = 0$ 时(滑动面处),$M = M_0$, $Q = Q_0$;
当 $z = h_2$ 时(桩底处),$M_B = 0$, $Q_B = 0$(桩底为自由端时);
$x_B = 0$, $\varphi_B = 0$(桩底为固定端时)

桩底为自由端时可建立下列方程:

$$\left.\begin{array}{l} \alpha^2 EI\left(x_a A_3^0 + \dfrac{\varphi_a}{\alpha}B_3^0 + \dfrac{M_a}{\alpha^2 EI}C_3^0 + \dfrac{Q_a}{\alpha^3 EI}D_3^0\right) = M_0 \\ \alpha^3 EI\left(x_a A_4^0 + \dfrac{\varphi_a}{\alpha}B_4^0 + \dfrac{M_a}{\alpha^2 EI}C_4^0 + \dfrac{Q_a}{\varepsilon^3 EI}D_4^0\right) = Q_0 \\ x_a A_3^B + \dfrac{\varphi_a}{\alpha}B_3^B + \dfrac{M_a}{\alpha^2 EI}C_3^B + \dfrac{Q_a}{\alpha^3 EI}D_3^B = 0 \\ x_a A_4^B + \dfrac{\varphi_a}{\alpha}B_4^B + \dfrac{M_a}{\alpha^2 EI}C_4^B + \dfrac{Q_a}{\alpha^3 EI}D_4^B = 0 \end{array}\right\} \quad (8\text{-}33)$$

桩底为固定端时可建立下列方程：

$$\left.\begin{array}{l}x_a A_1^B + \dfrac{\varphi_a}{\alpha} B_1^B + \dfrac{M_a}{\alpha^2 EI} C_1^B + \dfrac{Q_a}{\alpha^3 EI} D_1^B = 0 \\ x_a A_2^B + \dfrac{\varphi_a}{\alpha} B_2^B + \dfrac{M_a}{\alpha^2 EI} C_2^B + \dfrac{Q_a}{\alpha^3 EI} D_2^B = 0\end{array}\right\} \quad (8\text{-}34)$$

式中：A_3^0——在滑动面处的系数 A_3 值；

A_3^B——在桩底处的系数 A_3 值。

其余类推。

联立式(8-33)及式(8-34)，即可求得 M_a、Q_a、x_a、φ_a 之值，此时便可根据上述公式计算滑动面以下任一点的内力和变位。

三、刚性桩内力与变位计算

刚性桩在滑坡推力的作用下，将沿滑动面以下桩轴线某点旋转一 φ 角，使桩周岩(土)体受到压缩，当桩底嵌入完整、坚硬岩层时，将绕桩底转动。

滑动面以上桩身内力和变位计算同弹性桩。

滑动面以下桩身的内力计算方法较多，目前常用的方法是：滑动面以上抗滑桩受荷段上所有的力均视为外荷载，桩前的滑坡体抗力按其大小从外荷载中予以折减，将滑坡推力和桩前滑动面以上的抗力折算成在滑动面上作用的弯矩和剪力并视为外荷载。将桩周岩(土)体视为弹性体，以此来计算侧向应力和土抗力，进而计算锚固段的内力和变位。

在计算滑动面以下桩身的内力和变位时，作如下假设：

(1)不考虑滑动面以上桩前滑坡体的弹性抗力，桩前滑坡体的抗力则取决于桩前滑坡体的剩余抗滑力或被动土压力(取其小者)。

(2)滑动面以下地层，假定为弹性变形介质，在水平力作用下，其变形性质可根据其组成的岩(土)体不同，用各种不同的地基系数表示，对于密实土层和岩层视地基系数随深度成正比增加。

(3)桩与土之间的黏结力和摩擦力均忽略不计，因此基底应力的影响也可不考虑。

对于单一地层而言，滑动面以下为同一 m 值，桩底自由，滑动面处的地基系数分别为 A_1、A_2，H 为滑坡推力与剩余抗滑力之差，z_0 为下部桩段转动轴心距滑动面的距离，φ 为旋转角，Z_H 为滑坡推力至滑动面的距离，如图 8-11 所示。

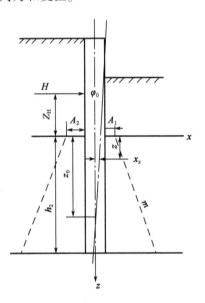

图 8-11 置单一地层中的刚性桩内力和变位计算图式

(1)当 $0 \leq z \leq z_0$ 时

变位　　　　　　　　$x_z = (z_0 - z)\tan\varphi = (z_0 - z)\varphi$ 　　　　(8-35)

侧应力　　　　　　　$\sigma_z = (A_1 + mz)(z_0 - z)\varphi$ 　　　　(8-36)

剪力　　　　　$Q_z = H - \dfrac{1}{2} B_P A_1 \varphi z(2z_0 - z) - \dfrac{1}{6} B_P m \varphi z^2 (3z_0 - 2z)$ 　　　　(8-37)

弯矩 $\quad M_z = H(Z_H + z) - \frac{1}{6}B_P A_1 \varphi z^2(3z_0 - z) - \frac{1}{12}B_P m\varphi z^3(2z_0 - z)$ (8-38)

(2) 当 $z_0 \leq z \leq h_2$ 时

变位 $\quad x_z = (z_0 - z)\varphi$ (8-39)

侧应力 $\quad \sigma_z = (A_2 + mz)(z_0 - z)\varphi$ (8-40)

剪力 $\quad Q_z = H - \frac{1}{6}B_P m\varphi z^2(3z_0 - 2z) - \frac{1}{2}B_P A_1 \varphi z_0^2 + \frac{1}{2}B_P A_2 \varphi(z - z_0)^2$ (8-41)

弯矩 $\quad M_z = H(Z_H + z) - \frac{1}{6}B_P A_1 \varphi z_0^2(3z - z_0) + \frac{1}{6}B_P A_2 \varphi(z - z_0)^3 +$

$\qquad \frac{1}{12}B_P m\varphi z^3(z - 2z_0)$ (8-42)

根据 $\sum X = 0$ 的平衡方程,可求得:

$$\varphi = \frac{6H}{B_P[3z_0^2(A_1 - A_2) + 3h_2 z_0(mh_2 + 2A_2) - h_2^2(2mh_2 + 3A_2)]}$$ (8-43)

根据静力平衡条件 $\sum X = 0$ 和 $\sum M = 0$,可解得:

$(A_1 - A_2)z_0^3 + 3Z_H(A_1 - A_2)z_0^2 + [h_2^2 m(3Z_H + 2h_2) + 3h_2 A_2(2Z_H + h_2)]z_0 -$

$\qquad 0.5h_2^3 m(4Z_H + 3h_2) - h_2^2 A_2(3Z_H + 2h_2) = 0$

令: $A = (A_1 - A_2) \quad B = 3Z_H(A_1 - A_2) \quad C = h_2^2 m(3Z_H + 2h_2) + 3h_2 A_2(2Z_H + h_2)$

$\quad D = h_2^3 m(2Z_H + 1.5h_2) + h_2^2 A_2(3Z_H + 2h_2)$

则有: $\quad Az_0^3 + Bz_0^2 + Cz_0 - D = 0$ (8-44)

用试算法解方程式(8-44),可求得 z_0,然后将其代入(8-43),即可求得 φ 值。
以上计算公式可应用于以下四种情况:

①当 $A_1 \neq A_2$ 时,桩两侧同深度处的地基系数不等,必须用试算法求出 z_0,再计算 φ 和内力。

②当 $A_1 = A_2 = A$ 时,桩两侧同深度处的地基系数相等,这时的 z_0 和 φ 可以直接求得,分别为:

$$z_0 = \left[\frac{2A(2h_2 + 3Z_H) + mh_2(3h_2 + 4Z_H)}{3A(h_2 + 2Z_H) + mh_2(2h_2 + 3Z_H)}\right] \cdot \frac{h_2}{2}$$ (8-45)

$$\varphi = \frac{6H}{B_P[3A(2h_2 z_0 - h_2^2) + mh_2^2(3z_0 - 2h_2)]}$$ (8-46)

③当 $A_1 = 0$ 时,桩两侧同深度处的地基系数不等,且桩前滑动面处的地基系数为零,这时 z_0 也须用试算法求得。

④当 $m = 0$ 时,桩侧地基系数为常数(即 K 法),此时将 $A_1 = A_2 = K$、$m = 0$ 代入式(8-44)和式(8-43),便可直接求得 z_0 和 φ,分别为:

$$z_0 = \frac{h_2(3Z_H + 2h_2)}{3(2Z_H + h_2)}$$ (8-47)

$$\varphi = \frac{2H}{B_P K h_2(2z_0 - h_2)}$$ (8-48)

根据上述原理,即可求得单一地层各种情况下,刚性桩的内力计算公式。

如果桩身置于两种不同的地层,桩底按自由端考虑,桩变位时,旋转中心将随地质情况变化而变化。仍可采用单一土层时求静力平衡方程 $\sum X = 0$ 和 $\sum M = 0$ 的条件求解。先求解出 z_0,再计算 φ。

第五节　桩板式挡土墙设计

一、基本概念

桩板式挡土墙系钢筋混凝土结构,由桩及桩间的挡土板两部分组成(图 8-12),利用桩深埋部分的锚固段的锚固作用和被动土抗力,维护挡土墙的稳定。适宜于土压力大,墙高超过一般挡土墙限制的情况,地基强度的不足可由桩的埋深得到补偿。可作为路堑、路肩和路堤挡土墙使用,多用于表土及强风化层较薄的均质岩石地基,基岩的饱水无侧限抗压强度须大于 10MPa。桩板式挡土墙结构形式与桩板式抗滑桩相似,可视为简易的、小型的抗滑桩,因而也可用以中小型滑坡的整治。

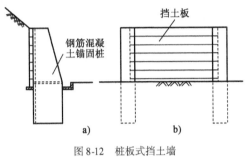

图 8-12　桩板式挡土墙
a)断面图;b)正面图

桩必须锚固于稳定的地基中,桩的悬臂长度不宜大于 15m。由于土的弹性抗力较小,设置桩板式挡土墙后,桩顶处可能产生较大的水平位移或转动,因而一般不宜用于土质地基,若需用于土质地基,宜在桩的上部(一般可在桩顶下 $0.29H$ 处)设置锚杆或锚索,以减小桩的位移和转动,提高挡土墙的稳定性。

桩板式挡土墙作路堑墙时,可先设置桩,然后开挖路基,挡土板可以自上而下安装,这样既保证了施工安全,又减少了开挖工程量。

二、土压力计算

墙后土压力(包括车辆荷载所引起的侧向压力)的计算与重力式挡土墙的土压力计算方法相同,即以挡土板后的竖直墙背为计算墙背,按库仑主动土压力理论计算。在滑坡地段,则应按滑坡推力进行计算。

桩和板的计算仅考虑土压力的水平分力,而墙背主动土压力的竖向分力及墙前被动土压力一般忽略不计。

三、桩设计

桩板式挡土墙中所采用的桩应就地整体灌注,混凝土强度等级不应低于 C20,钢筋视实际情况,可选用 HPB235、HPB235 热轧光圆钢筋和 HRB335、HRB400 热轧带肋钢筋。可采用挖孔桩,也可采用钻孔桩。挖孔桩宜为矩形截面,高宽比 $h/b \leq 1.5$,钻孔桩一般为圆形截面。桩的直径 D 或宽度(顺墙长方向) b 不应小于 1.0m。嵌入基岩风化层底面以下不应小于 1.5 倍桩径(或桩宽),但也不宜大于 5 倍桩径(或桩宽)。为了计算方便,可先按经验初拟埋深,一般岩石地基取桩长的 1/3,土质地基取桩长的 1/2,然后通过验算适当调整。悬臂段长度不宜大于 15m。桩的受力钢筋应沿桩长方向通长布置,直径不应小于 12mm,桩的钢筋保护层净距不应小于50mm。桩的间距与桩间距范围内的土压力和挡土板的吊装能力有关,宜为墙高 H 的 $(1/5\sim1/2)$。

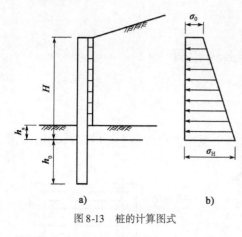

图 8-13 桩的计算图式

由于桩是主要受力构件,对挡土墙的稳定性起着十分重要的作用,桩身混凝土必须连续灌注,不得中断。墙后填土应在混凝土达到设计强度的70%以后,才能进行填筑。桩视为固结于基岩内的悬臂梁进行内力计算(图8-13),并按受弯构件设计。桩上的作用荷载为两侧桩间距各半的墙后土压力的水平分力,土压力可近似按线性分布考虑,如图8-13b)所示。在土压力水平分力的作用下,桩的最大剪力 Q_D (kN)及弯矩 M_D (kN·m)分别按式(8-49)和式(8-50)计算,并认为最大值出现在基岩强风化层的底面处。

$$Q_D = (2\sigma_0 + \sigma_H)HL/2 \tag{8-49}$$

$$M_D = (3\sigma_0 + \sigma_H)H^2L/6 \tag{8-50}$$

式中:H——桩顶至基岩风化层底的高度(m);

L——顺墙长方向桩两侧相邻挡土板跨中的间距(m);

σ_0——墙背顶主动土压应力的水平分力(kPa),$\sigma_0 = \gamma h_0 K_a$;

σ_H——以 H 为墙高计算而得的墙底主动土压应力的水平分力(kPa),$\sigma_H = \gamma H K_a$;

h_0——换算土层高度(m);

K_a——主动土压力系数。

桩的埋深除满足构造要求外,主要取决于侧壁的承载能力。因此,桩的埋深与地基的形状有关。嵌入强风化层以下的最小深度 $h_{D(min)}$ (m)按下式计算:

$$\left.\begin{array}{l} h_{D(min)} = \dfrac{4Q_D + \sqrt{16_D^2 + 9.45\beta R_a M_D D}}{0.787\beta R_a D} \quad \text{(圆形桩)} \\[2mm] h_{D(min)} = \dfrac{4Q_D + \sqrt{16_D^2 + 12\beta R_a M_D b}}{\beta R_a D} \quad \text{(矩形桩)} \end{array}\right\} \tag{8-51}$$

式中:R_a——饱水状态下岩石无侧限极限抗压强度(kPa,试件直径7~10cm,试件高与直径相同);

β——系数,$\beta = 0.5\sim1.0$,当基岩节理发达时,取小值;节理不发达时取大值;

D——桩的直径(m);

b——桩顺墙长方向的宽度(m)。

若基岩表面为风化层时,不考虑风化层对桩的作用,且埋置深度自基岩表面算起,如图8-13a)所示。

桩顶水平位移 x_0 (m)应小于基岩顶面以上的墙高 H (m)的1/300,即:

$$x_0 < \frac{H}{300} \tag{8-52}$$

而桩顶水平位移 x_0 为:

$$x_0 = \frac{(15\sigma_0 + 4\sigma_H)LH^4}{120EI} \tag{8-53}$$

式中：E——桩的弹性模量（kPa）；

I——桩的截面惯性矩（m⁴）。

桩脚处的水平位移 x_H 应小于桩径 D 或桩宽 b 的 1%，即：

$$x_H < 0.01D \quad （圆形桩）$$
$$x_H < 0.01b \quad （矩形桩） \tag{8-54}$$

而桩脚（风化层底面）处的水平位移 x_0 为：

$$x_0 = Z_D \varphi \tag{8-55}$$

其中：Z_D——桩的旋转中心至风化层底面的深度（m），

$$Z_D = \frac{h_D(3M_D + 2Q_D h_D)}{3(2M_D + Q_D h_D)} \tag{8-56}$$

h_D——桩嵌入风化层以下的深度（m）；

φ——桩的变形转角（rad），

$$\varphi = \frac{6(2M_D + Q_D h_D)}{(b+1)h_D^3 K_b K_H} \quad （矩形桩）$$
$$\varphi = \frac{6(2M_D + Q_D h_D)}{0.9(D+1)h_D^3 K_D K_H} \quad （圆形桩） \tag{8-57}$$

K_H——水平地基系数（kN/m³），$K_H = 0.7 K_v$；

K_v——竖向地基系数（kN/m³）；

K_D、K_b——斜坡地基折减系数，

$$K_D = Y_D \tan(90° - \theta)/D \leq 10 \tag{8-58}$$
$$K_b = Y_D \tan(90° - \theta)/b \leq 10 \tag{8-59}$$

山区横坡向外侧陡于 10°以上时（图 8-14），还应验算斜坡岩石的桩基稳定性，并应满足下式的要求：

$$K_S \geq M_y / M_0 \tag{8-60}$$

式中：K_S——抗倾覆稳定系数，一般情况 $K_S = 3.0$；地震时 $K_S = 2.0$；

M_y——抗倾覆力矩（kN·m），

$$M_R = 0.4 Z_D R_q + 0.5(h_D - Z_D)(Q_D - R_q) \tag{8-61}$$

M_0——倾覆力矩（kN·m），

$$M_0 = M_D + Z_D Q_D \tag{8-62}$$

R_q——桩的旋转中心（Z_D 处）以上地基水平向极限承载力（kN），

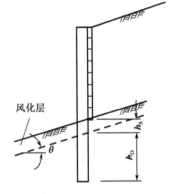

图 8-14 山区岩石地基的桩基

$$R_q = \frac{W(\cos\alpha + \sin\alpha\tan\varphi)}{\sin\alpha - \cos\alpha\tan\varphi} \tag{8-63}$$

W——滑动面（Z_D 处）以上地基滑动体重力（kN），

$$W = \gamma \left\{ \frac{D}{2} + \frac{\sin(90-\theta)\tan 30°}{\sin(90-\theta+a)} \frac{Z_D}{3} \right\} \frac{\sin(90-\theta)\sin\alpha}{\sin(90-\theta+\alpha)} Z_D^2 \tag{8-64}$$

γ——基岩重度（kN/m³）；

θ——风化层底面与水平面的倾角；
α——滑动面与竖面的夹角 $\alpha = 45° + \varphi/2 + \theta/2$；
φ——岩石塑化后的摩擦角，硬岩为 20°~30°，软岩为 10°~20°。

四、挡土板设计

挡土板可预制拼装，混凝土强度等级不应低于 C20；截面一般为矩形、槽形，也可采用空心板。挡土板厚度不应小于 20cm，板宽应根据吊装能力确定，但不应小于 30cm，大多为 50cm；板的规格不宜太多。板在桩上的搭接长度各端不得小于 1 倍的板厚，若为圆形桩应在桩后设置搭接挡土板用的凸形平台，平台宽度应比搭接长度宽 2~3cm。

挡土板钢筋保护层厚度 a，外露面 $a \geqslant 35\text{mm}$，内则 $a \geqslant 50\text{mm}$。

当采用拱形挡土板时，不宜用混凝土灌注，而应当沿径向和环向配置一定数量的构造钢筋，钢筋直径不宜小于 10mm。

墙身不必专门设置泄水孔，可利用每块板上预留的吊装孔和拼装缝隙作为泄水孔，但应视墙后填土设置排水垫层、墙背排水层及反滤层。墙身也不必专门设伸缩沉降缝，但同一桩上两相邻跨的挡土板的搭接处净间距不应小于 30mm，并按伸缩缝处理。

挡土板的安装应在桩侧地面整平夯实后进行，当地面纵坡较陡时，可设浆砌片石垫块作挡土板的基础。

挡土板可视为支承在桩上的简支板进行内力计算，并按受弯构件设计。挡土板上的作用荷载，取板所在位置的墙后土压力的大值，按均布荷载考虑。对于预制钢筋混凝土挡土板，计算跨径按下式计算。具体设计计算详见第六章。

$$\left.\begin{array}{l} L = L_c - 1.5t \quad (\text{圆形桩}) \\ L = L_0 + 1.5t \quad (\text{矩形桩}) \end{array}\right\} \tag{8-65}$$

桩与板间搭接部位的接触面还应进行抗压强度的验算。

第六节 设计示例

某滑坡拟采用抗滑桩治理，抗滑桩设计示意图如图 8-15 所示。

1. 设计资料

(1) 滑坡体为碎石堆积层，$\gamma_1 = 19.0\text{kN/m}^3$，$\varphi_1 = 28°$。

(2) 滑动面以下的滑床为风化严重的泥岩，设计时可按密实土层考虑，$\gamma_2 = 21.0\text{kN/m}^3$，$\varphi_2 = 42°10'$。

(3) 桩前、后滑坡体厚度基本相同，滑动面处的地基系数 $A = 85\,000\text{kN/m}^3$，滑坡推力 $E_n = 1\,000\text{kN/m}$，桩前剩余抗滑力 $E_n' = 500\text{kN/m}$，滑动面以下地基比例系数 $m_H = 40\,000\text{kN/m}^4$。

(4) 设桩处按水平滑动面考虑。

(5) 桩的混凝土（C20）弹性模量 $E_h = 2.6 \times 10^7 (\text{kN/m}^2)$。

(6) 桩底支承条件按自由支承考虑。

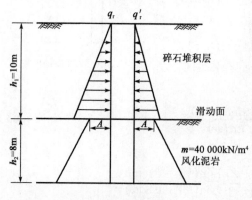

图 8-15 抗滑桩设计示意图

2. 桩的规划设计

桩的规划：

（1）桩全长 18m，受荷段长 $h_1 = 10$m，锚固段长 $h_2 = 8$m；

（2）桩间距（中至中）$L = 6$m；

（3）桩截面 $a \times b = 3 \times 2\text{m}^2$。

有关设计参数：

（1）桩截面惯性矩：$I = \dfrac{1}{12}ba^3 = \dfrac{1}{12} \times 2 \times 3^3 = 4.5(\text{m}^4)$；

（2）桩截面模量：$W = \dfrac{1}{6}ba^2 = \dfrac{1}{6} \times 2 \times 3^2 = 3(\text{m}^3)$；

（3）桩的抗弯刚度：$E_h I = 2.6 \times 10^7 \times 4.5 = 1.17 \times 10^8 (\text{kN} \cdot \text{m}^2)$；

（4）桩的计算宽度：$B_p = b + 1 = 3(\text{m})$；

（5）桩的变形系数：$\alpha = \sqrt[5]{\dfrac{m_H B_p}{EI}} = \sqrt[5]{\dfrac{40\,000 \times 3}{1.17 \times 10^8}} = 0.252(\text{m}^{-1})$；

（6）桩的计算深度：$\alpha h = 0.252 \times 8 = 2.016\text{m} < 2.5\text{m}$，属刚性桩。

3. 外荷载计算

每根桩上承受的滑坡推力：

$$E_r = E_n \cdot L = 1\,000 \times 6 = 6\,000(\text{kN})$$

呈三角形分布，其中：

$$q_r = \dfrac{E_r}{0.5 h_1} = \dfrac{6\,000}{0.5 \times 10} = 1\,200(\text{kN/m})$$

桩前被动土压力：

$$E_p = \dfrac{1}{2}\gamma_1 h_1^2 \tan^2\left(45° + \dfrac{\varphi_1}{2}\right) = \dfrac{1}{2} \times 19 \times 10^2 \times \tan^2\left(45° + \dfrac{28°}{2}\right) = 2\,631.3(\text{kN/m}) > E_n'$$

故采用剩余抗滑力作为桩前地层抗力。每根桩的剩余抗滑力：

$$E_r' = E_n' L = 500 \times 6 = 3\,000(\text{kN})$$

也呈三角形分布，其中：

$$q_r' = \dfrac{E_r'}{0.5 h_1} = \dfrac{3\,000}{0.5 \times 10} = 600(\text{kN/m})$$

4. 受荷段桩身内力计算

（1）剪力

$$Q_z = \dfrac{1}{2} \cdot \dfrac{(q - q')z}{h_1} \cdot z = \dfrac{(1\,200 - 600)z^2}{2 \times 10} = 30z^2$$

（2）弯矩

$$M_z = \dfrac{1}{2} \cdot \dfrac{(q - q')z}{h_1} \cdot z \cdot \dfrac{z}{3} = \dfrac{(1\,200 - 600)z^3}{10 \times 2 \times 3} = 10z^3$$

受荷段桩身各截面的内力计算结果见表 8-8。

表 8-8 受荷段桩身内力表

$z(\mathrm{m})$	0	1	2	3	4	5	6	7	8	9	10
$Q_z(\mathrm{kN})$	0	30	120	270	480	750	1 080	1 470	1 920	2 430	3 000
$M_z(\mathrm{kN\cdot m})$	0	10	80	270	640	1 250	2 160	3 430	5 120	7 290	10 000

5. 锚固段桩侧应力与桩身内力计算

对于刚性桩,视桩周岩(土)为弹性体,以此来计算桩侧应力和桩身内力。

(1)滑动面至桩的转动中心的距离

由式 8-45 得:

$$z_0 = \left[\frac{2A(2h_2 + 3Z_\mathrm{H}) + mh_2(3h_2 + 4Z_\mathrm{H})}{3A(h_2 + 2Z_\mathrm{H}) + mh_2(2h_2 + 3Z_\mathrm{H})}\right] \cdot \frac{h_2}{2}$$

$$= \frac{8}{2} \times \frac{2 \times 85\,000 \times \left(2 \times 8 + 3 \times \frac{10}{3}\right) + 40\,000 \times 8 \times \left(3 \times 8 + 4 \times \frac{10}{3}\right)}{3 \times 85\,000 \times \left(8 + 2 \times \frac{10}{3}\right) + 40\,000 \times 8 \times \left(2 \times 8 + 3 \times \frac{10}{3}\right)} = 5.428(\mathrm{m})$$

其中,$Z_\mathrm{H} = 10/3(\mathrm{m})$。

(2)桩的转角

由式(8-46)得:

$$\varphi = \frac{6H}{B_\mathrm{p}[3A(2h_2 z_0 - h_2^2) + mh_2^2(3z_0 - 2h_2)]}$$

$$= \frac{6 \times 3\,000}{3 \times [3 \times 85\,000 \times (2 \times 8 \times 5.428 - 8^2) + 40\,000 \times 8^2 \times (3 \times 5.428 - 2 \times 8)]}$$

$$= 0.000\,916(\mathrm{rad})$$

其中,$H = E_\mathrm{r} - E_\mathrm{r}' = 6\,000 - 3\,000 = 3\,000(\mathrm{kN})$。

(3)桩侧应力

由式(8-36)或式(8-40)得:

$$\sigma_z = (A + m_\mathrm{H} z)(z_0 - z)\varphi$$

$$= (85\,000 + 40\,000z)(5.428 - z) \times 0.000\,916 = 422.624 + 121.022z - 36.64z^2$$

最大侧应力的位置可由 $\dfrac{\mathrm{d}\sigma_z}{\mathrm{d}z} = 0$ 的条件确定,由此得:

$$121.022 - 73.28z = 0$$

则 $z = 1.652(\mathrm{m})$,$\sigma_{z(\max)} = 522.56(\mathrm{kPa})$。

(4)剪力

①当 $0 \leqslant z \leqslant 5.428\mathrm{m}$ 时

由式(8-37)得:

$$Q_z = H - \frac{1}{2}B_\mathrm{p}A\varphi z(2z_0 - z) - \frac{1}{6}B_\mathrm{p}m_\mathrm{H}\varphi z^2(3z_0 - 2z)$$

$$= 3\,000 - \frac{1}{2} \times 3 \times 85\,000 \times 0.000\,916 z(2 \times 5.428 - z) -$$

$$\frac{1}{6} \times 3 \times 40\,000 \times 0.000\,916 z^2(3 \times 5.428 - 2z)$$

$$= 3\,000 - 1\,267.872z - 181.533z^2 + 36.64z^3$$

最大剪力位置可由 $\dfrac{\mathrm{d}Q_z}{\mathrm{d}z}=0$ 的条件确定,由此得:

$$109.92z^2 - 363.066z - 1\,267.872 = 0$$

则 $z=5.428\mathrm{m}$,亦即在桩的转动中心处,$Q_{z(\max)}=-3\,370.85\mathrm{kPa}$。

② 当 $5.428\mathrm{m} \leqslant z \leqslant 8\mathrm{m}$ 时

由式 8-41 得:

$$\begin{aligned}Q_z &= H - \frac{1}{6}B_\mathrm{p}m_\mathrm{H}\varphi z^2(3z_0 - 2z) - \frac{1}{2}B_\mathrm{p}A\varphi z_0^2 + \frac{1}{2}B_\mathrm{p}A\varphi(z-z_0)^2\\ &= 3\,000 - \frac{1}{6}\times 3\times 40\,000\times 0.000\,916z^2(3\times 5.428 - 2z) -\\ &\quad \frac{1}{2}\times 3\times 85\,000\times 0.000\,916\times 5.428^2 +\\ &\quad \frac{1}{2}\times 3\times 85\,000\times 0.000\,916(z-5.428)^2\\ &= 3\,000 - 1\,267.872 - 181.533z^2 + 36.64z^3\end{aligned}$$

(5)弯矩

① 当 $0 \leqslant z \leqslant 5.428\mathrm{m}$ 时

由式 8-38 得:

$$\begin{aligned}M_z &= H(h_0 + z) - \frac{1}{6}B_\mathrm{p}A\varphi z^2(3z_0 - z) - \frac{1}{12}B_\mathrm{p}m_\mathrm{H}\varphi z^3(2z_0 - z)\\ &= 3\,000\left(\frac{10}{3}+z\right) - \frac{1}{6}\times 3\times 85\,000\times 0.000\,916z^2(3\times 5.428 - z) -\\ &\quad \frac{1}{12}\times 3\times 40\,000\times 0.000\,916z^3(2\times 5.428 - z)\\ &= 10\,000 + 3\,000z - 633.936z^2 - 60.511z^3 + 9.16z^4\end{aligned}$$

最大弯矩的位置可由 $\dfrac{\mathrm{d}M_z}{\mathrm{d}z}=0$ 的条件确定,由此得:

$$36.64z^3 - 181.533z^2 - 1\,267.872z + 3\,000 = 0$$

则 $z=2.020\mathrm{m}$,$M_{z\max}=-13\,127.04\mathrm{kN\cdot m}$。

② 当 $5.428\mathrm{m} \leqslant z \leqslant 8\mathrm{m}$ 时

由式 8-42 得:

$$\begin{aligned}M_z &= H(h_0 + z) - \frac{1}{6}B_\mathrm{p}A\varphi z_0^2(3z - z_0) + \frac{1}{6}B_\mathrm{p}A\varphi(z-z_0)^3 + \frac{1}{12}B_\mathrm{p}m_\mathrm{H}\varphi z^3(z - 2z_0)\\ &= 3\,000\left(\frac{10}{3}+z\right) - \frac{1}{6}\times 3\times 85\,000\times 0.000\,916\times 5.428^2(3z - 5.428) +\\ &\quad \frac{1}{6}\times 3\times 85\,000\times 0.000\,916(z - 5.428)^3 +\\ &\quad \frac{1}{12}\times 3\times 40\,000\times 0.000\,916z^3(z - 2\times 5.428)\\ &= 10\,000 + 3\,000z - 633.936z^2 - 60.511z^3 + 9.16z^4\end{aligned}$$

锚固段各截面的桩侧应力、剪力及弯矩计算结果见表 8-9,图 8-16 为抗滑桩锚固段桩侧应力和桩身的内力分布图。

锚固段桩侧应力和内力值　　　　　表 8-9

$z(\mathrm{m})$	$\sigma_z(\mathrm{kPa})$	$(Q_z)(\mathrm{kN})$	$(M_z)(\mathrm{kN \cdot m})$
0	422.62	3 000	10 000
0.5	473.98	2 325.26	11 334.52
1.0	507.01	1 587.24	12 314.71
1.5	521.72	813.40	12 915.79
1.652	522.56	575.24	13 021.33
2.0	518.11	31.24	13 126.73
2.020	517.58	0.17	13 127.04
2.5	496.18	-731.76	12 950.23
3.0	455.93	-1 448.13	12 402.74
3.5	397.36	-2 090.39	11 514.45
4.0	320.47	-2 631.06	10 329.28
4.5	225.26	-3 042.65	8 904.90
5.0	111.73	-3 297.69	7 312.73
5.428	0.00	-3 370.85	5 880.54
5.5	-20.12	-3 368.69	5 637.89
6.0	-170.28	-3 228.18	3 979.29
6.5	-338.77	-2 848.68	2 449.54
7.0	-525.58	-2 202.70	1 175.02
7.5	-730.71	-1262.77	295.83
8.0	-954.16	-1.41	-34.18

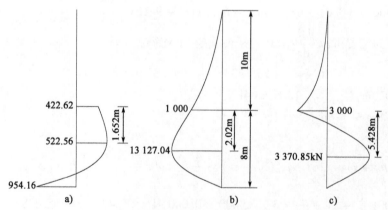

图 8-16　抗滑桩的内力分布图
a)σ图(kPa);b)M图(kN·m);c)Q图(kN)

6. 桩侧应力验算

滑坡体换算厚度　　　　$h_1' = \dfrac{\gamma_1}{\gamma_2} h_1 = \dfrac{19.0}{21.0} \times 10 = 9.048(\mathrm{m})$

由于滑动面以下的滑床为风化严重的泥岩,所以在进行桩侧应力验算时,忽略土体的黏着力,即 $c=0$。选取三个典型截面,按式 8-6 对桩侧应力进行验算,结果如下:

270

$$[\sigma_0] = \frac{4}{\cos\varphi_2}(\gamma_2 h_1' \tan\varphi_2 + c) = \frac{4}{\cos 42°10'} \times 21.0 \times 9.048 \times \tan 42°10'$$
$$= 928.70(\text{kPa}) > 422.62(\text{kPa})$$
$$[\sigma_{1.652}] = \frac{4}{\cos 42°10'} \times 21.0 \times (9.048 + 1.652) \times \tan 42°10'$$
$$= 1\,098.27(\text{kPa}) > 522.56(\text{kPa})$$
$$[\sigma_{8.0}] = \frac{4}{\cos 42°10'} \times 21.0 \times (9.048 + 8.0) \times \tan 42°10'$$
$$= 1\,749.836(\text{kPa}) > 954.16(\text{kPa})$$

由此可知，桩侧应力均满足要求。

第七节 施 工 技 术

抗滑桩施工工序主要有挖孔或钻孔、桩身（包括桩基和桩柱）混凝土浇筑，其施工工艺流程如图 8-17 所示。

桩板式挡土墙施工工序除了挖孔或钻孔、桩身（包括桩基和桩柱）混凝土浇筑外，还包括挡土板预制和安装、填土填筑和压实等，其施工工艺流程如图 8-18 所示。

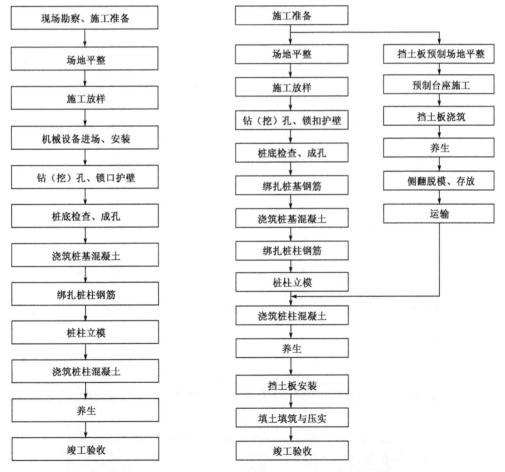

图 8-17 抗滑桩施工工艺流程   图 8-18 桩板式挡土墙施工工艺流程

一、水下混凝土要求

灌注桩基混凝土(水下混凝土)应符合下述要求：

(1)所用水泥除应符合国家的现行标准外,其初凝时间不宜早于 2.5~3.5h,强度等级不宜低于 42.5 级。

(2)水泥用量不宜小于 350kg/m³,当掺有减水剂、缓凝剂或粉煤灰时,可不小于 300kg/cm³。

(3)粗集料应优先选用卵石,若采用碎石则应适当增加含砂率(约增加 30%),并应有良好的级配,最小粒径不应小于 4.75mm,最大粒径不应大于导管内径的 1/8~1/6 和钢筋最小净距的 1/4,同时不应大于 37.5mm。

(4)细集料宜采用级配良好的中砂。

(5)含砂率宜采用 40%~50%,水灰比宜为 0.5~0.6,有试验依据时,含砂率和水灰比可酌情增大或减少。

(6)坍落度以 18~22cm 为宜,应具有足够的流动性,并具有良好的和易性,在运输和灌注过程中无显著离析、沁水现象。

(7)实际初凝时间,应满足灌注工作时间的需要。为延缓初凝时间,可在首批灌注混凝土中掺入减水剂,以后逐批掺入减水剂或缓凝剂的数量应以整个灌注混凝土过程中未有先初凝者为度,其掺入量均应通过试验确定。

二、桩基混凝土浇筑

根据设桩地段的水文、地质和机具设备能力,桩基可采用钻孔灌注桩和挖孔灌注桩两种方式施工,挖孔灌注桩宜用于桩底嵌岩层以上含水率较少,且较密实的土质或岩石地层；当桩基嵌固地层以上的地质层面松散,地下水位较高,开挖有困难时,宜采用钻孔灌注桩。

若孔内产生的空气污染物超过《环境空气质量标准》(GB 3095—2012)规定的三级标准浓度限值时,不得采用人工挖孔方式施工,否则,必须采取通风措施,挖孔桩孔深不宜超过 15m。

1. 挖孔灌注桩

1)成孔

(1)坚硬土且无水或少水的地段,可采用人工挖掘,挖孔施工时一般应组织三班制作业,配以木绞车提升弃渣,也可采用 0.3~0.5t 卷扬机或其他起吊设备提升弃渣。在挖孔过程中应经常检查桩孔尺寸,以满足设计要求。

(2)挖孔桩宜采用矩形截面,为了便于桩基伸出地面后孔壁与地面上的模板平稳搭接,挖孔桩也可作成圆形截面。

(3)挖孔时,如遇涌水量较大的潜水层,可采用水泥砂浆压灌卵石环圈将潜水层进行封闭处理。

(4)当岩层较硬,难以挖进时,可采用孔内松动爆破,但必须打眼放炮,严格控制炸药用量,并应注意爆破安全。

(5)挖掘与支护应连续作业。对于岩层或不渗水的紧密土层,开挖后短期内不坍孔的可不设支撑。其余土质基坑,均应设支撑防护。

(6)孔壁支护方式有安装木框架、竹篱、柳条和荆笆,预制或现浇混凝土圈,喷射混凝土护壁等,应根据地质、水文地质条件和因地制宜的原则,合理选择孔壁的支护类型。但由于开挖断面小,扰动地层少,不需拆除,施工安全,进度快,能直接验证地质条件等特点,孔壁支护多采用、也宜采用现浇或预制混凝土圈支撑。

就地浇筑混凝土圈的厚度为 10~15cm,当用做桩基截面的一部分时,其混凝土强度等级同桩基混凝土。基坑应分节开挖,根据围岩破碎、松散情况每挖掘 0.6~2.0m 为一节,如图 8-19 所示,挖一节立即支立模板浇筑护壁。两节护壁之间宜留 20~30cm 的空隙,空隙间宜用短木支承,以便浇筑混凝土。

当采用预制混凝土圈作护壁时,混凝土圈可分三块拼装,用螺栓夹板固定,内侧填塞水泥砂浆,这不仅可加快施工进度,也可拆除重复使用。

(7)挖掘时,不必将孔壁修成光面,稍留凹凸不平以增加与灌注的混凝土之间的黏结力。无论采用何种支撑均应与孔壁密贴、顶紧。护壁浇筑前应清除浮土和松动的石块。护壁宜在浇筑后 4h 左右脱模,开挖应在上一节护壁混凝土终凝后,再继续进行。为加速混凝土凝结可掺入早强剂或速凝剂。

(8)当挖孔桩基达到设计深度后,应进行孔底处理,做到无松渣、淤泥沉淀等扰动过的软层。如地质复杂或与设计资料不符,应钎探了解孔底以下地层情况,以便确定相应处理措施。

(9)对于同一排桩,应每隔一根桩开挖,等这些桩浇筑混凝土后,方可开挖其余的桩孔,如图 8-20 所示。

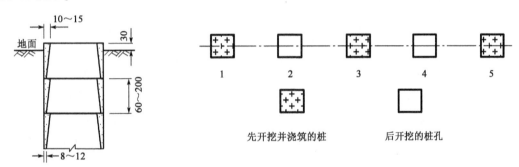

图 8-19 护壁构造(尺寸单位:cm)　　　　　图 8-20 桩的开挖顺序

2)安全施工

桩基施工时,应采取可靠的安全保护措施,施工人员应配备有效的安全防护设备。

(1)人工开挖时,应经常检查孔内的空气质量,当孔内产生的空气污染物超过《环境空气质量标准》(GB 3095—2012)规定的三级标准时,不得采用人工开挖施工,不得已需采用人工开挖时,应加强通风措施。

(2)挖孔时,应经常检查提升弃渣设备与机具,孔口围护应高出地面 20~30cm,如图 8-19 所示,防止坠物入孔伤人。挖孔暂定时,孔口应罩盖。

(3)挖孔深度大于 10m 时,应经常检查孔内的二氧化碳浓度,如超过 0.3%,应增加通风措施,挖孔深度大于 15m 时,人工施工挖掘的危险性增大,而且上下提渣运距长,卸渣的效率大为降低,故人工开挖的孔深不宜超过 15m。

(4)施工人员必须戴安全帽,下孔开挖人员必须系好安全带。挖掘中需要爆破时,应尽量采用浅孔爆,严格控制装药量,以达到松动为目的,防止震塌孔壁。孔内引爆不论掘进处的深浅,均采用电爆,以策安全。爆破时,应做好安全保护工作,须等爆破后的有害气体散尽后方可再次进入孔内作业,以免对施工人员造成伤害。

3) 钢筋骨架制作

(1) 钢筋骨架必须按照设计图纸制作,配筋、骨架的绑扎、焊接应符合有关钢筋性能要求的规定。

(2) 钢筋骨架上端应焊吊环数量不宜少于4个,为确保保护层的厚度,应在钢筋骨架周围的主筋上,每隔适当距离对称地设钢筋"耳环"、混凝土方块等措施。

(3) 长桩钢筋骨架宜分段制作,分段长度应根据吊装条件确定,确保不变形,接头应错开。

(4) 钢筋骨架分节吊装,就地焊接时,上下节主筋位置必须对准,轴线应一致,其焊接也必须保证符合焊接质量标准。

(5) 钢筋接头可采用焊接或套管挤压接头。用搭接电弧焊时,两钢筋搭接端部,应预先折向一侧使钢筋轴线一致。双面焊焊缝长度不应小于$5d$(d为钢筋直径),单面焊时不小于$10d$。焊条类别应与钢筋级别相适应。

4) 混凝土浇筑

挖孔桩混凝土浇筑时,当孔壁涌入地下水的上升速度较小(小于6mm/min),认为是干桩,可采用在空气中灌注混凝土的方法浇筑,如孔壁涌入地下水的上升速度较大(大于6mm/min)时,可采用水下混凝土灌注法(详见钻孔桩混凝土浇筑)。只要符合条件,应尽可能采用在空气中浇筑混凝土,这样可直接目视检查,质量易于保证,而且施工速度快,又比较安全。空气中混凝土浇筑方法详见第四章,除此之外,应注意以下事项:

(1) 清理孔底,经检查合格后,才能进行安放钢筋骨架,浇筑混凝土。

(2) 吊入钢筋骨架,将其调正就位,地面以上的主筋应预留一定的焊接长度,接头间隔错开,在同一截面内钢筋接头面积不应超过钢筋总面积的50%。当桩柱不高时,可将主筋直通到顶,但应确保在浇筑桩基混凝土时,钢筋不受污染、无弯曲伤痕。

(3) 如用导管浇注混凝土,混凝土可在导管中依靠自由坠落捣实,导管应对准孔位中心,开始灌注时,孔底积水深度不宜超过5cm,浇筑速度应尽可能加快,使混凝土对孔底、孔壁压力尽量大于渗水压力。

(4) 混凝土浇筑至桩基顶后,应立即将离析的混合物及水泥浮浆等清除干净,并预留接茬,以利与桩柱混凝土的黏结。

2. 钻孔灌注桩

1) 成孔

(1) 当地下水位较高,地层松散,开挖困难时,宜采用钻孔灌柱注施工法,并采用全套管或孔口护筒、泥浆护壁的方式钻进。

(2) 孔口护筒有固定桩位,隔离地面水,保护孔口不发生坍塌,导引钻头下落方向,保持孔内水位高度等作用。因而孔口护筒应有足够的高度和强度,且不漏水,内径比桩径稍大,护顶面高度与钻进方法、地质和地下水有关,一般应高出施工水位或稳定水位1.5~2.0m,并高出地面不小于30cm。

护筒底端埋置不宜过浅,因浅护筒周围的土不易密实,在钻进中可能发生位移、倾斜、沉陷及底端向外漏水等情况,导致钻孔困难,甚至报废钻孔。护筒也不宜埋置过深,护筒过长会增加造价,延长工期。当钻孔位于深水且河床为软土或厚淤泥层时,护筒埋置深度不应小于3.0m。

护筒平面位置的偏差不得大于5cm,倾斜度偏差不应大于1%。

（3）由于泥浆的相对密度比水大，在钻进挤压作用下，泥浆在孔壁形成一层泥皮，阻隔孔外渗流，保护孔壁免于坍塌，并起浮悬钻渣的作用。钻孔泥浆一般由水、黏土（或膨润土）按适当比例配制而成。应选用优质黏土造浆，若用亚黏土造浆时，其塑性指数不宜小于15，大于0.1mm的颗粒不宜超过6%。

泥浆的技术性能见表8-10，可根据钻孔方法和地层情况选用。

泥浆性能指标 表8-10

钻孔方法	地层情况	泥浆性能指标							
		相对密度	黏度（Pa·s）	含砂率（%）	胶体率（%）	失水率（ml/30min）	泥皮厚（ml/30min）	静切力（Pa）	酸碱度（pH）
正循环	一般地层	1.05~1.20	16~22	8~4	≥96	≤25	≤2	1.0~2.5	8~10
	易坍地层	1.20~1.45	19~28	8~4	≥96	≤15	≤2	3~5	8~10
反循环	一般地层	1.02~1.06	16~20	≤4	≥95	≤20	≤3	1~2.5	8~10
	易坍地层	1.06~1.10	18~28	≤4	≥95	≤20	≤3	1~2.5	8~10
	卵石土	1.10~1.15	20~35	≤4	≥95	≤20	≤3	1~2.5	8~10
推钻、冲抓	一般地层	1.10~1.20	18~24	≤4	≥95	≤20	≤3	1~2.5	8~11
冲击	易坍地层	1.20~1.40	22~30	≤4	≥95	≤20	≤3	3~5	8~11

注：1. 地下水位高或其流速大时，取高限，反之取低限。
2. 地质状态较好，孔径或孔深较小时，取低限，反之取高限。
3. 在不易坍塌的黏质土层中，使用推钻、冲抓、反循环回转钻进时，可用清水提高水头（≥2m）维护孔壁。
4. 若当地缺乏优良黏质土，远运膨润土亦很困难，调制不出合格泥浆时，可采用掺添加剂的方法来改善泥浆性能。

为改善泥浆的性能，可掺入适量的添加剂，其品种和掺量应由试验确定，常用的添加剂和一般掺量为：

①羧基纤维素（CMC），使地基土表面形成满膜，具有强化和降低失水量作用，掺量一般在0.1%以下。

②铬铁木质素磺酸钠盐（FCI），FCI为分散剂，具有很强的吸附能力，在黏土颗粒表面形成结构性溶剂水化膜，防止自由水渗透，失水量降低，黏度增加，掺量为0.1%~0.3%。

③碳酸钠（Na_2CO_3），又称碱粉或纯碱，可使pH值增大，黏土分散，提高泥浆的胶体率和稳定性，掺量为0.1%~0.3%。

（4）采用正反回转钻钻孔时，应准备泥浆槽、泥浆沉淀池等。泥浆槽长度不应小于15m，槽底坡度不宜大于1%。沉淀池容积：正循环钻孔时，一般约为钻孔体积的1/3~1/2；反循环钻孔时，包括供水池窖，一般约为钻孔体积的1.2~2倍。

（5）泥浆泵宜根据钻杆内径、钻孔直径和深度等因素，考虑悬浮钻渣所需最小上升流速，计算所需泵压和流量后加以选定。护筒内的泥浆顶面应始终高出筒外水位1.0m以上。

（6）钻孔桩的钻进必须分班连续作业，不得中途停止，遇有事故必须及时处理，钻孔达到要求深度后，应及时进行直径、垂直度的检查。并应经常注意地层的变化情况和淘渣取样，以便核对土层的变化。

（7）终孔后应及时进行孔底清渣，以免间隔时间过长，泥浆钻渣沉淀，造成清孔困难或坍孔。清孔的目的是抽、换孔内泥浆，尽量减少钻渣沉淀层厚度，以提高桩底承载力。钻孔桩底沉渣的厚度，一般不应超过0.4倍的桩径。加深孔底所增加的承载力并不能补偿未清孔使孔底减少的承载力。所以，不能以超钻深度代替沉渣厚度。清渣一般以掏渣清孔为主，即用抽渣筒、大锅锥或冲抓锥清掏。当要求清孔质量较高时,可使用高压水管插入孔底射水,使泥浆相对密度逐渐降低。无论采用何种清孔方法,在清孔排渣时,必须注意孔内水头,以防坍孔。

(8)孔底清渣,并经检查合格后,才能进行钢筋骨架的安放和混凝土的浇筑等后续工作。

(9)施工时应注意安全,在冲击过程中,严禁孔内站人,以防发生不测。

2)混凝土浇筑

钻孔灌注桩应以水下混凝土导管法灌注的方法进行,具体要求如下:

(1)灌注混凝土前,应检测孔底泥浆沉淀厚度,如大于规定的清孔要求,应再次清孔。在桩孔内吊入钢筋骨架正确就位后,应尽快不间断地连续浇筑混凝土。如清孔后4h还未浇筑,则必须重新清理孔底。

(2)水下混凝土一般用刚性导管灌注。导管可采用直径不小于25cm的钢管连接组成,各节具有带垫圈的连接法兰盘和扣环,或采用快拆接螺旋导管,并保证导管不漏水。

(3)灌注混凝土前,孔内的水位至少应与孔外稳定水位持平,以免产生水压差。若为易于坍塌的土质孔壁,浇筑中应保持孔内水位高于地下水位1.0~1.5m。

(4)钢筋骨架应牢固定位,当提升导管时,应防止被拔起;灌注混凝土时,加强观察,防止可能产生的顶托上升。

为防止在灌注混凝土过程中,钢筋骨架被顶升,可采用以下措施:

①将几根钢筋骨架的主筋延长,直至孔底。

②混凝土表面接近主钢筋底部时,放慢灌注速度。

③混凝土表面接近钢筋骨架时,导管保持较大埋深,导管底口与钢筋骨架底端保持较大距离。

④混凝土表面进入钢筋骨架一定深度后,提升导管,使导管底口高于钢筋骨架底端一定距离,但导管埋入混凝土表面以下的深度不得小于2.0m。

(5)灌注水下混凝土应备有拌和楼或搅拌机,拌和设备的数量,应按其性能及灌注时间限制等因素确定,并需要有一定的储备以保证连续作业。

(6)混凝土拌和物运至现场后,应检查其均匀性和坍落度,如不符合规定的要求,应进行第二次拌和,两次拌和后仍达不到要求时,不得使用。

(7)混凝土灌注前,导管底部至孔底应有25~40cm的空间,灌注后,导管的初次埋深一般不小于1.0m,首批灌注混凝土的数量应满足导管初次埋置深度和填充导管底部间隙的需要。灌注应连续进行。拆除导管一般不超过15min,并不得中途停工。

(8)在灌注过程中,应经常探测混凝土面的高度,及时提升或拆除导管。导管的埋置深度一般为2.0~4.0m,最大埋深不得大于6.0m。

在整个灌注时间内,导管漏斗下应保持足够的混凝土,排泄端应充分伸入先前灌注的混凝土内至少2m,且不得大于6m,以防止水冲入管内。应及时调整导管排泄端与混凝土表面的相应位置,导管应在无空气和水进入的状态下填充。如为泵送混凝土,泵管应设底阀或其他装置,以防水和管中混凝土混合。泵管应在桩内混凝土升高时,慢慢提起。管底在任何时候,应在混凝土顶面以下2m。输送到桩中的混凝土,应一次连续操作。初凝前,任何受污染的混凝土应从桩顶清除。

(9)灌注混凝土时,溢出的泥浆应引流至适当地点处理,以防止污染。

(10)处于地面或桩顶以下的井口整体式刚性护筒,应在灌注混凝土后立即拔出。处于地面以上能拆除的护筒部分,须待混凝土抗压强度达到5MPa后拆除。当使用全护筒灌注混凝土时,应逐步提升护筒,护筒底面应保持在混凝土顶面以下1~2m。

(11)灌注桩的桩基顶面高度,应比设计高程高出50cm以上,待混凝土强度达到2.5MPa时,应予人工凿整干净,以保证桩头混凝土质量。

(12)在灌注混凝土时,每根桩基应将灌注的混凝土抽样两组(六块)成型试件,并应编号妥善养生。

(13)有关混凝土灌注情况,如灌注的时间、混凝土面的深度、导管深度、拆除以及发生的异常现象等均应作记录。

三、桩柱混凝土浇筑

矩形桩柱浇筑的模板用两块桩头板加两面门子板支模或四面桩头板支模,也可利用短料模板加长枋作桩头板的方法。为防止混凝土侧压力造成桩模迸裂,在桩模外面每隔0.5~1.0m加设桩箍一道。

圆形桩柱模板由竖直狭条模板和圆弧挡板做成两个半片合成。在模外每隔0.5~1.0m加两股以上8~10号铁丝箍紧。

混凝土浇筑前,应对钢筋、模板、预埋件位置、高程、轴线以及牢固等情况进行细致的检查。对模板内的杂物、泥土、钢筋上油污在事前均应清除干净,模板的缝隙、孔洞要妥善堵塞。应按混凝土的用量,运输能力,机具设备和浇筑进度配套设置,并留有一定余地。

桩柱混凝土应连续浇筑,一次浇完,尽量不留施工缝。如必须间歇且超过下层混凝土凝结时间时,应停止浇筑,以施工缝处理。

由于桩柱为外露构件,浇筑宜紧凑,分层混凝土的间歇时间要尽量缩短,防止两层间的接触面留有过多的痕迹,避免形成桩柱上的软弱部分及影响整洁美观。

四、挡土板安装

对于桩板式挡土墙施工,除挖孔或钻孔、桩身(包括桩基和桩柱)混凝土浇筑外,而挡土板预制可参照锚固式挡土墙施工(详见第六章)。以下仅简要介绍挡土板的安装。

挡土板的安装应在桩侧地面整平压实后进行,当地面纵坡较陡时,可设浆砌片石垫块作挡土板的基础。

挡土板吊装机具应视其尺寸和重量而定,一般可采用扒杆、简易龙门架等,若使用汽车吊和履带吊,则安装更为方便。

挡土板安装时,因其抗弯刚度比板平置时大,且为便于安装,应顺板截面高度方向竖向起吊。两头挂绳索,若无吊环时,可在距两端0.21倍板长处以钢丝绳绑扎。以手牵引,对准桩柱两边划好的放样线,将挡土板正确就位,必要时(如安装就位后不稳定)在两侧和中间设以临时斜撑支承,以确保挡土板的稳定,填土时即可卸下。

根据设计要求应做好防水、排水设施及墙背填料反滤层,并与挡土板安装同步进行,各工序间应配合紧凑有序,互不干扰。挡土板之间的上、下安装缝(水平方向)宜小于10mm,当缝隙较大时应及时予以调整和处理以免误差累积,可用水泥砂浆堵塞或沥青软木板衬垫,并应注意外露面安装缝的整齐顺直。两相邻同层挡土板的安装缝,应基本顺直一致,高差不应大于5mm。

挡土板与桩柱连接处,相邻板端的间隙宽度(净间距)不应小于3cm,并按伸缩缝处理,即间隙内用沥青麻筋等填塞。

挡土板安装时应防止与桩柱相撞以免损坏角隅或开裂。安装缝应均匀,平顺美观。挡土板顶面不整齐时,可用水泥砂浆或小石子混凝土作顶面调整层。桩柱之间的最下层挡土板底面应埋入原地面以下 5~10cm。

挡土板后的填土摊铺压实,随挡土板安装循环进行,挡土板安装 1~2 层后,在板后一定范围内即可分层填筑碾压,固定挡土板。相邻两边缘的接触部分宜做成台阶,以使填土之间更好地连接。挡土板内侧 1.0m 范围的填土应采用小型压实机械分层压实,压实度应满足规范要求或设计要求。

挡土板也可用混凝土现浇,当桩柱强度达到设计强度的 70% 后,才能浇筑挡土板。对于路堑墙或挖方路段,现场浇筑时,桩后土体应分层开挖,每层开挖高度不得大于 2m,开挖后应及时支模并浇筑挡土板,待挡土板强度达到 70% 后,方可开挖下一层土体,以此循序逐进,直到结束。

思考题

1. 试述抗滑桩的工作原理及结构形式。
2. 何为刚性抗滑桩和弹性抗滑桩?如何判别?
3. 何为地基系数?并试述地基系数的分布图式。
4. 试述抗滑桩的平面布置原则。
5. 试述弹性抗滑桩内力计算的 K 法和 m 法的特点。
6. 试述桩板式挡土墙结构特点以及设计要点。
7. 试述抗滑桩的施工要点。

第九章　路基支挡工程与环境

从"环境"一词的通用含义来讲,与某一中心事物有关的周围事物,就是这个事物的环境。环境总是相对于某一中心事物而言的,总是作为某项中心事物的对立面而存在,它因中心事物的不同而不同,随中心事物的变化而变化。中心事物与环境既相互对立,又相互依存,相互制约、相互作用和相互转化,它们之间存在着对立统一的关系。路基支挡工程的自然环境主要是指与路基支挡工程密切相关的地质环境、地貌条件和生态环境以及自然景观。路基支挡工程的设计、施工和维护,应充分考虑工程与环境的相互作用,尽可能减轻工程对环境的不利影响,实现工程与环境的协调。

本章从路基支挡工程与地质环境、生态环境之间的作用关系以及基于环境和景观因素的支挡工程设计和施工方法来探讨路基支挡工程与环境的关系。

第一节　路基支挡工程与地质环境

边坡支挡工程(有时也包括防护工程,统称为支护工程)是一种地质工程,应该按照地质工程的有关原理来进行勘察和设计。然而,通常人们却有意无意地将边坡工程与环境地质体截然分离,将工程设计(例如,地质灾害防治工程设计)与工程地质勘察及评价分离,仅将边坡地质体看成工程的一种荷载;在大部分的边坡支挡工程设计中,仍然按一般的土木工程思路和方法,以结构力学计算为主;设计与勘察脱节,对于地质工程的有关特点把握不够,常常导致设计的针对性不强,设计与边坡的实际地质条件不吻合。调查研究结果表明,大多忽视边坡地质体及地质环境的分析或评价,均不同程度的出现了边坡(滑坡)地质灾害,或者正孕育着边坡失稳的隐患,从而使得对路基边坡的加固或整治费用远高于修建费用。公路工程建设所诱发的大量边坡稳定性问题,已经使人们逐渐意识到,地质体是边坡工程的有机组成部分,地质体可以是工程的环境、结构或材料;充分重视支挡工程与地质环境的相互作用,针对公路工程特点对边坡工程地质条件进行科学的分类,并就施工过程对地质环境影响进行预报和评价,是实现地质勘察及研究成果更好地指导边坡的设计和施工的一种有效的途径。

一、公路边坡的工程地质分类

边坡为地壳表部一切具有侧向临空面的地质体。公路路基边坡是路域范围内坡面、坡顶及其下部一定深度坡体的总称。对边坡进行地质分类是边坡勘察的重要内容,是路基支挡工程设计的基础。一般按岩性把边坡统分为岩质边坡、土质边坡和土石边坡。按边坡是否曾经(或正在)发生变形分为未变形边坡和已变形边坡两大类。变形边坡是指岩(土)体曾发生或正在发生变形位移的边坡。根据变形特征,可将变形边坡分为滑动变形、蠕动变形、张裂变形、崩塌变形、坍滑变形和剥落变形等。

1. 岩质边坡

岩石边坡是由岩石组成的边坡。影响边坡岩体稳定性的因素主要是岩体的完整性、结构面产状以及结构面的结合程度。从岩体的完整性来说,完整性越差,边坡稳定性越差;从结构产状来说,结构面外倾时,其倾斜角度越接近 $45°+\varphi/2$,对边坡岩体稳定性越不利;从结构面结合程度来说,结合越差,对边坡岩体稳定越不利。根据上述三种因素对边坡的影响,将边坡岩体按稳定性分为四类。上述三种因素均属良好时,边坡岩体为极稳定类(Ⅰ类);上述三种因素中有两种属于良好时,边坡岩体为稳定类(Ⅱ类);上述三种因素中有一种属于良好时,边坡岩体为基本稳定类(Ⅲ类);上述三种因素均属于不良时,边坡岩体为不稳定类(Ⅳ类)。

地下水和岩石坚硬程度对于边坡稳定性的影响相对于上述三种因素而言是次要的,且影响大小随具体情况的不同而不同,所以在岩质边坡的岩体分类时,应予单独考虑。当Ⅰ类岩体为软岩、较软岩时,应降低为Ⅱ类岩体;极软岩岩体可划分为Ⅳ类岩体;当地下水发育时,Ⅱ和Ⅲ类岩体可根据具体情况降低一挡。

岩质边坡按岩体结构分为块状结构边坡、层状结构边坡、碎裂结构边坡和散体结构边坡。

2. 土质边坡和土石边坡

土质边坡是由土层组成的边坡,而由土和坚硬岩石混合组成的边坡称为土石边坡,可分为碎石土边坡和岩土混合边坡两类。

碎石土边坡是由坚硬岩石碎块和砂土碎屑细颗粒物质混合组成的边坡。按其形成条件,可分为堆积型(包括沉积、堆积)和残积型。前者土石碎屑经搬运位移,土石混杂,如坡积体及变形边坡残留体等;后者则为基岩原位风化而成,岩土未经搬运位移,如残积层。按结构形态又可分为土石混合结构和土石叠置结构。土石混合结构边坡,整个坡体皆由土石混合物组成,边坡的特性决定于土石混合体自身的特性;对于土石叠置结构边坡,土石混合体的下部有基岩分布,边坡的特性决定于土石混合体本身外,尚与土石混合体与基岩接触面的特性有关。

二、基于边坡地质条件的路基支挡工程设计

边坡支挡工程设计应根据当地气候、水文、地形、地质条件,采取支挡工程和植被防护相结合的综合措施,防止边坡变形,保证路基稳定,并使工程与周围环境景观相协调。对于可能成灾的边坡,应在"以防为主、及时治理"的总原则指导下,根据边坡地质调查资料,分析边坡的破坏模式,确定边坡不稳定程度及可能失稳范围,对支挡和防护方案的合理性、安全性进行技术经济论证。

路堑边坡支挡和防护形式取决于边坡工程地质特征和边坡变形破坏模式。对于岩质边坡,变形破坏模式决定了边坡的支护方案,岩体结构特征决定了边坡的支护措施。对于高边坡而言,支护措施可归纳为:降低下滑力、提高抗滑力两类。其中降低下滑力主要通过刷方减载来实现;而提高抗滑力则主要通过支护和排水措施来实现,支护的主要形式有坡面防护工程、支挡工程、锚固工程等。

根据主要支护措施特点和支护工程强度将边坡的支护方案分为削方减载、强支护、弱支护、坡面防护四种类型。

削方减载主要是指通过将潜在滑坡体或滑坡体上部岩(土)体移走,减小滑坡的下滑力来达到边坡稳定要求或提高边坡稳定性的支护方案。一些边坡通过削方放缓坡率即可达到边坡稳定要求;削方减载在滑坡的应急治理中也作为一种辅助措施实施。削方减载时要求边坡开口线以上自然边坡较为平缓,削方体周围岩(土)体稳定性较好,并且削方后要有利于地表水和地下水的排泄。削方减载可用于开挖坡率较陡不能满足边坡稳定要求的边坡或在滑坡的应急治理中采用。

主要是通过抗滑支挡工程及高强度、高密度的锚固工程,配合坡面防护和排水工程来达到边坡稳定要求的,称其为强支护,以有别于下文介绍的弱支护。强支护方案主要应用于整体稳定性差的边坡,包括已经产生整体变形的边坡或可能产生整体变形破坏的边坡。强支护方案一般可采用抗滑桩 + 锚索(长锚杆) + 坡面防护 + 排水工程或锚索(长锚杆或锚管注浆) + 坡面防护 + 排水工程等多种支护措施,必要时可配合削方减载以减小支护工程量。前者主要适用于(潜在)滑面上部陡、下部缓的边坡,将抗滑桩布置在滑坡出口位置,以抵抗滑坡体的强大推力;边坡中部采用预应力锚索施加的主动锚固力来达到"强腰"的目的。若岩体破碎,结构面张开程度高,也可布置一定数量的注浆锚管来改善岩(土)体的物理力学特性;必要时可采用锚索(锚杆)框架进行坡面防护,一方面防治边坡浅表层范围内岩土体失稳,另一方面通过钢筋混凝土框架将分散的锚索(锚杆)连成整体,达到坡面一定范围内整体受力的效果。后者主要适用于(潜在)滑动面较陡或不存在抗滑桩布置的边坡。

弱支护相对于强支护来讲,支护强度和密度要小得多,主要适用于边坡整体稳定性较好,但存在局部不稳定块体的硬质岩边坡。这类边坡的支护重点是潜在不稳定块体,可采用锚索(长锚杆) + 坡面防护 + 排水工程等支护措施。

坡面防护除了作为其他支护方案的辅助措施外,对于边坡整体稳定性较好、也不存在较大规模的潜在不稳定块体的边坡,可仅采用以坡面防护为主的防护措施。常用的坡面防护措施有挂网、钢筋混凝土框架和浆砌片石格构等。挂网防护主要适用于可能产生浅表层块体失稳的硬质岩边坡;钢筋混凝土框架适用于碎裂结构、散体结构边坡,若仅采用钢筋混凝土框架防护,要求边坡总高度小于 30m,坡率缓于 1:1 ~ 1:0.75;浆砌片石格构适用于坡率缓于 1:1 的碎裂、散体结构,且稳定性较好的边坡。

以上各种支护方案都是为了满足边坡稳定这一功能性的基本要求,在此基础上,为了与环境更好的协调,往往需要进行适当地边坡绿化。

三、基于边坡地质条件的路基支挡工程施工

1. 路堑施工过程对地质环境的影响

在路基边坡施工中,特别是在风化破碎软弱岩质和土质路堑边坡的开挖过程中,常常会破坏坡体地质环境,进而引发边坡变形和坍滑,酿成工程滑坡灾害。这已经成为主要的工程环境问题之一。

在边坡开挖及支挡和防护过程中,如果历时较长,则会致使边坡坡体遭受进一步的风化、卸荷、侵蚀和雨水入渗,岩(土)体会变得更加松碎,强度进一步降低,坡体应力重分布,导致边坡坍滑和水土流失,酿成工程灾害。

(1)风化

边坡开挖后,暴露出的较新鲜岩(土)体在温差、冻胀和水的作用下,加剧物理风化和化学风化过程。岩(土)体风化破碎后,强度降低,易于发生边坡坍滑和水土流失。

(2)卸荷

坡体开挖出的临空面受卸荷影响,引起内部应力重分布,在坡脚处形成剪切应力集中带,在坡顶形成张拉应力带。同时,卸荷回弹的差异性可形成张拉裂隙和剪切裂隙。卸荷的这两种效应共同作用,可导致未支挡和防护边坡的变形破坏。边坡的变形破坏过程具有时间效应,即蠕变特性。如果边坡暴露的时间较长,蠕变将进入加速阶段而最终导致失稳破坏。

(3) 雨水入渗

坡体由于开挖而受扰动，坡面松糙，易于雨水入渗，对裂隙发育的岩(土)体尤甚。如果边坡从开挖到支挡和防护的历时较长，甚至历经雨季，雨水入渗的后果则更不容忽视。雨水入渗坡体，降低岩(土)体的抗剪强度，产生孔隙水压力，则会增大边坡岩(土)体的下滑力。

(4) 水土流失

在支挡和防护前，路堑边坡的水土流失来自雨滴溅蚀、片流面蚀和细沟侵蚀，以细沟侵蚀为主。坡面侵蚀以风化破碎软弱岩质和土质边坡侵蚀为甚，边坡暴露时间愈长则侵蚀愈烈。

近年来，在路堑边坡开挖中，由于施工机械化程度的提高，往往采取先沿路中线进行机械化大拉槽，然后再向两侧扩修至坡面的开挖形式。机械拉槽形成的临时边坡往往过陡，槽内又易于积水，极易引起临时边坡坍滑和坡面冲蚀。采用机械进行贯通式开挖，基坑无侧限，容易在砌筑墙基之前引发坑壁失稳坍塌，进而牵引边坡变形破坏。

2. 分层稳定施工法(逆作法)

受地质构造作用和发育的岩层节理、严重的风化影响，在边坡开挖过程中，经常难以保持边坡自身的临时稳定，而出现坍滑。尤其随着施工机械化程度的不断提高，边坡开挖速度较快，但后续支挡和防护工序间隔时间长，开挖的边坡暴露时间就长，边坡临时稳定受各种因素影响，问题更为突出。

为解决路堑边坡传统的工程路径带来的诸多问题，并顺应现代机械化施工的潮流，避免工程灾害和水土流失，对于开挖后不稳定或欠稳定的边坡，应根据边坡的地质特征和可能发生的破坏情况，采取自上而下、上下分层开挖、左右分段跳槽开挖、及时支护的工法(即采用逆作法或部分逆作法施工)；坡脚预加固后再行机械开挖的工程路径。严禁无序大开挖、大爆破作业。

(1) 上部堑坡自上而下分级支护

对上部边坡，按稳定坡率自上而下分级刷坡、留平台，并及时实施坡面防护，从而保持边坡稳定和减轻坡面冲蚀。

①因边坡得到及时防护，坡面的风化、卸荷和雨水入渗的历时甚短，对边坡稳定影响不大。

②全封闭型护坡基本阻断了水、热向坡面的传递，使坡体的水、热变化甚微，所受风化作用甚弱。

③护坡能完全或部分阻止坡面侵蚀。

④防护工程的自重可部分平衡开挖坡面的回弹应力，减弱坡体的卸荷作用。

(2) 路堑坡脚预加固

在路堑下部，为避免机械拉槽的临时边坡因过陡、未跳槽开挖和坡脚浸泡而坍滑，应对边坡坡脚部位进行预加固。预加固工程一般采用埋式锚固桩，成桩后再开挖桩前土石方。桩间支护可采用挡土墙、护面墙和喷混锚杆等。坡脚预加固有利于边坡稳定：

①桩的埋入增加了坡体的刚度，使坡体不致受上部边坡开挖的较大扰动，能保持其原生强度。

②桩前路槽开挖后，预加固桩能阻止临时边坡坡脚剪应力集中带的应变软化，抵抗边坡变形外鼓进而抑止坡顶张拉裂隙的形成，使临时边坡保持稳定。

③桩前路槽开挖后，预加固桩成为悬臂桩，所受主动土压力远小于边坡坍滑后的下滑力(即滑坡推力)，工程数量小。

四、动态设计法和信息施工法

地质工程或岩土工程信息一般可在设计之前通过地质调查、勘探、试验测试、理论分析计算等手段和途径获得。由于岩土工程地质的复杂性和隐蔽性，设计者所获得的信息不一定能完全符合工地的实际状况。而从施工中则可获得更多更可靠的信息。"动态设计法"和"信息施工法"主张从施工过程中获取尽量多的信息，从而不断完善工程设计。

所谓"动态设计法"是指根据施工中获取的信息，对地质勘察结论、设计参数及设计方案进行再验证，如确认条件有较大变化，做到及时补充、修改原设计的一种设计方法。当地质勘察参数难以准确确定、设计理论和方法带有经验性和类比性时，根据施工中反馈的信息和监控资料完善设计，是一种客观求实、准确安全的设计方法，可以达到以下效果：

（1）避免勘察结论失误。山区地质条件复杂、多变，受多种因素制约，地质勘察资料准确性的保证率较低，勘察主要结论失误造成边坡工程失败的现象不乏其例。因此，对于地质条件复杂的边坡，在施工开挖中应补充"施工勘察"，收集地质资料，查对核实原地质勘察结论。这样可有效避免勘察结论失误而造成工程事故。

（2）设计者根据施工中反映的真实地质特征、边坡变形量、应力测定值等，对原设计校核和补充，以完善设计，确保工程安全，设计合理。

（3）边坡变形和应力监测资料是加快工程速度或排危应急抢险，确保施工安全的重要依据。

（4）有利于积累工程经验，总结和发展边坡支挡和防护技术。

所谓"信息施工法"是根据施工现场的地质条件和监测数据，对地质勘察结论、设计参数进行验证，对施工安全性进行判断并及时修正施工方案的一种施工方法。信息施工法是集设计、施工、监测及信息反馈融为一体的现代化施工法。"信息施工法"是"动态设计法"的延伸，也是动态设计法的需要，是一种客观、求实的工作方法。对于地质条件复杂、稳定性差的边坡，施工期的稳定安全控制更为重要。建立监测网和信息反馈有利于控制施工安全，完善设计。

近几年的工程实践表明，动态法设计和信息法施工在处理地质条件复杂的边坡工程中发挥了很大的作用。该方法既能保证施工安全，又能提高工程质量，是边坡支挡和防护工程设计、施工未来的发展方向。

实施信息施工法，始终要求做到以下几点：

（1）实施监测，及时掌握边坡工程监测信息变化情况。

（2）编制施工过程中揭示的地质现状与原地质资料的对比变化图，为地质"施工勘察"提供基础数据。

（3）根据施工方案，对可能出现的不利工况进行边坡和支挡构造物强度、变形和稳定验算。

（4）建立信息反馈制度，当监测值达到报警值和警戒值时，应即时向设计、监理、业主通报，并根据设计处理措施调整施工方案。

（5）施工中出现险情时，应按有关规定及时处理。

上述信息施工法的基本要求应贯穿于施工组织设计和现场施工的全过程，使监控网、信息反馈系统与动态设计和施工活动有机结合在一起，不断将现场水文地质变化情况反馈到设计和施工单位，以调整设计与施工参数，指导设计与施工。

第二节 路基支挡工程与生态环境

一、公路工程对景观及生态环境的影响

公路存在的目的,在于满足人类的运输需求,而其一旦存在,对环境的影响也随即存在。公路作为具有一定空间几何标准的带状工程,由于受山区地质、地貌条件的限制以及公路几何标准(例如,线形和纵坡等)的制约,不可避免地要切割山体、填平沟谷,因而会形成大量的边坡;对既有边坡灾害的治理,也会形成大量的工程边坡。

在公路建设中,不断发展的支挡技术为克服不良地质条件和不利地貌环境约束,进而为提高公路平面和纵断面线形指标提供了技术条件,与此同时,高填深挖以及所形成的大量的高边坡对周围环境也产生了许多不利影响。

1. 支挡构造物对景观及生态环境的有利作用

支挡构造物的合理利用可以减轻公路工程对生态环境的不利影响。具体体现在以下几个方面:

(1)可以减少路域植被破坏。对于地面横坡陡峻的路段,若路基边坡不能与地面横坡相交,则形成薄层填土。若路堑设计边坡与地面横坡接近平行,则边坡过高,对山体及天然植被破坏较大。如果采用支挡构造物收缩路基坡脚,降低路基高度,则可减轻工程对环境的影响。

(2)可以减轻公路建设和运营中水土流失。岩土边坡在长期环境条件作用下,将会逐渐风化,引起水土流失。支挡构造物的设置,可避免雨水侵蚀及河流冲刷作用,避免形成边坡的碎落、崩塌、溜方、滑坡,从而确保路基稳定,减轻水土流失。

(3)可以收敛路基边坡,减小路侧河道挤占。

(4)可以减少路基土石方数量,减轻因土地占用以及大规模的取土和弃土,对森林、草原、湿地等生态系统的不利影响。

2. 支挡构造物对景观及生态环境的不利影响

在以往的支挡构造物设计中,主要关注构造物的强度功效和工程的稳定状态,而忽略了构造物对生态影响。大量的支挡构造物运用,在公路两侧会形成坚硬呆板、毫无生气的钢筋混凝土通道,与公路沿线景观极不协调,并导致局部小气候以及生态环境恶化。此外,在路基施工作业面上,原有的植被系统和原始生境受到彻底破坏,并加剧了土壤侵蚀和水土流失;公路分割了动植物生存空间,并可能引发外来生物的入侵。

公路工程对生态及景观环境所造成的各种影响是客观存在和不容忽视的。在设计中应尽一切可能减小工程对环境的不利影响,实现交通的可持续发展。

3. 路基设计中生态恢复和景观和谐理念

公路建设与公路环境保护(及景观协调)是一个有机的整体,两项工作密不可分。通过对路基支挡工程及环境保护进行系统地研究和设计,特别是对原有的路堑边坡病害和不稳定的高陡边坡采取工程的和环保的综合措施加以处治,既可以有效保护环境、确保支挡构造物稳定可靠,又使之与路容景观相协调,与环境景观相和谐。

基于生态恢复和景观和谐理念,支挡构造物的合理运用包括两个层面的含义:

(1)公路规划设计应"宜路(基)则路(基),宜隧(道)则隧(道),宜桥(梁)则桥(梁)";控制路基填挖高度,避免高填深挖及支挡构造物滥用。

(2)支挡构造物设计中应始终贯穿环境和谐和可持续发展思想,重视支挡工程与植被防护的综合运用,以取得系统的最优化设计。

实施可持续发展战略,把人地关系调谐作为公路工程领域的重要任务,已经逐渐成为人们的共识。因此,基于生态理念的支挡构造物运用在于"扬长避短,合理运用;生态恢复,和谐持久"。

二、公路边坡生态恢复及植被建植的目的和要求

公路工程对生态及景观环境所造成的各种影响是不容忽视的。生态环境破坏对人类生存和发展已经形成各种威胁。在全球生态问题日益严峻的今天,人类社会已经越来越认识到保护生态环境的重要性,也正在通过自身的各种努力,来防止或减轻由各种人类活动所造成的环境破坏。在人工坡面重建土壤系统、恢复植被覆盖,就是人类保护生态环境的具体措施,也是人类生态文明的具体体现。

除了实现边坡防护功能之外,公路边坡生态恢复及植被建植的主要目的在于恢复和重建公路边坡的生态和景观,发挥植被在护坡固土及水土保持方面的作用。

1. 生态恢复

要尽可能地减少人工坡面对当地生态环境的干扰,必须站在生态恢复与重建的角度,来看待人工坡面植被恢复的问题。

首先,所恢复植物群落必须是稳定的、可持续存在的、与当地原有群落相协调的。也就是说,这种植被恢复必须要考虑生境恢复的问题和当地生物多样性的继承问题。其次,这一植被系统还应具备保持水土、吸收二氧化碳、降低环境(化学、声、光)污染,调节小气候等功能。所以,这种生态恢复与传统意义上的绿化有很大差异,这种差异主要体现在以下几个方面:

(1)把土壤层的恢复与重建放在与植被恢复同等重要的地位上。
(2)综合考虑水分、土壤、植物之间的相互依赖、相互制约关系来构建坡面生态系统。
(3)遵循自然植被演替规律设计群落结构。
(4)生态功能优先于景观功能等。

因此,公路边坡植被恢复的主要目的就是生态恢复与重建,形成稳定和可持续的植物群落。

2. 景观重建

人工坡面植被恢复的第二个目的是景观重建,由于植被是构成自然景观的要素之一,恢复植被自然也就意味着重建景观。不过这种景观与以美学为特征的园林景观是有很大不同的:

(1)这种景观以工程防护和生态恢复为基础,侧重于与周边自然景观的融合与协调,不宜突出人工造景的痕迹。
(2)对它的养护与更新主要是依靠坡面生态系统自身的能量,在物种选择上侧重于植物的耐旱、耐贫瘠等特征,而不是观赏特征。
(3)这种景观要与工程构造物的用途相匹配,起到对工程构造物遮挡、指示、诱导等作用。

因此,如何与周边自然环境相协调、与工程构造物用途相协调、与生态恢复功能相协调,是人工坡面植被景观重建的关键和难点。

根据不同的立地条件和景观设计要求,在边坡上选配适宜的植物群落组合,使车辆穿行于郁郁葱葱、生机盎然的绿色环境中,在驾乘人员的视野中呈现出立体的绿色景观,可以极大地改善了乘车环境。

综上所述,边坡植被建植的目的在于公路路域生态的恢复和景观的重建,将支挡与工程防护、植被防护有机结合起来,可取得更大的经济效益、社会效益和生态效益,实现公路交通可持续发展。

三、公路边坡生态恢复及植被建植的设计内容

边坡生态恢复及植被建植是一项复杂的系统工程,应重点解决边坡土体稳定性、土壤重建和改良、植物群落和物种选择三个方面的问题。

1. 边坡土体稳定性

边坡土体稳定是公路边坡植被恢复的前提条件。斜坡及其表面的物体在重力和其他外力作用下总是存在一种向下运动的趋势,在周围气候环境及水分状态变化的影响下,可能会导致斜坡的不稳定。

2. 土壤重建和改良

土壤是植物赖以生存的基础,公路边坡的土壤大部分经过施工扰动,理化性质较差,不利于植物生长。土壤重建与改良是坡面植被恢复的基础。对完全丧失土壤的人工坡面来说是如何重建土壤(客土、人工土壤),对残留部分土壤的人工坡面来说是如何改良土壤。

要想在短期内完全恢复到原有自然土壤或耕作土壤的状态,几乎是不可能的。自然土壤表层的腐殖质层和耕作土壤表层的耕作层,都有良好的团粒结构,而具有团粒结构的土壤其透气性、渗水性和保水性都很好,既有利于植物种子的发芽,也有利于植物根系的生长。因此,以自然土壤腐殖质层或耕作土壤耕作层的土壤结构为参照,以不同植物(草、灌木或乔木)生存所需最小土层厚度为标准,在人工坡面上重建土壤层或改良残土层,是解决人工坡面土壤重建与改良的有效途径。采用机械建植技术,例如客土喷播或厚层基材喷播,可以将边坡土壤重建和改良与植物栽种问题一次性同时解决,为边坡植被快速恢复提供了条件。

3. 植物群落及物种选择

构建什么样的植物群落,是公路边坡植被恢复的核心问题。在群落设计上应遵循地带性或地域分异规律原则和群落演替规律原则。

对于公路边坡恢复植被,首先要考虑坡面所处地区的地带性植被是什么,构成这种地带性植被的植物群落类型有哪些,然后再选择与坡面立地条件相适宜的植物种群。一般来说,本地种(或称乡土种)是最能代表地带性植被的物种,多使用本地种易构建适合当地环境、稳定的植物群落。

公路边坡植被的恢复过程也是植物群落的演替过程,原有植物群落在人类活动干扰下被破坏丧失,新植物群落——人工植物群落又在人类活动干扰下重新建立。要使公路边坡植被恢复的效果能够长时间的稳定存在,新恢复的人工植物群落能逐渐向自然植物群落过渡,在进行植物群落设计时,还须考虑植物群落的演替规律。

尽管顶级群落是在当地自然环境下最稳定的植物群落,但构成顶级群落的树种初期生长极为缓慢,耐阴性强,而且在贫瘠立地条件下几乎不能生长发育,必须通过先锋群落改变环境,形成一定厚度的肥沃土壤后,顶级群落才能发育生长。因此,在公路边坡植被恢复过程中必须遵循植物群落的演替理论,即从低级向高级、从先锋群落向顶级群落逐渐演变。恢复初期就将群落设计为顶级群落是很难成功的,期望一举建造顶级群落常常会导致欲速则不达的后果。

由于生态恢复和重建是一项复杂的系统工程,因此支挡工程的生态重建应置于整个边坡工程的生态恢复的大环境和系统中统筹考虑。根据边坡生态恢复及植被建植应解决的问题,

公路边坡生态恢复及植被建植的设计内容为：
(1)边坡土体稳定设计。
(2)边坡土壤重建与改良设计。
(3)边坡植物群落设计。
(4)边坡建植方法选择。

公路边坡生态恢复的目的在保证坡体稳定的前提下，营建坡面生态系统，最大限度地保护、恢复和改善生态环境，实现工程建设与生态环境的良性循环。因此，公路边坡生态恢复设计中，应遵循"安全稳定、生态优先、因地制宜、经济适用、易于管理、景观兼顾"的设计原则。

四、公路边坡生态恢复及植被建植方法

支挡构造物建造所涉及的生态恢复及重建，包括支挡构造物周围受扰动生态环境的恢复、被支挡或加固岩(土)体边坡的生态重建以及支挡构造物表面的绿化美化或生态重建。要实现生态恢复，首先应通过人工手段并利用自然力的作用，营造出供植物长久生长的基质(土壤)。在前期通过先锋植物的生长，稳定边坡、保持水土和改善生长环境，随着本土植物逐渐入侵和定居，自然生态才能逐渐恢复。其中首要解决的问题是，必须把人工基质(土壤)及植物根系附着在坡面上，提高土层的附着力和抗冲刷能力，还要避免水流的直接冲刷作用并克服土体的下滑趋势，实现坡面永久稳定并发挥生态效益和美化作用。

对于较缓的边坡，可将植被防护与框架结构相结合，甚至单独采用植被防护，就可以实现浅层土体的基本稳定；而对于高陡边坡，则需要特殊的方法或结构措施，并且与支挡构造物综合考虑，才能实现边坡稳定和生态恢复及景观重建。根据容纳和固定表土方法的不同，支挡工程和高陡边坡植被建植(生态重建)常采用以下5种类型：

(1)框格网垫类

框格网垫类植被是采用框格(框架锚杆结构)或网垫限制表土移动。其中，在锚杆(索)设计中将深层土体锚固和浅层土体稳定综合考虑，其特点是在坡面上框架之间有较大的可供建植植被的空间。对于高陡边坡，仅采用框格和网垫措施，效果不佳，表层土壤抗冲刷能力较差，可采取植被混凝土喷播建植方法或者多孔混凝土砌块植被建植方法。

(2)容器台阶类

容器台阶类植被是在支挡构造物上增加种植槽，或者利用分级设置的支挡构造物之间的平台种植植物。一般为条带式布设。乔木、灌木以及藤本植物可以对墙体立面起到一定的遮蔽作用，以及景观装饰和点缀作用。

(3)植生袋类

植生袋是在工厂采用自动化的机械设备将种子准确均匀的分布并定植在营养膜上，植生袋分五层，最外及最内层为尼龙纤维网，次外层为加厚的无纺布，中层为植物种子、长效复合肥、生物菌肥等混合料，次内层为能在短期内自动分解的无纺棉纤维布。可根据绿化场地的不同而生产各种不同物种及不同规格的植生带，同时也可将不同物种均匀的混播，从而可建植出抗病虫害，抗逆性好，乔、灌、草共生的原生态群落。用植生袋建植，发芽快、出苗齐，同时它还具有保水和避免灌溉及大雨冲刷物种的优点。随着袋内植物的生长，植株的根系织成一张大网将边坡的土壤牢牢固住，从而保护边坡。

(4)石笼和多孔混凝土类

石笼和多孔混凝土类植被是利用石笼和多孔混凝土内的孔隙容纳土壤，附着根系，石笼采

用现场组装,多孔混凝土多为预制块拼装方法施工。

(5) 固结黏结类

固结黏结类植被是利用胶结料提供土颗粒之间以及土层与结构或岩层之间的黏聚力,防止流水侵蚀,克服下滑移动。

对于重力式挡土墙、轻型挡土墙以及桩板式挡土墙等支挡构造物,其共同特点是,墙面直立或近于直立;由于挡土和传力需要,墙面几乎完全封闭,无法直接栽植植物。因此,需要在墙面上设置专用的种植槽,以便植被建植;或者将支挡构造物尽量分级布置,利用各级构造物之间的平台建植植被。

第三节 路基支挡工程景观设计

一、公路景观的特性和基本要求

1. 公路景观的概念和特性

公路景观是指由公路构造物和周围环境(自然景观和人文景观)相互融合共同构成的图景。

"景观"最初的含义更多体现在视觉、美学方面,即与"风景"、"景物"同义或近义。随着社会发展和全球环境问题日益严重,越来越多的人开始用社会和生态的眼光关注生存环境,人们对景观内涵的认识和理解也随之拓展,不再把它当作仅供人欣赏的视觉关照对象和毫无生机的地表空间景物。

公路附着于大地表面,属非自然环境,具有供汽车行驶功能的人工构造物。因此,公路景观与单纯的造型艺术、观赏景观等存在显著不同,为满足车辆通行功能,在具有自身形态性能、组织结构的同时,又包含一定的社会、文化、地域、民俗等含义。可以说公路景观集自然属性和社会属性、功能性和观赏性,实用性和艺术性于一身,是公路与周围景观共同构成的景观综合体系。在这个综合景观体系中,既包括公路本身形成的景观,也包括其沿线的自然景观和人文景观。

公路穿越荒野、沙丘、农田、湿地、丘陵和湖泊等各种自然地貌,生态结构复杂,景观类型多样,故公路景观不同于城市和乡村景观,也有别于自然山水和风景名胜,它有自身鲜明的特性。

(1) 时空多维性

从空间来说,公路景观上接蓝天、下连地势;连续延绵、无尽无休。公路是带状构造物,公路景观随公路的延伸而连绵起伏,形成一个不断变化的带状空间。乘客被限定在带状空间内做高速运动,因此其视线将受到一定局限。但通过这种带状空间的不断变化,纵向绵延几十公里甚至数百公里,有时会跨越不同的气候带,虽然乘客在整个过程中始终保持单一的线性运动方式,但因沿途宏观景观的交替变换、细微景致的丰富性和特异性,不会使运动过程有单调感。

公路景观不只是位置变化的三维空间,它还与时间存在密切关系。这种四维性不仅体现在前后伴随的空间序列变化,也体现在周边环境的季相(一年四季)、时相(一天中的早、中、晚)、位相(人与景的相对位移)变化以及人的心理时空变化。

(2) 动态连续性

公路景观以动态序列性景观为主。汽车在公路上行驶,乘客以高速运动方式在公路线性空间内行进,因此公路景观有别于以步行等低速运动或静态方式欣赏为主的景观形式。受高速运动时人的视觉接纳能力限制,乘客只能走马观花对公路景观留下整体宏观印象,而忽略较多细节。

(3)要素多元性

公路景观由自然的和人文的、有形的和无形的多种元素构成。它既需要满足运输功能,同时又要被赋予一定的历史、文化、地域和民俗等内涵。以往对公路景观的理解多局限在对视觉品质的考虑和评价,而实际上乘客的感受是全方位的,虽然其中以视觉感受为主体,但其他方面的感受也同样起着不可忽视的作用。

2. 公路景观的基本要求

路域内景观直接影响公路使用者(驾驶员、乘客和行人)的视觉质量,而公路建设所形成的新景观同样影响路域居民及环境质量和外来游客的视觉感受。公路使用者和公路沿线居民及游客等,视角不同,视点不同,对景观要求也不同。驾驶员和乘客以感受公路动态景观为主,驾驶员需要的是容易驾驶、不易引起疲劳的景观,要求公路景观的统一性和整体性;乘客和游人除了要求公路景观的统一性和整体感外,还追求公路景观的个性化、多样性;而沿线居民主要从公路外部感受公路及其周围的景观,对景观的要求则是亲切、自然及与本地区环境的相协调。尽管不同人群主体对公路景观的要求不同,但是对公路景观的基本要求可归纳为以下4个方面。

(1)自然景观的完整性

在公路景观的构成因素中,自然景观空间分布广阔,是公路景观环境的主体,它决定公路景观的基调。公路使用者想要欣赏的是公路景观的自然天成;任何喧宾夺主的后天人文景观均会对自然随意的主旨造成破坏,形成视觉、心理污染。不良的人文景观则会破坏公路景观的整体印象。

人对公路景观的自然性要求即追求公路景观的自然朴实、追求公路景观与原有自然及社会环境的相融。公路景观自然性要求体现了对原有景观资源的保护,而不是耗费大量人力、物力、财力进行人工景观的塑造。"不破坏就是最大的保护"、"最大限度地保护"等设计理念正是公路景观自然性要求的突出体现。

公路所处的外部环境是一个有机整体,其中隐含着自然、生态等诸多平衡,人类的活动应以最大限度保持自然界的平衡为前提。自然界的价值包括三部分:经济价值、多样性价值和审美价值。处理好人与自然的平衡,就应充分认识到自然的价值。对于广义的公路使用者而言,他们希望所处的生存环境是一个经济价值和多样性价值能够持续体现的环境。在人们的潜意识中,始终存在着"返璞归真"的愿望,对于公路使用者、公路景观观赏者而言,他们希望看到的公路景观是一个各种景观因子得以完整保存的公路景观环境,而不是一个被横贯其中的"宏伟"工程破坏得满目疮痍的不协调环境。

(2)人文景观与自然景观的协调性

公路景观既包括公路本身形成的景观,也包括其沿线的自然景观和人文景观,是各种性质、各种类别、各种形式的景观共同形成的一个综合景观环境。它不但表现出各个景观所具有的独特个性,而且也表现出景观之间的相互衬托、相互影响的空间氛围。

公路自身、沿线自然景观和人文景观构成了人们对公路景观的整体意象。整体意象的创造,与公路自身及沿线景观是否协调关系密切。两者若协调得当,则可表达出该区的主要特色。

按照系统论原则,整体意象不是各部分意象的简单叠加,而是各部分意象中共性部分的升华,如果部分(公路自身景观)脱离了整体(公路沿线景观)也就失去了原有的景观功能(公路自身景观意象)。因此可以理解公路自身景观与公路沿线景观的相互依存和协调关系。所以公路自身景观的营造不应求"新",而应求"融",即融合、协调及和谐。

公路沿线景观是构成公路整体景观的主题,公路的自身景观必须与沿线的地形、地貌、生态特征等自然景观和人文景观作为一个有机整体统一考虑,公路自身景观设计应符合沿线的景观主题。

对于公路自身景观,其意念创造不仅需要各个单项结构设施的设计来烘托主题,还应抓住各地的特点和地区特性,充分利用各种材料质地与设计手法予以表达,使驾乘人员行驶在该段公路时,不但可以身心放松,减低事故的发生,同时可使开车和旅行成为愉悦而不是疲倦。

路基支挡工程对公路沿线景观具有重要影响。路基与支挡工程景观和谐性要求主要包括两个层面的含义,一是路基支挡工程应与公路沿线景观环境相和谐,二是路基支挡工程应与公路自身景观相和谐。其中支挡工程同沿线景观的和谐性是指路基支挡工程的设置不应强烈地改变沿线原有环境的连续自然,尽量与周围地形相协调,与周围植被环境相协调以及与沿线整个文化韵味相协调,避免由于构造物不适所造成的唐突感。支挡工程与公路自身景观相协调,是指支挡工程的设计和施工应注意与公路路线以及沿线的构造物之间的协调性,注意与景观主题的一致性。

就支挡构造物而言,满足公路景观自然性要求的关键是支挡构造物的设计和施工尽量结合自然,尽量避免和减少过多的人工痕迹,最大限度的减少支挡构造物对自然和人文环境的不利影响。

景观设计的自然性应注意构造物线形、形式的选择,如挡土墙的设置尽量化陡为缓、化直为曲,采取高低渐变且与公路线形吻合的自然造型等。

支挡构造物景观的协调性设计要注意防护工程、排水工程的形态及所用材料的质地、色彩与周边环境相配合,不喧宾夺主。

(3)景观的多样性

人类的好奇心和"猎奇"心理决定了人类对公路景观的多样性的要求,要求公路景观富于变化,从而增加公路使用者使用公路时的趣味性。与其他景观的一个显著区别是,公路景观是动态的,并且具有视觉连续性。公路的动态景观以一系列的"显现"和"隐现"的次序呈现给驾驶员和乘客。只有使公路两侧的景观错落有致,随着车辆的前行,景观不断"峰回路转",才会使人始终保持一种新奇感和探究欲望,产生愉悦感和满足感。

人的大脑对视觉所接受的事物之间的对比和差异产生反应是其本能。在公路上行驶,人的大脑中始终保持着对已经显示的景观印象和对正在浮现的景观分析,这种印象和分析之间的差异使人感受到一种生动的对比,也就是说,公路景观的并置和迭现使公路驾乘人员充满活力。

满足公路构造物景观多样性要求的关键在于,利用沿线原有地面的风景特征,通过支挡构造物形式、材质以及色彩的不断变化,提供更多的富有情趣的景观表现,从而避免沿线景观的千篇一律所造成的单调感,满足人类的视觉多样性要求。

在以人文景观为主的景观特色带内,支挡工程设计可以充分利用当地的风土人情,借鉴某些设计的素材,如造型、材质、色彩等来传递并强化该地区的人文气息,塑造景观特色带鲜明的个性。

(4) 景观的地域性

人类具有求知欲。不同地区有其独特的地理位置、地形地貌、气候气象及社会环境等;生活在不同地区的人群有不同的文化传统、风俗习惯及审美观;不同地区独具特色的自然景观和人文景观构成地区独特的景观环境。公路使用者的求知欲在欣赏地区特有的自然景观,品味地区特有的文化,领略地区特有风貌的过程中得以满足。

二、公路景观设计理论

1. 形式美的一般规律

公路景观的构成要素千差万别,但这些要素均有点、线、面、体、质感、色彩所构成。如何组织这些元素,创造优美宜人的公路景观,需要灵活运用形式美的一般规律(法则)。

(1) 统一与变化

统一与变化是形式美的主要关系。统一意味着部分与部分以及部分与整体之间的和谐关系;变化则表明其间的差异。统一应是整体的统一,变化应是在统一前提下的有序变化,变化是局部的。过于统一易使整体单调乏味,过多变化则易使本体杂乱无章,无法把握。

变化统一,一般表现为两种形态,即有差异的统一和对立的统一。前者属于各种不同量之间的变化,如各种形式要素的多少、高低、长短、大小等,呈现出渐变的调和美。后者是指各种不同因素之间的对立统一,如刚柔、明暗、冷暖、浓淡等有规律的组合,这种形态往往造成强烈的感观效果,在对比中见统一。

只有各种相对面间不同程度的差异及其极端强烈的对比,才显出事物存在的完美。和谐产生于差异、对比。而差异、对比又源于变化,变化多样是艺术的灵魂。这里多样变化是基础,差异对比是手段,统一和谐是目的。变化是绝对的,和谐是相对的,统一和谐不是等同,不是一致,是一种相融,是杂多的统一,是不协调因素的协调。

多样统一是形式美规律中最高级的表现形式,是和谐的最完美体现。高速公路作为一线性连续的景观,多样统一能将许多大大小小、高高低低、长长短短、曲曲直直、粗粗细细的形体,以动静交替、虚实相生、急缓相间、疏密有致的形式组合成一个整体,避免景观破碎化。

(2) 对比与相似

相似是由同质部分组合产生的,这种格调是温和的、统一的,但往往变化不足,显得单调。对比是异质部分组合时由于视觉强弱的结果产生的,其特点与相似相反。形体、色彩、质感等构成要素之间的差异是设计个性表达的基础,能产生强烈的形态感情,主要表现在量(多少、大小、长短、宽窄、厚薄)、方向(纵横、高低、左右)、形(曲直、钝锐、线面体)、材料(光滑与粗糙、软硬、轻重、疏密)、色彩(黑白、明暗、冷暖)等方面。若同质部分成分多,相似关系占主导;反之异质部分成分多,对比关系占主导。相似关系占主导时,形体、色彩、质感等方面产生的微小差异称为微差。当微差积累到一定程度时,相似关系便转化为对比关系。

(3) 均衡

均衡是大自然赋予人类生理上的一种本能要求。一方面人们从实践中已逐渐形成了一整套与重力有联系的审美体验;另一方面由于视觉的特点,能给审美感受上的满足。

均衡分静态均衡与动态均衡,前者主要是指在静力状态下的体量、形态的均衡,后者指依靠运动来求得瞬间平衡的形态。由于结构上的对称与非对称,又可分为对称均衡与非对称均衡,前者对称的形态引起稳定、平和、安全、满足的美感,后者不对称的形式使在静态中具有运动的趋势,产生类似均衡的心理诱惑力,令人兴奋、激动,有一种生机勃勃的魅力。

对称形式天然是均衡的,因而对称形式符合人的生理要求与心理习惯,必然会产生美感。对称处理得当,具有对称美。然而它只是多元美中的一元,并非只有对称才美,若不分场合、不分功能一味追求对称,则会流于平庸呆板。

非对称没有明显的对称轴和对称中心,但具有相对稳定的构图重心。不对称均衡形式自由、多样,构图活泼,富于变化,具有动态感。对称均衡较工整,非对称均衡较自然。

(4)比例与尺度

比例是艺术领域中相对面间的度量关系(数比关系为其一)。一般是指建筑物各部分的相对尺寸,狭义地说是指整体或局部的长、宽、高尺寸之间的关系;广义地看还包括实体与空间之间、封闭与开敞之间、凹凸之间、高低之间、明暗之间、刚柔之间等。

尺度是指构造物整体或局部给人感觉上的印象与其真实大小之间的关系或者说是可变要素与不变要素的对比。

简言之,比例是物与物的相比;尺度是物与人(或其他易识别的不变要素)的相比,前者只表明各种相对面间的相对度量关系,不需涉及具体尺寸。但尺度是感觉上的印象,是构造物与人的关系方面的一种性质。当构造物和人体以及内在感情之间建立起紧密而简洁的关系时,构造物的实用、美观、舒适等更为明显。

(5)节奏与韵律

节奏与韵律是密不可分的统一体,并广泛地存在于自然界万物的生态规律中。音乐的节奏,是表现乐音的高低缓急即重音与音程的重复和交替。节奏是最简单的韵律或者说是韵律的单纯形式,富有理性成分,使形式产生律动感。韵律是节奏的重复与变化,是节奏的深化,富于感情情调,使形式产生情趣感。另外,从宏观宇宙世界中日月星辰的运动到微观世界原子、电子的运动以及自然界一年四季的轮回,植物形态的变化,花、叶、雪花的形状变化等,都无不表现出节奏与韵律的变化,因而节奏与韵律是一种生理和心理上的需要,是美感的共同语言,是创作和感受的关键。

工程建筑构图上的节奏与韵律就是通过体量大小的收分,空间虚实的交替,细部构件排列的疏密、长短、宽窄的变化、曲柔刚直的穿插等有规则的重复与有秩序的变化来实现的。

节奏与韵律是一种富于变化又便于统一的构图方法,在对比中极易获得"韵味"和"情趣",具有一种超越人们意识的无可争辩的吸引力。因此,无论整体或局部,无论空间或外观,无论单体或群体,无论古今中外,在建筑构图上都普遍运用节奏和韵律的各种构图手法,以期获得多样统一、和谐优美、情趣生动的美感。

2.动态观赏理论与动态变换景观

由于高速公路的特殊性,决定了动态观赏理论在景观设计中的突出地位。

研究结果表明,随着车速的增加,驾驶员的视力会减弱。在中等车速情况下,驾驶员需要1/16s的时间,才能注视看清目标;视点从一点到另一点的中间过程是模糊的;一旦对景物辨认不清,就不再有第二次辨认的机会;另一方面,随着车速的增加,驾驶员的视野变小,注意力集中点距离变大,清楚辨认前方的距离缩小。例如,速度70km/h时,注视点在车前360m,视野范围为65°;速度100km/h时,注视点在车前600m,视野范围为40°。

动态观赏时,作为观赏的对象,景观构成应具有连续性,步移景易。由于每个景点的观赏时间很短,所以其设计不要过于复杂,而应着意于景观序列与整体的衔接,两侧景观应在流动中形成使人印象深刻的轮廓线和天际线。这里需要强调的是景观衔接中节奏与韵律的设计。

节奏与韵律是打破沉闷的有效手段。节奏是事物运动过程中有秩序、有规律的反复,它由速度快慢、力度强弱、动静交替、疏密相间、虚实对比等因素组成。韵律实际上就是节奏的律动产生的一种情调或意味。韵律一般是相连的,不过,完全单一的节奏韵律感是不美的,节奏应富于变化。研究表明,每隔 5~10km,也就是车行约 5min 的距离,景观稍作变动,如树种的改变、色彩的变幻等,能极大的改善视觉疲劳。

在高速公路景观设计中,由于高速、便捷的特性决定了比例有一种不同于黄金分割这个物体内部比例的特殊含义,那就是对高速行驶的车辆而言,如何设计合理的外部比例。这是一种超乎于具体物外的比例关系,讲究的是速度与尺度的适配,使得景观能够更好的被驾驶员欣赏品味。

视错觉是动态景观设计中常用的理论之一。高速运动过程中,视错觉的运用往往可以达到一种出乎意料的景观效果。按照车行线路决定的视点移动轨迹,布置景观的重叠、交叉与错位,组合分散的景观元素或拆分合成的景观对象。

三、公路景观设计的基本理念和方法

1. 考虑动态景观的视觉效果

公路景观以动态景观为主,所以公路景观设计应考虑公路的动态视觉效果。

公路景观的观赏多处于高速行驶状态下,在这一状态下景观主体对景观客体的认识只能是整体与轮廓的认识。因此,线形景观的设计应力求做到线形、边坡、中央分隔带、绿化等连续、平滑平顺、自然且透视效果好,与环境景观要素相融、协调。而沿线点或景观给人的印象则应轮廓清晰、醒目、高低有致、色彩协调、风格统一。

由于驾驶员在公路上处于运动状态,因此,路上供人们观赏的景观只是瞬间的,但却是连续的。人们观赏到的是连续的视觉画面,是一个动态的景观序列。因此,在设计中,可避免复杂的形体和过于细腻的刻画,切忌过分追求技巧、趣味而工于细节,以适应公路的景观视觉特征。

车辆在公路上行驶和移动,包括地形、地物、不同种群地表植被等在内的公路外部环境都在不断变化,也就是说,公路外部环境的形态、质地和色彩都处于不断变化之中。营造公路"动"感行驶氛围,要求公路自身线形的变化,构造物的形态、质地和色彩的变化,绿化方式的选择等都应充分配合这种外部环境的变化,以自然的、渐进的、连续的手法来实现。

保证道路畅通与行驶安全,避免对驾驶员造成心理上的压抑感、恐惧感、威胁感及视觉上的遮挡、不可预见、眩光等视觉障碍,是公路景观设计的基础与前提。

2. 保持自然景观的完整性

自然界存在不同"势"的走向和延续。维护自然环境"势"的延续,要求公路线形和构造物的布设应尽可能避免切割这种势的走向和延续,减少对生态环境的破坏以及对地形、地貌的自然性和稳定性的影响。保持自然景观的完整性,顺应自然,追求自然是公路景观设计的主要目标。

随着公路建设向山区的推进,支挡构造物的应用越来越多,其占造价的比重也越来越大,而且若选线不当,即使设置了较多支挡工程,后期仍存在较大地质安全隐患。因此,一方面,采用自然性的设计是以环保工程置换对投资和安全影响更大的支挡和防护工程,建设成本很难说一定增加;另一方面,采用自然性的设计即使加大了初期建设成本,但后期减少的管理养护费用、病害处治费用相当可观,而且,减少对自然和社会环境破坏所产生的效益,很难用经济指标来衡量。

公路各种构造物设计,应贯彻"尽可能减少或消除构造物对自然景观的不利影响"的设计理念,不应耗费昂贵的人力、物力和财力去追求与自然环境不协调的人造景观;而且构造物的设置应尽可能少,能不用混凝土圬工就不用混凝土圬工,能以植被加以修饰就以植被修饰。造型再别致、图案再美丽、色彩再绚丽的构造物也不如原始的自然风貌与自然界环境的浑然一体。

"不破坏是最大的保护"要求在设计上最大限度地保护生态环境,在施工中最小程度地破坏和最大限度地恢复生态环境。把工程防护与生态防护结合起来,把设计作为改善环境的促进因素,摒弃先破坏、后恢复的陋习,实现环境保护与公路建设并举、公路发展与自然环境相和谐。

综上所述,行驶畅通与安全是公路景观设计的前提,路域环境保护和生态恢复是公路景观设计的根本。在公路景观设计中,应注意维护自然的"势",营造"动"感氛围。

四、基于景观的支挡构造物设计

1. 支挡构造物外形对公路景观的影响及协调

在公路景观设计中,应考虑支挡构造物尺度、比例、材质、色彩等因素对景观的影响,支挡构造物设计应和边坡的其他防护措施一并考虑,与周围环境相协调。

(1) 支挡构造物的尺度与比例

过高的支挡构造物显得厚重而压抑;低矮的或经过"遮蔽"或"隐藏"处理的支挡构造物值得推荐。通过高度、形式的变化,可使墙体形式更加丰富,也能与边坡及周围环境更协调。

(2) 支挡构造物的节奏与韵律

就抗滑桩而言,目前设计中对结构方面因素考虑较多,而对桩间处理方式考虑较少,形式比较单一,大多在桩间设置挡土板或护面墙。如果改变桩间处理方式,例如,在桩间设置斜插板,配以绿化,再从桩体外露部分的长度、形状变化等方面考虑,不仅使桩—板结构显得轻盈而富有韵律,还可减弱桩板或桩墙的整体视觉尺度。

(3) 支挡构造物的材质、纹理与色彩

材料质感是材料的表面属性,质感的对比与变化主要体现在粗细之间、刚柔之间以及纹理之间。质感处理一方面可以利用材料本身所固有的特点来谋求所需要的质感效果,另一方面也可用人工的方法来"创造"某种特殊的质感效果。一般来说,天然石材质感粗犷,人工雕琢后质感细腻;可塑材料质感则可"粗"可"细"。块石、片石砌筑的挡土墙较光面混凝土挡土墙更贴近自然。

挡土墙所用材料及其质感效果除满足一般功能要求外,在景观处理上应视其所处环境及观赏者运动方式而定。通常,位于城镇或观赏者静止、慢行等路段的挡土墙,选用材料及质感、工程做法等相对来说应细腻、优美;而位于原野、丘陵、山地或快速车道等处,挡土墙选用材料及质感则以粗犷、奔放为主。

城区或靠近城区的挡土墙可以适当的进行人工修饰和细部处理,而处于自然环境中的挡土墙,则应尽量近于自然,使之与周围环境相协调。

不同的材质和色彩使人产生不同的视觉感受。国外往往通过在墙面上贴各种材质的饰面材料。对于加筋土挡土墙,可采用不同形式墙面以改善墙体的视觉质量。

支挡构造物不宜选用鲜艳的色彩,应使其能有效的融入到周围的环境中去,越是自然的景观特色带,构造物与自然的协调性就越显重要,设计时应更为慎重,掌握适度的原则,不能过分强调工程构造物的人文景观和人工装饰痕迹。

(4) 支挡构造物墙面的装饰

在适当的地段,可结合周围环境,适当进行装饰,淡化墙体,使挡土墙本身成为一种景观,赋予公路文化。对位于路侧的墙或桩而言,在墙体或桩体上进行小尺度的浮雕或过细的装饰,不能融入大尺度的公路景观,人工气息太重,难以达到预期效果,不提倡采用。

2. 高大支挡构造物视觉冲击的弱化处理

(1) 分级设置

对于高大的支挡构造物,宜分级修筑,并设置平台。这样既有利于墙顶绿化,也可形成更加丰富的层次,而且挡土墙的断面也可大大减小,平台上栽植植物也可有效地软化墙面的硬质景观效果,解除高大挡土墙在视觉上的庞大笨重、生硬呆板的感觉。

(2) 隐入地下

对于抗滑桩而言,将桩体隐入边坡中可获得更好的景观效果。

(3) 利用纹理

在支挡构造物表面处理和墙面涂装方面,结合墙体形态及周围环境进行合理的纹理设计,可以使支挡构造物更好的与环境协调,弱化结构的视觉冲击。可以考虑使用水平图案来弱化墙体的高度。如果较长的挡土墙墙体在驾乘人员的视野之内时,垂直纹理和具有乡土气息的图案效果往往更好。

(4) 适当装饰

对于混凝土挡土墙,可对其表面进行饰面处理,使墙体更好地融入自然。饰面可采用仿石砌面的模板预制混凝土修筑,或贴面修饰。饰面应力求自然、原始,应摒弃人工雕塑或人文景观,不应追求所谓的艺术效果。推荐采用干砌块石、条石的饰面。采用漂(卵)石进行饰面处理,也可在一定程度上使其人工的痕迹弱化。

圬工混凝土等砌块或饰面挡土墙,一般会在视觉及心理上给人呆板、生硬、沉重、压抑之感。若在其立面上进行绿化处理,引入生物工程学方法或采用不同材质质感对比、浮雕图案设计等手法,则可改善其原有景观效果,化硬为软,化单调为丰富。

(5) 植物遮蔽

部分不容易进行饰面处理的挡土墙则通过栽植花灌木或攀缘植物进行遮挡处理,使挡土墙尽量从人们的视线中消失,或者软化高墙对视觉的冲击,可达到营造自然和谐公路景观的目的。

在可能情况下,变化墙体的坡度,并结合种植植物可以缓解高墙的感觉。

(6) 缓坡遮蔽

使墙体与车道拉开距离,并利用缓坡地形降低墙体高度。

3. 支挡构造物与周围环境的衔接处理

(1) 挡土墙墙顶线设计

墙体的上边缘通常与其前面和后面的元素形成对比。这种关系应该引起重视,防止在比较中与周围环境发生视觉冲突。

挡土墙墙顶线条可处理成一系列水平台阶,或一系列连续的曲线和直线。台阶应设计成长条形,避免形成顶线参差不齐或成锯齿形的外观。

墙顶线应尽可能与路线纵断面,而不是与自然地面平行。如果不能与道路纵断面平行,至少应使两个剖面调整和谐,形成完美交融的设计。

(2)挡土墙端部处理

挡土墙端部的处理,也是构造物自身景观的重要因素。平齐直立的挡土墙端部,样式呆板且不安全。曲线给人以舒美的感觉。挡土墙端部渐变隐入边坡中,或高度逐渐降低,景观效果则大大提高。

思考题

1. 在支挡工程设计中如何考虑工程地质条件的差异性?
2. 试述公路边坡生态恢复及植被建植主要应解决的问题以及设计内容。
3. 试述支挡工程和高陡边坡植被建植(生态重建)方法。
4. 支挡构造物形式对公路景观有何影响?如何实现支挡构造物与周围环境的协调?

参 考 文 献

[1] 中华人民共和国交通行业标准.JTG D30—2004 公路路基设计规范[S].北京:人民交通出版社,2004.
[2] 陈忠达.公路挡土墙设计[M].北京:人民交通出版社,1999.
[3] 交通部第二公路勘察设计院.公路设计手册·路基(第二版)[M].北京:人民交通出版社,1996.
[4] 中华人民共和国交通行业标准.JTG F10—2006 公路路基施工技术规范[S].北京:人民交通出版社,2006.
[5] 中交第二公路勘察设计研究院有限公司.公路挡土墙设计与施工技术细则[M].北京:人民交通出版社,2008.
[6] 陈忠达.公路挡土墙施工[M].北京:人民交通出版社,2004.
[7] 梁钟琪.土力学及路基[M].北京:中国铁道出版社,1993.
[8] 铁道部第一勘测设计院.铁路工程设计技术手册·路基[M].北京:中国铁道出版社,1992.
[9] 中华人民共和国铁道部行业标准.TB 10001—2005 铁路路基设计规范[S].北京:中国铁道出版社,2005.
[10] 中华人民共和国铁道部行业标准.TB 10025—2006 铁路路基支挡结构物设计规则[S].北京:中国铁道出版社,2006.
[11] 铁道部工务局.铁路工务技术手册·路基(修订版)[M].北京:中国铁道出版社,1993.
[12] 李海光.新型支挡结构设计与工程实例[M].北京:人民交通出版社,2004.
[13] 赵明阶.边坡工程处治技术[M].北京:人民交通出版社,2003.
[14] 尉希成.支挡结构设计手册(第二版)[M].北京:中国建筑工业出版社,2004.
[15] 张师德,吴邦颖.加筋土结构原理及应用[M].北京:中国铁道出版社,1986.
[16] 彭振斌.锚固工程设计计算与施工[M].武汉:中国地质大学出版社,1997.
[17] 梁炯鋆.锚固与注浆技术手册[M].北京:中国电力出版社,1999.
[18] 卢肇钧.锚定板挡土结构[M].北京:中国铁道出版社,1989.
[19] 张续萱,吴肖茗.新型支挡——锚定板挡土结构的理论与实践[M].北京:中国铁道出版社,1996.
[20] 程良奎,杨志银.喷射混凝土与土钉墙[M].北京:中国建筑工业出版社,1998.
[21] 中国工程建设标准化协会标准.岩土工程师常用规范选(下册).土层锚杆设计与施工规范(CECS 22—1990)[S].北京:中国建筑工业出版社,1998.
[22] 杨文渊.实用土木工程手册(第三版)[M].北京:人民交通出版社,2000.
[23] 杨理淮,等.公路施工手册·基本作业[M].北京:人民交通出版社,1993.
[24] 中华人民共和国交通行业标准.JTG B04—2010 公路环境保护设计规范[S].北京:人民交通出版社,2010.
[25] 中华人民共和国国家标准.GB 50330—2002 建筑边坡工程技术规范[S].北京:中国建筑工业出版社,2002.
[26] 中华人民共和国水利行业标准.SL 55—2005 中小型水利水电工程地质勘察规范[S].

北京:中国水利水电出版社,2005.
- [27] 姜德义,王国栋.高速公路工程边坡的工程地质分类[J].重庆大学学报,2003,26(11):113-116.
- [28] 蒋忠信,崔鹏.山区道路工程与环境协调的设计原理[J].铁道工程学报,2006,91(1):4-10.
- [29] 顾卫,江源,等.人工坡面植被恢复设计与技术[M].北京:中国环境科学出版社,2009.
- [30] 交通部公路司.新理念公路设计指南[M].北京:人民交通出版社,2005.
- [31] 张阳.公路景观学[M].北京:中国建材工业出版社,2004.